（增订本）

法律的灯绳

刘仁文 著

中国出版集团
中国民主法制出版社

全国百佳图书
出版单位

图书在版编目（CIP）数据

法律的灯绳/刘仁文著．—增订本．—北京：中
国民主法制出版社，2020.9
ISBN 978 - 7 - 5162 - 2199 - 0

Ⅰ．①法…　Ⅱ．①刘…　Ⅲ．①法学—文集　Ⅳ.
①D90-53

中国版本图书馆 CIP 数据核字（2020）第 148223 号

图书出品人：刘海涛

出 版 统 筹：乔先彪

责 任 编 辑：陈　曦　许泽荣

书名/ 法律的灯绳（增订本）
　　　FALÜ DE DENGSHENG（ZENGDINGBEN）

作者/ 刘仁文　著

出版·发行/ 中国民主法制出版社

地址/ 北京市丰台区右安门外玉林里 7 号（100069）

电话/（010）63055259（总编室）　63058068　63057714（营销中心）

传真/（010）63055259

http：//www. npcpub. com

E-mail：mzfz@npcpub. com

经销/ 新华书店

开本/ 32 开　880 毫米×1230 毫米

印张/ 14.75　**字数/** 320 千字

版本/ 2020 年 11 月第 1 版　2020 年 11 月第 1 次印刷

印刷/ 北京天宇万达印刷有限公司

书号/ ISBN 978 - 7 - 5162 - 2199 - 0

定价/ 68.00 元

中国古代，法律用于惩恶，所谓讲法律以儆愚顽。这个传统，一直延续到20世纪，甚至不绝于今日。不过，共和时代的法律，毕竟不同于古昔。不但普通法律之上有宪法，公法之外有私法，即使名为刑法的这支法律，也大不同于传统的刑律。二者最大的区别在于，人权的价值，权利保障的理念，贯穿于现代法制，也包括定罪名之制的刑法。中国今日之刑事法律制度，其实是在此二者之间，仍在传统刑律转向现代刑法的途中。当下中国社会诸多问题，折射于刑案，如刘涌案、赵作海案、佘祥林案、崔英杰案、许霆案、梁丽案、邓玉娇案、李庄案、吴英案等，成为公众关注焦点，主要原因在此。

仁文，刑法学者，其关怀却不止于刑法一科。他面向社会，向公众发言，但不从流俗，坚守独立思考的理性立场。他也从理性中抽取原则，但并不高标理想，罔顾经验与现实。这些特点，在他关于比如"见危不救"应否入刑、"欠薪"应否写入刑法、劳动教养制度改革等问题的讨论中，表露无遗。仁文也是死刑的坚决反对者。他对死刑问题有系统而深入的研究，并在各种不同场合宣讲其反对死刑的观点。同这种观点相一致，他始终反对重刑。在他看来，中国的刑法，不但死刑过多，而且总的来说，刑罚也过重。所以，对于各种想要通过订立新罪名或者加强刑罚来解决社会问题的想法，他多抱持怀疑和审慎态度。

大约一年前，有若干法律界同仁，就推动中国的禁止虐待动物立法发出呼吁。仁文对此事抱有同情，但同时又对将虐待动物行为入罪表示疑虑，他的基本考虑，就是中国的刑法已经过重，设立新罪当慎之又慎。他还强调说，中国的刑法所规定的内容，大体相当于欧美国家刑法上的重罪，中国的治安管理处罚法等行政性处分所针对的行为，则与那些国家法律规定的轻罪和违警罪相当。因此，如果要对比如虐待动物行为予以处罚，也不一定要动用刑法。

仁文的考虑当然不无道理。不过，法律的规定究竟怎样算重，怎样算轻？有时，这个问题没有简单的答案。依我国香港特别行政区法例，地铁、列车上饮食者，可罚两千港币；公共场所吸烟者，罚款可至五千港币。如此规定，重耶？轻耶？对虐待动物者处刑是更好的事例。我国香港特别行政区《防止残酷对待动物条例》订立于1935年，后迭经修改，沿用至今。据该法，残酷对待动物者一经简易程序定罪，可处罚款五千港币及监禁六个月。类似立法见于世界上许多国家，在中国大陆以外的地区亦非孤例。中国台湾地区1998年即有"动物保护法"，对违反动物保护之行为，视情况，最高可处以二十五万新台币的罚款，其涉及刑事责任者，移送司法机关侦办。2009年，"台北地方法院"援用该法，判处虐猫人丁某有期徒刑一年六个月。后丁某上诉至"台湾高等法院"，获改判为有期徒刑六个月。中国大陆尚无类此立法，因此，从残忍的活熊取胆，到牲畜家禽的活体注水，再到罔顾动物生存基本需求的各种行为如野蛮运输、过度利用，甚至以虐待、虐杀动物取乐，这类时常大规模发生之行为，无一被视为犯罪。然而，人们显然不能因此得出结论说，中国大陆的法律更合理、社会更文明、法律与社会的关系更协调。实际上，在当下中国，上述虐待动物行为已经不具有道德上的正当性，反对虐待动物的个人和组织、言论和行动，也早已成为一种不容忽视的力量。在此情形之下，立法的滞后显而易见。这时，单纯因为担心刑法过重而反对设立虐待动物罪名，恐怕不是一个有说服力的理据。相反，要判断某个新罪应否设立、罪名是否妥当、罪刑是否相宜等，需要从社会现实出发，综合理性与经验，对所有相关因素详加考量后而定。这一程序，与考虑应否减少死刑、减轻刑罚，其实并无不同。

诚然，中国现行刑法死刑过多，生刑过苛，这些事实不容否认。不仅如此，那些名义上只是行政处分的制度如劳动教养，其严苛程度甚至较刑法更甚。然而在另一方面，中国的法律有时不能被严格和公正地施行，以至于一些违法犯罪行为大行于世，却不受法律明定的惩处。这种情形，与法律名义上和事实上的严苛恰成对照。这些，是所谓中国国情的一部分，也是中国的刑法学者需要面对的问题。也因为如此，中国的刑法学者，不能只关注刑法条文，还应当关注社会，关注现实生活中的法律，关注法律与社会的相互作用。

仁文正是一个视野宽广、胸怀广大的刑法学者。他热情、积极、诚恳、富有正义感，他希望用自己的知识和行动影响和改变社会，让这个世界变得更美好，让这里的人活得更有尊严。这目标很大，但也很具体，具体到一次行动、一篇文章。因此，我们不妨透过这本小书，认识仁文，认识他的事业。这个事业，其实与我们每个人有关。

梁治平

二〇一二年二月十四日于西山忘言庐

　　《法律的灯绳》2012 年面世后，受到读者的欢迎，不少朋友给予鼓励。记得有一次收到北京市海淀区检察院邓超检察官的微信，她差点吓我一跳：刘老师，您改变了别人的人生！仔细一看下面的截图才知，原来是一个非法律专业的读者在不经意间接触到《法律的灯绳》一书，发现原本枯燥的法律会这么有趣，于是转学法律，从此改变了自己的人生。还有一次，南开大学法学院的贾卓威老师告诉我，他去教室找一个同学，发现该同学在埋头读一本书，如痴如醉，令他惊喜的是，这位同学读的就是《法律的灯绳》。甚至有一段时间，时任法学所所长的李林教授也在所里的一些会议上，不时拿我这个书名来开玩笑以活跃气氛。李林所长平时不苟言笑，他能注意到这个书名，确实让我有点意外。

　　现在看来，这个书名之所以不赖，可能在于"灯绳"这个隐喻能给读者提供一些想象的空间。对于法学随笔集而言，可以不夸张地说，好的书名确实可以提高书的意境，增强书的吸引力。我的同事邓子滨教授出版过一本《斑马线上的中国》，这个书名也妙在通过斑马线这样一种隐喻，道出了法治的某种意象：本来划定斑马线是提供一种安全保障规则，但如果大家都不遵守规则，斑马线上反而成了更不安全的地方。

　　回到本书，蒙读者厚爱，几年前出版社就与我商定，想推出一个增订本，没想到此事一拖就拖到现在。这次春节假期，又逢疫情防控，终于有空在家里处理一些平时没来得及处理的工作，其中就包括本书的修订。

八年之后再看此书，觉得里面要更换的文章太多了，但考虑到毕竟是原书的增订本，所以此次原则上不对书的基本框架做大的改动，除了出版社建议删去和补充的部分内容，另外我自己又对相关部分的文章作了适量增减。

利用这个机会，我想再就"法律的灯绳"这个书名所引发的想象作一点展开，算是常思常新的汇报。

灯绳者，控制电灯开关的拉线也，找到法律的灯绳，就等于找到了解决法治问题的关键，而寻找隐藏在黑暗处的灯绳，又需要一个摸索、探寻的过程。苏童曾经在《寻找灯绳》一文中写到："小说是一座巨大的迷宫，我和所有同时代的作家一样小心翼翼地摸索，所有的努力似乎就是在黑暗中寻找一根灯绳，企望有灿烂的光明在刹那间照亮你的小说以及整个生活。"写小说如此，治法学又何尝不是如此？以我所在的刑法学科为例，当下以德日刑法理论为摹本的刑法教义学正大行其道，本来比较和国际的眼光不但没有错，而且是我们所提倡的，刑法教义学更是刑法学人的看家本领，但凡事皆有度，不可走极端，如果不立足本土，不以本国的立法、司法解释和判例为基础，不在刑法教义学之外同时关注社科刑法学，那我们的刑法学就无法承担起它在刑事法治中所应有的使命。简单说，如果把刑法教义学大体等同于概念法学，那么历史法学、社会法学、自然法学等研究方法同样是不能缺位的。它们的互相融合，恰能实现天理、国法、人情的统一，正如博登海默在《法理学：法律哲学与法律方法》一书中所指出的："法律是一个带有许多大厅、房间、凹角、拐角的大厦，在同一时间里想用一盏探照灯照亮每一个房间、凹角和拐角是极为困难的，尤其是当技术知识和经验受到局限的情况下，照明系统不适当或至少不完备时，情形就更是如此了。"

　　法律作为一个带有许多大厅、房间、凹角、拐角的大厦，恰似一座巨大的迷宫，对于身处其中的法律人尚且如此，更何况对于普通大众！想起卡夫卡的小说《审判》中的那则寓言：一个公民站在法的门前，他满怀着对法的期待而来，本以为法是任何人在任何时候都可以接近的，没想到守门人挡在了入口，使这个公民求见法的愿望无法实现。这样的事例在我们的身边并不罕见。多年前，我曾接待过一个来京上访的老乡，他的情况大致是：自己的母亲和邻居闹意见，为了报复把对方的东西偷了，但事后又因害怕把东西给退回去了，结果仍然因构成盗窃罪而被判刑；而他自己受到当地官员欺压的一起案子却长期得不到解决。当时他怀揣雷管，说如果这次接待上访的人仍然不给他一个满意答复，他就在大厅引爆雷管同归于尽算了。我当时还以法学专家的口吻开导他：你妈妈确实构成了盗窃罪，退赃的情节法院在量刑时也考虑了，至于你的案子，那是另一码事，你不要把这两件事情联系在一起。今日想来，我对他的开导很可能并没有解除他内心深处的困惑：一方面，他的母亲事出有因又退回原物、没给对方造成任何损失，却被判刑；另一方面，他自己受了冤枉，官员却长期得不到惩治，所以他绝望了。

　　其实，这些年接触到的一些为法所困者中还不乏有一定社会地位的人，即使他们一旦陷入某个官司，特别是当对手是强大的国家机器时，也往往会有"整个社会如同一张无形的法网笼罩着他"而无能为力的感受。近年来，国家相继平反了一批冤假错案，如果还原到案件侦查、起诉和审判的当时，却也发现这些案件的过程环环相扣，几乎是合乎逻辑地推演着，想象被卷入其中的个体，真的是太弱小了。习近平总书记强调，要"努力让人民群众在每一个司法案件中都能感受到公平正义"，人民群众的法治信仰也只有在这样的司法环境中才能建立。如何让老百姓能接近法、亲近法，在法律的迷宫中找得到灯绳，看来我们还有许多难题需要破解。前述邓超检察官在与我分享她对《法律的灯绳》读后感时，曾感慨道：法律工作者，尤其是司法工作者，一直都在寻找灯绳，找到这根灯绳，法律才会变成一束光，照亮别人的路；找不到这根灯绳，法律就是在漆黑的夜里又多打了一个结。信哉斯言！

　　法治是动态的，法学也是动态的。前段时间，为缅怀潘汉典先生，我再读了一遍先生翻译的耶林的《权利斗争论》，这次阅读的一个更深感触是：耶林很不认同萨维尼的历史法学，萨维尼主张法的形成是"内发的有机的发展"，而耶林则主张要通过激烈的斗争来赢得权利，"法律只有通过清算自己的过去才能够使自己获得新生。"其实，不管是萨维尼的历史法学派，还是耶林的为权利而斗争，都是各自所处时代的反映而已。推而广之，在强调变革的年代，耶林的主张是有道理的，而在强调传统的时代，则萨维尼又略胜一筹。这种动态性增加了法治迷宫的复杂性，对应本书书名中的灯绳，试问年轻一代是否熟悉？也许他们熟悉的是开关，而对于已逐渐走入历史的灯绳，他们反倒要借助想象力了。米尔斯在《社会学的想像力》中指出，优秀的思想家并不把自己的研究工作与日常生活相割裂，应当结合自己的个人体验，以解决问题为中心，去发挥和运用自己的想象力。爱因斯坦也说过："想象力比知识更重要，因为知识是有限的，而想象力概括着世界的一切，推动着进步，并且是知识进化的源泉。"

　　当然，想象力不是凭空的，它是建立在经验、观察和大量的阅读基础之上的。在这变动不居的社会里，我们更需要展开想象的翅膀，用心去体验法律这座迷宫的魔力与魅力，在黑暗中去寻找灯绳，并在灯绳老旧的地方换上更加现代的开关。唯其如此，才能让法律之光普照大地！

最后，感谢中国民主法制出版社刘海涛社长、陈曦主任、许泽荣编辑对拙作增订本推出的关心和付出，也再次感谢读者朋友们对本书的厚爱，希望此次增订本能一如既往地受到你们的关注和指教。

刘仁文

2020 年 2 月 2 日于北京西郊寓所

目　录

Contents

第五辑　风义师长

第六辑　断想钩沉

第七辑　热点冷评

第八辑　阅人阅己

第一辑

法苑珠林

建筑与法治

　　建筑，这一人类文明中"凝固的音乐""石头的史书"，曾被多少学人从不同的角度进行过研究，美学、文学自不待言，就是政治学、法学，也大有文章可做，如《建筑与民主》《权力与建筑》等，都可以说是这方面别具一格的著作。

　　法国学者托克维尔在其《论美国的民主》一书中也曾谈到建筑：为什么美国人建造一些那么平凡的建筑物，又建造一些那么宏伟的建筑物？他对此的政治学解释是：因为在民主体制下，每个个人都显得很渺小和软弱，但是代表众人的国家却显得非常强大，于是他们在营造自家的建筑时不会过于讲究，但公共建筑却一定要气象宏大才符合国民对于国家的想象。我国学者贺卫方进一步指出，在与民主制度相对立的专制制度下，也存在着国家政治建筑的宏大和一般民众住宅的渺小这样巨大的反差，只不过个中原因不同：如果说民主体制下这个结果来自于民众对于国家伟大的想象的话，那么专制体制下则来自于统治者把建筑作为震慑子民及外人的权力修辞术。

　　在托克维尔笔下，美国的国会大厦是其指明的宏伟建筑物之一，我不知道当时美国联邦最高法院的建筑物是否宏伟，因为现在宏伟的美国联邦最高法院建筑物是 20 世纪 30 年代才建成的。当时的建筑师卡斯·吉尔伯特有意要将其建成与附近的国会大厦相匹配的建筑物。事实上，这一目的达到了。我曾先后两次访问过美国联邦最高法院，那希腊神庙式的建筑高大庄严，从长长的台阶拾级而上，让人产生一种对正义的向往和对法律的敬仰。除了外表的庄严素雅，其内部也是功能区分明确、法律文化浓厚，印象最深者莫过于其大审判庭，在它的四周墙壁直至房顶，白色的大理石浮雕刻画着来自世界各地著名的古代思想家、法学家，其中也包括中国的孔子。

把法院的外表设计成神庙式，是有一定历史根据的。在古代神权统治的国家，神庙就是法院。不过应当看到，现代法院的建筑正在走向多元化，据李贤华先生的研究，进入 21 世纪之后，法院建筑已很难找到"神庙"模式的踪影，取而代之的是"水晶宫"模式理念以及加入了"司法为民"元素的多元化设计方案。我不知李先生这里所说的"水晶宫"模式理念是否是指一种"民主和透明的价值"，不过这倒是让我想起自己在海牙国际刑事法院工作时的办公室，面向过道的墙壁确实是一种低能见性的玻璃墙。

在海牙，我还去和平宫拜访过时任国际法院院长的中国籍法官史久镛先生。和平宫之美，大概从门口那众多的来自世界各地的游客争相拍照留念可以得到佐证。记得与史法官道别后，他的助理陪我在和平宫的草地和湖边漫步，我们谈及那怡人的景致，一致认为这种环境有利于法官冷静而理性地思考问题。

可以说，司法建筑的外形与内部布局在某种意义上能够折射出一个国家法治和法律文化的发达程度。记得 20 世纪 90 年代初，我与中国社会科学院的一批青年学者到某县去挂职锻炼，我所在的法院不仅地理位置偏僻，而且建筑破败，与那些到党政部门挂职的人相比，让我这个法律学者产生了一种失落感。好在过几年再回去看时，新的法院办公大楼已在县城的显眼位置拔地而起，其内部大小审判庭的设置也井然有序，走廊两旁的墙上还装饰了恰到好处的中外法律格言。

应当看到，我们这些年的司法建筑在硬件上确实有很大程度的改善，但内部设计却不无改进的空间。例如，我们的审判庭在法官入场和退席时，都得从审判席下来走旁边的侧门，而不像许多国家和地区那样，直接在审判台的后面开设通道，以便迎面而出和背面而退。相比而言，我们这种审判庭的设计其感官效果就要偏弱些，不利于树立法官威严、坦荡的形象。再如，我们的刑事法庭在被告席的设置上也与国际通行做法不同，国际通行做法是被告人与自己的律师坐在一起，直接与公诉人平等相对，但我们却把律师与聘请律师为其辩护的被告人分开，只有律师才能与公诉人相对而坐，而被告人却要坐在公诉人和律师之下的受审席上。

谈到建筑与法治这个话题，我不由得想起边沁设计的"圆形监狱"。按照边沁的设想，圆形监狱由一个中央塔楼和四周环形的囚室组成，每一个囚室有一前一后两扇窗户，一扇朝着中央塔楼，一扇背对着中央塔楼，作为通光之用。这样的设计使得处在中央塔楼的监视者可以便利地观察到囚室里囚犯的一举一动；同时，因为囚犯看不到塔楼的情况，从心理上感觉到自己始终处在被监视的状态，时刻迫使自己循规蹈矩。福柯评论说，这是一种"权力技术"。边沁还认为，监狱应该建在大城市附近，以便成为一个活生生的提醒物，"这种监狱建筑的出现，它的独特形状，周围的大墙和壕沟，门口的警卫，都会唤起人们有关监禁和刑罚的观念"。

边沁关于中央塔楼的监视的思想现在不仅被运用到我国的监狱，还被运用到看守所。不过他关于监狱应建在大城市附近的建议在过去一个相当长的时期里被我们所忽视。中华人民共和国成立之初，为防止监狱关押的犯人破坏新生政权，我们把绝大多数监狱都建在远离大中城市和交通沿线的偏远地区和山区，但近年来我们也开始对监狱布局作出调整，把它们从偏僻的地区搬到城区来。这样做的理由主要还不是前面边沁所说的，而是基于方便服刑人员的亲人探望和社会组织进行帮教活动，以及可以方便管教干部的家人就业和子女上学、使之能安心工作等因素的考虑。

　　至于在这一监狱布局的大调整中，大量的建设工程项目如何防止腐败现象的产生，同样与本文的主题有关。由此推而广之，在时下中国这个大建设、大发展的年代，要想在楼盖起来的同时，官员不致因腐败而倒下去，更得采取有效措施，做好"建筑与法治"这篇大文章。

　　（原载《检察日报》副刊"每月名家"，2010 年 10 月 22 日）

法学与数学

在讨论一个内幕交易罪的案件时，对于当事人获利数额的计算方法难住了几位与会者。此时，中国政法大学的曲新久教授半开玩笑半认真地说："我们这些人的数学都不行！"

我不知道有多少法律人的数学不行，至少这戳到了我的痛处，我本人的数学就不好。最近阅读江平先生的《沉浮与枯荣：八十自述》，他也在书中披露自己的数学"很不行"。

数学再不行，毕竟学过，恐怕更突出的问题在于，我们忽略了数学对法学的重要性。如果说在过去我们法治建设的初期，法学对数学的需求还不是那么迫切，那么现在随着我国的法治建设向纵深发展，数学在法学领域的运用不但要提上日程，而且可以肯定地说，它有着广阔的空间。在这方面，我觉得马克思的一句话还是相当有道理的，他说："一种科学只有在成功地运用数学时，才算达到了真正完善的地步。"

法学应当是一门精确的科学，因为它事关国家权力和公民权利的边界，只有精确的法学理论才能产生精确的法律规范，只有精确的法律规范才能为社会及其成员规定精确的自由程度。我国刑法学者王世洲在翻译了罗克辛的《德国刑法学》之后，曾感叹道：罗克辛的刑法学理论，就像一把精确的尺子，可以用来厘定国家和社会在使用刑法来打击犯罪和保障人权方面的要求和需要。

反观我国刑法理论和刑法规范，这种精确性还多有欠缺，一个"交通肇事罪"和一个"以其他危险方法危害公共安全罪"，前者最高刑是 7 年有期徒刑，后者最高刑却是死刑，怎么在实践中有时竟会出现二者的界限不清呢？

还有，我国刑法的量刑幅度很大，如许多条款都只是笼统地规定"判处罚金或者没收财产"，但罚金总得有个上限；没收财产在刑法总则中是指"没收犯罪分子个人所有财产的一部或者全部"，但仍然很笼统，"一部"是指多少？1/2 还是 1/3？

所以，我们现在要搞量刑规范化指南，要重视量刑阶段在法院庭审中的独立性。我曾经指出：刑事法治从粗糙向精细发展的一个标志就是过去我们只重视定罪，而不重视量刑；现在我们既要重视定罪，也要重视量刑。对一个被告人是判 3 年还是 5 年，为什么要判 3 年或者 5 年，这对于他来说是很重要的。当然，我们的立法在这方面同样是粗糙的，你看国外或境外的刑法典关于量刑情节的规定是多么的详细，而我们的规定又是多么的简单。

强调数学对法学的重要性，不能机械地把它理解为"数字化立法"或者"数字化司法"。事实上，现代数学在传统的精确数学及随机数学的基础上，又发展出模糊数学，后者恰恰是人文社会科学领域运用最广的一门数学分支，它为我们处理不确定性和不精确性的问题提供了一种新方法。

不幸的是，我们现在的立法和司法没有运用模糊数学的原理和思维去解决复杂的社会现象，而是把数学在法学中的运用推向了庸俗化。一个偷税罪的条文设计，这个比例，那个比例，冗长而费解，到头来反而出现漏洞；贪污罪、受贿罪，立法规定数额在 10 万元以上的就可以判死刑，结果现在数额在上百万元甚至上千万元的情况都不判死刑，使得法律的这种机械规定无法适应社会的发展。

"数字化立法"和"数字化司法"的弊端在几年前的许霆案中暴露无遗，虽然许霆的主观恶性比起一般的盗窃案来要小许多，但由于其在出错的 ATM 机中"盗"走了十七多万元，已经超过了最高人民法院对刑法中"数额特别巨大"的解释数额，因而一审法官没有选择余地，只能判处其无期徒刑。

2010 年方舟子被袭案的审判结果又是另一种数字化司法的表现，由于伤害结果没有达到"轻伤"的标准，而只是"轻微伤"，因此无法构成我国刑法中的"故意伤害罪"，结果法院只好以"寻衅滋事罪"这样一个业内外都认为很牵强的罪名来对被告人定罪判刑。说实话，我是不希望看到这种局面的，一方面，具有如此主观恶性的袭击行为，仅仅因为我们这种"唯后果论"的机械化立法致其无法以"故意伤害罪"入罪；另一方面，在现有法律格局下，此罪入不了，又基于案件的特殊性非想方设法入罪不可，结果找来另一个罪名治你。如果说前一方面不利于打击犯罪，那么后一方面则不利于保障人权，如此一来，岂不双输？

看来，我们的刑法理论、刑事立法和刑事司法，要想成为一把厘定国家和社会在打击犯罪和保障人权方面的精确尺子，还需作更大的努力。

（原载《检察日报》副刊"每月名家"，2010 年 10 月 29 日）

正义与运气

几年前在我国台湾地区的新竹访学，有一天我独自散步到一条比较偏僻的乡村小道，路边电线杆上的一则启事使我停了下来。那则启事是一起交通事故的被害人家属贴上去的，大意是：其家人被肇事司机轧死，但现在肇事司机跑掉了，恳请当时目击的证人提供肇事车辆的信息。

那则启事的字迹已经发黄，看上去已经贴了很久了，我不知结果如何。假如真的没人看到肇事司机，那这家人不就倒霉了？因为打官司就是打证据呀。

即便在一个法律被严格遵从的理想社会里，也不一定就能保证所有的正义都能实现。世界上无论哪个国家，都不能保证刑事案件百分之百地侦破。当我在美国的火车站等公共场所看到警方贴出的那一张张失踪小孩的稚嫩小脸，想到其中可能有的小孩已经落入性变态者的魔掌，甚至已经被杀掉时，我不敢想象他们的父母将承受怎样的痛苦。这种厄运为什么会降临到他们的身上？为什么偏偏是他们？

当然，生活中厄运无常，好运其实也不断。还记得那双希望工程的"大眼睛"吗？1991年，一个偶然的机会，安徽金寨县张湾小学的一年级学生苏明娟被《中国青年报》的摄影记者解海龙摄入镜头。正是这张名为"我要读书"的照片，改变了她的命运，使她从失学的边缘走上了继续上学的道路。如今的她在希望工程的资助下，已经大学毕业，成为工商银行的一名白领。

好事不嫌多。2003 年，一名 15 岁的中国西北乡村贫困女孩马燕"渴望读书"的日记，被一个法国记者偶然发现，之后在报纸上连载她的日记，引起强烈反响，她的日记先后被译成法、英、德、意等多种文字，人们纷纷写信慰问、捐款，由此，马燕及当地的 60 个孩子又重新上学了。

一些研究正义问题的学者试图消除运气因素的影响，因为他们觉得运气是任意的、偶然的、不受控制的，但最后都不得不承认，除了上帝，任何人都会受到运气的影响，我们根本不可能生活在一个没有运气的世界。甚至连我们自己的出生（是否能够出生、出生在什么家庭），本质上都不取决于我们自己。

既然运气无法消除，那又该如何协调正义与运气的关系呢？我认为，在这个问题上，社会的治理者应当树立如下观念：

首先，要正视运气的存在。以出身为例，有的人出身于巨富之家，若此时以所谓的正义为由将其财产没收，与其他人平分，表面上看是实现了平等，但从长远看，并不利于鼓励全体公民勤俭持家、积累财富。因此，我们的宪法和物权法才基于"有恒产者有恒心"，明确规定公民的私有财产受法律保护。

其次，应看到一个社会的基本结构终究须由可预期、受控制的正义来主导。例如，一个社会在确有必要的时候，适当实行赦免，不仅社会能接受，而且也给那些被赦免的罪犯及其家人一个好运的惊喜，会起到积极的作用。但如果赦免过于频繁，则有损法治社会的严肃性，会破坏人们对正义的期待。一个人可以通过中彩票来发财，但绝对不可以让人产生错觉，以为人人均可以放弃本职工作去靠买彩票来维持生活。

再次，要保护公民的好运气，救济公民的坏运气。如一个人中彩，即使金额巨大，其他任何人也不能巧取豪夺，否则会受到法律的惩罚。但假如一个人、一个家庭甚至一个地区遭灾受难，则全社会每个成员都应当有共同承担这种坏运气影响的责任，小至单位的困难补助，大至国家的扶贫救灾，可以视为这种理念的体现。

最后，致力于制度正义的建设。一个人的天赋、出身不同，他的运气也就不同，相应的收入也不同，比如姚明，身高就是其幸运因素之一。国家应当正视这种"不平等"，但可以通过税收等手段，来保证贫富分化不至于太悬殊，因为太悬殊最终必然会导致社会不太平，这当然也不利于那些运气好的富人。但税率的高低如何确定，则又是一门学问，最起码的，税收不能高得影响人们运用他们的理性能力去创业。

至于作为社会的个体，我们该如何看待运气？说实话，我们过去受的教育大多是人定胜天，对于相信运气的人是不容易被瞧得起的。我至今记得，在读高三那一年，班级组织大家去登山，有一个女同学偷偷地到山上一座寺庙去祈求菩萨保佑她高考有好运，结果被别的同学发现并把这件事传开了，这个女同学仿佛干了一件多么见不得人的事。我那时也像众人一样对她的这种举动缺乏应用的理解和尊重。甚至在很长一段时间里，我都不能理解美国的历届总统在其就职演说中，为什么最后一句都是"愿全能的上帝保佑美利坚"？难道一个接受过高等教育的堂堂总统连上帝不存在这样的科学常识都不知道吗？

一位名人说过：一个人经历越多，就越相信命运的重要。随着自己年龄和阅历的增长，我现在很认同这句话。几年前，我曾接触过一个国际司法机构的法官，他在世界法律圈里享有很高的声誉，却因为自己家庭发生变故，辞去了那份令人羡慕的工作。

我当时很替他难过：一个可以在国际法庭主持世界正义的人，却无法左右自己家庭的命运。

有一天在耶鲁大学的博物馆里，看过科学走廊的一幅幅诺贝尔奖得主的画像之后，再步入神学展厅，我突然有了一种顿悟：科学与神学本就不是一个层面的，科学是有关世俗的，而神学是有关精神的。既然我们从科学上都得承认运气的存在，那么我们就无法使任何一个人甚至任何一个国家都强大到可以不受运气的影响。

回到本文的主题：毫无疑问，我们应当致力于建设一个正义的社会，最大限度地实现正义。但由于种种原因，正义也是有局限的，正义的实现也不是百分之百能保证的。认识到这一点，我们就不能不对命运心生一份敬畏。家有家运，国有国运，愿我们各自安顿好自己的身心，祝福大家好运。

（原载《检察日报》副刊"每月名家"，2012 年 2 月 10 日）

在纽约听庭审

在北京的一个学术会议上认识了美国联邦地区法院法官斯坦因（Stein）先生，到纽约大学后即与他联系，想去旁听一个案子。他马上回复我，在美国旁听刑事案件的审理是一项宪法权利，欢迎我随时去他的法庭旁听。

于是我在 2011 年 1 月 28 日下午和 2 月 22 日全天先后两次去了纽约南区他的法庭旁听，前者是美国常见的"量刑"，后者是美国不常见的"审判"。

斯坦因法官告诉我，美国 90% 以上的刑事案件都是通过被告人认罪程序来解决的（其中绝大部分有控辩双方的辩诉交易，不过也有因证据确凿控方不愿做辩诉交易，但由于认罪一般能从轻或减轻处理，所以被告人也是认罪的）。这类案子到法庭后由于被告人已经认罪，因而不需要审判，只需要量刑。在州一级，法官也参与辩诉交易的谈判，但在联邦一级，法官不参与控辩双方的交易谈判。认罪案件由于被告方放弃了陪审团审判等宪法权利，因而效率高得多，同时也由于被告方与检方的博弈，检方往往以放弃一项或几项指控等优惠来回报。对于控辩双方关于量刑的交易结果，斯坦因法官说他大概有一半的判决会遵循他们达成的协议，另一半不会遵循；不过在不遵循的情况下，大部分都是更有利于被告的量刑结果。至于检察官放弃的那些指控，法官管不了。谈及如何防止被告人因受到压力而违心认罪的问题，斯坦因法官指出，首先，所有这些控辩双方的交易谈判都必须有被告人的律师在场；其次，在法庭上他会认真核实被告人的认罪是否出于自愿。

在不到10%的被告人不认罪的案件中，则要按照"无罪推定"的原则由陪审团来审理，控辩双方的证人都要亲自出庭接受控辩双方的交叉讯问，最后由陪审团根据"排除合理怀疑"的标准来决定被告人是否构成犯罪。法官在事实认定方面没有权力，他只能告诉陪审团某些法律知识和证据规则，并驾驭整个庭审，如当控辩双方中的一方在讯问证人、另一方提出反对时（认为是诱导性提问），法官就要裁决到底这个问题可不可以继续问下去。当然，当法官觉得有必要时，也可以偶尔问证人一些问题，以澄清事实。

如果所有案件都遵循陪审团审理的程序，那真的是不敢想象。以我2011年2月22日去旁听的这个案子为例，光陪审员的挑选就花了整整一个上午（法院还有专门负责陪审团工作的部门），在50个候选陪审员中，法官要逐个问明每个人的情况，包括各自的职业，业余爱好，阅读范围，家人或亲戚中有无执法人员、有无被害经历、是否被定过罪，是否认识被告人，能否保证自己公正断案，等等。最后由控辩双方和法官共同商量，选出12人组成陪审团。

当天下午庭审开始，先由检察官和律师分别面向陪审团作简单的陈述，双方都请求陪审团在接下来的案件审理中凭自己的常识常理来判断。然后先由控方证人出庭接受双方的讯问，当天下午出庭作证的是两位警官，他们当时值勤巡逻，接到有人报案说自己被抢，这两位警官根据报案线索随后逮捕了犯罪嫌疑人。两位警官都要在证人席上宣誓，并耐心回答控辩双方的提问。

这个案件的审理前后花了一周半，最后结果是陪审团裁定犯罪成立。随后的量刑权属于法官。使我略感惊讶的是，斯坦因法官告诉我判刑结果要到 6 月才能出来。当我问他为什么不尽快判刑时，他说，一般得在定罪后至少 3 个月才能确定，因为量刑部门（the probation department）接下来要对被告人做一个周密的调查，包括他的成长经历、犯罪历史以及此次犯罪的背景等。为此，他们将会见被告人（其律师会在场），还将听取检察官的意见。最后的报告必须至少提前 35 天给被告方，以便被告方针对报告向法院提出反对意见。而法官自己也需要时间来消化这些材料，并在判刑前考虑所有的相关信息。

说到"the probation department"，我们过去一般把它翻译成"缓刑部门"，但这个译法容易误导读者。其实，把"the probation department"翻译成"量刑部门"似乎更为确切，因为它为法官量刑提供参考，当然也包括可不可以判处被告人缓刑的背景调查，但不限于此，而是包括可能影响量刑的一切因素。

量刑部门在州一级一般属于政府部门，但在联邦一级则属于法院内部的一个部门。以我这两次旁听的感受看，它对法官的量刑具有重要的参考作用。1 月 28 日下午我旁听了两个被告人认罪的"量刑"案件，法官均结合量刑部门的意见最后给予了被告人缓刑。

两次旁听还给我留下了一些难忘的记忆，如法官总是称被告人为"先生"，当律师说被告人的家属也在法庭，保证缓刑期间督促被告人改良时，法官还客气地对家属说"欢迎""谢谢"。被告人退场时，与自己的家人含泪吻别，旁边的保安也耐心等待。

至于陪审团，我则深深地感到这是一个需要全社会共同合作才能成功运行的机制。比如，任何公民，一旦被随机抽取到，就必须去法院接受遴选。我有一个从中国移民到美国的朋友，他就告诉我，有一次当法官问他能否公正断案时，他因为有生意在身，怕耽误时间，就故意说自己不能保证公正断案，这样当然就被淘汰掉了。试想如果每个人都这样，显然陪审团将无法组成。还有，陪审团审理案子期间，除了雇主要准假和照发工资外，每人还会得到一些补贴（纽约是每天 40 美元），这样看，没有所在单位的支持和国家财力的支持，陪审制度也是运作不起来的。

（原载《法制日报》"思想部落"版作者不定期专栏"法律行者"，以下简称"法律行者"专栏，2011 年 3 月 16 日）

美国毒品法庭参访记

从 20 世纪 80 年代后期以来，在美国等西方国家出现了一种问题解决型法庭，如毒品法庭、精神疾病法庭、家庭暴力法庭等。这种法庭在关注程序公正的同时，更加关注问题的解决。问题解决型法庭和传统法庭有很大的区别：如传统法庭采用对抗式程序，法官被定位为运用法律和程序的裁判者，而问题解决型法庭则采用合作式程序，法官被视为综合运用社会科学的一般原则来人性化地推行犯罪解决方案的教练员；传统法庭强调非常正式的庭审和严格依照法律作出裁断，而问题解决型法庭却常常是相对非正式的、采取许多不同于严格的法定程序的做法。

毒品法庭是目前美国数量最多的问题解决型法庭。我在哈佛大学访问时，特意在一个周四的下午邀请了同在哈佛访问的北大法学院张骐教授一起去访问附近的昆西毒品法庭。莫里亚蒂法官在开庭前和开庭后分别与我们进行了会谈，耐心地回答了我们的问题。从她的介绍中，我了解到：

美国的首个毒品法庭诞生于 1989 年佛罗里达州的迈阿密，后来变成一个由联邦司法部提供财政支持的遍及各州的项目。现在全美共有 2459 个毒品法庭（每州至少 1 个），在哈佛大学所处的马萨诸塞州有 22 个毒品法庭（包括 2 个少年毒品法庭）。这些项目得到了当地政治家、执法部门和马萨诸塞州公共卫生厅的支持，由州立法机关通过法案来提供资金。

莫里亚蒂法官不无自豪地说，毒品法庭的效果很明显，如再犯率下降了80%—85%，毒品的使用也减少了，而且与监禁相比，通过毒品法庭来矫治的人还能少花纳税人的钱。

莫里亚蒂法官告诉我们，她每周四主持毒品法庭（其他时间主持陪审团审理的案子、非陪审团审理的案子、审前听证、法庭禁令、交通违法上诉、房屋租赁纠纷、违反缓刑管理、家庭暴力、法官与当事人之间安排案件的程序、保释听证）。当天上午，她已经主持了一个会议，讨论了那些毒品法院矫治项目参加者的进展情况。参加会议的有检察官、辩护律师、矫治项目提供者、缓刑官、毒品法庭的书记员等。

下午2点，法庭开庭。我看到有两部分人：一部分是与我一样随意坐到面朝法官的椅子上的，其中有的人还有亲人和朋友的陪同，这部分人占多数；另有一小部分则是在法官右下边的一角，戴着手铐，旁边还有警察。经事后核实，这两部分人都是已经被定罪并给予缓刑的，他们都是毒品或酒精滥用者。其中有15%的人是非法持有毒品，其他人则还犯有别的罪行，如盗窃罪等。

那些戴手铐的人是由于他们在缓刑期间违反了法院的命令，如继续使用毒品、没有按照法院命令的要求去接受治疗、没有去上学或工作甚至又犯他罪，于是把他们关进了监狱。但法官与其他机构和人士商量认为，这些人关在监狱里不好，还是得到毒品法庭来接受矫治。不过眼下床位有限，他们要等别的项目参加者"毕业"后才能从监狱转到这类矫治机构中来。于是法官让这些人每周四在法警的带领下来观摩法庭，从中得到教育，并知道法庭对他们的期待。这天下午先后有 3 人被释放，他们在被释放前都与法官作了深入交流，法官柔中带刚，告诉他们如果再违反规定，就没有机会了。这 3 个人随后坐上普通席上，我看到他们坐下后都有系鞋带的动作，可见其在监狱里可能是不能系鞋带的。根据各人的不同情况，法官分别令其参加不同的项目，其中有一个人向法官报告，他要在下班前赶到接收单位，问能否早点离开，法官与众人沟通一番之后，随即让其哥哥陪同他尽快出发。

下午的开庭持续了近 3 个小时，有的人是向法官汇报自己的戒毒进展和工作情况；还有的人是根据戒毒的进展，决定是否进入下一阶段。其中有一个戒毒者刚开始跟法官说话时态度很不友好，一会儿抱怨他的家人，一会儿又抱怨和他一起工作的同伴。我以为莫里亚蒂法官会拿出她的威严来，没想到她却很耐心，循循善诱，最后那人终于被打动，深吸一口气说："我就看在尊重您的份儿上，一定要把毒戒掉，尽管我知道这很难。"法官带头鼓掌，大家也一起为他鼓掌。之后，法官又把他召到自己的身边，两人悄悄说了一会儿话。当他离开时，法官主动拥抱了他，并鼓励他当众说出自己的决心。他刚开始声音很小，法官又鼓励他大声说出来。他很听话，与刚开始时判若两人，大家自然又为他鼓掌。看到莫里亚蒂法官此时幸福的笑容，我不由得想起中国的"法官妈妈"，觉得这个称号送给她也是完全合适的。

那天的最后一个"节目"把法庭感人的气氛推向了高潮。一个小伙子成功戒毒，莫里亚蒂法官在仔细询问了缓刑官等人的意见后，发给他一份"毕业证书"，此时后面传来婴儿的哭声，原来是他的妻子怀抱着几个月大的儿子赶来了。莫里亚蒂法官在对他表示祝贺的同时，又再三叮咛："你看你有这么好的妻儿，可一定要对得起他们……"小伙子一个劲儿地点头，拿出一份他事先写好的信当众读了起来，告诉大家他成功戒毒的经历，以及这其中他需要感谢的人。毫无疑问，他首先感谢的是莫里亚蒂法官，同时也说到要感谢其他许许多多的人，包括那些矫治机构里的人员、缓刑官、家人，等等。他读着读着开始哽咽，听众席上也传出了抽泣声，最后连我和张骐教授也深受感染。

工作人员送进来一个蛋糕，莫里亚蒂法官让书记员给大家分发一次性的碟子和叉子，邀请大家一起庆祝这个小伙子的新生。我和张骐教授也加入吃蛋糕的行列，并与莫里亚蒂法官等人作进一步的交谈。法官又让助手帮我们打印了一些资料，粗看之后感觉这真的是一项系统工程，如其中有一个资料提到：一旦某人被毒品法庭接受，他/她就必须完成四个阶段的矫治，其中第一阶段最低为3个月，第二阶段最低为6个月，第三阶段和第四阶段也分别为最低3个月。每个阶段都有相应的矫治要求，例如，处在第一阶段的人每周四下午必须到法庭来全程参加会议，第二阶段的人则每两周来法庭报告一次，第三阶段的人每三周来法庭报告一次，第四阶段的人每月来法庭报告一次。每次来法庭时均须提交相应的矫治和检测报告。还有一份资料是被矫治者和缓刑官签署的协议书，其中既包括被矫治者的义务，也包括他/她的一些权利，如有关他/她的个人信息（包括艾滋病病毒检测结果）在什么条件下可以向什么人披露。看来，要全面了解美国的毒品法庭及其运作，仅靠这一次参访显然还远远不够。

（原载《法制日报》"法律行者"专栏，2011年5月25日）

司法中的公民合作精神

利用在美国访学的机会，再次去法庭旁听了一次陪审团的遴选，深感美国陪审团的机制之所以能够有效运行，与美国社会中公民对司法所持有的合作精神有着重要的关联。

首先，当一个特定的刑事案件或民事案件需要陪审团审理时，法院的陪审团部门会在所在地区的选民中随机挑出一些人来，通知其到法庭接受遴选。尽管无故不来者肯定会受到相关的法律惩罚，但美国社会似乎已形成一种习惯，那就是担任陪审员是公民的一种义务。因此，每次被通知到的人都能如期来到法庭，不管其身份如何。我这次旁听时，发现前来的 50 个人中有教授和律师，他们与普通民众一样，耐心回答法官的每一个提问。

其次，在陪审员的遴选过程中，需要公民的合作精神。一个陪审团的选出，再顺利也得花上半天的时间。法官要逐个问明每个人的情况，包括各自的职业，业余爱好，阅读范围，家人或亲戚中有无执法人员、有无被害经历、是否被定过罪，是否认识被告人，能否保证自己公正断案，等等。这个过程冗长而乏味，但没有谁不耐烦。更重要的是，每个人的回答都靠自觉。例如，有一个人就说自己的英语不好，不能全部听懂法庭的发言；另有一个人说自己曾经是犯罪的受害者，不能保证自己能公正地断案，于是这两个人很快被法官淘汰掉了。我中午在与该法官就餐时就问他，你怎么能保证这两个人说的是实话？如果他们撒谎呢？法官对我的提问似乎觉得有点奇怪，略加思考后说：如果查出他们说谎，法律可以惩处；但事实上他不可能去查明，他也不相信他们是在撒谎。

最后，通过陪审团审理的案子，由于所有的证人都要到法庭来接受控辩双方的交叉讯问，以便陪审员能据此对案件事实作出判断，因此审理的时间往往很长。这次我旁听的案子就审理了一周半，但法官说这还不算长。在这段时间里，陪审员要放下手中的工作，专一于案件的听审。而且，审理中的许多环节都需要陪审员配合，如法官告诉陪审员，私下不要与自己的家人议论案情等。

当然，美国公民对国家司法的这种合作精神之所以能成为一种文化，我想，从深层次来说，还是依赖于其制度支持。这种制度支持又表现在多个方面，如陪审员审理案子期间，除了雇主要准假和照发工资外，每人每天还会得到一些补贴。这样看来，没有所在单位和国家财力的支持，陪审团制度也是运作不起来的。又如，每次选择陪审员时，法官对确有特殊情况的，都会"放其一马"，因为在审理过程中还有后备陪审员，以便万一哪个陪审员临时因故不能参加，就可以替补上去。我甚至想，美国今天这种合作、诚信文化的形成，最初可能也是来自对那些不合作者、撒谎者的惩罚，久而久之，社会上绝大多数人就把这种义务和责任看成是理所当然的了。

（原载《新京报》作者不定期专栏"具体权利"，以下简称"具体权利"专栏，2011 年 3 月 26 日）

畅通理性表达意见的渠道

数年前，我的同事、现任全国人大常委会法制工作委员会副主任的信春鹰教授曾经写过一篇《示威的规则》①。她在文中主要表达了两个意思：一是示威作为表达自由是有深刻道理的；二是示威要按照一定的规则进行。她的文章结论是：文明的示威秩序是一个成熟的民主制度的一部分，所以，看不同形式的示威也是观察一个国家公民素质的窗口。

由于我也在国外断断续续待过一段时间，多次见过欧美国家的游行示威，因此对信教授文中提到的一些场景和感慨颇有同感。我的感觉是，在欧美国家，群众的集会、游行、示威一般都能得到警方批准，警方也会提前通知社会各界，在某一天的某个时段、某个街区因某某游行将实行交通管制，这样行人和车辆就可事先有所准备（绕道而行）。记得 1998 年我在哥伦比亚大学访学，当时动不动就去观看各种游行，我发现那些维护秩序的警察一点也不紧张，他们站在警戒线旁，背着手踱步，嚼着口香糖。游行的人在指定的区域走过，有的跳着唱着吆喝着，还有的喊着各种口号。当年的万圣节（鬼节）游行，搞笑气氛十足，一些年轻人扮成克林顿模样，口衔雪茄（克林顿那年爆发性丑闻，他和实习生莱温斯基以雪茄来玩性游戏）。

① 详见《法学家茶座》第一辑。

2005 年我在英国牛津，曾应当时的首相布莱尔的夫人切丽大律师之邀，到唐宁街 10 号喝下午茶。我出来时，正遇到一些反战人士在集会（反对伊拉克战争），我与其中的一位女士交谈，当她听说我刚从首相府出来时，立刻表现出一种"不屑"，我马上避嫌，说自己见的不是首相，而是他的夫人。不料她仍然来气：她与她丈夫是穿一条裤子的。据她说，他们这些人差不多每天都到这片草地来集会，我问她难道警方不干涉吗？她说警方确实想干涉，但他们把官司打到法院，法院最后作了个折中裁决：集会者不能占用马路、堵塞交通，而警方也不能驱赶他们在这块草地上的集会。

其实，作为表达自由的集会、游行、示威，是现代国际人权的有机组成部分，也得到了各个法治国家的宪法认同，我国也不例外。我国宪法第 35 条明确规定："中华人民共和国公民有言论、出版、集会、结社、游行、示威的自由。"而且，与宪法第 34 条关于选举权和被选举权的规定相比，该条有一个明显不同，那就是公民的选举权和被选举权还有"依照法律被剥夺政治权利的人除外"，而集会、游行、示威则没有这样一个例外性的规定，这说明集会、游行、示威是一项不可剥夺的宪法权利。当然，说不可剥夺并不意味着就可以随意行使甚至滥用这项权利，按照国际人权法律文件的要求，公民行使集会、游行、示威的权利，"必须按照法律以及在民主社会中为维护国家安全或公共安全，公共秩序，保护公共卫生或道德或他人的自由和权利的需要"。也就是说，虽然集会、游行、示威是公民的宪法权利，但行使这些权利时要遵循一定的规则，如依法申请，在批准的时间和区域内集会、游行、示威，不得有暴力或其他危害公共安全的行为，等等，这样才能在公民的个人权利和社会的公共利益之间维持一种平衡。

作为一枚硬币的两面，在要求公民依法、和平、理性地行使集会、游行、示威的权利的同时，也要求政府必须确保公民的这项权利能够得到落实。一般而言，没有特别的理由，不得拒绝公民申请行使这项权利。所谓特别的理由，举个例子，本来在平时，公民可以申请在几乎所有的地点举行集会、游行、示威，但当举办奥运会这种大型体育赛事时，为了保证赛区内的交通顺畅和良好秩序，此时可以对集会、游行、示威的地点作出一定的限制。如雅典奥运会、盐湖城冬奥会和我国2008年的奥运会，均设立了奥运示威的特定区域。虽然2008年奥运会期间三大示威公园静悄悄，但仍然有评论说，此举显示了中国的开放和进步。

我国1989年10月由全国人大常委会颁布了《中华人民共和国集会游行示威法》，1992年公安部又发布了经国务院批准的《中华人民共和国集会游行示威法实施条例》。

尽量批准合法的集会、游行、示威申请，无疑会鼓励和引导公民理性地表达意见，把绝大多数集会、游行、示威引到台面上来，这样就可以把维护社会治安的主动权掌握在政府手中。巴黎是一个集会、游行、示威频发的城市，但有资料显示，由于其80%以上的集会、游行、示威活动都是经过申报的，这样巴黎警方就来得及根据申报表中掌握的情况制定比较周密的工作预案和绘制现场平面示意图，因而失控的场面鲜有发生。

社会是一个需要释放喜怒哀乐的系统，集会、游行、示威作为一种意见表达，有时其本身就是目的。集会、游行、示威所释放出来的，也不一定都是怨气，有时还有喜气。释放有助于这个社会在动态中保持和谐与平衡。如果我们的明规则不允许集会、游行、示威正大光明地举行，则潜规则就会滋长，一套暗中发动和组织集会、游行、示威的方法就会产生。再者，如果一个社会不能让集会、游行、示威成为公众意见的表达方式和情绪的发泄渠道，那么积压到一定的时候就有可能由某种偶发事件引发"爆炸"。显然，这两者都是我们所不希望看到的。

（原载《南方周末》，2009年11月12日）

追求无害甚至多赢的正义

恢复性司法（Restorative Justice）是近几十年来国际上兴起的一场刑事司法改革运动，它在日本被称作"修复性司法"。"恢复"也好，"修复"也罢，其实都是为了表示一种与传统的刑事司法模式相区别的理念：传统的刑事司法主要是报应刑，只一味地强调打击和惩罚犯罪人，没有关注被害人和社区的利益；而恢复性司法"是要使所有与特定犯罪有关的当事人走到一起，共同商讨如何处理犯罪所造成的后果及其对未来的影响"。

恢复性司法认为，传统的刑事司法使犯罪人、被害人和社区都受到了损失，因而是一种"有害的正义"，而有害的正义不是真正的正义。其实，犯罪发生后，受到损害的不仅仅是被害人一方，而且还包括犯罪人一方和社区，因此刑事司法的任务主要不是惩罚犯罪人，而是要全面恢复犯罪人一方、被害人一方和社区因犯罪而造成的损害，"让各方当事人都能从冲突事件的后果中解放出来"，以实现一种无害甚至多赢的正义。

由此出发，恢复性司法鼓励有关当事方的参与和协商，追求被害人与犯罪人的和解；全面关注被害方的需要——物质的、情感的、社会的；创造一种有助于犯罪人和被害人重新融入、有利于预防犯罪的有成效的社区；把犯罪人及其亲人也看成是犯罪的受害者，一方面把他们从罪过和恐惧中解脱出来，将导致犯罪的冲突予以解决，另一方面也要他们看到犯罪的伤害，寻求与被害人和社区的沟通，并要求他们采取尽可能有效的措施来弥补这种损害。

恢复性司法是西方完成法治化后基于对刑事司法危机的反思而提出的变革，尽管它目前还只是主流刑事司法的一种辅助措施，但由于它击中了传统刑事司法的要害，因而发展迅速，并得到了联合国的肯定和提倡。

我国在经过二十多年的刑事法治建设后，也于实践中诞生了恢复性司法的中国版本——刑事和解。应当看到，这一现象的出现有着深刻的社会背景：首先，和谐社会的构建，以人为本的彰显，使刑罚轻缓化具备了社会土壤；其次，宽严相济刑事政策的贯彻，使刑事和解自然成了以宽济严的重要渠道；最后，刑事附带民事执行难、监狱人满为患等现实问题促使中国的司法部门采取措施来加以解决。

从各地推行刑事和解的效果来看，总的来讲，优势明显，表现在：一是有效化解了当事人之间的纠纷和矛盾，案结事了，大大减少了上访、缠访的现象；二是切实保护了被害人的利益，像刑事附带民事案件，过去往往是一纸"空判"，实际上很难执行，现在通过达成和解协议，把积极赔偿作为减轻处罚的一个前提条件，使被害人能够得到及时的赔偿；三是降低了诉讼成本，节约了司法资源，提高了诉讼效率。

但是，我们也应当看到，由于刑事和解的法律依据并不充分，各地的发展很不平衡，在有些地方、有些案件中，出现过不规范的现象，引起了一些人的担心。为了使这项工作朝着健康的方向发展，我认为有必要尽快从法律制度上加以规范。中国刑事法治刚刚奠定根基，如果让刑事和解这样的制度长期游离于法律规范之外，容易给人造成法律可以随意突破的印象，应当把这种副作用降低到最低。刑事和解与传统的刑事诉讼模式当然有很大的区别，但这绝不是说它就是非法治的产物；相反，在不侵害国家和社会公共利益的前提下，肯定当事人对于一些案件的参与、建议，更加重视被害人一方的感受和意见，只要把这种制度法律化，就符合法治的要求。

刑事和解的法制化，涉及一些制度的调整和革新，如刑事附带民事制度，现行刑法规定在给予刑事处罚外，同时判处赔偿，为了防止"空判"，可以总结实践中的经验，将赔偿前置，先赔再判，并在判刑中予以从轻或减轻。此外，现行刑法中的刑事附带民事制度不承认精神损害赔偿，在有具体被害人的案件中，如果被害方有赔偿的需求，犯罪方也愿意积极赔偿，我们的法律制度为什么不允许精神损害赔偿呢？在确立精神损害赔偿后，可相应地减轻对犯罪人的判刑，这同样是多赢之举。

刑事和解必然带动刑罚制度的改革和创新，如现在实践中有的地方对某些积极赔偿取得被害人谅解的犯罪人，令其参加公益劳动等社区矫正项目。2011 年通过的《中华人民共和国刑法修正案（八）》〔以下简称《刑法修正案（八）》〕对社区矫正制度明确作了规定，这是我国刑罚制度的一次重大变化，具有深远的意义。

在刑事和解的适用对象上，目前实践中不尽一致，理论上也有很大争议。如对于重罪能否刑事和解？带"霸"字色彩的案件、涉黑案件能否刑事和解？我觉得，这里应当区分两个思路：一般意义上的刑事和解，主要还是应当限于轻微刑事案件，在这些案件中，刑事司法制度可以更多地承认当事人的意思自治原则。但即使对于重罪和那些带"霸"字色彩的案件、涉黑案件，也应当鼓励和解。无论如何，犯罪方愿意积极赔偿、赔礼道歉、真诚悔罪总是好的，但此时不宜简单地和解了事，可通过细化刑法中的量刑情节，把它作为一种有利于被告人的量刑情节来加以规定，由法官综合考虑。

从长远看，我们的刑事和解运行模式还是应当向国际上的恢复性司法看齐。恢复性司法较之刑事和解具有更丰富的内涵，而我们当下的刑事和解，在绝大多数场合还是重在加害方对受害方的赔偿。为什么受害方如此看重赔偿？因为我们还缺乏国家层面上对被害人物质补偿和精神抚慰的制度，使得许多因受犯罪所害而陷入经济困境的人不得不看重犯罪人的赔偿。在这种情形下，又使得有的没有赔偿能力的犯罪人，即便真心悔过，也有可能得不到恢复性司法模式下所希冀的从轻处理。

（原载《人民法院报》，2010 年 1 月 7 日）

讲“理”与讲“力”

看过茅于轼先生的一篇短文《全社会必须恢复讲理的风气》，里面提出官民两方面都要讲理，而不能比武力，我深以为然。

一次与一位基层法官朋友聊天，他说到一个当事人拿着生效判决天天去找他，让他改判。他一再解释这已是生效判决，但对方就是不听，最后竟激动地抓破了这位法官的脸。说到这，这位法官眼中噙满了泪水。

另有一次参加一个法治沙龙，某律师慷慨陈词，说他在一次代理案件的过程中冲进一位法官的办公室，拿着判决书对法官说：“你若不改判此案，我就从这楼上跳下去！”众人鼓掌，视其为英雄。

对此我总觉得别扭：即便法官的案子判得有问题，难道当事人可以动手打法官，律师该如此行事吗？

法治社会应是一个讲理的社会。为什么要有法治？就是因为在一个没有法治的社会里，会弱肉强食，会以武力取胜。法治就是以国家的力量作后盾，确保有理的弱者能获得保护和正义，没理的强者也要服从法律的规定。

但现在出现了一些值得我们担忧的现象，无论是行使公权力一方，还是行使私权利一方，都有某些不讲理、不按规则出牌的做法。针对本文前述两个例子，可能有人会指责我站着说话不腰疼，不知弱势一方的无奈和迫不得已。但我要说的是，如果一个社会长期这样运转下去，必是一个法制尊严荡然无存，最后变成谁闹得凶、谁就获益的社会。实践中这方面的事例不是已经出现了吗？个别无理上访者一再上访，地方政府为息事宁人只好迁就，无原则地满足其要求，这样带来的示范效应毫无疑问是消极的。

当然，公权力一方更要讲理，因为权力是人民赋予的。人民赋予国家机构以权力，就是希望它能提供正义的服务。遗憾的是，某些公权力的行使者，忘记了权力的来源，简单执法、粗暴执法甚至贪赃枉法。

我希望，我们的社会能崇尚讲理，信仰法律。为此，首先要求我们的法律本身要反映民众的心声，特别是人民代表一定要能代表人民，只有通过真正代表人民的立法机关制定出来的法律，人民才有遵守的义务和责任。其次，各级公权力部门要带头守法、带头讲理。最后，我们的全体国民也要养成一个讲理的好习惯、好风气。在讲理的过程中，也不一定就能达成一致，甚至可以说，注定会有不同的利益和立场，但大家都要有一个共识和底线，那就是绝不能动武，绝不来蛮横的一套，而要在民主立法、充分沟通的基础上，尊重法律的裁决和法定的解决办法。

（原载《新京报》"具体权利"专栏，2011 年 11 月 12 日）

第二辑——诗性智慧

故乡

古往今来，吟诵故乡的文章佳句多矣。李白的"举头望明月，低头思故乡"，杜甫的"露从今夜白，月是故乡明"，都是这方面的经典之作。把思乡与月亮联系起来是有原因的，一个身处他乡的人，大都会有这样的感觉：白天倒还罢了，到了夜深人静的时候，思乡的情绪就难免一阵阵地袭上心头，尤其是月明之夜。

月本无处不明，但由于心系故乡，故在游子的眼里，故乡的月更明。若干年前，我到美国一个农民家做客，短短一周，就与主人一家结下了难舍难分的情谊，离别之际，曾以诗相赠，其中一句为"we share the same moon"（我们同享一轮明月）。因为很快就会回家（回到祖国这个家），所以倒反过来安慰对方：当我在故乡的时候，看到这一轮明月，就会想起你们。

故乡是一个相对的概念。当俄罗斯宇航员马克西姆·苏拉耶夫和美国宇航员杰弗里·威廉姆斯共同搭载的宇宙飞船着陆时，他们的第一反应是庆幸自己安全回到了地球这个故乡。

对于生活在地球上的人来说，祖国就是故乡。中国8名维和警察在海地遇难后，国家不惜代价把他们的遗体运回来。回到了北京就是回到了他们的故乡，虽然其中有的人真正的故乡离北京还很远。

而对于生活在同一个国度的人来说，自己小时候的出生地或成长地才是自己的故乡，尤其是像中国这样地域广博、城乡差异大的国家。如我这种从南方偏僻山村出来、现在定居北京的人，那个偏僻山村就永远是自己魂牵梦绕的故乡。一次与一位新加坡友人谈起自己的故乡，他说自己从小出生在城市，而且新加坡整个国家也就是一个城市，所以很羡慕我这种有山村故乡的人。

我的故乡位于湘西南隆回县北面的一个偏远山村，虽然小时候很苦涩，但回忆却也不乏甜蜜。有一次偶然打开电视，看到台湾诗人余光中正在谈他的《乡愁》，他讲到即使现在再回到故乡，故乡的一切也都变了，于是又陷入另一种乡愁。我想起自己近年来几次回故乡的感觉，也是如此，小时候的伙伴们都外出打工了，家里留下的多是老人和小孩。

我是幸运的，故乡从来没有伤害过我，相反，还给过我一些荣誉和机会，所以对故乡的感情日增。好几次路过长沙，我都住在隆回县驻长沙的办事处。一些长沙的友人来访后还相互议论，说刘仁文对家乡的感情真深。办事处的负责人让我在他们的留言簿上留言，我有感而发，写下"有故乡的人是幸福的"。

但并不是每个人都如我这般幸运。我有一位很尊敬的师长，他的父亲在老家受到过不公正的对待，当年他还年轻，回去交涉，当地领导不把他当回事儿，还说了一些讽刺挖苦的话。此事深深地刺伤了我的这位前辈，至今他谈起故乡时仍有一种复杂的感情。

对故乡的感情可能缘于山水，也可能缘于风俗，还可能缘于人情。在美国新墨西哥州的印第安人部落，当我发现他们在门框上挂辣椒的习俗与我老家相同时，忍不住与他们探讨印第安人的祖先是否真的来自亚洲；当一位韩国法官告诉我他的老家地名也叫"湖南"，而且进一步发现我们的敬酒习惯也彼此相同时，顿时两人的距离拉近许多；昨夜，重读鲁迅的《故乡》，主人公闰土的形象强烈地冲击着我的心灵，因为在我的故乡记忆中，就有这样的人物。

　　哲学是充满思乡情结的艺术。德国诗人诺瓦利斯说过："哲学原就是怀着一种乡愁的冲动到处去寻找家园。"德国作家赫尔曼·黑塞如是说："这世间有一种使我们一再惊奇而且使我们感到幸福的可能性：在最遥远的、最陌生的地方发现一个故乡，并且对那些似乎极隐秘和最难接近的东西产生热爱。"这样，悖论就产生了：一方面留恋原始的故乡，另一方面又要去远方寻找心灵的家园。三毛浪漫地流浪过那么多地方，但这毕竟常人做不到，人生苦短，一般人有"第二故乡"就不错了，"第三故乡"的提法似乎少见。考古学家张光直从北京到我国台湾地区，又从我国台湾地区到美国，然后又往返于美国和我国台湾地区、美国和大陆之间，他曾用"吴襄"的笔名发表小说，"吴襄"乃"无乡"的谐音，这比起他母亲易名为"心乡"那个寄托乡愁的名字来，更多一份悲凉。所以，张光直先生去世后，大陆方面的友人给他出版的纪念文集取了一个很好的名字：四海为家。

　　在人生的驿站中，故乡永远是向远方前进的动力，也是长路漫漫中心灵的寄托和归期。汉高祖刘邦"威加海内兮归故乡"，这种成功人士荣归故里的感觉自然再好不过。但另一方面，一个有故乡却不能归回的人，其痛苦也是不言自明的。中国古代的"刑"字写作"㓝"，一半是"井"，一半是"刂"，"井"其实就是故乡，"㓝"是一个人背着故乡的井水渐行渐远，因此《说文解字》称"刑者，割其情也"，强迫一个人离开他的故乡和亲人，这就是一种残忍的惩罚，也是最初"刑"的原意。直到今天，在一些比较偏僻的地方，习惯法仍然将那些民愤大的人驱逐出村庄，以此作为对他的惩罚。

　　写到这里，我还想起一则关于故乡的故事：1953年斯大林去世后苏联宣布大赦，开始允许三十多年来流亡海外的白俄分子回国。其中一个人下了车后激动不已，第一件事就是跪下亲吻俄罗斯的土地，高喊："啊，祖国，我回来了！"可是当他起身去拿行李时，却发现行李已经被人偷走了……

（原载《检察日报》副刊"每月名家"，2010 年 10 月 8 日；《法制资讯》2011 年第 12 期曾在"经典赏析"栏目中转载该文）

第二辑—诗—性—智—慧

宽恕

宽恕，或者宽容，对于国家来说，是一种"政治上的睿智"。一部人类社会的历史，总的来说就是国家不断走向宽容的历史。

德国哲学家康德把宽容看成是人类"永久的和平"的保证，而德国法哲学家考夫曼更指出："宽容在今日世界，乃至于明日世界是一个人类的命运问题。"

南非的图图大主教写过一本著名的小册子——《没有宽恕就没有未来》，讲述了他担任南非真相与和解委员会主席期间，如何引领南非人民在揭露昔日种族歧视暴行的同时又与那些愿意忏悔者达成和解的经过。今天我们都知道正是这场拯救祖国的运动挽救了新南非，但看过该书，我们才知道和解是多么的不易。不要说受害人克制住"复仇心切"的心理需要做多少工作，就是加害人要作出真诚忏悔又谈何容易？在那旷日持久的和解过程中，真相与和解委员会的成员们充当的不仅是"洗碗机"，更是"吸尘器"，把所见所闻的痛苦和创伤吸入自身，致使他们都成了"受伤的疗伤人"。正如图图大主教所说："我自身的疾患似乎生动地证明了，让创伤的人们康复，其代价是何等沉重。"

尽管法国哲学家、解构主义思潮创始人德里达主张，最高境界的宽恕应是宽恕那不可宽恕者，"如果只宽恕那可宽恕者，就没有真正去宽恕"，但毫无疑问的是，如果被宽恕者能够真诚悔过，那就给和解创造了良好的条件。正是从这个意义上，日本学者西田几多郎指出："罪恶是令人憎恶的，但世界上再也没有比悔罪更美的了。"也正因此，图图主教认为，不仅是宽恕者，而且还有道歉者，他们都是坚强而非软弱的人。

宽恕需要坚强，这一点都不错。南非前总统曼德拉就说过："当我走出囚室、迈过通往自由的监狱大门时，我已经清楚，自己若不能把悲痛与怨恨留在身后，那么我其实仍在狱中。"可以想象，曼德拉对种族歧视者的愤恨有多么强烈，如果不是用坚强的理性去压住心中的怒火，那么他当上总统后很可能给这个国家带来灾难，最终也可能毁灭自己。所以，宽恕也是一种自我拯救，它可以将一个人从往昔灾难的阴影中拯救出来，与无情的历史和解。

《悲惨世界》中的主人公冉阿让在偷走米里哀主教的银器后被警察抓获，但主教大人善意的谎言使冉阿让免于牢狱之灾。米里哀主教的这一宽恕令冉阿让十分感动，从此他洗心革面，后来成为一名成功的商人直至当上市长。按照解构大师德里达的观点，米里哀主教的宽恕应视为一种善良的对法律的背信。所以，法国哲学家保罗·利科认为，宽恕"不仅是一种超法律价值，还是一种超伦理价值"。

不过，宽恕与法律也有交织在一起的时候，德国哲学家拉德布鲁赫就把宽恕看成与赦免相关的一个概念，他指出"赦免使与法律无关的价值领域兀立于法律世界的中央，比如宗教的慈悲价值、伦理的宽恕价值"。

宽恕之所以为人类社会所必需，是因为人人都难免有过错。《圣经》里有一个故事，法利赛人把一个通奸的女子带到耶稣面前，准备将这名女子用乱石砸死。耶稣说，你们中间，谁没有过罪过，就朝她扔石头吧。然后，法利赛人羞愧地一个个走了。

我们之所以提倡宽恕，是因为被宽恕的人也是人生的不幸者。法国批评家圣伯夫曾言："假如我们可以洞察所有人的内心，那么人世间又有谁是不可同情的呢？"

一个人自己可以宽恕自己吗？可以的。德国哲学家黑格尔和法国哲学家勒维纳斯都是把自己作为他者来宽恕的，如果自己不宽恕自己，自我构成的过程就会停止。当然，宽恕自己的前提是能够严于解剖自己。

一个人可以代替他人去宽恕人吗？德里达有过这方面的困惑："宽恕时有背叛他人的危险。"但他马上又解开了这个困惑，"我应该为了公正去请求宽恕"。更何况宽恕那些真诚悔罪的人，想必天堂里的死者也是会同意的。

宽恕有个人美德的因素，更有社会文化的因素。2000年4月，4名中国青年在南京市金陵御花园，杀害了中德合资企业外方副总经理普方一家4口，被人民法院判处死刑。然而，这个判决却遭到来自死者家属和德国政府的异议，他们请求中国法庭免罪犯一死。就连与此事无关的葡萄牙、法国、瑞典等国政府，也与德国政府一起联名向中国政府提出这一请求。当时听说此消息，当事人自己也难以置信。但就在前不久，我又亲耳所闻一个类似的故事：一中国留学生在欧洲杀死了自己的挪威籍女友，然后回到北京，被警方抓获，结果挪威受害方居然向我这个中国刑法专家请教，怎样才能救该男子一命？当我告诉对方被害人家属的意见很重要时，他们马上说，他们不希望判该男子死刑。

类似的例子在中国也有。2008年，河北青年宋某因债务纠纷刺死马某，马某的母亲在伤心之余，却想到"枪毙他又有什么用呢？他抵命我儿子也活不过来了……救他当行善吧"，结果法官采纳了她的请求，免宋某一死。我当时发表文章称这位母亲为

"伟大的母亲"，并援引黎巴嫩诗人纪伯伦的话来赞扬她："伟大的人都有两颗心，一颗在流血，一颗在宽容。"

当然，宽恕，或者宽容，并非无原则，更不是纵容。法国启蒙思想家伏尔泰在《论宽容》中早就指出："虽然在《旧约》中有许多表示宽容的例子，但是也有严厉的事例和律法。"就连倡导"无条件宽恕"的德里达也承认：宽恕问题总是关乎有限的存在，即使是无条件的宽恕，其本质也应该是有限的，是"只此一次"的。

（原载《检察日报》副刊"每月名家"，2010年10月15日；该文后被以"没有宽恕就没有未来"为题收入《中学生创新阅读》编委会编的《2010—2011年名家励志故事排行榜》一书）

小的是好的

我从小受的教育是国家"地大物博"，要树立"远大理想"，凡事要"做大做强"，因而在写文章、想问题时也喜欢用"大"的思路，但近年来的一些经历和阅读使我对"小"增添了一份特别的关注。譬如，我在《新京报》开设的专栏就取名"具体权利"，旨在摆脱以往的宏大叙事和大谈哲学，从一个个具体的小问题着手来讨论一些事情。

鉴于"大"在我们当前这个世界的流行，特别是国人对"大"的偏爱，本文不妨再说说有关"小"的一些故事，让人们意识到在这个充满矛盾并且比逻辑还要复杂的现实生活中，虽然我们有一百个理由来证明"大"的好处，但也同样有一百个理由来证明"小"的好处。

2003年，我在牛津访学时，有一天与众灵学院的胡德教授在学院的小食堂里进餐，我问他："牛津每个学院都有自己的食堂，为什么不把它们合在一起，办成一个或几个大食堂，那样不就省去很多的厨师和工作人员吗？""喔，不，不。"胡德教授连连摇头，"Small is good（小的是好的）。如果办成大食堂，那太令人担忧了，你能想象在那样的食堂里我们能这样安静地用餐和讨论问题吗？"

牛津几十个学院加在一起才一万多名学生，落到每个学院、每个导师头上，其办学规模可谓"小"矣。美国名校耶鲁大学，据最新统计学生人数是 12000 名，我在耶鲁法学院做访问学者期间，印象最深的是它的课都是小课（seminar），据说它之所以保持排名第一，这种小课对保证教学质量起到了重要作用。反观我国，现在高校不断扩招，一个专业性的大学或学院动辄上万名甚至几万名学生，带来的问题不容忽视。梁慧星教授曾在一次演讲中谈到，过去他们民法研究生招生那么少，却出了不少人才，如今民法研究生招生那么多，从出人才的比例来看，比过去却小多了。谢晖教授在对自己 2005 年的学术进行盘点时，提及的一件憾事就是自己都不知道自己究竟带了多少研究生，与之相关的另一件憾事就是自己带的研究生毕业论文抄袭而作为导师则没有发现。近几年，我应邀参加一些高校的硕士和博士生论文答辩，每次都有动辄十数本甚至数十本，可想而知，这样的批量生产对于指导老师和参加答辩的老师来说，怎么可能去一一认真把关呢？

2005 年，我读到一本经济学方面的书《小的是美好的》，才知道这本书在西方很有名。作者舒马赫在书中提出了许多令人瞩目的观点和疑问，例如他说：小规模经济与持久性经济有明显的关联，小规模生产不论为数如何多，都不及大规模生产对自然环境的危害，因为个别的力量相对于自然的再生产能力来说是很微小的；小团体的成员对他们那小块土地或其他自然资源的爱护程度，也明显要超过那些隐去姓名的大公司或那些把整个宇宙都看成是自己的合法采石场的政府；虽然现在从表面看，公司的规模似乎越来越庞大，但仔细观察就能发现，大规模刚一形成，就会出现另一种形式的化大为小，如通用汽车公司等实际上都是由许多规模适中的小公司组成的。他还说：传统认为人类社会是不断由小的集合体如家庭、部落走向国家、合众国乃至将来单一的世界政府，但人们不能忽视另一个事实，那就是联合国成立时其会员国才 60 个左右，现在却增加了 1 倍多，而且还在继续增加①。同样，传统认为一个国家幅员越辽阔越好，但世界上最繁荣的国家，大多数是很小的国家，而贫穷的国家，却大都在大国的名单上；许多大国为了化解大国之难，都采取类似大公司的"化大为小"策略，实行联邦制；假如丹麦是德国的一部分，比利时是法国的一部分，哥本哈根、布鲁塞尔的现状又会如何呢？还会像现在这样有名吗？与许多思想家一样，舒马赫对建立"特大城市"持批评态度，认为城市合适规模的上限只能为 50 万左右的居民，超出这一规模就会造成病态发展，带来犯罪、人性堕落、污染等大量难题。他甚至尖锐地指出，人类的欲望太大，结果让聪明取代了智慧，使得人与人对立、国与国对立；人类现在不惜耗费大量的能源和资金来追求财富和权力，试图用昂贵的科学和想得出的任何"游戏"来征服地球这个世界乃至满足登上月球之类的怪想，却离道德目标越来越远，离平静越来越远，离耗资很少的哲学、文学和宗教越来越远……

谈到大国之难，我作为一个刑法学者，亦有两点体会：一是世界上小国的社会治安普遍要比大国好，这大概是因为在这些国家控制犯罪要相对容易些；二是当今国际上废除死刑的国家大多是规模较小的国家，而像中国、美国、印度这样的大国，则至今很难废除，美国由于是联邦制，因而得以在某些州先行废除死刑。

我曾在《参考消息》上读到一篇外国人写的《中国人的"大"情结》的文章，说中国人什么都喜欢"大"，对城市、建

---

① 事实上，现在联合国的会员国已经超过了成立时的 3 倍，这证明了作者在 20 世纪 70 年代写此书时的预测是正确的。

筑的规模追求在太空里能看见，对商场的规模追求能写进《吉尼斯世界纪录》。文章指出，中国人为这种"大"的热情付出了代价，以北京的建筑为例，那就是"为了给这些由玻璃、钢筋、混凝土构成的庞然大物腾出地方，具有北京传统特色的老建筑不得不被整片推倒"。

在上面这篇文章中，作者举了北京金源时代购物中心的例子：这家商场光自动扶梯就有230座，餐饮广场相当于2个足球场，一只大鱼缸里养有6条泰国鳄鱼，要逛遍它需要整整2天的时间。看到这里，我不由得想起一代哲人苏格拉底面对大市场的感叹："世界上竟然有这么多我不需要的东西。"

（原载《检察日报》副刊"每月名家"，2006年4月28日；《读者》2006年第18期、《意林》2007年第13期等多处转载）

多余的是有用的

庄子曰："人皆知有用之用，而莫知无用之用也。"伏尔泰也说："多余是非常有用的东西。"罗斯金更是以诗一般的语言指出："令人驻足惊叹的往往是人生中毫无用处的东西：无从捕捉的倒影，不能播种的峭壁，天空奇妙的色彩。"这些话充满了辩证的智慧。

大家都知道杜牧的一首诗："清明时节雨纷纷，路上行人欲断魂。借问酒家何处有？牧童遥指杏花村。"有人说，"清明"就是"时节"，"时节"可以不要；"行人"必定在"路上"，"路上"也多余；第三句本来就是疑问句，"借问"还有什么用？"遥指杏花村"的不一定是"牧童"，"牧童"也可以删去。于是，整首诗就可以简化成："清明雨纷纷，行人欲断魂。酒家何处有？遥指杏花村。"这么一改，多余信息倒是没有了，可是诗的意境也全无了。可见，在文学上，有时多余的恰恰是有用的。

这样的例子还可以举出很多，像鲁迅的《秋夜》中第一句话："在我的后园，可以看见墙外有两株树，一株是枣树，还有一株也是枣树。"为什么不用"在我的后园，可以看见墙外有两株枣树"的表达法呢？那样不是更简洁吗？但鲁迅之所以为鲁迅，就在于他用这种独特的表达，向读者展示了语言的个性美和想象的空间。当然，也有人说，这句话要不是出自大文豪之手，说不定早就被删繁就简了呢。

由文学想到文化。其实，如果仅仅从生存的角度来看，文化就是多余的，音乐也好，美术也好，没有它们照样能活，但正是文化使人区别于动物，也使人区别于人。人类发展的历史就是在各个文化领域里增加"有用的多余"。不是吗？建筑从古代的遮风避雨到后来的雕龙画凤，那些龙、那些凤对于居住有何用处？但人们就是喜欢漂亮的建筑。

　　饮食也是如此，一盒点心，一瓶酒，包装好坏，与里面的内容何干？却与文化有关。社会越发展，生产商和销售商就越注重包装，购买者和消费者也越在乎包装。一盒雅致的点心，一瓶漂亮的酒，首先从外表上就吸引人呢。

　　白岩松在给《于丹趣品人生》一书写的序言中提出"做一些无用的事"，如喝茶、品酒、听琴等，这也是于女士这本书的主题。他俩都承认，名利场上太多有用的事把无用的事给挤走了，总得有个机会和忙乱告别，让这些无用的事平衡一下生活中的苦和累，甚至有时觉得这些无用的事才是人生中最有用的事。

　　说到喝茶，我最近也把一套尘封多年的茶具拿了出来，原来之所以一直没用，是觉得太麻烦，太耽误时间，但后来家人提醒我，你整天坐在电脑前，一坐就是几个小时，起起身，动动手，泡泡茶，对身心有好处。试过之后，果不其然。

　　白岩松在前面的这篇序言中还提到"发呆"，我对此也有所体会。去年年底到三亚参加一个会，会后有一天的空闲，大家商量怎么度过。有同事说，自愿吧，愿意在海边发呆的就发发呆。这个建议提醒了我，多少年来，外出开会、旅游，也是一个"忙"字，我还从来没有体验过发呆的感觉。于是，那天，我真的就在海边发了半天呆，感觉好极了。

　　有一个朋友曾经跟我说，如果人在气头上，最好的办法就是避开，去干点别的事情，等到自己冷静了，再回来干正事。此话千真万确，多少人，多少事，祸福成败莫不因对此原则的遵循或背离。

我还有过这样的感受：在书架上找一本书，遍寻不得，干脆转移一下注意力，去干干别的"无用的事"，结果回来突然发现，那本要找的书竟然就在眼前。

又一日，工作昏沉沉，效率低下。老家来的父亲也显得孤独、尴尬。妻子因照顾一家老小，压力大而心绪不宁。于是，我咬咬牙，和妻子商量，再忙也得把工作放下，咱们去爬香山，爬完香山后在外面用餐。很快证明这是一个正确的决定，爬山路上大家逐渐有了豁然开朗之感，彼此之间的交流也多了起来，儿子牵着爷爷，妻子拉着丈夫，亲情、温馨就这样自然而然地回来了。那晚，餐桌上有说有笑，大家的饭量都很好，父亲也话多起来。回来后竟一气呵成，把久拖不决的文章也顺利写完了。

自从自己成为本单位的一个部门负责人后，我最大的体会就是"多余的是有用的"。刚开始，自己总觉得行得正、站得直就够了，但慢慢发现，要想顺利地开展工作，要想激发团队的积极性，就必须摒弃过去那种分秒必争、把所有时间都用在自己的研究工作上的做法，与领导和同事保持适当的交流和沟通。我想起过去在一家律师事务所兼职时，好多律师都对当时的主任不太满意，而那位主任人品好、业务精，就是每次一上班就把门一关，很少和大家往来。看来，只要肩负某一方面的组织协调工作，想不"浪费"一点时间和精力，几无可能。

最后，再说一句多余的却可能也是有用的话：多余本身也有有用和无用之分，我们要的是有用的多余，而不要无用的多余。

（原载《检察日报》副刊"每月名家"，2012年2月24日）

容器之义在其空虚

　　2011 年 5 月我在耶鲁访学时，去了趟联合国大厦。这次联合国大厦之行最大的收获是发现了一个以前我没有发现过的"默思室"。虽然它就在一楼问讯台的右边，但与周围川流不息、熙熙攘攘的热闹气氛相比，那里显然是一处几乎被人遗忘的地方。

　　不过，在 1957 年这个"默思室"建成开放的时候，当时的联合国秘书长哈马舍尔德是把这个房间设想成为"联合国的中心"的，他说："我们要在这个房间里找回我们在街道上和会议室里失去的宁静，把它带回到一个没有噪音干扰我们思绪的环境。"在他亲自撰写供来此"默思室"参观的人阅读的一篇文章中，他是这么写的："在寂静的氛围里，我们心中有一种内在的宁静。这座大厦专为和平而开展工作并进行辩论，应该有一个房间专门给人寻求外在的寂静和内在的宁静。开辟这个小房间的目的，就是要创造一个空间，借以敞开通向思考和祈愿无限境界的大门……古语云：容器之义不在其壳，而在空虚。此屋亦然。来到这里的人要用内心的宁静所发现来填充空虚。"

　　这位把"不计个人辛劳和苦乐，毫不犹豫地完成义务，毫无保留地接受生活"视为"爱的自然体现"的秘书长，其本人就有默思的习惯。他有时夜里工作到凌晨 2 点，还要去默思室待上一阵。他的继任、联合国另一位秘书长吴丹也是默思的爱好者，吴丹曾说："默思是清除心灵杂念的一种方法。它培养专注、警觉、聪颖和沉静之类的品质，最终使人获得无上的智慧。"

当晚回到耶鲁，参加一个中国学者学生联谊会，我向他们讲起联合国"默思室"的观感。耶鲁法学院的博士生乔仕彤又给我提供了另一则材料：最近正值他们准备考试的紧张时期，为缓解大家的紧张情绪，有的老师邀请学生去自己的办公室一起"冥想"。他回去后，还转发了两封法学院学生工作办公室发来的关于冥想的邮件，里面提到："冥想会让你放松自己的精神和思想，使自己平静地面对生活。"

我后来看金大中的传记《从死囚到总统》，里面提到他在去北朝鲜参加南北首脑会谈前夕，独自一人在一家宾馆中静思内省。他说，中国的孔夫子提倡一日三省吾身①，自己平时难得做到这一点，但在此重要时刻，必须入静。在安静的一人世界里，金大中花很多时间沉思默想，把有关峰会的内容从从容容地梳理了一遍。后来的结果大家都知道，这次访问获得了巨大成功。

前几天买了一本我国台湾地区学者蒋勋的《美，看不见的竞争力》，他也在书中提到找回自己安静状态的重要，说我们现在被各种声音充满了，有点像老子所说的"五音令人耳聋"。只有当你不再是一个塞满的状态，而是一个空的状态时，东西才会进来，你才会听得到声音。

我有过这种感觉。当自己静下来在海边坐下的时候，你会发现，声音不再是空气中的躁动，而是跟整个肺腑形成一种共鸣。风过、云过、飞鸟过，都会有悦耳的声音从你的身体中流动出来。此时，沉静替代了沉重，你才发现人类的身体是这么美好的一个构造。

---

① 语出曾子而非孔子——作者注。

西方讲究休假，即便是国家领导人，也要休假。而我们过去总是鼓励大家要牺牲节假日，提倡没日没夜、加班加点地工作。但没日没夜、加班加点地工作从长远来看，终究是不适宜的，因为长期使一个人处于塞满的状态，最后不仅自己的健康和工作效率会受到影响，而且还会因压力迟迟得不到释放而在与同事和家人的相处中不易保持一个好的状态。因此，建立休假制度，其实就是让人每年有一个从塞满的状态暂时回到一个空的状态的机会。有一天在单位，我曾发现一个平时有点烦躁的同事突然一副阳光灿烂的样子，好奇一问，才知他刚休假回来。

人们常说："虚心使人进步，骄傲使人落后。"这里的"虚心"不就是要使自己的心保持一种空的状态吗？空才能让别的东西进得来，才能不断进步。而"骄傲"自然跟"自满"联系在一起，自己的心被塞得满满的，外部的东西就进不来了，其结果当然就会落后。

"满招损，谦受益"，也是同一个道理：你把自己都塞满了，就听不进不同意见了；只有保持一颗谦虚的心，你才能听得进不同的意见和建议。

还有许多成语可以引发我们这方面的思考，如"满腔怒火"，倘若一个人的怒火已经达到了满腔的程度，那就接近爆发状态了，此时必须赶快使自己得到释放，否则很容易伤人伤己，甚至造成不可收拾的局面；又如"虚怀若谷"，倘若一个人的胸怀能像山谷一样空旷，那他自然就能做到"海纳百川，有容乃大"。

有位老教授一直苦恼：他说自己原计划在80岁时要出齐几本书，但现在这个邀请、那个会议，眼看计划就实现不了了。他跟我说：真想找一个深山老林，躲到一座庙里去。他的这种困境可能代表了现代社会相当一部分学人的困境：一方面，舍不得各种机会，或者身不由己，整天忙忙碌碌；另一方面，却无法聚精会神地把自己在某一领域的思考深入下去。这或许能部分解释我的一个困惑：为什么现代人拥有了电脑、网络等高科技手段，工作效率比古代人不知要高出多少倍，却反而出不了孔子、老子那样有深度的思想家？我想一个重要原因是现代人各个器官被塞得太满了，无法像孔子、老子那样"用内心的宁静所发现来填充空虚"。

写到这里，我不禁想起自己在联合国"默思室"驻足时所产生的一种感受：那时，我刚旁听完联合国会场里的一场辩论出来，看到那些行色匆匆的外交官和前追后赶的记者，我似乎觉得整个人类都太忙了。也许我们大家都需要静一静，把自己满的状态放空一下，说不定那样我们人类会更美好。

（原载《检察日报》副刊"每月名家"，2012 年 1 月 6 日）

牛津的晚餐

国学大师吴宓先生在 1930 年访学牛津时曾有诗云："半载匆匆往，终身系梦魂。"虽然我在牛津待的时间连"半载"都不到，却也有同感。本文要说的是牛津的晚餐。

牛津是以学院为基础的。以我所在的牛津大学犯罪学研究中心为例，其正式成员都分属不同的学院，中心主任罗吉尔·胡德院士是众灵学院的教授，他在那里有专门的办公室，可以免费用餐。一天晚上，他约我去众灵学院吃晚餐，并提醒我要穿西装、系领带。

按照事先约好，我傍晚 6 点到众灵学院的门口，先在他的带领下参观了众灵学院"嶙峋玉笋""悠悠尖塔"的庭院，那高高的门楼、漂亮的草地、宁静的教堂给人一种难以言传的美感。由于这个学院是牛津唯一一个不招收学生、专事研究的学院（但教授们要受学校的安排，承担大学的一些讲课任务），因此，平时很少向公众开放，游人只能在门口或其他适当的地方来"窥探"里面的动静，并拍摄里面的景象。这不奇怪，因为众灵学院的建筑、布局和内部陈设在整个牛津均属上乘，而且人们知道，能在这里谋上一份差事的人，可以说是最令人羡慕的了。看看那长长的走廊上刻满的一个个著名"院友"的名单，就知道从这里边走出过多少诺贝尔奖得主、大法官和包括印度前总统在内的政治家。

　　6点半，古老的钟声悠悠响起，提醒楼里那些专注于研究的人：晚餐的时间快到了，准备换衣服吧。于是，刚才寂静的两座办公楼里开始有了说话的声音，门洞里陆续走出一些身着黑袍的人。罗吉尔也回到自己的房间换上黑袍，并告诉我，如果我是周末去吃晚餐，那还得给我租袍呢。

　　晚餐的餐厅很是气派，三三两两的人群正在各自聊天。有人在议论一幅刚挂上去的油画，好像是某位晋升为大法官的"院友"。罗吉尔将我介绍给一位年轻人，对方是从事中亚和外交研究的。小伙子告诉我，他就住在学院里边，早餐也可以来餐厅吃，但要交一点点钱；中餐和晚餐是免费的，但必须上午10点前预订。此外，晚餐的酒钱要自己掏。

　　7点整，晚餐开始。由于今晚院长没有来，参加晚餐的人中属罗吉尔资历最老，因而由他来主持。他站到头椅的位置，轻咳一声，大家便各自找位置站好，罗吉尔让我站他的旁边。只听他口中念念有词（事后得知那是拉丁语，大意是"感谢上帝赐给我们精美的粮食、幸福与爱"），举坐皆毕恭毕敬。一会儿仪式结束，大家纷纷落座，这时我注意到每个人的旁边都有几种供选用的酒水，还有一个精致的菜单，以及不同种类的面包。第一道菜端上来，是鸭肝、青菜和一片硬邦邦的类似什么饼的东西；第二道菜是鱼；第三道菜是甜食。其间两个服务生端着盘子来回给你添加，一个服务生是我认识的门口传达室的，他是阿富汗难民。罗吉尔一会儿劝我尝尝这种白酒，说是法国名酒，已经多少多少年了，一会儿又建议我尝尝另一种葡萄酒，说是如何如何的好。当他听说我对当晚的那种甜食吃不太习惯时，很是遗憾，他一边津津有味地吃着，一边对我说：我以为你会喜欢的。原来，今晚的菜单是他安排的，因为谁坐头椅，谁就有权利决定当晚吃什么、喝什么。

吃完甜食，大家又随罗吉尔站起来，听他念叨那几句感谢上帝之类的话。仪式完毕，罗吉尔叮嘱我拿着餐巾继续跟大家去另一个厅。这个厅比刚才的小，而且也不如刚才那个厅灯火通明，原来是点着蜡烛的，只见桌上摆满了丰盛的水果。罗吉尔招呼一位老者与他平坐（此时上席是两个座位），又招呼我坐他旁边。原来那位老者是一位已退休的著名教授，他虽已退休，但仍担任学院的名誉教授，因此还可以享受免费晚餐的待遇。他每周三开车从郊区来参加一次这样的晚餐，与大家说说话、见见面。此时，我发现那些着黑袍的人都已经脱下并将其挂在了外面的衣帽钩上，不像刚才那样，凭衣服就能判断桌上谁是主人、谁是客人了。

水果有葡萄（青、紫两色）、梨、桃、草莓、香蕉，还有蜜饯、核桃仁等。吃水果前大家先吃点饼干，用英、法等国出产的奶酪抹着吃。酒水依然有，且酒还不止一种类型，不过这一阶段没有服务生的专门服务了，依照惯例，当晚最年轻的那个人应当坐在门口，一旦发现酒水没有了，就要去通知服务生换上来。今晚坐门口的就是我刚进来时罗吉尔介绍的那个小伙子，还记得其间他与人聊天忘了换酒水，当明白过来时，一脸的尴尬。

尴尬的不止是他，我还有更大的尴尬。一个小盒子在桌上轮流传送，我看到有人拿它放到自己的鼻孔前轻轻地闻两下，似乎感觉很好。待传到我的手上，我也学着去闻闻，结果喷嚏不止，原来那是专门供吸烟的人用的。由于餐厅里面不准吸烟，如果有的人烟瘾犯了，就可闻闻那小盒子里面的味道。

进行得差不多时，罗吉尔悄悄地对我说：对不起，他要先走一步，到隔壁的咖啡厅去，让我跟着旁边的一位女士随后再走，因为如果他不走，即使其他的人想走，也是不能走的。于是，罗吉尔的位置空出来，一会儿另一位与他平坐的老者也与我打招呼先走，其他的人继续若无其事地聊天。当我就晚餐中的一些习惯向旁边的那位女士探其究竟时，她却告诉我：虽然她是数学和哲学教授，但4年前刚从意大利应聘过来，因此对这些她也云里雾里。她另一边的一位女士也是她今晚邀请来进餐的客人，和我一样充满了好奇。

几分钟后，大家亦起身去咖啡厅。这时就更自由了，吸烟的可以去专门的吸烟区，看报的可以去摆有报纸的茶几，愿意聊天的还可以坐在舒适的沙发上继续聊天。厅外有一个精致的小花园，有的人端着咖啡到外面聊天去了……

后来，我又随犯罪学研究中心的其他成员到他们各自的学院里去进过晚餐，但风格不一，如有的学院是分高低桌，老师坐台上的高桌，学生坐台下的低桌；有的学院是学生先用餐，老师后用餐，老师吃的比学生要好些；有的学院要求学生每次晚餐都要和老师一样穿黑袍，有的学院则只要求学生一个月穿一次；最后一次我参加一个神学院的晚餐时，不仅师生同桌，而且伙食也要简单许多，不过祈祷的程序好像又复杂起来，他们还发给我一个祈祷的小本本，让我跟着他们一起念。

正如罗吉尔的夫人对我所言，牛津的晚餐是它的文化的一部分。即使她工作再忙，每年也要以"特别客人"的身份，跟自己的丈夫去参加几次这样的晚餐活动。我甚至觉得，牛津浓厚的人文底蕴、英国人的绅士风度，可能都与这种用餐方式有一定的联系。

（原载《人民日报》国际副刊，2004年11月26日）

难忘弗莱堡

小城，是德国文化的基因。位于德国西南边陲、靠近法国和瑞士的弗莱堡，人口不到 20 万，却是德国最古老也是最具旅游吸引力的城市之一。

弗莱堡人有句话，说世界上有两种人：一种是住在弗莱堡的人，另一种是想住在弗莱堡的人。透过这句话，我们可以看出弗莱堡人的自豪与自信。

位于两座城门之内的市中心，仍然是早期城市的结构，古色古香。鹅卵石铺成的人行道色彩斑斓，上面的各种图案华美而实用，如面包圈后面是面包店，剪子店后面则是裁缝店。弗莱堡没有高楼大厦，也没有立交桥和地下通道，但几乎所有的建筑，无论办公场所还是住家，阳台上都摆着鲜花。慢悠悠的有轨电车反衬出这个城市的悠闲舒缓，行人偶尔从它的前面穿过，它并不懊恼，只是铃儿叮当地提醒你。作为弗莱堡的标志性建筑，明斯特大教堂被誉为"天主教会里最美丽的塔楼"，是游人必访之处，那浑厚悠扬、一下接着一下地从教堂塔顶的镂空花砖里飘散出来的钟声，使人的心情平静。

弗莱堡的一个不同于其他城市的地方在于其遍布街巷的水渠，一年四季流水潺潺。请注意，它可不是什么废水，而是从附近黑森林里流出来的泉水！这种沟渠早在中世纪就有了，据说那时是为了防火，同时让牛羊止渴。如今这些溪流的用途已经发生了变化，它一方面充当天然空调，另一方面也成为弗莱堡这本漂亮画册的装帧，为这座小城增添了灵气。关于水渠，有一个广为流传的说法：凡是去弗莱堡的单身汉，如果有谁不小心踩进水里，他将很快有好运，与一个弗莱堡的美人喜结良缘。当然，故意的不算。尽管如此，还是有不少游客忍不住要将自己的皮鞋往水里点一点。

弗莱堡的另一大特色就是它举世闻名的黑森林。黑森林，其实是一片南北长 160 千米，东西宽 20 千米至 60 千米的山区，因为这里森林密布，远远望去一片黑压压的，因而得名。绮丽的自然风光和独特的暖温带气候使它成为德国著名的天然氧吧和度假胜地，培育了城市周围漫山遍野的葡萄园和与之相伴的酿酒业。弗莱堡是公认的德国环境之都和太阳能之都，是世界环境科学和太阳能研究中心之一。

从市内的城堡山坐电梯或徒步往上，可登上一个大的平台，那里是俯瞰市容的最佳点。然后，顺着不同方向的道路，通往林区，途中不时有冒出的泉水可供饮用。在黑森林中漫游散步、跑步和骑自行车，是弗莱堡人最钟情的休闲项目。

黑森林地区有许多湖泊，蒂蒂湖是其中之一。从弗莱堡坐火车，只要 45 分钟就能抵达，它海拔 850 米，湖水最深处达 40 米，清澈见底。在蒂蒂湖周围，有许多小巧玲珑的商店，令游客流连忘返，在众多的黑森林工艺品中，"布谷鸟钟"不可不买。

除了爬山，我在弗莱堡的另一项最喜欢的运动是沿着"德哈以萨姆河"步行或骑自行车。河的这边是人行道，对岸是自行车道，沿途有李子树、苹果树、核桃树等，刚开始我还以为这是不能采摘的，但后来当地人告诉我，这是公共的，你喜欢就尽管采好了。一次，两位国内的女同胞正好也来访学，我带她们去河边采苹果，虽然苹果有点酸，但她们还是一口气吃下两个。据她们自己说，要是从超市买回来的，恐怕一个都吃不了呢。另一次，一位国内友人访问弗莱堡，我们漫步河边良久，见绿油油的草地上，不少男女在裸晒着享受阳光，他有点好奇地问我：这河从哪里来，流到哪里去？我告诉他：自己曾不止一次地想骑自行车沿上游或下游去看个究竟，但直到精疲力竭也看不到头和尾，只好返回，不过我知道，这河是流入莱茵河的。

自然景观如此美妙，人文景观亦毫不逊色。小小的弗莱堡，大学有著名的弗莱堡大学，科研机构有著名的马普研究所。关于后者，我准备下次专文介绍，这里只说说弗莱堡大学。这个刚刚度过550周岁生日的著名学府，群星灿烂，十多位自然科学的诺贝尔奖得主和马克斯·韦伯、胡塞尔、海德格尔、哈耶克等一大批社会科学家，是其杰出代表。"真理必叫你们得自由！"在弗莱堡大学教学楼的铭文下，荷马和亚里士多德的塑像昭示着自由大学精神的本质。弗莱堡学人，对得起弗莱堡这个名字——"自由之堡"（"弗莱堡"的德文含义）。

小城是干净的，报纸上暧昧的色情广告和赤裸裸的红灯区表演，其落脚点都在大城市，生活在弗莱堡，不会有因与诱惑斗争而累的感觉。

然而，人又是文化的产物，作为一个承载着中国文化的人，弗莱堡虽好，却不可久留。此刻的我，已是归心似箭了。

再见，弗莱堡，愿我在梦中再次回到你的怀抱，回到这青山绿水之中。

（原载《检察日报》副刊"每月名家"，2007年11月2日）

阿灵顿的变迁

　　美国的阿灵顿国家公墓是首都华盛顿旁边的一处著名旅游胜地，与华盛顿市内的林肯纪念堂隔波托马克河相望。我曾先后两次参访过阿灵顿国家公墓，印象最深的是山顶上的"李将军纪念馆"。

　　李将军何许人也？他就是美国南北内战中的南军统帅罗伯特·李。为何在一个荣誉归葬地的最显眼处，却是一个叛军首领的纪念馆呢？翻开历史的尘埃，原来这里面有着一个关于阿灵顿变迁的曲折故事。

　　阿灵顿最初并非国家所有，而是一处私产，而且与美国历史上两个著名的人物有关：一个是美国的首任总统乔治·华盛顿，另一个是南北内战中的南方叛军统帅罗伯特·李。一般人可能未曾想到，罗伯特·李还是乔治·华盛顿的曾外孙女婿。事情是这样的：乔治·华盛顿与寡妇马撒·丹德里奇·卡斯迪斯结婚后没有子女，但马撒与其已故前夫所生的儿子约翰·帕克·卡斯迪斯被华盛顿视如己出。约翰·帕克·卡斯迪斯长大后也很争气，在美国独立战争中成了继父华盛顿的得力助手，只可惜就在战争即将取得最后胜利时，他竟英年病逝。之后，其年幼的儿子，即华盛顿的孙子——乔治·华盛顿·派克·卡斯迪斯，由华盛顿夫妇抚养成人。

　　乔治·华盛顿·派克·卡斯迪斯长大后，多才多艺，聪明能干。他在弗吉尼亚的阿灵顿购地，请著名建筑设计师海德菲尔德帮其在山顶上设计阿灵顿庄园。建此庄园的目的之一是收藏他尊敬的继祖父华盛顿总统的遗物。

庄园建成后，乔治·华盛顿·派克·卡斯迪斯与妻子和他们唯一的女儿玛丽·卡斯迪斯一家三口住了进来。女儿玛丽·卡斯迪斯于1831年与毕业于西点军校的罗伯特·李在庄园结为百年之好。婚后30年里，罗伯特·李凭着自己的努力，在联邦军队里成长为一位受人尊重的将军。与此同时，他也在阿灵顿庄园里与夫人玛丽·卡斯迪斯共同养育了6个子女，与岳父母祖孙三代一家10口人在此过着平静而幸福的生活。

乔治·华盛顿·派克·卡斯迪斯十分喜欢女儿玛丽和女婿李将军，但更喜欢自己的大外孙，也就是李将军的长子——乔治·华盛顿·卡斯迪斯·李（华盛顿这个荣耀的名字由他来承袭）。因而当他在1857年去世之前立遗嘱时，除了将阿灵顿的产权留给他妻子外，还规定妻子去世后此庄园归李将军的长子乔治·华盛顿·卡斯迪斯·李所有，并指定李将军做遗嘱执行人。

岳父的去世，是这个家庭的重大变故。作为遗嘱执行人和家庭的顶梁柱，李将军随即向军中告假，回阿灵顿庄园处理家务，并对已显破旧的庄园进行维修。他没有想到的是，美国历史上的一场剧烈动荡——南北内战即将来临，它将改变自己的命运，也将改变阿灵顿庄园的命运。

李将军是南方人，却并不主张蓄奴，当后来的联邦军统帅、战后的美国总统格兰特将军还没有解放自己家的奴隶时，李将军就已解放了自己家的奴隶。他反对南方分裂的主张，不过他不赞成以武力来解决南方的分离诉求。当1861年南北内战爆发、弗吉尼亚州宣布脱离联邦时，李将军的心灵在这个庄园里苦苦挣扎了3天：一方面，他是一个效忠军队的将军；另一方面，他又不愿意自己的军队去攻打自己的父老乡亲。3 天后，他毅然作出了一个他一生中最重大的决定：辞去他在联邦军队中的职务，离开阿灵顿庄园，去担任正在组建中的南军统帅。从此，李将军再也没有回到过阿灵顿。

因为阿灵顿庄园是一个离白宫和国会很近的战略要地，李将军估计联邦军队很快就会来占领，因此他嘱托夫人妥善藏好与曾外祖父华盛顿总统相关的物品后，就尽快离开了庄园。果然，在李夫人和全家匆匆撤离后不久，联邦军队就过来了。

战争给一个国家的最大冲击是破坏了原有的社会正常状态。在非常态的战争期间，一些在正常状态下不可能通过的"法律"也会顶着"战时法"的牌子出台。内战期间，面对大量的"阿灵顿现象"（联邦军占领私人房产），美国政府必须有所交代，否则与其建国以来所确立的私人财产神圣不可侵犯的法律原则相冲突，于是林肯领导的联邦就通过了一个战时法：要求凡是被联邦军队占领的私人房产，其所有人必须亲自前来房产所在地缴房地产税，否则没收其财产。这个战时法虽然是个"恶法"，但比起那些在战争期间为所欲为，想强夺就强夺的国家来，我们至少还是可以看到美国法律文化的另一面，那就是政府的行为起码要有法律依据。

当然，在这种法律依据面前，阿灵顿的主人不可能有效地捍卫自己的权益。李将军及其家人怎么可能亲自去缴税呢？那不等于自投罗网吗？于是，联邦政府便以抗税为由，没收了阿灵顿庄园。

这正是立法者所希望看到的结果：财产的主人要么老老实实到联邦占领区来，别参与南方叛军；要么你就属于抗税在先，政府依法没收在后。

但被没收以后的阿灵顿庄园不能直接成为政府的囊中之物，还得按照美国的有关法律进行公开拍卖，拍卖所得将用于联邦教育基金。后来，在阿灵顿庄园的拍卖中，联邦税务局局长代表联邦政府举牌成功，取得了阿灵顿庄园的产权。随后，联邦政府将阿灵顿庄园改成了司令部，并在庄园中辟出 200 英亩地作为战争中阵亡将士的坟地。这一做法也反映了当时北方对李将军与联邦军作对的憎恨。他们希望阿灵顿庄园永远成为坟地，李家后人别想再回来。这对李将军的打击当然很大，因为阿灵顿庄园是他"在这个世界上最钟爱、最依恋不舍的地方"。

南北内战结束后，李将军及其夫人作为失败的一方，不再提这伤心之事。他们去世后，美国在各方努力下，又恢复了战前正常的法律秩序。可是，对于在战争非常时期形成的既成事实，如何处理呢？也许有人会说，这是林肯总统任内的事，且符合当时的"战时法"，现在没必要去改变；甚至就说这是敌产，没收你又怎样？但美国没有这样去做。

这里，我们又一次看到了美国法院在其政府与公民发生矛盾时所起的居中裁判作用。当阿灵顿庄园被政府侵占长达 20 年之久后，其合法继承人——李将军的长子乔治·华盛顿·卡斯迪斯·李走向法院，状告政府没收阿灵顿庄园是不正义的，请求法院判令联邦政府返还其财产。官司一直打到联邦最高法院。1882 年，联邦最高法院判定：无论何时何地，公民的私有财产都受法律保护，战时也不例外；非经法律程序和合理补偿，政府也不得征用私有财产；即使是叛军首领的私有财产，也一样受到法律保护，不能随意剥夺。因此，联邦政府败诉，阿灵顿庄园必须物归原主。

最高法院下达这一判决时，数万名战时牺牲的将士在阿灵顿庄园长眠已久，房子也早已面目全非。鉴于阿灵顿庄园事实上已经成为联邦军人的墓地，联邦政府与李家都本着务实的态度进行谈判。1883年，美国国会批准用15万美元向乔治·华盛顿·卡斯迪斯·李买下阿灵顿庄园。这在当时可以说是一笔巨款，李家满意了，至此，联邦政府正式成为阿灵顿庄园的合法拥有者。

本故事的最后结局是：1933年，美国为纪念阵亡将士，将阿灵顿公墓正式设为阿灵顿国家公墓，由内政部管理。1955年，美国政府又决定将阿灵顿庄园山顶上的那栋二层小楼房按照李将军居住时的原貌修复，作为"罗伯特·李将军纪念馆"。今天这里已成为一处著名的旅游观光点。不知道底细的游客会感慨美国对失败者的宽容和对人格高尚的对手的尊重（美国至今没有人怀疑，李将军当时的抉择是源自他心中的道德担当），但倘若知道阿灵顿的前述变迁，恐怕就会有更深的认识：发生在美国本土的唯一一次战争的创伤终于很快弥合了，这个国家对私有财产的保护也在经历了短暂的迷途后，又重新回到了真实的契约状态。

有恒产者有恒心。直到今天，美国的财产法仍然是诸部门法中变化最小、最稳定的，除了与时俱进地做些技术性修改外，其基本精神和价值取向都没有变化。美国的财产法来源于英国，而英国近代以来没有大的社会动乱，没有大规模的流血革命，应该与其稳定的财产法制度也不无关系。确实，只有当一个国家的法律制度和司法体系能够坚定地捍卫公民的私有财产权时，这个社会的人们才能够致力于埋头苦干，去光明正大地创造财富，而不用担心自己的财产突然有一天会被随意剥夺，甚至人财两空。这应当是阿灵顿故事带给我们关于财产法问题的深层次思考吧。

（原载《读书》，2011年第2期；该文后被收入《中学生创新阅读》编委会编的《2010—2011年名家杂文排行榜》一书）

格兰特墓和李鸿章树

在纽约哥伦比亚大学"国际学生学者办公室"的马路斜对面，有一座造型雄伟、通体洁白的花岗岩建筑矗立在哈德逊河边的河滨公园里，它就是曾任美国南北内战北军统帅、后当选为美国第十八任总统并连任两届的格兰特的纪念堂。

纪念堂建在坚实的四方形基座上，其主体部分为爱奥尼亚圆柱撑起的希腊神殿式建筑，上面是陶立克柱式圆锥形屋顶。正门外的基座下有一座小型广场，靠入口的两侧各立有一根旗杆，一边悬挂的是美国国旗，另一边悬挂的是四星上将旗（格兰特是美国历史上第一位四星上将）。两座振翅欲飞的雄鹰石雕扼守在纪念堂门口的石阶旁。高高的正门上方，刻着这位戎马一生的军人总统的墓志铭："让我们享有和平。"墓志铭的两边分别依偎着一位女神，据说一个代表胜利，一个代表和平。

拾级而上，厚重的青铜门通往白色的大理石内厅。在内厅中央，扶栏往下俯瞰，只见格兰特夫妇深紫色的大理石石棺停放在地下室里，让人忍不住先到那里去细看一番，这才发现，还有几尊栩栩如生的半身塑像摆放在两个石棺的周围，他们就是格兰特的几位著名爱将，如谢尔曼、谢里丹等。

纪念堂内陈列着许多照片和文物，其中既有与格兰特本人有关的，也有与该纪念堂有关的，如一份材料显示，该纪念堂并非官方拨款修建，而是在格兰特去世后由一个叫"格兰特纪念协会"的组织募捐而建。该协会的秘书长是理查德·格林纳，他是第一个毕业于哈佛大学的非洲裔美国人，后来曾担任过霍华德大学的法学院院长。在当年的募捐中，很多黑人表现积极，以感激格兰特为解放黑奴所作的贡献。

纪念堂四周墙壁上有画工考究的壁画，再现了格兰特当年战场上的风采。其中一幅描述的是格兰特接受南军统帅罗伯特·李将军的投降。那是一幅动人而令人浮想的画面：在士兵、群众簇拥和欢呼的背景下，两位将军紧紧握手。战败一方的李将军，身穿崭新军服，腰系皮带，脚蹬长筒皮靴，手持佩剑，很是英武；而战胜一方的格兰特则是一身便服，胡子拉碴，皮靴和裤子上溅满了泥水。格兰特和罗伯特·李原本是好友，都毕业于西点军校，都在联邦军队任职，是内战使他们成了两军对垒的敌人。历史的诡异之处在于，当内战爆发时，罗伯特·李其实已经解放了自己家的奴隶，而格兰特家还拥有奴隶。但罗伯特·李不愿自己的军队去攻打自己的父老乡亲，所以痛苦地辞去了联邦军队的职务，回到家乡去担任南军统帅。格兰特则在历史的洪流中，不仅自己跟上了时代的步伐，而且还为全国性的制度废奴立下了汗马功劳。这场持续4年之久付出六十多万士兵生命的内战当然是残酷的、不幸的，但战争的结局却是幸运的，本着宽容、和解、礼貌与尊重，美国成功地化解了南北双方因战争而引起的隔阂、猜疑和仇恨，诚如格兰特所说："战争结束了，叛乱者现在又是我们的同胞了。"

对于来自中国的参观者而言，格兰特纪念堂外还有一处特别值得去看的地方，那就是李鸿章为纪念格兰特而植下的银杏树。在纪念堂的后面，会发现树林中有两棵银杏树，四周用铁栏杆围护着，下有一块一米见方、用青铜铸造的铜牌，铜牌上有中英两种文字。其中文用的是隶书繁体，直行书写，且无标点符号，用今天的简体字加标点符号，可读为：

大清光绪二十有三年，岁在丁酉，孟夏初吉，太子太傅、文华殿大学士、一等肃毅伯合肥李鸿章，敬为大美国前伯理玺天德葛兰脱墓道种树，以志景慕。出使大臣二品衔，都察院左副都御史铁岭杨儒谨题。

文中的"伯理玺天德"即英文"president"（总统）的音译，"葛兰脱"就是"格兰特"。

这是怎么回事？李鸿章怎么会给格兰特墓植树呢？

事情还得从 1879 年说起。那一年，已卸任总统的格兰特环游世界，5 月 28 日抵达中国天津，时任北洋大臣的李鸿章设宴款待，两人一见如故。当时正发生日本吞并琉球、置为冲绳县的事件，中国力争不成，于是清政府和李鸿章想借助格兰特的名望，在他访日期间劝说日本放弃琉球。可格兰特此时不过是一卸任总统，很难有所作为，他的调停自然毫无结果，琉球并入日本已是无可挽回。格兰特回国前，从日本给李鸿章写了一封信，信中除介绍日本的新气象外，明确指出："中国大害在一弱字，国家譬如人身，人身一弱则百病来侵，一强则外邪不入。"格兰特希望中国奋发自强，否则"日本以一万劲旅"，可"长驱直捣中国三千洋里"。他建议李鸿章"仿日本之例而效法西法"，"广行通商"，如是则"国势必日强盛，各国自不敢侵侮"，等等。

有此一段因缘，当 1896 年李鸿章出使俄国并环游欧美抵达纽约时，自然想起格兰特。此时格兰特已去世 11 年，李鸿章专程前往拜谒格兰特墓。当时的场面很是感人，李鸿章在格兰特的灵枢前驻足良久，最后悲伤地低吟道："别了，我的兄弟。"他的这一告别仪式使他的随从人员和美方陪同人员始料不及。也许，他的思绪又回到了 17 年前他们在中国相谈融洽的场景。

许多文献由此演绎开来，认为现在那铁栏杆里围护着的两棵银杏树乃李鸿章这次亲手所植。但现在看来，这应是有疑问的，理由是：铜牌上中文所说的时间为光绪二十三年，对应的时间为1897 年，但李鸿章访美是 1896 年，此其一；其二，根据 1899 年出版的《李傅相历聘欧美记》记载："二十二日（西八月三十号），中堂出自纽约行台，至前民主格兰德（即格兰特——作者注）寝园，有宿草矣，为怆然者久之。从者以鲜花环进，敬悬墓门，循西礼也。"文中并未言及李氏"墓道种树"一事。还有一个理由，格兰特陵墓直到 1897 年才落成。因此，我更相信下面的分析：在格兰特陵墓落成之际，李鸿章特委托清廷驻美公使杨儒代表他在墓园种树以表"景慕"。

铁栏杆里围护着两棵银杏，那么这两棵是否都为杨儒所种呢？有些作者确实就是这么写的。但从铜牌上的英文内容来看，它用的是单数（This tree，这棵树），因此应能推断当时只种了一棵。实际上，两棵之中有一棵很矮，怎么看也不像一百多年前种的，即使那棵高的，也不像百年老树啊。有人说，这两棵树的长势不好，显示着清帝国败亡的命运。这是文学思维，当不得真，事实真相如何，对于我这样一个以法学为业的访客，只能留下悬念和好奇了。

（原载《检察日报》副刊"每月名家"，2012 年 2 月 17 日）

凡你在处便是法学所

很荣幸作为导师代表，为法学所 2013 届法学博士、法学硕士和法律硕士送行。我今天演讲的题目是：凡你在处便是法学所。这句话受到中国政法大学郑永流教授"凡我在处便是法大"的启发，而他则是受到诺贝尔文学奖得主、德国作家托马斯·曼的"凡我在处便是德国"的启发。

时下正值一年一度的毕业季，各种毕业致辞成为一道风景。今天上午，为准备这个发言，我集中浏览了一些大学校长、院长和导师代表的致辞，有点惊讶地发现，他们都对这样的致辞高度重视，有的甚至在准备讲稿时"夜不能寐、辗转反侧"，还有的把参加这样的活动视为"刻骨铭心、难以忘怀"。是啊，想到今天讲的每一句话都可能对同学们走上社会产生影响，我也感到责任重大，甚至怯言。

对照诸多的毕业致辞，我发现尽管它们长短不一，风格各异，但大都包含了以下内容：一是突出本校、本学院的辉煌历史和骄人成绩，大概想要借此鼓励毕业生的士气；二是回顾同学们在校期间的优秀表现和难忘经历，特别是以优秀毕业生的故事来激励大家前行；三是就大家的未来给出叮嘱、建议，有的甚至直接就说是"锦囊妙计"。

很多大学都说自己是新中国第一个某某法的博士诞生地，但请注意，他们的表述前面都加了一个限定词，那就是某某法，而不是第一个法学博士。新中国第一个法学博士应当是我们法学所培养的，新中国第一个法学博士生导师就是我们的老所长张友渔先生。同学们，你们出去后，贴上的标签就是中国社会科学院的博士或硕士。陈甦书记曾经有一句名言：在陌生人社会，文凭很重要；在熟人社会，能力很重要。我可以说，社科院这块金字招牌在文凭方面是绝对不输给任何一所大学的。作为国家哲学社会科学研究的最高殿堂，中国社会科学院群星璀璨。我本人经常喜欢买一些社科院老一辈学者的书来翻一翻，每每看到那些熠熠生辉的名字，就受到激励。记得1993年我刚入所时，在一个院部组织的活动中，我竟然可以给吕叔湘老师投票，就是那个编写现代汉语词典的著名语言学家。我没想到小时候学习他的东西，现在竟能成为他的同事，还可以给他投票，真的感到很荣幸。希望同学们作为社科院毕业的博士或硕士，永远以高标准来严格要求自己，凡你在处便是法学所，便是社科院。愿法学所"正直精邃"的所训时刻与你们同在。当你们在工作和生活中，遇到有要突破底线的时候，一定要记住，老师们在看着你，你这样做会让老师伤心、让老师看不起你；相反，当你们取得成绩的时候，当有一天老师在看电视或报纸正好看到受表彰的你的时候，老师会为你而骄傲和自豪。如果说在校期间是"名师出高徒"，那么毕业后则是"高徒出名师"，你们能否传承和扩大法学所老师们的学术思想，将关系到法学所在学术界和社会上的影响力大小。

谈到这一届毕业的同学，我注意到冀祥德主任在最近法学系召开的毕业生经验交流会上的一个发言。他说，今年成功考上博士和到理想单位就业的同学有以下共性：一是对自己的研究生生活规划早，目标明确，持之以恒；二是兴趣广泛，多才多艺，有奉献精神，集体荣誉感强。拿他这两点来对照我所指导的学生，可谓此言不虚。例如我指导的张为易同学，他以优异成绩考上了北京大学的刑法学博士，据我了解，他是一进来就准备要考博士的，学习非常刻苦，读研期间发表了好几篇学术论文，而且他也很热爱集体，每年的师生联欢会他都积极参与，多次担任主持人。我指导的其他学生也都很优秀，而且有情有义，无论是到一分检就业的金磊，还是到海淀检察院就业的陈健，他们都在得到录取通知的第一时间给我打来电话报喜，我那时就想：原来老师在学生心目中有如此重要的位置，也许连他们的父母都还没来得及告诉呢。当然，也有个别同学的论文让我费心多些。记得有一天晚上，我深夜还在修改一位同学的论文，她就在邮件中说，老师您千万不要这样熬夜了，这样对您身体不好。我当时真是又感动又有点埋怨她：要是你的论文能写得更好些，早交些，我又何苦这样辛苦呢？同学们，你们对老师的好，老师明白，但你们对老师最大的好，就是把自己的学业搞好。机遇总是垂青于有所准备的人，这里我再举一例，我指导的博士后王海桥，今年获得了国家博士后基金一等资助（8万元），当初他本来只申报二等，最后却意外获批为一等，我想可能是评委会发现他的选题有意义，而且前期成果较丰硕，觉得这样的人值得资助吧。

儿行千里母担忧，生行千里师担忧。亲爱的同学们，要请你们原谅我的无能了，我自己都是至今充满缺憾、经常遇到困惑、有时甚至感到无奈，又有何资格给你们赠送远行的"锦囊妙计"呢？我想说的是，凡事一半在人、一半在天。天有定数，不可强求，在此我只祈愿大家好运；但人力所及，我们必须尽到百分之百的努力，不能为自己找半点借口。人性中有一个弱点，那就是容易自以为是，容易为自己的各种言行寻找理由和借口。我们要善于听取别人的意见，勇于解剖自己，时时以"人啊，认识你自己"来自省。凡事努力过了，就不再后悔；凡事也只有努力过，才不致后悔。古人把立言、立功和立德视为三不朽，这其中德是排在最高层次的。我们不一定每个人都能成就一番伟业，但加强对自身修养的锤炼，追求内心的平静和安宁，这是时刻都可以做的，是每个人都有机会去做的。我过去常对"朝闻道，夕死可矣"这句话感到有点费解，现在是越想越觉得这句话有道理。只要我们不断地去学习、思考，读万卷书、行万里路，就会在闻道的路上不断有所感悟、有所收获。道无穷，而生有限，我相信，一个不断问道的人，是永远也达不到"夕死可矣"这种心态的。因此，我愿意在这里向同学们发出邀请，让我们一起来学习为人为学之道，做人做事之道，终身学习，永远在路上。

"理想很丰富，现实很骨感。"同学们，多珍重！

（本文为作者于 2013 年 7 月 12 日在中国社会科学院法学研究所研究生毕业典礼上的发言，原载《法制日报》2013 年 7 月 31 日）

第三辑——诤言无华

再返弗莱堡

再次回到弗莱堡，距最近的一次也已经整整 10 年了。除了在弗莱堡市中心增添了一个弗莱堡大学图书馆的显眼建筑，其他一切似乎都没什么变化，电车、城门、水渠，还有那路面的鹅卵石，甚至连马普所后面黑森林入口的那座小亭子，都还是记忆中的老样子。

对于刑法学人而言，弗莱堡这座城市当然不只是一座旅游城市，更在专业上充满了吸引力。这里不仅有举世闻名的马普刑法所，还有德国的刑法重镇弗莱堡大学。我们这次一行，就是应邀到弗莱堡大学参加"中德刑法比较学术会议"。会议规模虽然不大，但马普所的中国博士生王华伟告诉我，这个会议德方出席的学者规格很高，像弗里施（Frisch）、金德霍伊泽尔（Kindhäuser）、帕夫利克（Pawlik）等，都是当代德国的刑法巨擘。

果然，我这次除了漫步马普所后面的黑森林欣赏到美丽雪景、在圣诞市场喝着热红酒感受到这座安静小城人山人海的另一面，在专业上也有很大的收获，那就是验证了我提交给这次会议的论文的一个观点：目前有的中国刑法学者主体意识不够，存在着对域外知识的盲目推崇，甚至误读。

在第一天会议的一个讨论环节，帕夫利克教授问到中国通过什么来限制犯罪化，我方学者介绍，中国过去主要通过"社会危害性"这个概念来限制犯罪化，即只有具备较大的社会危害性的行为才可能构成犯罪，反之，没有社会危害性或社会危害性显著

轻微的行为就不构成犯罪；但近年来越来越多的中国学者主张用
"法益"这个概念来取代"社会危害性"，认为它更能起到限制犯
罪化的作用。但此时，帕夫利克的插话立即引起我的兴趣。他
说，"法益"在德国并未起到限制犯罪化的作用，法益理论的实
际效力被高估了，因为"法益"在内容上是空洞的。"法益"最
初是为了区别于道德上的利益，所以叫"法律上的利益"，进而
到刑法上叫"刑法所保护的利益"。但这个"刑法所保护的利益"
到底是什么，却说不清道不明，纳粹政权也会认为它规定的所有
犯罪都是侵害法益的。所以，帕夫利克教授认为，由于"法益"
边界不明且高度抽象，用所谓的法益理论来作为限制犯罪化的依
据，也就无异于自欺欺人。他举例说，像德国刑法中的赞扬纳粹
罪、乱伦罪等规定，谁也说不清它们所保护的法益是什么，甚至
有不少刑法学者认为它们就没有侵害法益，但德国联邦宪法法院
仍然裁定，刑法中的此类规定并不违宪。在2008年一起著名的兄
妹乱伦案中，宪法法院指出：禁止兄妹间发生性关系完全是考虑
了《基本法》（即德国宪法）的规定，而不需要考虑法益的概念。
这不但宣布了法益理论的局限性，也说明从宪法的角度来审视某
种行为是否应该给予刑事处罚更具可操作性。

听了帕夫利克教授这一番话，我当即忍不住对他说：这是我
这次会议迄今为止最大的收获。曾几何时，中国的一些刑法学者
把从德国引入的"法益"这个概念神化了，认为它相比我们过去
使用的"社会危害性"这个概念而言，具有无法比拟的优势。其
实，"社会危害性"这个概念所面临的空洞性和缺乏规范性等问
题，在"法益"这个概念中也几乎同样存在。若干年前，我在我
国台湾地区学术交流时，许玉秀教授（曾留学德国）就跟我提起
过她对"法益"这一概念的困惑：法益太抽象了，看能否结合英

美刑法中的"损害原则"来设定犯罪的门槛。当时我就想，"损害原则"那不是与我们的"社会危害性原则"更靠近吗？其实，"社会危害性"这个词之所以在过去造成一些不好的后果，主要是因为我们过去无法可依，或者虽然有法可依却允许类推，于是往往以某种行为具有社会危害性为由来将其作为犯罪处理。在刑法上已经废除类推、确立了罪刑法定原则之后，一个行为是否构成犯罪，只能以犯罪构成要件为准。不仅如此，即使某个行为形式上符合某一犯罪构成要件，还可以用社会危害性的欠缺或显著轻微来限制处罚范围，如内蒙古农民王力军非法收购玉米一案中，法院再审宣告无罪的理由就是其行为"尚未达到严重扰乱市场秩序的危害程度，不具备与刑法第225条规定的非法经营罪相当的社会危害性和刑事处罚的必要性，不构成非法经营罪"。

无独有偶，在第二天会议结束后的晚宴上，我与金德霍伊泽尔教授邻座，交谈中谈到客观归责这一从德国引入中国的理论。令我吃惊的是，对于客观归责这个在时下中国广受追捧的理论，这位德国刑法学界的大腕却从总体上并不感冒，他认为，客观归责理论谈不上是对刑法学理论体系的创造性发展，它只不过是对犯罪总论中一些具体问题解决方案的总结，而这些解决方案有些是有益的，有些则完全是多余的，如"在因果关系的证明之外还要求必须证明行为创造了风险，这在我看来，就好像要求引起洪灾的水必须是湿润的一样。"金教授还告诉我，即便在德国，客观归责理论也广受争议，其中一种强烈的批评声音就是认为它混淆了客观要件和主观要件。不仅如此，与理论界对客观归责讨论得如火如荼相比，司法判决却对该理论反应冷淡。金教授的此番交流以及他介绍的德国司法界对客观归责的这种态度，让我有勇气做一回《皇帝的新装》里的那个小孩，忍不住把自己的一些感受也说出来。我一直认为，客观归责这一提法有点令人费解，且不说它本身混杂了客观要件和主观要件的内容，而且也很容易导致中文世界的读者跟"客观归罪"产生联想甚至相混淆。另外，我也怀疑，国内有的同行会不会把客观归责理论过于神化了，好像只要用客观归责理论就能限制处罚范围（却没想到该理论恰恰在某些方面走向反面，导致处罚范围的扩大）。因此，个人觉得，目的行为论对客观归责论的批评是对的，对于特定行为是否创造了不被容许的风险这样的问题，根本无法像客观归责理论那样所宣称的单纯从客观的基础去决定，而是也取决于行为人对特定情状的主观认识。论及此，我就想，与其大家一窝蜂地去顶礼膜拜这样一个即使在德国不同时期也存在不同理解、直至今日仍争议巨大、且与我国的传统刑法学知识完全是两套话语体系的理论，不妨至少有一部分人能冷静地去尝试一下别的路径，如在我们传统的主客观相统一的刑事责任原则下，去进行相关归责教义学的理论深化与拓展。

我无意否认那些把德国法益理论和客观归责理论引入中国的学者们的贡献，也不想因为帕夫利克教授和金德霍伊泽尔教授的想法正好与我有一致之处就断定他们的说法是对的，但我想通过这篇小文表达自己的一个疑问：我们现在在对域外学说进行引介时，是否完整、准确地理解了它的真实含义和在其本国的命运？有没有过于夸大它的地位和作用？在引入的同时，我们是否存在只搬运而不注意与中国刑法话语的衔接与转换呢？很多人都观察到，近年来我国刑法理论和司法实务存在"两张皮"的现象，我认为这其中一个重要原因就是理论界在热衷引进各种域外理论和学说的时候，没有很好地把它们转换成我们自己的语言，或者在我们已经形成的话语体系内给其找到一个相应的位置。我曾不止一次听到一些其他部门法领域的同仁甚至是期刊主编向我抱怨：你们刑法学界怎么那么喜欢用一些佶屈聱牙的词汇，什么"行为无价值""结果无价值"，能不能用我们中国人自己看得懂听得明白的表述呀！

法学研究的方法和风格应当是多元的，尤其应当是立足本土的。即使在引进域外知识时，也要防止只见树木、不见森林，而要把它放到本国的话语体系中去加以消化和吸纳。这方面，日本就做得很好，读过西原春夫的《我的刑法研究》一书的人，应当对此深有体会。我们这次会议德方学者邀请中方学者发言的选题范围是"中国的刑法体系：历史根源、当前状况及未来挑战"，试想，如果我们只去炒别人的剩饭，而缺乏对自己民族的历史、当下和未来的关注，那在这种平等的国际学术交流中，我们的价值和优势在哪里？我不相信，在这样的会议上，德国人会对我们谈法益和客观归责感兴趣。高艳东教授最近在《中外法学》的一篇论文中曾批评有的学者："只顾低头走路，匍匐在德日刑法的碑文下，读一段卖一段，朝圣着别人的文字而忘记了自己的名字。"话虽有点尖锐，却也道出了当前国内刑法学界一种值得我们警惕的学风。

习近平总书记曾经指出："我们的哲学社会科学有没有中国特色，归根到底要看有没有主体性、原创性。跟在别人后面亦步亦趋，不仅难以形成中国特色哲学社会科学，而且解决不了我国的实际问题。"此次从弗莱堡归来，我对这段话的感触是更深了。为了使中国刑法学在国际上成为有声的而不是无声的刑法学，我们应当有自己的主体意识，从中国实际出发，珍惜已有的知识谱系、理论框架甚至是概念表述，以切实解决中国的问题作为出发点和归宿点，建构起国际的视野、中国的视角、自己的方案三位一体的研究格局。

（原载《法制日报》，2017 年 12 月 27 日）

法学研究须立足中国放眼世界

改革开放 40 年来，我国的法治建设与经济建设一样，取得了巨大的成绩。现在，有中国特色的社会主义法律体系已经形成，民告官、国家赔偿、公民行为后果的可预期性、人权保障等各项法治指标不断健全，人民群众从建设社会主义法治国家的伟大事业中获得实惠，法治在维护社会稳定、凝聚社会共识、确保国家长治久安方面发挥着不可替代的作用。与此同时，中国的法治国家形象在国际上也日益得到改善，成为展示国家软实力的一个重要方面。

一、机遇

当前，我们正面临推进中国法学研究的大好机遇，主要表现在：

首先，人类社会的发展正在进入一个新的阶段。在过去两百多年间，欧美主要国家经历了从法治国到福利国再到安全国的发展历程，法治也从反封建时期的追求自由到后来的关注民生再到如今的强调安全。现在，人类正在进入一个前所未有的全球化时代、一个不确定性大幅增加的风险时代，法治理念和理论都处在一个新的变革和调整时期，如近年来针对反恐等特定形势的需求，西方国家普遍出现了刑法介入前置化的趋势，一种以预防性刑法替代传统的报应性刑法的主张呼声日益高涨。面对这样一个全球社会结构大调整的剧烈变动期，我们几乎可以在同一起跑线进行法治理论创新。

其次，中国国内日新月异的发展和丰富的实践为法学研究提供了肥沃土壤。法学归根到底是一种实践理性，法律归根到底要为社会治理提供支撑。当前，中国经济发展速度继续领跑世界，社会持续稳定，中国道路、中国模式引起世人关注。前不久我接触到一个西方国家的外交官，她说在国内做律师多年，工资比起当外交官来要高得多，但她还是想换个工作，到中国来感受一下这个社会正在发生的巨大变化。20 年前，我们到美国一些大学去做有关中国法的讲座，听众寥寥，那时我们去拜访一些美国教授，对方兴趣并不很大，现在我们去做讲座，听的人明显增多，有的外国教授听说他们那里有一位中国教授在访问，还主动联系约请吃饭以便了解有关中国法治建设的情况。过去，西方一些国家法学院的教授在上课时总是戴着有色眼镜对中国的法律不屑一顾，先入为主地认为中国的法律是落后的甚至是"酷刑"，如今，他们讲课时也要向学生如实介绍一些中国的法律规定、司法实践的做法和案例，学生中对中国法感兴趣的人也越来越多。

再次，中国的国际影响不断增大，参与国际或区际规则制定的机会增多。由于种种原因，如新中国直到 1971 年才恢复在联合国的合法权利，到 1978 年才实行改革开放政策，我们过去鲜有参与有关国际公约的制定，都是人家制定好规则后我们再加入、再去适应。现在这种状况正在得到改观，我们积极主动地去参与一些国际谈判、公约缔结，在国际事务中发挥的作用越来越大。与此同时，我们在区域性国际合作方面也有很大的进展，如上海合作组织、"一带一路"的建设等，这些都为中国法律走出去提供了新的契机。我前不久访问俄罗斯科学院，他们对加强上海合作组织框架内的合作、围绕"一带一路"建设的法律交流等都很感兴趣。

二、挑战

看到机遇的同时，我们也要看到挑战，主要有：

一是我们的法治所面临的社会生态非常复杂。一方面，与一些法治先进国家和地区相比，应当看到，我们的法治建设还在路上，法律体系还只是初步建成，法治国家、法治政府、法治社会的全面建成和一体化推进还任重道远，法治信仰、法律文化的润物细无声更是需要一个长久的过程。西方国家是在反封建后的两百多年所建立起来的一套法治规则、法治话语体系中针对新的社会形势进行反思和矫枉过正，而我们却要在法治建设才进行短短几十年、各项工作都还要不断推进的同时，又要面对新的国内外社会结构和生态，作出新的调整。也就是说，我们现在既要进行传统的法治建设，落实法治的基本原则和公理，又要构建新的法治建设，对当代社会所面临的一些重大挑战作出回应。另一方面，我们国内的发展也很不平衡，可以说有的地方还是前现代社会，大部分地方已经进入现代社会，个别地方已经迈入后现代社会，作为一个统一的中央集权国家，如何确保中央层面的基本法律与各地不同层级的地方性法律相互配合，使法律在普适性和地方性、自洽性和开放性、稳定性和适应性等方面获得较好的平衡，考验着我们的智慧。

二是要承认我们的法治建设、法治宣传还有不少短板。如我们的国内法与《公民权利和政治权利国际公约》的规定和要求存在差距，以致这个我们已经签署20年之久的国际公约直到现在也没有批准（因为一旦批准就要接受它的约束），与之相对应，我们在死刑条款过多、刑事诉讼的正当程序保障不足等方面也给国际刑事司法合作带来一些障碍，如国际上公认的死刑犯不引渡原则给我们在一些可能判处死刑的案件中进行刑事司法合作增加了难度。又如我们的一些地方对犯罪嫌疑人还不时实行公审大会、公判大会等做法，中央媒体在报道一些案件时，也把犯罪嫌疑人或被告人五花大绑的镜头报道出来（如我们对糯康案执行死刑的报道），让国际上对我们的法治文明产生疑问。加之历史上国外或出于偏见、或囿于信息所限，使不少外国民众对中国的法律还停留在"水牢""抄家"等落后的印象上，有些逃到国外的腐败犯罪者、经济犯罪者也以中国不是法治社会、中国的审判不公正、会侵犯他的人权为由，申请政治避难，许多引渡案件或国际司法协作案件之所以遥遥无期、成本巨大，有很多正是当事人及其律师利用了所在国的司法体系对中国的法律存在误解，对中国法律所取得的进步不了解所致。

三是我们在讲好中国法治故事方面还面临不少困难。由于西方意识形态的偏见，加上我们自己一些方式方法欠妥，目前影响我们法治形象的因素仍然不少，如我们一党执政的国情必然导致党政在某些方面的融合或合二为一（如纪检监察），也必须加强党内法规建设，党的干部必然构成刑法上的贪污受贿犯罪主体，但目前我们对此或者法律上有意回避（如刑法上的国家工作人员并不包含党员干部），或者阐释力不够（如依规治党与依法治国的关系）。近年来，我们在海外相继建立了一些中国法研究中心，也取得了不少成绩，但如何让西方主流社会和广大民众真正认可中国的法治国家形象，真正充分发挥法治的软实力，却还有不少值得反思和改进的空间，如如何用外国人听得懂的文风和语言表述来加强对中国优秀传统法律文化的宣传、加强对中国最新法治进展的介绍，而不是为了完成宣讲任务甚至为了确保政治正确而忽视实际效果。

三、建议

面对上述机遇和挑战，对我国的法治建设和法学研究提出如下建议：

第一，毫不动摇地全面推进依法治国。要按照《中共中央关于全面推进依法治国若干重大问题的决定》的部署，加快形成完备的法律规范体系和党内法规体系、高效的法治实施体系、严密的法治监督体系、有力的法治保障体系，充分发挥法治在促进国家治理体系和治理能力现代化中的作用。当前，一是要狠抓各级领导的理念转变，把培养和运用法治思维工作放到"四个全面"战略布局的高度来认识，防止法律讲起来重要、干起来不重要，仍然过多依赖靠开会、发文件等传统方式来解决问题。二是立法不要回避中国的实际问题。如此次监察法就明确把中国共产党机关作为监察对象来规定，但我们的刑法、行政诉讼法等都回避了党的机关和干部，造成司法实践中出现一些困惑，如尽管实践中党的干部可以构成贪污受贿罪，但若严格依刑法中的"国家工作人员"定义，则并不能包括党的干部；而行政诉讼法对党的机关的回避也造成党的机关无法成为提起行政诉讼的对象。三是要尽快建立起违宪审查机制。宪法的重要性已经无需多说，但最关键的就是，对于某种立法、司法或行政行为是否与宪法一致缺乏一种审查机制，对违宪的行为如何宣布其失效以及对违宪行为的受害者如何进行救济，缺乏可操作性的制度和措施。现在，全国人大已经成立了宪法和法律委员会，如何在此基础上推动中国违宪审查机制的建立，需要尽快研究。

第二，中国的法学研究应当有自己的主体意识。经过 40 年的改革开放，我们现在的法学研究不能再片面追求向国外看齐，而是应把更多的眼光投注到中国的本土上来。这是因为中国丰富的立法和司法实践，迫切需要学界作出阐释，如我们的党内法规建设，就很难从国外找到理论资源。又如，我们去日本开会讲"第三方支付平台侵财犯罪"，日本学者要听懂都难，因为他们很少用第三方支付平台，而我们国内则大量使用第三方支付平台，这样我们这方面的立法就不能像过去那样去简单借鉴国外的（也无从借鉴），而要靠我们自己，相应的，这方面的司法判例也是很好的研究素材。中国法学要想发出自己的声音，我认为开展本国判例研究甚至从中总结提炼出自己的理论是一个重要渠道。现在这方面也有了更好的条件，中国裁判文书网公布了大量的案件裁判文书，与域外学者敏锐地捕捉到这一信息并有效利用其来作研究相比，国内学界的重视程度反而不够。应当正视的是，中国目前不少的法学研究者严重忽视对本土问题的重视，甚至唯国外马首是瞻，而且在引入国外理论的同时，也存在只搬运而不注意与中国话语的衔接与转换。近年来我国法学理论和司法实务"两张皮"的现象越来越严重，这其中一个重要原因就是理论界在热衷引进各种域外理论和学说的时候，没有很好地把它们转换成我们自己的语言，或者在我们已经形成的话语体系内给其找到一个相应的位置。

第三，无论是立法、司法还是法学研究，都要树立"国际的视野，中国的视角，自己的方案"这样一种格局。就"国际的视野"而言，主要有两方面需要注意：一是有关国际公约的要求。像《公民权利和政治权利国际公约》这类国际上有重大影响的人权公约，我们还是要根据其要求和精神，使国内法与其衔接起来，从而尽快批准公约，为此需要在减少死刑、公布死刑数字、建立死刑犯的申请赦免制度等方面作出努力。二是对于国际上通行的一些做法，我们也要尽可能地借鉴，如对犯罪嫌疑人和被告人不能开公审公判大会、应尽可能地在公开场合为其戴头套以保护其人格尊严，由此引申出不宜让犯罪嫌疑人未经法院审判就在电视等媒体上让其认罪悔罪。在保持国际视野的同时，我们还应有自己的视角和方案，如按照《公民权利和政治权利国际公约》的要求，逮捕应当有司法机关的批准，但国际上一般把司法机关等同于法院，而根据我国宪法，检察机关也是司法机关，所以我国刑事诉讼法规定由检察机关来批准逮捕并不违背《公民权利和政治权利国际公约》的要求，只需在此基础上完善即可（如将书面审批改为公开听证）。说到自己的视角和方案，还包括要注意发掘我们的本土资源，如我国的传统法律制度和法律文化虽然有一定的历史局限性，但也不能一棍子打死，也有许多精华值得吸收和借鉴，像重视调解，强调"法贵简而能禁，罚贵轻而必行"等。另外，我国法律对民间法、村规民约并不简单持否定态度，而是留下了与国家法互补的空间，如刑法规定，民族自治地区可以由自治区或者省的人民代表大会根据当地的政治、经济、文化特点制定变通或补充的规定，报全国人大常委会批准施行，这样的制度过去长期没有被激活，今后可以多适用一些。

（本文系笔者参加的一个改革开放 40 年理论座谈会的发言整理稿，压缩稿曾以《法学研究须立足中国放眼世界》发表于《人民日报》2018 年 7 月 25 日）

关于修改我国刑法中"犯罪分子"一词的建议

按照全国人大常委会的立法规划，立法机关正在准备对刑法进行新一轮的修订。过去对刑法的修订都采取"能不改的就不改"的指导思想，对于刑法中的一些措辞尽量不作改动。但现在看来，即使措辞，也很重要，能改的就要及时改过来，因为它事关刑法的形象和理念，譬如，我国刑法中的"犯罪分子"一词即属此种情形。

初步统计，我国刑法中共有 40 个条文使用了"犯罪分子"的措辞，从总则中的"犯罪论""刑罚论"到分则的具体条文均有出现，如刑法第 5 条关于"罪刑相适应原则"的规定："刑罚的轻重，应当与犯罪分子所犯罪行和承担的刑事责任相适应。"刑法第 61 条关于"量刑一般原则"的规定："对于犯罪分子决定刑罚的时候，应当根据犯罪的事实、犯罪的性质、情节和对于社会的危害程度，依照本法的有关规定判处。"以及刑法第 349 条"包庇毒品犯罪分子罪"、刑法第 417 条"帮助犯罪分子逃避处罚罪"等规定。根据我多年来的学术思考和主张，现再次建议，乘这次刑法修订之机，把刑法条文中的众多"犯罪分子"表述视其语境分别修改为"行为人""犯罪人""犯罪者"等更为合适的措辞。主要理由如下：

首先，"犯罪分子"一词带有浓厚的专政味道和明显的贬义色彩，已不能适应时代发展的需要。"分子"一词在古代属于俗语，只见于文学作品，用来描述一种"随礼"方式，后来逐渐演变成为一种有特定含义的政治性用语，归纳下来，主要有两层含义：一是凡被称为"分子"者，都属于某种特定的群体，而不是孤立的个人；二是该群体都有某种稳定的特性，把某人称为某分子，等于说某人属于某种有固定特性的人。犯罪是人一时一事之行为，并非所有犯罪者都属于一种肯定要犯罪的人，一概称之为"分子"，有将人的行为完全人格化的嫌疑。十多年前，我曾提出"从革命刑法到建设刑法"的命题，其中就指出："犯罪分子"的称谓政治性太强，为适应依法治国、建设社会主义法治国家的需要，应当视语境分别改称"行为人""犯罪人""犯罪者"等更为中性的称呼。这些更为中性的称呼不仅丝毫不影响相关条文的文意表达与理解，而且也不影响对犯罪行为的查明和对犯罪行为人的追究，甚至还有利于更加准确地认定犯罪。

其次，修改"犯罪分子"的称谓是刑法用语人性化的要求，也是法治文明的体现。《联合国囚犯待遇最低限度标准规则》规定：对待所有囚犯（包括已决犯和未决犯），均应尊重其作为人所固有的尊严和价值，任何囚犯都不应遭受有辱人格的待遇或处罚。"犯罪分子"的称呼容易产生标签的负面作用，使执法机关、执法人员和社会公众有意无意地戴着有色眼镜去看待犯罪嫌疑人和被告人，不利于公平公正地贯彻落实罪刑法定、无罪推定等刑事法治的原则和精神。近年来，我留意过不少当今世界法治比较发达的国家和地区的刑法典，从没有发现这些国家和地区的刑法中出现过"犯罪分子"这样的称谓，而无例外地使用"行为人""犯罪人""犯罪者"这样的中性称谓。值得注意的是，我国相关法律的用语也越来越文明，如1994年的监狱法还明文使用"罪犯"的字眼，但到2004年的《监狱服刑人员行为规范》中，就将"罪犯"改称为"服刑人员"；2019 年底颁布的社区矫正法，更是既不用刑法、刑诉法中已明确的已决犯"罪犯"，也不用原来规范性文件中的"社区矫正服刑人员"概念，而是改为毫无标签负面作用的"社区矫正对象"。在这种情况下，作为刑事基本法律的刑法典，如果还继续保留"犯罪分子"的措辞不变，就显得很不协调。

再次，刑法条文中的"犯罪分子"不修改，给科研、教学和对外交流也带来不方便。随着时代的变迁和语境的转变，"犯罪分子"这一过去我们习以为常的用语现在听起来越来越觉得别扭了（甚至连革命气息较浓的"知识分子"也越来越被"知识人"所取代），其实别扭的不只是我们刑法学者，更有其他人士。我就不止一次在学术会议的台上台下，听国内外的民商法教授等人凭直觉跟我提出过：都什么年代了，怎么你们刑法还在用"犯罪分子"？正因此，包括笔者在内的一些刑法学教师和科研工作者都在自己的授课、写作和对外交流中尽量不使用"犯罪分子"这一表述，但刑法学是以刑法条文的实在规范为前提和基础的，只要是刑法条文的措辞未变，"犯罪分子"的表述就无法回避，也因此反而增加了将个人表达与法律表达有机融合到一起的尴尬和难度。

综上，将我国刑法中的"犯罪分子"一词视上下文语境分别修改为"行为人""犯罪人""犯罪者"，并不是一件可有可无的小事。刑法修订不仅要"务实"（完善具体制度），也要"务虚"（推进刑法用语的人性化和文明化），从这个意义上来讲，我们的修订理念也应从"能不改的就不改"转变为"能改的就改"。顺便澄清一下，刑法规范上不使用"犯罪分子"的称谓，并不妨碍必要的时候在政治上、刑事政策上使用"犯罪分子"的称谓，如刑法立法和法律文书使用"毒品犯罪者""恐怖犯罪者",但在打击毒品犯罪、恐怖犯罪的有关政治性宣言、政策性文件中,有时为了突出对此类犯罪者的严厉谴责和打击的决心,仍然可以使用"毒品犯罪分子""恐怖犯罪分子"这样的提法。

(原载《法制日报》,2020 年 2 月 5 日)

我国没收财产刑的改革

没收财产刑作为一种古老的刑罚，不论在东西方都有着悠久的历史。随着刑罚人道化以及对公民合法财产权益的重视，没收财产刑在世界范围内经历了由盛而衰乃至逐渐退出历史舞台的命运。为适应这一趋势，我国刑法中的没收财产刑也应加以改革，即在完善罚金刑与特殊没收制度等相关配套措施的基础上，取消没收财产刑这一刑种，以使我国的财产刑从名称到内容更加科学合理。

一、我国没收财产刑的刑法规定与时代趋势

（一）没收财产刑在我国刑法中的规定

我国刑法第59条规定的没收财产刑（也称一般没收），是指将犯罪人个人所有财产的一部分或者全部强制收归国有的一种刑罚措施。它针对的是犯罪人合法所有的财产，适用范围涉及危害国家安全罪、危害公共安全罪、破坏社会主义市场经济秩序罪、侵犯公民人身权利罪、侵犯财产罪、妨害社会管理秩序罪以及贪污贿赂罪等我国刑法规定的主要犯罪类型，体现了国家对此类犯罪从财产上最为严厉的处罚态度。新中国刑法设置没收财产刑最初受到苏联的影响，在新中国成立初期为强化国家的物质基础发挥过积极作用。

（二）没收财产刑的时代趋势

基于没收财产刑与公民私有财产权利之间存在内在的紧张关系，当今世界大多数国家在刑法修改过程中纷纷原则上废除了没收财产刑。如英国1870年《废除没收财产法》废除了个人因犯罪而被没收财产的刑罚。法国1994年刑法典原则上取消了一般没收制度，只是在分则中例外地保留对反人类罪、毒品走私犯罪和恐怖活动罪可处以没收财产。德国联邦宪法法院于2002年作出判决，判定刑法典第43条（a）关于没收财产的规定不符合《德意志联邦共和国基本法》第103条第2款关于刑罚明确性的要求，因而宣布该规定无效。此外，美国绝大多数州从建国起在刑法典中就没有规定没收财产刑。尤其值得注意的是，俄罗斯刑法典也于2003年12月废止了没收财产刑的规定。

二、没收财产刑在立法和司法上存在的问题

（一）立法正当性的窘境

一是与宪法对公民私有财产的保护不协调。财产权被认为是与生命、自由相并列的基本人权，对财产权的剥夺将对社会个体的基本人权产生重大影响。我国刑法中没收财产刑旨在消灭犯罪人的经济基础，最大程度发挥刑罚的惩罚与威慑效果，但这一刑罚措施与我国宪法第13条"公民的合法的私有财产不受侵犯"的规定存在某种程度的不协调。犯罪人也是公民，其合法的私有财产也应受到保护。

二是与刑法的基本原则不协调。由于每个人的财产状况不同，在犯罪行为与情节大致相同的情况下，没收财产刑会导致拥有越多财产的人遭受的刑罚惩罚越严重，这与适用刑法平等的原

则存在某种程度的不协调。同时，犯罪与惩罚之间应形成比例，然而没收全部财产刑使犯罪与刑罚之间失去了可测量的比例性，只要犯罪达到一定程度就可以没收全部财产，而不去考虑犯罪人实际财产的多少、犯罪人本人的罪责大小，这与罪责刑相适应的原则也存在紧张关系。

（二）司法适用的困境

一是实际执行难。基于金融体系日益发达，犯罪人对外投资情况复杂，犯罪人及其家属转移、隐匿财产手段多样，法院依靠现有调查手段几乎无法查清犯罪人的所有财产。是故，没收财产刑在实践中很难得到有效执行，许多没收财产刑的判决沦为一纸空文，这既有损法律的严肃性，也达不到预期的刑罚威慑效果。

二是与家属的财产界限不容易划分清楚。虽然刑法规定不得没收犯罪人家属所有或者应有的财产，但实践中有些家庭共有财产如不动产很难清晰分割，在执行没收财产特别是没收全部财产时，容易造成对犯罪人家属的伤害。另外，刑法还规定，即使没收全部财产的，也应当给犯罪人本人及其扶养的家属保留必需的生活费用，但这个在实践中如何把握，也是难题。

三、改革没收财产刑的建议

基于现代社会日益强调保护公民合法财产，世界各国刑法又都普遍原则上废除了没收财产刑，我们认为，没收财产刑在我国也已经完成了特定历史时期的使命，未来的刑法改革原则上应通过罚金刑取代没收财产刑，并完善特别没收等配套措施，以进一步实现我国财产刑制度的优化。

（一）罚金刑取代没收财产刑的可行性与制度优势

一是在可行性方面，虽然世界上规定没收财产刑的刑法越来越罕见，但世界上几乎所有的国家都规定了罚金刑。因此，用罚金刑取代没收财产刑，既可以与世界刑罚体系对于犯罪人财产处罚保持一致，防止西方一些国家和势力借我国刑法中的"没收财产刑"对我国进行污名化攻击，也可以在司法实践中发挥罚金刑对于犯罪人财产处罚的优势，避免没收财产刑无法真正执行的尴尬。

二是在惩治效果方面，罚金刑完全可以实现没收财产刑的惩治效果。我国罚金刑体系包括比例罚金制、幅度罚金制等多种模式，可以针对不同危害程度的犯罪施加不同严厉程度的罚金。相较于没收财产刑而言，罚金刑在体现刑罚严厉制裁的前提下更符合刑罚比例原则与罪责刑相适应原则。同时，罚金刑执行相较没收财产刑而言更加灵活，当犯罪人没有财产可供执行时，则可采取分期缴纳以及随时追缴的方式。

（二）具体完善意见

一是完善罚金刑制度。基于罚金刑可以较全面实现刑罚功能报应性与预防性的统一，同时符合现代刑罚轻缓化与谦抑性的理念，它已成为世界各国财产刑的主要方式并呈现适用扩大化的趋势。我国在没收财产刑取消之后，需要进一步完善罚金刑制度：首先，扩大罚金刑适用范围，弥补相关罪名的适用。如对于职务腐败型犯罪的贪污、贿赂犯罪等，现行刑法只规定了没收财产刑；又如绑架罪致使被绑架人死亡的情形，也只规定了没收财产刑。取消没收财产刑之后，就需要规定相应的罚金刑来保持罪刑的协调。其次，完善罚金刑的处罚方式。现实中出现包括没收财产和罚金在内的财产刑空判现象的症结主要不在于司法，而在于立法，众多罪名规定判处主刑的同时必须判处没收财产或罚金，即使对于明显没有缴纳能力的罪犯，为了符合立法要求，法官也被迫判处其财产刑。没收财产刑废除之后，应根据犯罪性质不同，设置不同的罚金适用模式：对于轻罪适用罚金单独处罚或者与自由刑选择处罚为主，不并科处罚；对于重罪才可考虑与自由刑的并科处罚。再次，要确立日额罚金制。传统的定额罚金的一大弊端是，同样数额的罚金对富人来说很容易交纳，很多时候甚至没有什么惩罚性；而对穷人来说则无力交纳，不仅显得过于严厉，也难以执行。日额罚金制是指判处罚金时只判处一定的天数，每人每日应交纳的罚金数额依各自的收入水平和财产状况而定，这样富人就得多交，穷人就相应少交，这样使所判处的罚金与犯罪人的支付能力更相适应，使处于不同经济地位的犯罪人对惩罚性的感受更趋平等，也为罚金刑的执行创造了条件。最后，要进一步完善罚金刑的执行制度，在明确罚金刑延期缴纳、暂缓缴纳制度的前提下，同时完善财产申报、财产调查等配套机制。

二是完善特别没收制度。有的观点将西方国家以及相关国际公约规定的特别没收制度与我国刑法中的没收财产刑相混淆，其实二者有本质的不同。前者作为世界各国通行做法，是针对犯罪所得或者犯罪所得转化而成的财产进行没收，与我国刑法第64条规定的特别没收制度即对犯罪所得、违禁品以及供犯罪所用的本人财物的没收和追缴相类似。从制度完善而言，我们应当提升我国刑法中的特别没收制度的法律地位，将其上升为独立的刑种，明确特别没收的适用范围和适用程序，厘清违法所得的一切财物、供犯罪所用的本人财物、违禁品等适用对象的内涵。这不仅有利于特别没收适用的规范化，也有利于加强特别没收制度的刑事司法国际合作，包括建立承认和执行外国刑事没收裁决的司法机制和确立资产分享制度。

（原载《人民法院报》2020年1月2日，与时方合著）

精神病鉴定应一视同仁

据公开报道，"张扣扣杀人案"二审开庭在即，围绕此案是否要启动精神病鉴定的争议很大，张扣扣的家人和辩护人已申请对张扣扣进行精神病鉴定，以确定他在 13 岁时经历的母亲被打死一事是否对他作案时的刑事责任能力有影响。

抛开个案不论，目前司法实践中普遍存在对犯罪嫌疑人和被告人精神病鉴定限制过严的现象，我认为这个亟须扭转，要确立对恶性案件的行为人原则上都要进行精神病鉴定的制度，因为恶性案件一般都会判刑较重，甚至会判死刑，不可大意。

被告人有没有精神病？这个法律人说了不算，只有医学专家才有发言权。对于涉及死刑的案子，民意和舆论关注度高，司法机关不能想当然加以回绝，而应满足被告方的申请，这样对各方都能有交代。

如果行为人在实施危害社会的行为时是完全无刑事责任能力的精神病人，则应按照强制医疗程序去"服刑"（强制医疗，直到病好才能释放）；如果行为时属辨认能力或控制能力减弱的限制刑事责任能力人，则应依法从轻或减轻处罚，对被害人方面也好有个说明；如果行为时属于各方面正常的人，则也可排除患有精神病的质疑，对被告人及其亲属、辩护人和社会上对此有疑义的人也是一个交代。

或许有人会说，如果只要被告方提出要进行精神病鉴定就允许，那么以后司法机关的成本将大大增加，司法效率将严重受到制约，甚至有时还会涉及司法机关没面子。

我认为，追求公平正义、维护司法公正是最大的面子，司法效率和司法成本都要服从和服务于公平正义和司法公正这个最重要的目标。司法实践中，对被告人进行精神病鉴定有两种启动模式：一种是司法机关主动提起的职权启动，另一种是被告方提出的申请启动，前一种费用由国家承担，后者的费用可以由申请方承担。

随着人权保障理念的深入人心和实际推进，今后司法机关应当尽可能多地主动提起对被告人进行精神病鉴定，如果没有主动提起，但被告方提出要做精神病鉴定的，原则上应当准许，而且对支付不起鉴定费的，应当像法律援助一样，对其进行经济援助。

有人说，张扣扣是有预谋地杀人，这个人肯定不是精神病。我认为，即使允许对其进行精神病鉴定，结论也不一定就是他有精神病。但这个超出了我们法律人的判断，相信许多法律人都和笔者一样，对所谓的应激障碍形成机理和对行为的影响等知之甚少，那为何不把对此事的判断权交给有关司法鉴定机构的专家呢？

2002年，在法国国庆日阅兵式上企图刺杀总统希拉克的马克西姆·布吕内里，作为一名极右翼分子和一个新纳粹组织的成员，于事发前5天购买了来福枪及子弹，当希拉克总统经过凯旋门时，他拿出藏在吉他盒中早已上好膛的枪朝总统开枪射击，并公开声称自己是"蓄意谋害"总统。这看起来似乎也是有预谋的正常作案，但法国警方抓获他后第一件事就是送他到精神病院接受检查，最后还真的是以"精神病"为由对他判处10年监禁

（本来可以被处以终身监禁，但经过人身危险性的评估，认为他不需要判那么久）。

1995年，日本奥姆真理教头目麻原彰晃组织实施的地铁施放毒气案造成多人死亡、数百人受伤。在接下来的审判中，先是麻原彰晃的律师提出他患有精神疾病，不适宜接受审判，在法院判处其死刑后，律师又多次上诉，指其不适宜执行死刑。直到案发23年之后的2018年，才走完全部救济程序，最终确认其没有精神疾病而执行死刑。

现代刑法的一个基本原则是奉行责任主义，即对被告人的惩罚要建立在他的可谴责性程度上。如果被告人因精神疾病处于行为时无责任能力或限制责任能力状态，则要减免其刑罚惩罚，转而进行强制医疗的保安处分。强制医疗一方面可以将被告人与社会隔离开来以保证社会的安全，另一方面要对其进行疾病治疗，直到其对社会没有危害才能放出来。因此，从理论上来讲，如果被告人的精神疾病没有治愈，那就要在医疗机构待一辈子。1981年刺杀里根总统的男子辛克利患有精神疾病，直到案发35年后的2016年才由法院根据医学专家小组的报告，认为他的精神疾病已经治愈，也不再有暴力倾向和自杀企图，更对武器不感兴趣，故裁定允许他自精神病医院返家，与母亲一起居住，对其采取居家监视措施。

我国过去长期没有有效建立起强制医疗制度，以致精神病人实施了严重危害社会的行为后，实践中出现过要么一放了之、要么一杀了之的两难局面。应该说，随着2012年修订的刑事诉讼法新增了强制医疗程序，这种局面的改观就具备了制度基础。

围绕犯罪嫌疑人和被告人的精神病鉴定问题，过去社会上就出现过一些困惑和争议，个别人有预谋地杀人，办案机关同意其律师的申请，允许对其进行精神病鉴定，而且最后还以被告人患有精神障碍致使控制能力减弱为由对其轻判死缓，而对于其他个别案件，虽然媒体的最初报道就怀疑作案人是精神病患者，律师也提了出来，有关法学专家也呼吁，但办案机关最终仍没有给其做精神病鉴定。由此留下的悬念和质疑是：这里的标准是什么？为什么会区别对待？我认为，消除质疑的最好办法就是一视同仁，本着人命关天、杀人不急的态度，对这类当事人都应启动精神病鉴定程序。不管从法律效果还是社会效果来考虑，这都是利要远远大于弊的选项。

（原载《南方周末》2019 年 4 月 11 日）

论法制安全

法学前辈江平先生有一次曾对我说：他 20 世纪 50 年代在莫斯科大学留学时，觉得当时的苏联法制很完备，没想到就是这样一个法制完备的国家，三十多年后竟然说解体就解体了。他的这一番话一直萦绕在我心中，促我思考法制安全的问题。

现在有一个流行的说法，那就是"依法治国是确保国家长治久安的关键"。这个说法在人治的背景下提出来还是有其积极意义的，因为相比起"和尚打伞，无法无天"的人治来，主张和强调依法办事、照章行事，总归是一个进步。

但这个提法也有一定的局限性，或者说有一些前提因素需要加以考虑，否则就容易把维护国家长治久安这样一件复杂的事情简单化，甚至会造成社会的不稳定。我认为，在建设法制社会的过程中，有必要考虑法制安全的问题。具体来说，有以下五点：

第一个需要考虑的因素是，如果社会出现了大的变局，这时候想靠平常的法律来维系稳定，是很困难的。晚清法律改革，统治者派出使团赴西洋考察，相继出台一批在当时引领时代潮流的新法律，如《大清新刑律》等，但未及实施，清王朝就已倒台；国民党在 1948 年召开"行宪大会"，制定了采用议会制的宪法，选举产生了总统，但仅过一年有余，其政权就垮台了。可见，当一个政权气数将尽或处于风雨飘摇之中时，再好的法律也挽救不了其颓败的命运。

第二个需要考虑的因素是，绝大多数法律都是在常态社会才能运转，因此，如果一个社会出现严重的天灾人祸，那么这时候大多数日常法律就得让位于紧急状态下的特殊法律。而如果天灾人祸太大或者太频繁，则紧急状态下的特殊法律也可能失效，如地震或者灾荒之后，若相关的粮食救济等跟不上，就会出现这种危险。

第三个需要考虑的因素是，法要是良法。一个社会，如果所制定出来的法不是良法，那么尽管有关的公权力部门是在依法行事，尽管有关的抗争者被指责为暴力抗法，但由于所依的是恶法，所抗的也是恶法，则这样的法制不过是权力的"傲慢与偏见"，无法获得公信力，因而也不能保证社会的长治久安。这样的例子太多了，例如，秦朝之所以短命，贾谊认为其中的一个重要原因是"繁刑严诛""多忌讳之禁"。陆贾也认为，秦朝灭亡的主要原因在于"举措太众、刑罚太极"，正所谓"秦以刑罚为巢，故有覆巢破卵之患"。

第四个需要考虑的因素是，要有一套好的法律适用机制。再好的法律，如果得不到有效的适用，仍然无法达到法的良治。法的有效适用至少包括两层意思：首先，老百姓要"消费"得起法。如果因为诉讼费太贵，或者执法者的贪腐和不作为，或者诉讼程序的烦琐等原因，导致用法的成本太高，那么老百姓可能就不去消费这种法律，而是转而通过求助黑社会或者私了，甚至以暴制暴等渠道来讨说法，这当然是极不好的。这些做法不仅会导致正式的法律制度被架空，而且会使潜规则丛生，乃至黑社会当道。其次，得有一个优良的执法队伍和不偏不倚的司法裁决机关。

最后需要考虑的因素是，法必须和其他社会控制手段有机地结合起来，才能达到社会的善治。老子曾说："失道而后德，失德而后仁，失仁而后义，失义而后礼。"据此，学者胡水君指出："在历史长河中，如果我们如老子所认为的，把'道'作为其本源，那么，在加强法制建设和张扬人权与公民权利的今天，历史长河其实已经流出源头很远很远了。"受他们的启发，我曾提出，在选择治国方案上，要树立"道—德—法—刑"这样一个层级体系的思路。

（原载《新京报》"具体权利"专栏，2010 年 4 月 24 日）

身份证农历改公历当简化

自中国从辛亥革命后的次年（1912 年）起采用公历月、日，至今已有百年了。但在广大农村地区，仍然盛行用农历来记历法。这其中的主要原因可能是农历在指导农事活动时的作用，插秧种田，二十四节气对于农民来说是非常重要的。加之过去农村人口流动性不大，农村通用农历不会带来什么混乱。

随着工业化、城市化、信息化的到来，越来越多的农村人口通过各种渠道进入城市，但他们的户口信息所显示的出生日期往往是当初在农村用农历登记的，以户口信息为基础的身份证也将错就错，由此导致其身份证上所显示的出生日期并不是公历日期。

这会带来许多烦恼。以我本人为例，二十多年前从老家来北京上大学，迁出的户口信息上标明我的出生日期是 1967 年 9 月 8 日，但这是农历，后来填某些表格时明确要求用公历，于是查得我生日的对应公历为 1967 年 10 月 11 日，在填了几次之后又被告知，出生日期一律以身份证为准。多年来，我的出国护照、各种表格以及自己著作中的作者简介所显示的出生日期相互矛盾。记得有一次去美国大使馆签证时就遇到了麻烦，签证官问我为什么上次填的出生日期与这次填的不一样（估计是她的电脑里有原来的记录），我一想肯定是一次用农历、另一次用公历了，于是准确猜出上次填的日期，并解释这是由于中国农历和公历的差异，总算过关。

每年公历的 9 月 8 日，我还会遇到尴尬事：热心的学生给我发手机短信或电子邮件，"祝老师生日快乐"。

有一年，我在国外访问，对方通过护照获知我的生日，竟在当天给我组织了一个隆重的生日派对，和他们解释也无济于事。

一个偶然的机会，我打听到公安机关可以将身份证上的农历改成公历，由此开始了一场更改出生日期的"马拉松"。先按派出所的要求去单位人事部门反映，单位要求我找老家的公安机关开具证明，我再设法与老家公安机关联系上，请他们调查当地的习俗后出具证明。中间一波三折，前后历时近半年之久。想来后怕，如果任何一个环节出点问题，都可能前功尽弃。

想想全国 13 亿多人，大多数出身农村，遇到这类问题的应不在少数。它不只是带来我前述的困惑和麻烦，其实还涉及晋升、评奖、退休甚至犯罪、死刑的年龄限制。比如若某人犯罪时身份证上是农历，但办案机关却将其认定为公历。实际上如果将农历换算成公历，虽然只有个把月的差距，嫌疑人可能就不满 14 周岁或 18 周岁，那样他就不负刑事责任或者不能被判处死刑。

既然这是个不少人都遇到的问题，而且对于某些人来说有时还很重要，那么我觉得应该采取措施加以改进：首先，对于广大农村地区而言，从现在起，当地公安机关就要广泛告知群众，报户口时要以公历为准，对于那些只知农历不知公历的报户口者，公安机关应当主动帮其核对，换算成公历，这应当作为一项硬性任务布置下去，唯此才能从今以后大幅度地减少这方面的麻烦，也为公民个人和公安机关节省大量的时间和精力；其次，我们的公安户籍民警及其上级主管人员，应统一认识，简化程序，熟悉业务，以负责任的态度和相一致的精神来接待、答复和处理公民提出的农历改公历的问题，切忌政出多门，一人一个说法，一会儿一个说法，那样只能增添群众对公安机关的怨气；最后，各地基层公安机关和各单位人事部门在接到有关这方面的证明请求时，应用积极、便民的手段，如对于从农村地区出来的人，只需结合当地的风土人情，稍作调查就可查清；在涉及是否达到负刑事责任年龄甚至判死刑的年龄等重大问题时，更应细心听取和主动问起这方面的情况，以防酿成冤假错案。

（原载《新京报》"具体权利"专栏，2008 年 12 月 20 日）

对"律师伪证罪"的深层次思考

重庆警方以涉嫌伪造证据拘捕北京律师李庄一案引起了社会的广泛关注，也再次引发对刑法第 306 条"律师伪证罪"的热议。

所谓律师伪证罪，按照刑法第 306 条的规定，其实法定的罪名应当叫"辩护人、诉讼代理人毁灭证据、伪造证据、妨害作证罪"，它包括三项罪状：辩护人、诉讼代理人毁灭、伪造证据；帮助当事人毁灭、伪造证据；威胁、引诱证人违背事实改变证言或者作伪证。

律师伪证罪之所以长期以来受到法学界一些人士的质疑，与该罪在设计上存在的缺陷有关。首先，它将律师单独作为一类伪证罪的主体来规定，有违刑事立法的公正性。从世界各国的立法经验来看，应当把警察、检察官、法官以及其他行政执法人员一视同仁地规定为这类伪证罪的主体，因为这些人同样存在威胁、恐吓证人的现象，而且他们的权力更大。如果只规定辩护方，而不规定检控方，就会造成立法上的职业歧视，无法实现控辩双方的"平等武装"。这对我们这样一个律师业还处于起步阶段的国家而言，无疑是不利于律师业特别是刑事辩护事业发展的，也不利于实现司法公正与司法制约；其次，本罪的罪状描述存在笼统和模糊之处。像"引诱证人改变证言"之类的措辞，极易带来执法的随意性。事实上，引诱证人改变证言的情况非常复杂，有时

"引诱"本身就是律师询问证人的一种技巧，将其泛刑罚化，无疑是给律师头上悬了一把利剑。又如，本罪的"证人"到底包括哪些范围，被害人和被告人属不属于"证人"？最后，将律师伪证行为不分情节轻重，一律用刑法来规制，并不妥当。证据分一般性证据和关键性证据，帮助当事人毁灭、伪造证据或威胁、引诱证人也有情节轻重之分。刑法是其他法律规范的保障法，不宜越俎代庖，否则会出现成本过大、刑法事实上管不过来、其他防线懈怠职能等副作用。因此，应当把一般的律师伪证行为交由律师协会这样的行业自治组织来处理，只有严重的伪证行为才能追究刑事责任。当然，与此相适应，也需要切实加强律师行业的自治力度，否则就会出现一些公安机关和检察机关所说的"律师没人管，既然这样，就只好我们来管"的恶性循环。

对律师伪证罪的追诉程序设计也存在瑕疵。如律师作伪证，抓人的和起诉的就是他的对家——同一个案件的侦查机关或检察机关甚至是同一个案件的侦查人员或检察人员——没有建立起有效的回避制度，致使"报复性执法"成为可能。这就出现了尽管实践中最后真正被定罪的律师很少，但被抓起来和关起来的律师却不在少数的现象。据统计，80%以上涉嫌律师伪证的案件最后都被法院宣判无罪，这说明诉讼过程中确实存在陷阱。顺便说一下，在国外的刑事诉讼法中，对"排除辩护律师参与诉讼的程序"是有严格规定的，如律师不能中途随便被抓，一旦出现这种情况要通知其所在的律师协会，并由法院来裁决。无疑这样一些制度设计对于保障律师依法行使职权是有好处的。

律师伪证在中国之所以成为一个突出问题，还有更深层次的原因。例如，我们的法庭上证人出庭率极低，导致控辩双方对对方证人的证言有疑问时，无法像国外那样在法庭上对证人进行交互质问，这样就使得律师只能在开庭前私下去接触控方的证人，而由于我国证人的法律意识普遍较低，加上缺乏一种在法庭上作证和接受质问的严肃气氛，客观上增加了证人更改自己证言的随意性。我们知道，对证人进行问话和笔录时，问话者和记录者都具有技巧性和对内容的选择性，于己有用的就记下，无用甚至不利的就不记，最后就可能使得同一个证人对控辩双方作证的内容有很大的差异。如果此时可以随便给辩方下套，那对辩方充分发挥其辩护策略和才能无疑是一个障碍。

又如，尽管刑事诉讼法和律师法都规定：受委托的律师根据案情的需要，可以申请人民检察院、人民法院收集和调取证据，但实际上律师的这种申请往往被有关检察院或法院置之不理，致使律师的调查取证十分困难。不仅如此，律师在向控方的证人调查取证时，还需要征得控方的同意，如果它不同意，律师连接触证人的权利都没有。由于我国刑事诉讼法将侦查阶段的律师介入仅仅限定在提供法律咨询等相当狭窄的范围内，只有到了审查起诉阶段律师才可成为辩护人，因此在侦查阶段，律师根本就没有调查取证权，又缺乏民事诉讼法的申请证据保全制度，所以如果这一阶段侦查人员对有关实物证据进行破坏或销毁，律师就无法进行抗衡。所有这些，既加剧了律师调查取证和发现真相的难度，也反过来会导致律师调查取证的不规范。

对于真正的律师恶意伪证行为，在任何一个国家都是要受到严肃处理的。国外的做法是，对情节较轻的律师伪证行为，一般通过律师协会中的律师职业道德委员会和律师惩戒委员会来负责调查处理；对少数确需动用刑法武器来惩处的严重的律师伪证行为，则与国家公权力一方的执法人员统一规定，以妨碍司法罪治之，这样可防止在立法价值上出现偏差，导致得不偿失的法律适用后果。不可否认，我们当前的律师队伍虽然在专业素质上有了很大提高，但在职业伦理的提升方面还有很多的工作要做，而律师协会作为最了解律师队伍和律师工作的行业自治组织，可以有的放矢地发挥更大的作用。

总之，我希望通过落实证人出庭接受交互质问、增强人民检察院和人民法院应律师的申请去收集和调取证据的可操作性、强化对侦查阶段的重要证据的保全措施等制度性的改良，从根本上扭转律师调查取证难、刑事辩护风险高的局面；再通过对刑法第306条的罪状完善和追诉程序的改进，使律师伪证罪的适用范围受到必要的限制，并有效防止律师被滥诉的危险；最后，要把改善律师的执业环境同加强律师队伍的自身建设结合起来，健全律师协会的内部惩戒机制和预防机制，从而把律师恶意伪证这类极不道德、极不利于律师业发展和声誉的行为控制到最低限度。

（原载《新世纪周刊》，2010 年第 5 期）

刑事责任年龄不宜降低，收容教养制度需完善

　　最近，大连 13 岁男孩蔡某某杀害 10 岁小女孩的案件引起全社会的关注。根据现有法律，14 周岁为我国刑事责任的最低年龄，因此本案无法对蔡某某定罪判刑。最后只好根据刑法第 17 条第 4 款的规定，在认定蔡某某的父母没有管教能力的前提下，由警方对其实施为期 3 年的收容教养。由于收容教养的最长期限为 3 年，因此这是目前在法律框架内所能采取的最严厉的措施了。

　　此案再次激起对刑法要否降低刑事责任年龄这个话题的热议，不少人主张应当针对现在低龄少年早熟的现象将我国刑事责任年龄的下限从 14 周岁降低到 13 周岁甚至更低。我对这个问题的一贯思考和立场是，我国目前刑事责任年龄的规定总的来说是适当的，不宜轻易降低，除非将来我国建立起独立于成年人刑法的少年刑法体系，以及通过严肃认真的调查确实有大数据支持少年犯罪的高发期已经从 14 周岁发生了前移（而非个案）；与此同时，对实施了严重危害社会行为的少年也不能因未达到刑事责任年龄就放任不管，而是要通过完善和细化我国现行刑法与预防未成年人犯罪法中的收容教养制度来把这部分人有效地管起来，以切实解决社会的安全和对其本人的教育矫治问题。

一、不宜轻率降低刑事责任年龄

我国刑法规定：已满 16 周岁的人对所有的犯罪都要负刑事责任，14 周岁到 16 周岁的人对犯故意杀人、故意伤害致人重伤或者死亡、强奸、抢劫、贩卖毒品、放火、爆炸、投毒罪的要负刑事责任，14 周岁以下的不负刑事责任。现在争议的焦点是针对社会上不断爆出的某些不到 14 周岁的少年犯下故意杀人等严重罪行的，要否降低刑事责任年龄？我的回答是：否。主要理由如下：

首先，从世界上大多数国家和地区的规定以及联合国的精神来看，将最低刑事责任年龄规定为 14 周岁是合适的。据有学者对世界上 90 个国家和地区的刑事责任年龄起点的统计，将刑事责任年龄起点设定为 14 周岁是最多的（还有的设定为 14 周岁以上）。联合国在 2019 年发布的一般性意见中，根据脑认知与神经科学的最新研究，也建议将最低刑事责任年龄规定为 14 周岁。

需要特别指出的是，世界上确实也有些国家和地区的最低刑事责任年龄低于 14 周岁，但应当看到，这些国家和地区大都有独立于成年人刑事司法体系的少年刑事司法体系，而少年刑事司法体系重在教育、感化和转处，不像成年人刑事司法体系那样偏重惩罚。我国目前没有独立的少年刑事司法体系，更没有专门适用于未成年人的成套的刑法制度（只是在刑法中有零星规定，这个将来迟早要完善），所以从这个角度而言，我国刑事责任年龄的起点其实相当于域外适用成年人刑法的年龄起点，两相比较反而是相对偏低的。

其次，以民事行为能力年龄降低为由来主张刑事责任年龄降低是不妥的。我国民法总则将民事行为能力的最低年龄由原来的

10 周岁降低为 8 周岁，规定其可以独立实施纯获利益的民事法律行为（如接受赠与），或者与其年龄、智力相适应的民事法律行为（如购买学习用品等），可见，这主要是从尊重未成年人的自主意识、保护其合法权益的角度来规定的，它与刑法上的降低刑事责任年龄在功能与效用上恰好是相反的，因为降低刑事责任年龄只会加剧对这部分人的不利处境。

最后，只一味地朝降低刑事责任年龄起点这个方向去想，不能从根本上解决问题。刑事责任年龄即使降低也总得有个下限，降个一两岁已经是个大事了，假设将刑事责任年龄起点降到 13 甚至 12 周岁，就能解决问题吗？近十多年间媒体报道的少年故意杀人案件中，有多起行为人的年龄均为 8 岁至 11 岁不等。可见，解决这个问题的关键不在于降低刑事责任年龄。

我认为，解决的办法应该是完善和细化收容教养制度。

二、收容教养制度不能取消

现在，中央已经明确要废止针对卖淫嫖娼人员的收容教育制度。有人据此以为针对未达到刑事责任年龄的收容教养制度也应当废除，此种认识是不对的，它混淆了这两类制度的不同功能。

我国刑法和预防未成年人犯罪法都规定：对实施了危害社会行为但因不满 16 周岁不予刑事处罚的，责令其家长或者监护人加以管教；在必要的时候，也可以由政府收容教养。但由于这一规定过于笼统，在实践中实施得并不理想，例如，家长或者监护人不加以管教的后果是什么？何为"必要的时候"？收容教养的具体程序是什么？其场所、编制、预算如何落实？这些问题长期没有得到解决。特别是近年来随着国家法治建设的深入发展和对人权保障的日益重视，收容教养由公安机关"既做运动员又做裁判员"的制度设计受到挑战。原来的收容教养人员大都送往劳动教养场所，现在劳动教养制度已废，劳动教养场所已纷纷改名为强制戒毒所。而司法行政机关管理的未成年犯管教所对收容教养人员也不愿意接收，因为未成年犯管教所关押的对象是达到刑事责任年龄的未成年犯，他们也要经常接受检察机关的法律监督，检察机关对未成年犯管教所关押未达刑事责任年龄的收容教养人员会发出违法纠正通知书。这样，收容教养制度几乎名存实亡。

正在修订的预防未成年人犯罪法最初方案是激活收容教养制度，并将其司法化，这本来是此次修法的一个亮点，但遗憾的是，最新的预防未成年人犯罪法修订草案却取消了收容教养制度（把原来整个这一章都去掉了，致使在该法的分级干预措施中只剩下对不良行为、严重不良行为即治安违法行为的干预，而缺少了对犯罪行为即违反刑法行为的干预）。个中原因据说也主要是因为根据中央有关文件精神，针对卖淫嫖娼的收容教育制度即将要废除，而过去已经废除了收容审查、收容遣送、劳动教养等制度，所以保留与收容教育制度只有一字之差的收容教养制度，与整个国家对收容类制度的改革大势不符。

但这一判断乃望文生义，并不科学。收容教养制度和其他收容类制度在收容对象、制度功能等方面存在根本的不同，不能一并取消。刑法中与收容教养制度具有可比性的是强制医疗制度，改革的思路也应与强制医疗制度一样，朝司法化、规范化和可操作方面发展。

收容审查、收容遣送、劳动教养、收容教育等制度是我国特定发展阶段和历史条件下的产物，它们之所以被废除（收容审查、收容遣送、劳动教养），或即将要废除（收容教育），主要是由于这几个措施大都来源于国务院的行政法规，与立法法关于

"限制人身自由的强制措施和处罚，只能由全国人民代表大会及其常务委员会制定法律予以规定"和宪法关于"国家尊重和保障人权"的要求存在冲突，而且与相关法律的适用也存在交叉重复，废除它们也不会造成法律上的处罚漏洞。收容审查是通过1996年修订刑事诉讼法将其部分内容吸收进刑事强制措施后再废除的，收容遣送则是在2003年对相关人员出台了救助措施后才废除，劳动教养于2013年被废除后对于相关行为可以按照刑法和治安管理处罚法来处理，收容教育废除后对卖淫嫖娼人员也可依治安管理处罚法进行处理。

收容教养则不然，它是对不满16周岁未成年人犯罪后不予刑事处罚而予以强制性教养的措施。这项措施是刑法、预防未成年人犯罪法规定的，有明确的法律依据。而且，这项措施针对的对象是未达到刑事责任年龄、实施故意杀人等严重危害社会行为的人，如果废除该制度，其他措施将无法替代也无法实现其功能。与它类似的是刑法中的强制医疗制度。强制医疗是无刑事责任能力的精神病人犯罪后强制其接受治疗的措施。虽然刑法也早就规定了强制医疗措施，但由于规定太简单，程序不明确，人、财、物无法落实，这项制度也一直没能得到很好的运用。2012年通过修订刑事诉讼法，明确强制医疗司法化的程序，改由人民法院决定，由此激活了这一制度，在很大程度上改变了过去对精神病人犯罪"要么一杀了之，要么一放了之"的局面，使这项制度在社会治理中发挥出积极的作用。收容教养和强制医疗的制度功能一样，都具有不可或缺性和不可替代性，所以其未来走向也不是取消，而只能是完善。事实上，对于未达到刑事责任年龄又有严重危害社会行为的少年，尽管各个国家和地区的具体制度有差异，却都有一个共同特点，即在必要时对这些人采取保护性、福利性、强制性并重的机构化教养措施，且作出决定的主体均是法院。

三、完善我国收容教养制度的具体设想

当务之急是要裁决司法化。对剥夺人身自由的措施要通过法院来裁决，这既是国际通常做法，也是联合国有关人权公约的要求，更重要的是，它能克服运动员和裁判员集于一身的弊端，使权力受到制约。司法化改造后，被收容教养者一方就可以聘请律师辩护、依法行使上诉权，这对于提高案件质量、确保有关当事人的人权，无疑都有重要意义。与强制医疗制度一样，司法化后就能较好地化解该制度的危机，使其在法治的框架内更加名正言顺地运行。

要细化程序，增强可操作性。如到底哪些人可以收容教养？笔者同意对绝大部分越轨少年得主要依靠家庭的管教和专门学校的教育矫治，为此要加大父母和其他监护人的管教责任，建立健全专门学校等教育矫治机构，但对于那些实施了故意杀人等严重危害社会行为的低龄未成年人，则无论从安抚被害人一方、回应舆情，还是从满足公众的安全感、挽救教育低龄未成年人本人，甚至也是为了他的安全考虑（防止被害人私力报复），都应当通过收容教养这类干预措施来使之与社会隔离开来，并接受相应的教育矫治。由于收容教养不是刑罚，所以其年龄起点原则上可以不设下限（要否将下限设为8周岁还可再讨论）。同时，其最长期限也不宜统一限定为3年，而是应当根据行为的严重程度和行为人的主观恶性以及人身危险性大小，作出长短不一的更加细致的规定（原则上1年，对于那些通不过人身危险性评估的可以适当延长，但超出3年的应当是例外），并给出一定的弹性，如收

容教养场所认为违法少年已经教育矫治好，就可以提请法院提前解除收容教养。同时，要从程序上衔接好不同机构的移送、接收、教育、干预和转处等工作。

为确保该制度的有效运行，关键是要解决人、财、物的问题。至少在省级人民政府要把收容教养场所的建设纳入财政预算，每个省建 1 至 2 个收容教养所，切实解决教育矫治人员的编制、培训和待遇。为了确保收容教养制度是针对越轨少年的教育矫治场所，要严格在硬件和软件设施上区别于监狱，在管理模式上区别于监狱，只有这样，才能真正感化、挽救和矫治这些少年，并促其顺利回归社会和家庭。

当前，正值预防未成年人犯罪法的修订和新一轮的刑法修正案制定，应当借此契机，将收容教养制度按照前述思路加以完善，使其在社会治理中发挥更好的作用。如果因为担心收容教养这个名字不好听，也可以改个名字，如"教育矫治""强制矫正"等。具体而言，可将刑法第 17 条第 4 款修改为："因不满十六周岁不予刑事处罚的，适用预防未成年人犯罪法规定的措施。"而在预防未成年人犯罪法中，设专章详细规定改革后的收容教养制度及其司法化的程序，并使该项制度与强化家庭和社区责任、教育矫治轻微违法犯罪的专门性学校等相互配合，共同实现我国在这一领域的良法善治。

（原载《南方周末》，2019 年 11 月 28 日）

将剥夺人身自由的处罚都纳入刑法

美国学者博登海默曾经指出："人们赋予自由的那种价值为这样一个事实所证实，即监禁在任何地方都是作为一种刑事制裁手段加以使用的。"但在我国，刑法之外还有众多的剥夺人身自由措施，如治安拘留，可剥夺人身自由长达 15 日之久（合并执行的可达 20 日）；劳动教养更不用说，可剥夺人身自由 1 年至 3 年，必要时还可延长 1 年①；保安处分中也有许多涉及剥夺人身自由的措施，如对精神病人的强制医疗、对未达到刑事责任年龄者的收容教养、对吸毒者的强制戒毒、对卖淫嫖娼者的收容教育等。这些处罚性措施不管给它们贴上什么标签，其严厉性程度都是一种"刑事制裁"，都必须受到《公民权利和政治权利国际公约》第 9 条第 1 款的约束，即："任何人不得加以任意逮捕或拘禁。除非依照法律所确定的根据和程序，任何人不得被剥夺自由。"联合国人权事务委员会已经指出：本款适用于对人身自由各种性质的剥夺，无论是刑事案件或者其他案件，例如精神疾病、流浪、吸毒、教育目的、移民管理等。所谓"依照法律所确定的根据和程序"，是指"任何受影响的人有权根据《公民权利和政治权利国际公约》第 14 条的规定，由一个依法设立的合格的、独立的和无偏倚的法庭来裁判"。可见，将这几块涉及剥夺

---

① 该制度已取消，本文为 2010 年所作。

人身自由的处罚和处分措施统一纳入刑法视野，有利于我们按照国际人权公约的精神，对各项剥夺或限制人身自由的措施进行梳理，使被处罚或处分对象的程序权利得到保障。

从国际上看，重罪、轻罪和违警罪的范围大抵是当今世界各国刑法的涵盖范围，而保安处分被系统纳入刑法典也是许多国家的做法。与之相对比，我国的刑法典大约只包括了西方刑法典的重罪部分，而缺违警罪、轻罪和保安处分这三块内容。在我国，刑法中的犯罪由于大都在定性之外还有定量（如要求数额较大、情节严重等），因此刑法之外尚有治安管理处罚和劳动教养两大块；另外，保安处分措施尚没有在我国刑法中得到比较系统的体现。

从长远看，实现刑法结构的统一化应是我国刑法未来发展的一个方向。也就是说，将治安处罚、劳动教养连同其他保安处分措施一并纳入刑法（当然，其中的治安处罚也可借鉴德国等国家的做法，即将某些轻微的违法行为分出设立"违反秩序法"，但其处罚不能包含有剥夺或限制人身自由的措施，只能是低额的罚款等，而且将处罚选择权交给当事人本人，即他要是不服警方的处罚，则案子不能由警方来结案，而必须由法院决定），分别组成违警罪、轻罪、重罪和保安处分等几块内容，都由法院来判处（但可以在法庭组成方式和审判程序上有繁简之分），这样就能理顺各块内容之间的关系，防止一行为受多个机关的不同方式的处理。

有人担心上述改造的结果会扩大犯罪圈，造成更多的人被贴上"犯罪人"的标签，这种担心完全可以通过相应的制度设计来消除，如法律直接规定：对适用违警罪、部分轻罪的人不保留犯罪记录，不影响其升学、就业和获得某种资格等（不保留犯罪记录指不在其本人档案中保留记录，但公安机关基于内部掌握仍然可以保留此种记录）；对其他犯罪则由法律根据罪行轻重分别设立长短不一的前科消灭期，期限一过就不再保存犯罪记录，其有关权利也自动恢复，如律师法规定"受过刑事处罚的"（过失犯罪除外），不予颁发律师执业证书，确立了前科消灭制度后，就可以将此改成前科消灭后，可以颁发律师执业证书。

另外可能还会有人担心，目前司法机关已不堪重负，再将治安拘留甚至所有的治安处罚、劳动教养和保安处分纳入刑法，岂不更加不堪重负？对此，我的设想是：

第一，治安处罚纳入刑法后，大部分行为可归属违警罪，处罚仅为警告、罚款（也可增加诸如在交通违章案件中的吊销驾驶证等非剥夺或限制人身自由的措施），仍可由警方负责处理，只不过允许被处罚人在有异议时提交法院裁决。由于这类案件案情简单、证据清楚，只要警方公正执法，当事人从时间、精力等方面考虑往往会直接接受警方的处理，真正不服而要提交到法院去处理的很少（如交通罚款，要真是超速或违章，自己也知道提交法院没用），因此这部分只是对警方的权力形成一种制度上的制约，并不会给法院增加大量的负担。

第二，还可通过改良我国现有的刑事追诉程序和审判制度来大量地实现非罪化和轻刑化。例如，德国现在有超过50%的刑事案件是通过非正式的"转处"途径来处理的，真正通过正式的刑罚途径来处理的只有一小半（这其中又有高达80%的刑事案件是通过罚金处理的）。另据有关资料显示，德国1997年通过检察机关裁量起诉的方式，在起诉阶段分流掉了大约1/3的案件，而且分流案件的方式也较多，如附条件不起诉、依刑事处罚令程序处理等。

所谓刑事处罚令程序，是一种代替正式审判的书面定罪程序，其目的是处理大量的证据确凿，而且被告人一般都会认罪的轻罪案件。根据这个程序定罪后所判处的刑罚包括罚金、保留处罚的警告、禁止驾驶、追缴、没收、以在不超过 2 年的时间内禁止颁发驾驶执照的形式剥夺驾驶权利、1 年以下的监禁缓期执行等。通常由检察官起草处罚令文书，写明案件事实，并提出具体的处理方案，连同案卷材料一并移送法院。法官可以通过三种方式来处理：如果他确信被告人有罪，就按检察官提出的草案签发处罚令（绝大多数案件都是这样）；如果他认为存在足够的怀疑，可以拒绝签发处罚令并对案件进行审判；如果他发现没有足够的理由要求被告人接受审判，可以直接驳回检察官的申请（此种情形下检察官可以向地区法院提出立即抗告）。被告人如果不服，可以在收到处罚令的 2 个星期内向初级法院提出异议书并要求进行审判，此时刑事处罚令就失去了法律效力而只能在将要进行的审判中充当起诉书。由于刑事处罚令"不仅节省了司法系统的时间和精力，而且由于它避免了公开审判所引起的麻烦和影响名誉的后果，而吸引了许多被告人"，现在，该程序已成为德国法律制度中处理轻微案件不可缺少的途径，实践中检察官提出适用刑事处罚令的申请已多于提起公诉。

相比之下，我国目前刑事追诉过程中的"转处"途径还很有限，案件一旦进入追诉程序，除非通过"关系"等不正当的"分流"手段，真正光明正大的分流手段很少，如我国法律对"酌定不起诉"的范围限制太严（一方面是限制范围太严，另一方面在作出不起诉的决定时又缺乏公开听证等"阳光"措施，致使公信力不足），对刑事被害人、加害人的调解仅限于部分自诉案件，而且要到法庭审理阶段，而暂缓起诉制度则根本没有规定。

又如，在美国，90％以上的刑事案件采取辩诉交易制度实现，英国适用简易程序处理的案件占到全部刑事案件的95％以上，而我国目前还没有类似辩诉交易这样的制度。1996年修正后的刑事诉讼法虽然规定了简易程序，但其适用范围还偏窄，等等。我们应当看到刑事实体法与刑事程序法在犯罪圈的扩张与收缩方面的互动作用和效果，即通过实体法将犯罪圈扩大到可以涵盖劳动教养和治安处罚的行为，使理论上盗窃1万元和1元、把人打成重伤和仅仅打人一拳的行为都具有刑事可罚性，而通过程序法发挥过滤作用，使绝大多数盗窃1元和打人一拳的行为都不进入最终的刑事惩罚，除非该人通过其行为表现出特别大的主观恶性和人身危险性（如盗窃数额虽然很小，但屡次再犯；虽然打人没有造成灾难性的后果，但主观恶性大、情节恶劣）。

（原载《法制日报》"法律行者"专栏，2010年11月27日）

第四辑

死刑沉思

联合国通过全球暂停执行死刑案的意味

高票通过暂停执行死刑决议

2007 年 12 月 18 日晚，联合国大会在纽约总部通过了一项关于死刑暂停执行的决议。关于决议内容，中国社会科学院法学所研究员刘仁文介绍说，它首先表达了"对死刑继续在一些地方适用的深切关注"，呼吁那些还保留死刑的国家：一是尊重面对死刑的犯人的权利保护国际标准，尤其是联合国经社理事会 1984 年确立的死刑犯权利保护的最低标准；二是向联合国秘书长报告其国内死刑适用的信息以及保障死刑犯权利的情况；三是在严格限制死刑的适用和减少有可能判处死刑的罪名方面取得显著进展；四是从最终废除死刑出发，确立一种暂停执行死刑的机制。此外，决议还号召那些已经废除死刑的国家不要再恢复死刑，并要求联合国秘书长在下一届联合国大会上报告该决议的执行情况，继续就该议题展开讨论。

联合国大会的这个议案获得了高票通过：104 票赞同、54 票反对、29 票弃权。

联合国大会将"全球暂停执行死刑"作为一项议案的背景是，此前的 11 月 15 日，联合国负责社会和人道主义事务的第三委员会先行对"全球暂停执行死刑"进行了表决，也是高票通过：99 票赞成、52 票反对、33 票弃权。

由于该决议只是一种呼吁和号召型的文件，它既没有超国家的强制执行机构，也没有对不遵守的国家的强制法律后果，因而其本身更多地带有一种价值观和舆论上的符号意义。

先后三次讨论暂停执行死刑

"这是联合国第三次讨论暂停执行死刑的问题了。"刘仁文告诉记者，1994 年、1999 年，联合国大会曾两次讨论在全球范围内暂停执行死刑，但由于两派意见对立，最后以失败而告终。

其实，联合国早在 1989 年就通过了《旨在废除死刑的〈公民权利和政治权利国际公约〉第二项任择议定书》，但由于该议定书采取谁加入对谁生效的方式，因此对于那些不批准议定书的死刑保留国，该议定书对其没有约束力。欧盟等一些废除死刑的国家对此不满意，想将其废除死刑的理念进一步推广，至少促使那些还保留死刑的国家暂停执行死刑，这也是他们的一种妥协。

此次讨论死刑暂停执行问题，是欧盟 27 个国家，再加上部分拉美和非洲国家，一共有 87 个国家向联合国大会第三委员会提出"暂停执行死刑"的议案。虽然在长达两天的激烈辩论中，各国就死刑问题到底是人权问题还是一国的国内司法问题争论不休，但保留死刑、同时暂缓执行死刑的策略与目前一些死刑保留国的死刑政策是一致的，所以获得了这些国家的支持。

"当然，除了欧盟这些国家的策略外，也与联合国秘书长潘基文的态度有很大关系。"刘仁文说，2006 年底，萨达姆被绞死，再度引发了联合国对死刑问题的关注。新任秘书长潘基文上台伊始就表示，联合国基于对生命权的尊重，反对执行死刑。而一些欧盟国家对推动废除死刑问题亦非常积极，所以早在 2007 年 1 月份，欧盟就酝酿发起一项行动，期望能在联合国框架下，推动普遍暂停执行死刑及最终能完全废除死刑的诉求，并得到潘基文的支持。

议案通过意义重大

刘仁文认为，"全球暂停执行死刑"议案的通过意义重大，正如联合国秘书长潘基文在当天所说："今天的投票代表了国际社会向前迈出了勇敢的一步，这更进一步显示了最终完全废除死刑是一种不可阻挡的趋势。"

"全球暂停执行死刑"议案获通过后，对欧盟一些国家来说是一件大喜事，许多人到曾经的刑场集会、游行，庆祝联合国大会通过这一议案，整个国家都处在兴奋中。而与此形成鲜明对比的是，反对这一议案的一些国家则质疑欧盟有借死刑问题干涉别国内政的企图。新加坡投了反对票，新加坡常驻联合国副代表石明光在联大上辩论说，《联合国人权宣言》并没有禁止死刑，《公民权利和政治权利国际公约》也规定，在还没有废除死刑的国家，可以对最严重的罪行适用死刑。对许多国家而言，死刑意味着刑事司法公正，而不是一个人权问题。我们认为每一个新加坡公民都有权生活在一个安全、没有犯罪威胁的环境中。

在联合国大会辩论时，美国在联合国大会第三委员会的代表罗伯特·海根表示，"美国已经认识到，支持这一决议的国家对死刑有着明显的立场，但是，必须要明确，国际法并不禁止死刑。"

中国代表张丹则指出，此次表决中有 52 个国家反对，说明国际社会对死刑问题并没有达成共识。死刑问题是一个复杂的刑事司法问题，《公民权利和政治权利国际公约》规定，各国有权根据其司法公正的需要、经济发展水平、历史文化背景等决定适用何种刑罚，何时暂停或废除某种刑罚。

而作为主要提案方的欧盟轮值主席国、葡萄牙常驻联合国代表萨尔盖罗对表决结果感到满意。他说："我想决议的通过是一种趋势，这是一个朝着促进人权方向发展的复杂趋势，这里的人权指的是不将死亡作为一种惩罚。"

虽然争议很大，但"支持废除死刑的国家，在不断扩大他们的影响，他们的目的就是一定要通过"。刘仁文认为，"不能因为中国投了反对票，我们就对此缺乏应有的估计，甚至在报道这一问题时，不能全面客观，出现一些不应有的误导。毕竟是压倒性的多数票通过了决议。"

废除死刑是发展趋势

刘仁文对联合国大会通过的"暂停执行死刑"决议给予积极评价："对未来全球废除死刑，是一个可喜的信号。"

减少和逐步废除死刑是"大势所趋"，"虽然中国对联合国的'暂停执行死刑'议案投了反对票，但国内慎用死刑、减少适用死刑的趋势还是非常明显的，特别是最高人民法院收回死刑核准权后，死刑判决明显减少了，此举得到了国际社会的普遍赞赏。"

刘仁文介绍，截至 2008 年 1 月 4 日，世界上有 91 个国家在立法上废除了所有犯罪的死刑，11 个国家废除了普通犯罪的死刑（军事犯罪除外），33 个国家事实上废除了死刑（虽然立法上还有死刑，但已经连续 10 年没有执行过一例死刑而且确信该国将来也不会执行死刑），三者加在一起是 135 个国家，而保留死刑的国家只剩下 62 个。就在 2008 年到来之际，乌兹别克斯坦刚刚于 1 月 1 日废除了死刑，而韩国也因连续 10 年没有执行过一例死刑而成为事实上废除死刑的国家。

　　在保留死刑的国家，有不少国家是将死刑作为一种象征性的刑罚来对待的（而非常规性刑罚），如日本，过去三十多年中没有哪一年执行死刑的人数超过 10 个。美国已有十几个州废除了死刑，在还保留死刑的三十几个州中，绝大多数州都规定只有严重谋杀罪（通常是一级谋杀罪）才可以判处死刑。2007 年 12 月 17 日，美国新泽西州又废除了死刑。印度每年执行死刑的人数也徘徊在 10 个左右。总的看，即使在同属死刑保留国的阵营里，绝大多数国家也不对非暴力犯罪适用死刑。

　　刘仁文还提醒，在许多死刑保留国，判处死刑和执行死刑的人数有较大的差距，原因就在于这些国家的死刑在宣判后，死刑犯还有申请赦免等救济措施，政府也有这个权力，如美国的伊利诺伊州和马里兰州在 2002 年均由州长宣布暂停死刑执行，理由是发现死刑存在错判或种族与地理上的歧视。同时，这些国家的死刑执行主体与死刑宣判主体是分开的，如日本，法院宣判死刑后，要由法务部来执行，法务部长不签署死刑执行命令，就不得执行死刑。所以，尽管日本现在有一百多个已被法院判处死刑的犯人，但每年也就执行几个。在 1989 年 11 月至 1993 年 3 月间，连续几位法务部长没有签署一例死刑执行令。在中国，我们的有期徒刑和无期徒刑都是在经法院宣判后，交由司法行政部门去执行（监狱），但对死刑，长期以来已经习惯由法院自己判决自己执行，这种体制导致死刑一经最高人民法院确定后就很快被执行，从"杀人不急"出发，刘仁文认为我国可考虑将死刑执行权从法院系统剥离出来，这样也不至于将减少死刑的所有压力都集中到法院一家。

　　"另外，死刑的执行方式也应当人道化。联合国在《关于保护面对死刑的人的权利的保障措施》中也要求：对于那些尚未废除死刑的国家，执行死刑应尽量降低死刑犯遭受痛苦的程度。我国刑事诉讼法规定的执行方式主要有两种：死刑采用枪决或者注射等方法执行。我认为，目前全面废止枪决、推行注射死刑的时机已经成熟。"刘仁文最后指出。

（原载《方圆》，2008 年 1 月号，记者韦洪乾）

刑法的人道化历程

最近，关于北京将在 2009 年底全面实施以注射方式执行死刑的消息引起国内外关注。我对这个问题的思考结论是：这与中国最终走向废除死刑的方向是一致的。

中国政府历来指出：从长远看，我们最终要废除死刑，只是目前条件还不具备。对于这个"最终"究竟要到何时，以往谁也没底。但如果我们结合这十几年来中国在死刑制度上的变革及其取得的成绩，也许对这一前景可以增添几分乐观。

1996 年修订后的刑事诉讼法，增设了注射执行死刑的方式，这一立法背景是考虑到联合国经社理事会在 1984 年通过的《保护面临死刑者权利的保障措施》中曾要求，对于那些尚未废除死刑的国家，执行死刑"应以尽量减轻痛苦的方式执行"。经过研究，立法者认为注射执行死刑较之枪决更能减轻死刑犯痛苦，更能保全死刑犯的尸体，可以防止出现枪决所导致的脑浆迸裂等残忍场面。由于注射执行死刑的药物研制、场所建设、人员培训等都还需要一个过程，因此当时仍然保留了枪决这一传统的死刑执行方式。

从 1997 年昆明实行第一例注射死刑起，注射死刑在全国各地不同程度地得以推广，最高人民法院也从 2008 年起，免费向地方法院提供注射死刑的药剂，表明了其逐步以注射取代枪决来执行死刑的态度。在《国家人权行动计划》发布后不久，首都北京提速实施以注射方式执行死刑的姿态，让人们对早日结束死刑执行方式的不统一、在全国范围内以注射取代枪决来执行死刑充满期待。

死刑执行方式的变革，不是一件孤立的事情。首先，这是刑罚和刑罚执行人道化的体现。在历史上，死刑执行方法曾经分为"剥夺人的生命"和"在剥夺人的生命的同时使被处决者备受痛苦和煎熬"两类方法，后者包括了凌迟、枭首、戮尸等酷刑。清末沈家本主持修律时，就力主死刑执行方式统一，废除凌迟、枭首、戮尸等"使被处决者备受痛苦和煎熬"的方法。新中国成立后，我们长期对死刑采用枪决的方式来执行。虽然枪决在当时的历史条件下不能算是一种"使被处决者备受痛苦和煎熬"的方法，但如果将其与声势浩大的公审大会、游街示威以及在露天的行刑场所伴之以像过节赶集一样看热闹的群众场面联系起来，对于死刑犯及其家人而言，想来仍然有不顾其尊严和感受之残忍。更重要的是，这种做法有助长社会暴力文化、强化死刑乃社会治理之惯常工具甚至大众日常生活之一部分的流弊。现在，注射执行死刑均在专门的场所执行，有利于慢慢消除社会对死刑的依赖症。

其次，注射执行死刑现在之所以能有逐步取代枪决之局面，还与我国实践中死刑执行大幅度下降的现状有关。我国在2007年1月1日开始将死刑核准权收归最高人民法院，以这一标志性事件为契机，死刑的判处和执行急剧下降。2007年，最高人民法院核准的死刑案件中，有15%的被否决，而且全国判处死缓的数量多年来首次超过判处死刑立即执行的数量。在死刑减少的情况下，该年度的爆炸、杀人、放火等恶性案件的发案率反而比2006年有明显下降，这说明我们完全可以不过分依赖死刑而将社会治理得很好甚至更好。正因为死刑判决的大幅度减少，各地才可以比较快地在场所建设、人员配置等问题上满足注射死刑的要求。从报道看，北京只有一个注射执行死刑的场所，试想如果要执行死刑的人数较多，这显然是不够的。

放眼世界，在已经没有死刑的欧洲，以及其他许多废除死刑的国家，我们可以发现一个大致的规律，那就是这些国家都曾经走过这样一条道路：从死刑罪名众多到后来被限制在严重谋杀罪再到最后彻底废除死刑，从死刑被广泛适用到死刑逐渐被作为一种"象征性的刑罚"很少适用再到后来彻底不用，从死刑执行手段的多样化、对不同的死刑犯要采取痛苦和羞辱程度不同的方法到死刑执行手段的单一化、对所有的死刑犯都要采取痛苦程度最低的方法，从死刑执行的兴师动众到死刑执行逐渐退出公众视野。回首中国死刑及其执行所走过的道路，我认为是符合最终废除死刑的逻辑和经验的。

（原载《南方周末》，2009 年 6 月 18 日）

超越悲剧

一、悲伤的故事

2000 年 4 月 1 日深夜，4 个来自苏北农村的无业青年，潜入南京玄武湖畔的金陵御花园行窃，他们最初进入一间不亮灯的空宅，结果在那套正在装修的别墅里一无所获，接着他们选择了隔壁的一家。但他们的盗窃行动很快被这个外籍家庭察觉，因为言语不通，惊惧之中，他们选择了杀人灭口。这个不幸的家庭，一家 4 口顷刻间全部遇害。

遇害的是一家德国人，他们 1998 年落户南京。男主人普方时年 51 岁，是扬州亚星奔驰合资公司的德方代表，他 40 岁的妻子是一位和善的全职太太，15 岁的女儿和 13 岁的儿子都是南京国际学校的学生。这一天正是西方的愚人节，以至于很多友人听到这个噩耗后都难以置信：天哪！这是真的吗？

很快，4 个凶手被抓获，并迅速被起诉到法院。庭审时，贝塔·普方一家人的亲友也赶来旁听。让他们震惊的是，这 4 名 18 到 21 岁的凶手看起来就像刚刚逃出课堂、做错事的孩子，他们一脸稚气，显露着没有见过世面的窘迫和闯祸后的惊惶。在贝塔·普方亲友的想象中，凶手应当是那种"看起来很强壮、很凶悍的人"，可实际上，"跟你在马路上碰到的普通人没有区别"。

听说这 4 个孩子根据中国法律将很可能被判处死刑，贝塔·

普方的母亲（亦说贝塔·普方妻子的母亲）在跟亲友商量之后，写信给中国法官，说不希望判处这4个青年死刑，"德国没有死刑。我们觉得，他们的死不能改变现实"。

这个案子当年在国际上也产生了影响。在一次中国外交部的新闻发布会上，有德国记者转达了贝塔·普方家属希望从宽处理被告的愿望，但我外交部发言人的回应是："中国的司法机关根据中国的有关法律来审理此案。"

果然，南京市中级人民法院的一审死刑判决书很快就下来了，其中特别写到："本案庭审后，被害人贝塔·普方的近亲属致函本院，认为各被告人的犯罪行为应当受到法律惩罚，但反对对被告人适用死刑。对此，本院予以注意。本院认为，依照我国的法律规定，凡在我国领域内犯罪的，一律适用中华人民共和国刑法。本案4名被告人在我国境内犯罪，应当适用我国刑法，依照我国法律定罪量刑。"最终，江苏省高级人民法院驳回了4名被告的上诉，维持死刑的判决。当时新华社曾以"南京特大涉外凶杀案公开宣判"为题作了报道，报道中提及："法庭认为，仲伟杨等4名被告人杀人手段特别残忍，情节特别恶劣，后果特别严重，社会危害极大，依法均应予以严惩……"

二、悲剧的超越

惨案发生数月后，居住在南京的一些德国人开始想到，再过几年，认识普方这一家的朋友们，也许都会先后离开南京。到那时，这个不幸的家庭将被人们遗忘掉。想到这些，大家都有一种难以言喻的忧伤。于是，他们决定以一种更积极的方式去纪念贝塔·普方一家。当年11月，由普方夫妇的同乡和朋友发起，在南京居住的一些德国人设立了以普方名字命名的基金会，用于改变苏北贫困地区儿童上不起学的情况。之所以如此，是因为庭审中的一个细节给他们触动很深：那 4 个来自苏北农村的被告人都没有受过良好的教育，也没有正式的工作，"如果他们有个比较好的教育背景，就会有自己的未来和机会"。

"如果普方还在世，那么普方家肯定是第一个参与的家庭。"德国巴符州驻南京代表处的负责人朱利娅说。她是普方基金会的创始人之一，和普方是同乡。她觉得这是纪念普方一家最好的方式。在她的印象中，普方及其太太一直都热心公益、乐善好施，他们家的一双儿女也总是学校组织的各种公益活动的积极参加者。

为了能在中国的法律框架下合法地开展活动，普方基金会找到南京当地的一家慈善组织"爱德基金会"（著名爱国宗教领袖丁光训曾任该基金会会长），获准挂靠在它的名下，以"普方协会"的名义搞慈善。"这些外国人找到我们的时候，我是很震撼的。"张利伟，爱德基金会的原副秘书长、最早接触普方基金会的中国人之一，从爱德基金会和普方基金会开始合作，到 7 年前离开爱德，他亲自执行了这个助学项目 7 年。和普方基金会多年的合作让张利伟对宽恕有了更深的理解，在 2010 年的一次媒体采访中，他如是说："'以德报怨'这个词在我们中国的文化中也有，但是真正做出来需要超越非常大的限制，包括伦理上和文化上的。就是现在，你看最近我们南京讨论得非常多的一件事情，醉驾司机张明宝，他撞死了 4 个人，他的妻子去这些人家里跪着求情，（死者的）家属会原谅嘛？他们连门都不让她进。这些都是可以讨论的，事情已经酿成了，我们如何去处理，去超越？但是在 10 年前，普方的这群朋友就告诉我那 4 名罪犯年纪都很轻，是因为失业贫穷而去偷窃，并不是存心要去做（杀人）那样大的罪行。他们认为事件的根源是这些人没有机会得到好的教育，所以帮助这些穷困失学少年完成学业才是解决问题的根本办法。"

最早，他们资助苏北地区的贫困中小学生完成 9 年义务教育，随着中国逐步实行免费义务教育，他们对项目作了相应的调整，如把资助的地区从苏北扩大到了皖南，资助的对象延伸到了高中。当然，重点仍然放在初中教育上，虽然学费取消了，但是那些孤儿、单亲家庭、父母患重病以及自身残疾者等弱势群体仍然需要生活上的资助和其他一些帮助。

每年的 4 月，有一个集中筹款的"普方晚宴"活动。这个晚宴最早是追思普方家人，因为 4 月是惨案发生的时间。早期在南京不少人都对普方一家很熟悉，随着他们的朋友渐渐离开南京或离开中国，如今这项活动越来越成为纯粹的慈善活动，参加晚宴的人基本上都已经不认识普方一家人了，参与者也从最初的德国人到后来的其他外国人再到如今的中国人外国人都有。早先一次晚宴大约可以募集到几万元，现在每次募集到二三十万元很正常，2012 年的"普方晚宴"竟募集到了一百二十余万元善款。

另一场有意义的活动是每年的 12 月，南京国际学校——也就是普方夫妇的一双儿女原来就读的学校，会在校园里竖起一棵爱心树，树上挂满卡片，每张卡片上都写有一个接受普方项目资助的孩子的名字，师生们路过这棵树，会挑选一张卡片带回家，给卡片上的孩子精心准备一份礼物，放回树下。这些礼物将由普方协会和爱德基金会派专人送达每个孩子。

14 年来，普方协会从无到有，慢慢发展。我看到的统计数字，到 2012 年，它已经默默资助了超过 600 名中国贫困学生圆了求学梦。这其中，绝大部分受资助者并不知道普方基金会背后的故事。"我们并不想传达这样一个信息，因为一家德国人不幸遇难，我们就要资助凶手家乡的孩子"，普方协会的负责人说，"我们只是想帮助贫困儿童获得平等的教育"。

三、解读与联想

对于长期生活在没有死刑的国度的欧洲人以及长期生活在对死刑习以为常的国度的中国人来说，悲剧发生后的处理思维之不同有时令人惊异。多年前，我曾听一位在中国司法部工作的朋友说，他接待一个欧洲来的代表团，对方提到一个案子，问为何要判处被告人的死刑？他回答道：因为这个人杀了人。对方困惑地追问：已经死了一个人，为什么国家还要再杀一个人？

和许多中国人一样，我最初听到普方案中那位母亲的选择也感到震撼，甚至有点费解。但后来接触到的一些人和事，让我对她们的这种选择多了一份理解。几年前，一家欧洲电视台就一个案件对我进行采访，这个案件的大概是：一个中国留学生在杀害了他的欧洲女朋友之后，跑回北京并被警方逮捕。记者告诉我：被害人的父母不希望判犯罪人的死刑，问我有何办法。

还有一次，我在伦敦与一反对死刑的女士交流。我问她一个中国人常爱问的问题：假如你的儿子被人杀了，你还会反对死刑吗？她的回答是："如果我的儿子被杀，我肯定会非常痛苦。如果判处对方的死刑能够使我儿子活过来，那我不反对死刑。但问题是，我儿子已经不可能再活过来，这样何必再制造一个新的悲剧呢？"

于是我的耳旁又回响起前述张利伟先生的那句话："事情已经酿成了，我们如何去处理，去超越？"是啊，自己的儿子被杀了，哪个做母亲的不会悲痛？如果能用凶手的命换回自己儿子的命，我相信普方母亲也是会同意判处凶手的死刑的。只是在面对无可挽回的悲剧时，她才选择超越。另外，我们还应看到，普方的亲友均认为被告人的犯罪行为应当受到法律的惩罚，只不过反对对其适用死刑而已，这说明他们并不是要无原则地去宽恕被告人，只是希望在法律的范围内实现一种矫正的正义，而不是一命抵一命的"以怨报怨"。

令人欣慰的是，近年来，普方母亲的中国版本也开始出现。2008 年 7 月 15 日，不少中国媒体都报道了这样一个案例：河北青年宋晓明因债务纠纷刺死马某而受审，受害者马某的母亲梁建红当庭向法官求情："儿子死了，很伤心，但枪毙他又有什么用？我儿子仍活不过来。我对他也有仇有恨，但毕竟他年轻，救他当行好了吧。我不求他回报，希望他出狱后重新做人。"这回，法院采纳了这位母亲的意见，最终从轻判处被告人 12 年有期徒刑。事后，审判长坦言："如果梁建红不求情，宋晓明绝对不会判这么轻。"

应当承认，梁建红的这种做法在中国确实还很罕见，以致当她提出自己想救宋晓明一命时，其家属没有一个同意。最后，她不得不说："孩子是我生的，我养的，这件事我做主。"如果我们与普方案对照一下，显然普方母亲的做法得到了更多亲友的支持。至于针对犯罪的深层次原因采取更积极的方式去纪念死者、造福后人的做法，这在中国似乎就更为缺乏了。

我曾在报纸上撰文，向梁建红这位伟大的母亲致敬，称赞她"有两颗心，一颗在流血，一颗在宽容"。但我的文章招致了一些读者的批评，被指"无度的宽容是对正义的反叛"。我想在这里回应的是，我并不是主张"无度的宽容"，也不认为宽容就一定跟正义不相容，我只是主张用"以直（公正）报怨"来取代"以怨报怨"，理由很简单：当国家以怨报怨时，它就堕落到与要报复的犯罪人同一境界了。事实上，在没有死刑的欧洲，如果一个罪大恶极的犯罪人被判处了该国的最高刑罚终身监禁，则无论被害人一方还是社会公众，都认为这已经在法律上实现了正义——当然，对那些极少数有特别人身危险性的犯罪人，如果定期给予的人身危险性评估通不过，医学上又暂时还没有办法治愈，那么他的这种终身监禁将是不可假释的。

我在这篇文章中，还特意提到，与 2000 年中国法院对待普方母亲意见的机械做法相比，2008 年法院在法律的框架内采纳梁建红的意见的做法更为可取。遗憾的是，现在我们还常看到某些法院和法官在面对被害方、社会公众或者外国领导人对某个死刑犯的求情时，不但置之不理，甚至还说出某某人不杀，就会天下大乱之类的"正义凛然"的话。也许，是我对某些个案的案情了解有异，也许在中国还保留有死刑、司法又难免受到外界一些干扰的情况下，这些法院和法官的表态有一定的苦衷甚至合理性，但我仍然希望，我们的法官，至少要有我国杰出法律人吴经熊的那种哀矜勿喜："我判他的（死）刑只是因为这是我的角色，而非因为这是我的意愿。我觉得像彼拉多一样，并且希望洗干净我的手，免得沾上人的血。"

关于死刑，我还有很多的话想说，那么，亲爱的读者朋友，就请您和我一起来走进这本小书吧。

（本文为三联书店 2014 年版《死刑的温度》代序，原载《上海书评》，2014 年 7 月 27 日）

超越愤怒

《死刑的温度》于 2014 年出版后，承蒙读者的厚爱，曾获评当年《法制日报》十大法治图书奖，书的代序"超越悲剧"在《上海书评》发表后，亦获得当年新浪的"致敬奖"。

现在，该书已经告罄，出版社决定出增订本。利用这个机会，除补充进去几篇近年的新作外，我还想加个增订本的序。

一位读者曾经在给我的来信中说：过去他一看到主张废除死刑的文章就排斥，但《死刑的温度》的代序却深深感染了他。回想起来，这篇代序并没有直接呼吁废除死刑，而是用普方案这个悲伤的故事及悲剧发生后被害人亲友超越悲剧的后续故事来引发大家对死刑问题的思考，由此给我的启发是，相比起理性的学术论著来，用更加感性的方式来表述其实很重要。书中有一篇回忆我与法国原司法部长巴丹戴尔先生谈死刑的文章，他就指出，在推动废除死刑的过程中，光法学家呼吁还不够，还要注意发挥文学作品和影视作品的作用，因为它们的受众面更广，影响更大。因此，我期望更多的知识界、文艺界、体育界的人士来关注死刑这个重大话题。本书的主要定位也即在此。

记得在聂树斌冤案平反后的系列报道中，有一个细思极恐的情节：当时送达聂树斌死刑执行令时为什么没有他本人的签字？有关方面的答复是：因为过去看守所发生过犯人拿笔戳人的事，所以当时为了安全考虑，就代签了。这个解释恐怕是无论如何也说不过去的，且不说"人之将死，其言也善"，就算他真要拿笔戳人，在脚镣手铐、四周全副武装的绝对可控环境下，这种危险也几乎为零。我当时看到这则报道，最直接的感慨就是：中国的刑事司法还需要一场人道主义的启蒙！

近年来，许多像聂树斌案这种当初被视为"铁案"现已相继平反的冤错案件，深深刺痛了国人的心。冤错案件的一个共同罪魁祸首是刑讯逼供，而国际上防止刑讯逼供最有效的办法是确立被讯问人的律师在场权，即任何人在被讯问时必须有律师在场，讯问完双方在录音带封条上签字，任何没有律师在场的讯问笔录一概不得作为证据使用。血的教训警醒我们：应当尽快确立被讯问人的律师在场权！

死刑冤案的另一个重要原因是，对犯罪嫌疑人和律师的意见重视不够。在呼格吉勒图冤案中，呼格吉勒图曾请求检察官调查他被警方刑讯逼供一事，但检察官却斥其为"胡说"。正是这种公权力的任性，导致了呼格吉勒图最后被冤杀。而不按司法规律办事的另一恶果是，包括时任"呼格案"专案组组长、后升任呼和浩特市公安局副局长冯志明在内的27人被严厉追责直至定罪判刑。

正如我在本书中所反复阐明的一个观点，生命无价，所以即使从朴素的报应观来看，也只有致命性的犯罪才能与死刑发生关联，否则就连"以眼还眼，以牙还牙"的原始等价报应观都不如了。而现代刑法又以犯罪人的意志自由、期待可能等"责任主义"为基石，判处死刑意味着让行为人承担百分之百的责任，所以除非能证明行为人要对自己的行为负百分之百的责任，否则对其判处死刑就不公平，但现代心理学、生理学和神经科学的发展，让我们对人类病态行为的"意志自由"产生了疑问。我直接或间接接触过一些被判处死刑的案子，脑子里常常出现某些死刑犯向我喊冤的形象：你们刑法不是强调意志自由吗？可我在行为时是不自由的呀！

对于那些有严重人身危险性又实施了严重危害社会的行为的人，如果不能从"责任归咎"上判其死刑，又要"保卫社会"，怎么办？于是有了那些废除死刑国家的"保安监禁"这类的制度，即对那些心理上、生理上有"病"的犯罪人，出狱之前，要经过"人身危险性"的评估，如果通不过人身危险性的评估，就不能"放虎归山"；与此同时，也恰恰因为他们是"病人"，所以"保安监禁"不同于"监狱服刑"，监狱服刑主要还是立足于报应和惩罚，而保安监禁则主要立足于保卫社会和治疗病人，被保安监禁者应有定期接受人身危险性评估的权利和机会。

假如确有对自己的致命行为要负百分之百的责任的人，是否就要判处死刑呢？这其实就是现在欧洲和美国在刑罚理念上的一个差别：欧洲认为死刑经不起人道主义的拷问，所以要一概废除（但为保卫社会要建立起相应的"保安监禁"制度），美国（联邦及有的州，它的另一些州也已经全部废除了死刑）认为对剥夺他人生命的一级谋杀罪判处死刑是正义的报应（但它反对对非致命的犯罪适用死刑，这也是为什么它在将一些腐败犯罪者遣送回我国时要我们承诺不判处死刑）。当然，欧洲认为美国的文明程度不如它。

说来说去，在死刑问题上看来至今还得回到贝卡里亚在《论犯罪与刑罚》中提出的两个观点，一是"在一个管理良好的国度里，死刑是否真的公正或者有用？"二是"如果我要证明死刑既不是必要的也不是有益的，我就首先要为人道打赢官司。"

中国的死刑改革近年来取得了长足进步，十八届三中全会还把"逐步减少适用死刑罪名"写进了党的文件。但如果放眼世界，我们削减死刑的任务还很重（更遑论废除死刑）。就在写这篇序的时候，我接到一封毛骨悚然的邮件：发邮件者以郑州空姐被滴滴司机杀害为由，严厉质问那些中国傻×法学家面对这样的凶手，为什么还要残忍地主张废除死刑？……

我不能对这样的邮件再说什么，近年来我也尽量避免就一些悲剧性的个案发表意见，因为悲剧的出现对我本来已是一个打击，如果再出现一个悲剧（像本案中的犯罪嫌疑人自杀），简直让我对这种害人害己的行为百思不得其解。作为一个刑法学者，我的知识是多么的贫乏，我多么想弄清楚这样的行为人的心理。我想起在德国马普所时，一位犯罪学家拿着当天报道一个恶性案件的报纸跟我谈起他的困惑：他为什么要这样做？我们的刑罚对他有用吗？

我又想起另外一件事来：2007 年 4 月 18 日，一名韩裔学生在美国弗吉尼亚理工大学枪杀了 32 名师生之后自杀。当时，一些韩裔师生担心遭到报复，但后来的情况令他们大为吃惊，学生们在为死者立纪念碑时，一共立了 33 个，包括那名行凶者。当然，要原谅一个凶手，这个过程注定是痛苦而复杂的，最后他们之所以要这样做，是因为他们尽管对他的行为感到愤怒，却也对他感到可怜，"他的自杀已经使他得到了最大的报应"。同时，他们也认识到，"如果不选择原谅，就无法摆脱愤怒"。在接下来的祈祷中，他们还替死者的家人祈祷，"因为他们要面对死者及其行为给他人带来的痛苦这样双重的压力"。令我印象深刻的是，师生们在悲剧发生后，开始反思他们的枪支管制为何能让凶手这样的人轻易就能买到枪支……①

① 详见美联社记者 SUE LINDSEY 2007 年 4 月 26 日发表于《华盛顿邮报》的文章：《超越愤怒》（Va. Tech Has Little Anger for Gunman），http：//www. wash-ingtonpost. com/wp-dyn/content/article/2007/04/26/AR2007042601832 _ pf. html，最后访问时间：2018 年 5 月 13 日。

　　虽然文化不同，但善良、恻隐这类人性的美德和境界总是可以带给我们心灵上的共鸣。我相信，我们的文化中，一定不缺这些基因。这也是我继本书第一版序"超越悲剧"之后，将此次增订本序取名为"超越愤怒"的原因。特与读者诸君共勉之。

　　（本文为三联书店 2018 年版《死刑的温度（增订本）》代序，原载《法制日报》，2018 年 5 月 23 日）

亚洲死刑观察

　　我在 2004 年翻译牛津大学罗吉尔·胡德教授的《死刑的全球考察》一书时，记得他在书中有点悲观地提到："亚洲在整体上拒绝废除死刑。"

　　但前不久，当我在中国香港城市大学举办的"亚洲死刑改革的进展与展望"国际研讨会上与胡德教授再次相逢时，我发现他的悲观态度已经有了很大转变，例如，他对中国的死刑限制和削减给出了较高评价，认为在过去的几年中，中国取得了很大进步，不仅消除了原先对废除死刑问题所持的压倒性的完全否定态度，而且在司法上和立法上切实减少了死刑。

　　在这次会议上，我也了解到一些亚洲国家和地区在限制和废除死刑问题上的最新信息，总的来看，是朝着国际上废除死刑、暂停执行死刑和严格限制死刑的趋势来发展的。

　　例如，韩国至今已连续 14 年没有执行过死刑，按照大赦国际"连续 10 年没有执行过死刑就归入事实上废除死刑的国家"的标准，韩国现在已经被公认为事实上废除死刑的国家。

　　印度作为世界上第二大人口大国，我知道它在死刑适用上一直保持着比较低的比率，据我原先掌握的资料，它在 20 世纪 80 年代，大概平均每年执行死刑十几例，到 90 年代降到平均每年不到 10 例。但这次会议上，印度的学者告诉我们，从 2004 年印度执行最后一例死刑以来，至今没有再执行过死刑。闻听这一消息，我和一起与会的大陆刑法学者赵秉志教授都略感惊讶。

虽然日本还是一个死刑保留国，但它早已将死刑作为一种例外的刑罚措施来使用。根据日本学者此次提供的会议材料，从1993年至2010年的18年间，只有1年的死刑执行数在10个以上（15个），其余17年都在10个以下，其中有2年均只有1个，有5年只有2个。

新加坡曾在2004年被大赦国际列为"可能是世界上人均执行死刑比率最高的司法区之一"。据统计，从1999年至2003年，新加坡年均执行死刑数28个，当时新加坡的人口为400万，因而死刑的人均适用率为7%。但从2004年开始，新加坡的死刑适用率也在明显下降。据统计，从2004年至2009年，新加坡年均执行死刑数为6个，而此时新加坡的人口已经从2000年的400万人上升到2010年的500万人，因而死刑的人均适用率下降到百万分之一点二。

我国台湾地区近年来在减少死刑方面也取得了很大进展。据我国台湾地区学者介绍，台湾地区从2005年12月到2010年4月的四年多时间里，暂停了死刑的执行。然而就在大家以为台湾地区会朝着事实上废除死刑的方向前进的时候，2010年又在民意的压力下恢复了死刑执行。当时的台湾地区"法务部长"王清峰是一个坚定的废除死刑论者，因而宁肯辞职也不签署死刑执行令。目前台湾地区致力于废除死刑的组织和人士正在想办法如何让当局回到暂停执行死刑的轨道上来。

类似我国台湾地区的这种反复现象在泰国也出现过，1994年底，眼看泰国就要加入事实上废除死刑的国家的行列（其上一次执行死刑是1986年），却又恢复了执行死刑。当然，这种恢复不可能多，比如，在2004年至2007年间，就没有执行过一例。

菲律宾也出现过反复。1987年，随着马科斯的下台，新宪法出于死刑侵犯人权的考虑而将全部犯罪的死刑予以废除，不过当时留了个"尾巴"，那就是当出现"令人担忧的犯罪高潮时"国会可以在新宪法的框架内重新启动死刑，这样到1994年菲律宾又恢复了死刑。但到2006年，菲律宾的众议院和参议院终于通过了彻底废除死刑的法案。

由上可见，尽管与世界其他地区，尤其是已经全部没有死刑的欧洲相比，亚洲在废除死刑的问题上依然整体上处于落后的状态，但死刑在这个地区的减少似乎正成为不争的事实。越来越多的国家和地区正在使死刑由过去的一种常规性刑罚变成一种例外性的刑罚，这与世界上其他国家和地区废除死刑的路线图是大体吻合的。

关于亚洲地区为何废除死刑的步伐比较缓慢，对此我注意到国际上有一些不同的解释，如有的人认为，这可能仅仅是因为"一种时间上的滞后性……亚洲仅仅是一个在经济和政治的发展程度上比欧洲落后一二十年的地区"。与此类似的观点还有，恰当的法律和政策应当满足不同国家和地区在不同时期的发展，只有当一个国家的经济发展达到某种程度后，才能够负担得起文明和政治自由这种奢侈品。也有的人认为，亚洲各国在废除死刑问题上存在各自为政的现象，缺乏统一的、联合的声音和组织。我认为这些观点都有一定的道理。

还有一种解释特别值得引起重视，那就是所谓的"亚洲价值观"的问题，这主要来自那些为死刑辩护的人。具体包括以下一些观点：有的人说文化上的不同传统或宗教信仰可以为死刑的适用提供正当理由，如"杀人偿命"；有的人说相对西方的重视个人人权，亚洲价值观更加重视集体人权，因而为了整个社会的安全，可以适用死刑；还有的人指出，亚洲价值观崇尚公平和报应，因而会支持将死刑作为一种报应，即使没有任何功利主义的目的，如威慑作用。

这种亚洲价值观的视角，如果用来解释过去，我倒觉得有一定的说服力。但能否用它来为死刑的继续存在作辩护，却是有疑问的。事实上，正如前面所列举的，亚洲国家和地区在死刑这个问题上，正越来越以国际人权公约为参照，追随国际上大多数国家的做法，日趋严格地限制死刑的适用，直至废除死刑。

如果从意大利法学家贝卡里亚1764年发表《论犯罪与刑罚》呼吁废除死刑算起，欧洲废除死刑也经历了漫长而曲折的道路。国际社会真正在废除死刑这个问题上取得突破性进展还是"二战"以后尤其是晚近三四十年的事情。无论是死刑的罪名数量还是执行死刑的残忍程度，欧洲在历史上绝不亚于亚洲。即使后来欧洲走向废除死刑的道路，也在废除之初不时出现过是否恢复死刑的讨论。但如今，以挪威为例，即使出现布雷维克这样的惨案制造者，死刑也再无恢复的可能。这说明，人类是可以战胜自己"冤冤相报"的报应冲动的，也是可以在一个没有死刑的社会里实现正义的。

而当今世界多数国家和地区已经废除死刑却照样能治理好社会的经验表明，人类也完全可以不依赖死刑来治理社会。能够摆脱死刑这种血腥治理，而使社会变得同样安全甚至更安全，可谓善治。就在这次香港会议期间，香港的朋友告诉我，香港从1966年以来就没有执行过死刑，1993年正式废除了死刑，但现在香港却是世界上最安全的地区之一。

因此，我本人坚信，包括中国在内的亚洲地区，一定会最终实现废除死刑的目标。但这条路有多长，还不得而知，有人说在中国废除死刑还需要 20 年，有人说还需要 50 年，还有人说还需要更长的时间。我不愿意作此种预测，但我想起 2005 年前后爱尔兰大学的沙巴斯教授在北京的一次会议上曾经预测道：中国在 2008 年奥运会之前死刑一定会有一个大的改变。当时我不相信，认为他不了解中国，告诉他中国是不会看外国人的眼色行事的。那时谁会想到，2007 年 1 月 1 日，最高人民法院收回了死刑核准权，从此中国的死刑在司法实践中受到严格限制。短短几年，学界公认的一个事实是，死刑在实践中至少减少了一半。又回忆起 2010 年上半年的某一天，时任全国人大常委会法工委刑法室副主任黄太云先生在一次见面的时候告诉我，这次准备一次性地取消 13 个罪名的死刑。当时我真的有点不相信，因为原来想，第一次能取消一个罪名的死刑也不简单啊！

最近我注意到，沙巴斯教授又有一个大胆预言，他说，按照目前世界上废除死刑的速度，25 年后死刑将从地球上消失。但与此同时，我也注意到，我国著名的老一辈刑法学家储槐植教授指出，中国的贪污、贿赂罪死刑在 30 年内都不会取消。我们知道，贪污、贿赂罪属于非暴力犯罪，如果 30 年内中国连这种非暴力犯罪的死刑都取消不了，那废除所有犯罪的死刑更从何谈起！因此，我断定：沙巴斯教授和储槐植教授二人中必有一人会输。但这不重要，无论输赢，他们两人都是伟大的学者，沙巴斯教授无非是想指出废除死刑大势所趋，而储槐植教授也许是想说明废除死刑的艰难和复杂。我对历史的感悟是必然性和偶然性交织、确定性和不确定性共存，如果在废除死刑的道路上，因为某些偶然性的因素加速了目标的实现，而不是相反，因为某些偶然性的因素阻碍了目标的实现，则幸莫大焉。至于我本人，只愿在这一进程中按照"俄国文学之父"普希金的话去做："我为死者呼吁过同情。"当然，我要在这里加一个注释，那就是我不仅为被判处死刑的人呼吁同情，也为被犯罪所害的人呼吁同情。

（原载《法制日报》"法律行者"专栏，2011 年 12 月 7 日）

对老年人免除死刑乃善治之举

首先要明确的是，现在世界上废除死刑的国家已经超过了保留死刑的国家，而且联合国及其相关组织一再强调，它所提出的免除弱势群体的死刑、减少死刑犯的痛苦等，绝不能理解为允许推迟或阻止废除死刑。

在此前提下，联合国经社理事会在 1989 年通过的《保护面临死刑者权利的保障措施的补充规定》中敦促那些还保留死刑的国家，应"确定不可判处或执行死刑的上限年龄"。但由于这一敦促并没有法律效力，而且对这个年龄上限到底应当是多少也没有明确，所以在世界各地的落实情况有别。

总的来看，响应联合国经社理事会上述敦促的国家和地区在增多，如蒙古、墨西哥、危地马拉规定 60 周岁以上的人犯罪不得执行死刑，俄罗斯和哈萨克斯坦规定 65 周岁以上的人犯罪不得执行死刑（俄罗斯现在事实上已经停止了所有死刑的执行），苏丹规定 70 周岁以上的人犯罪不得执行死刑，我国台湾地区规定年满 80 周岁的人犯罪不得处死刑（也不得处无期徒刑）。

《刑法修正案（八）》提出"75 周岁以上免死"的命题，引发了社会关注甚至争议。我个人当然是赞成这样一种立法思路的。实际上，中国古代就有对老年人犯罪从宽处理的传统，1935年的《中华民国刑法》也规定年满 80 周岁的人犯罪不判死刑，所以有学者认为这次提出"75 周岁以上免死"的命题只是对我国宽宥老年人犯罪的法制传统的重拾。当然，对老年罪犯免死，绝不是说就不惩罚老年人犯罪，因为针对老年人犯罪的刑罚还有无期徒刑和有期徒刑等，所以不会放纵犯罪，更不会威胁到社会的安全。

在整个社会趋向减少死刑、严格限制死刑的形势下，对老年罪犯免死更是一个妥当的选择。从法院系统反馈回来的数据看，70周岁以上犯重罪可能判处死刑的，现在全国每年也就几起，是个位数，说明免除这部分人的死刑不会对社会造成大的冲击。而且，如果七十多岁的人仍然去犯重罪，要么是有可以谅解的外部原因，要么是他本人的判断力和控制力下降，对这种人判死刑，实际上法官也下不了手。

有人可能会举出极个别老年人恶性犯罪的例子来反对"75周岁以上免死"的命题，但别忘了，作为表达国家智慧的立法，它考虑的是社会通常的情况，而不能根据个案甚至是放大了的个案来作出误导全局的判断。这就像我们规定不满18周岁的人犯罪不判死刑、不满14周岁的人不负刑事责任一样，我们是基于一种整体判断，即认为不满14周岁的人还不具备刑事责任能力；不满18周岁的人虽然已经具备了刑事责任能力但与成年人相比其刑事责任能力还比较低。如果我们要纠缠于个案，那确实可能举出某个13周岁的人比另一个14周岁的人发育还要成熟、某个17周岁的人比另一个19周岁的人刑事责任能力还要强的例子。但立法无法满足这种个案公正，只能针对抽象的人作出一般性的规定，司法才能在法律规定的原则范围内考虑个别人的具体情况，尽可能地实现个案公正。

如果说自古以来就有的对老年人犯罪实行宽宥处理的政策体现的是当政者的一种平恕之心，那么现代科学的发展则为这种宽宥处理提供了科学上的根据。科学表明，衰老能导致责任能力的降低，这也是高龄犯罪为什么可以成为减轻处罚的一个因素的原因。

因此，确立"75 周岁以上免死"，从刑事立法上免除"一老一小"这两个特殊群体的死刑，是我们这个社会走向更加人道和宽容的法治、善治的又一进步。

（原载《检察日报》，2010 年 9 月 3 日）

论非暴力犯罪死刑之废止

最近，由吴英案引发的关于非暴力犯罪应否适用死刑的话题引发广泛讨论，本文从以下几个方面论证对非暴力犯罪应废止死刑。

一、对非暴力犯罪适用死刑有违死刑适用的国际标准

联合国《公民权利和政治权利国际公约》在号召缔约国废除死刑的同时，要求那些还未废除死刑的国家，"判处死刑只能是作为对最严重的罪行的惩罚"。中国政府于 1998 年签署了该公约，并正在创造条件准备批准这一公约。一旦批准，就将向公约的监督机构——联合国人权事务委员会提交包括死刑问题在内的报告并接受其审查。因此，我们首先需要澄清《公民权利和政治权利国际公约》中所说的"最严重的罪行"的含义。

目前国际社会达成的共识是，非暴力犯罪不属于"最严重的罪行"的范畴。例如，联合国经社理事会在 1984 年通过的《关于保护面对死刑的人的权利的保障措施》中，提出"最严重的罪行"应理解为"其范围不应超出带有致命或其他极端严重后果的蓄意犯罪行为"。虽然该决议提到的"带有其他极端严重后果的蓄意犯罪行为"使得广义解释成为可能，但联合国秘书长其后在《死刑和关于保护死刑犯权利的保障措施的执行情况》的报告中进一步指出，蓄意犯罪以及具有致命或其他极端严重后果意味着罪行应该是危及生命的，由此，任何不危及生命的犯罪，无论其

后果从其他角度来看多么严重，都不属于可对之适用死刑的"最严重罪行"。联合国人权委员会在 2004 年的一项决议中，特别敦促保留死刑的国家不对诸如金融犯罪等非暴力犯罪判处死刑。联合国有关法外处决、即审即决或任意处决问题的特别报告员在 2007 年的报告中也提出，经济犯罪、金融犯罪、贪污等罪行不属于可判处死刑的"最严重罪行"。此外，联合国人权事务委员会在对那些保留死刑的缔约国提交的报告的结论性意见中，指出"最严重的罪行"意味着"死刑应当只是一种非常例外的刑罚方式"，它还具体指出了在其看来不属于"最严重的罪行"因而对其判处死刑不符合《公民权利和政治权利国际公约》第 6 条的罪行，包括：经济和财产罪行、贪污、盗用国家或公共财产、抢劫、严重盗窃、非法性关系、贩运危险废料、毒品犯罪、政治罪行，等等。

虽然无论是经社理事会或人权委员会的决议、秘书长的意见、特别报告员的意见，还是人权事务委员会的意见，都没有正式的法律约束力，各个国家没有必须根据这些意见确定本国法律中可予判处死刑的"最严重的罪行"的法律义务，但这些意见的权威性不容忽视，因为它们反映的并不是某一个或某一类国家的观点或文化，而是在很大程度上代表了一种"世界的呼声"。如果我们将来批准《公民权利和政治权利国际公约》并向人权事务委员会提交报告，但我们的刑法中仍然包含众多的非暴力犯罪，显然，从上述人权事务委员会以往的工作情况来看，它一定会对此表示严重的关切和疑问。

二、我国对众多的非暴力犯罪适用死刑已成当今国际另类

截至 2011 年底，在 196 个联合国会员国中，已经有 104 个国家废除了包括谋杀罪在内的所有普通犯罪的死刑。亚洲地区曾被视为保留死刑比较顽固的地区，但近年来这个地区的死刑限制与废除也进展迅速。

很明显，世界上超过70%的国家废除死刑的现实说明，人类可以摆脱死刑的这种血腥治理，用更人道的方法来维护社会治安和治理社会。因此，报应情感的满足作为死刑的原生性功能，在现代已日益取代死刑的寄生性功能——对犯罪的威慑，成为那些还保留死刑的国家的根基性理由。当然，这种理由同样受到越来越多的质疑，那就是现代人类应跳出"以眼还眼，以牙还牙"的冤冤相报，这是完全可以做到的。

这里要说的是，朴素的报应思想在针对废止谋杀罪等暴力犯罪时可能会面临"矫正报应"的问题——不是一种"杀人偿命"式的报应，而是一种用终身监禁等替代死刑来报应。但应当看到，报应思想也有它积极的一面，那就是对于非暴力犯罪，即使从等价报应的角度来看，也找不到适用死刑的理由，因为生命是无价的，不管多少钱，也不能跟生命的价值相提并论。正是从此出发，当今保留死刑的国家，也鲜有将死刑适用于非暴力犯罪的。

虽然我国在2011年通过《刑法修正案（八）》废除了13个非暴力犯罪的死刑，但刑法典上仍然有55个死刑罪名，其中一大半是非暴力犯罪，作为一个文明大国，这确实在世界上显得有点另类。

三、尽快废止非暴力犯罪的死刑

我国本来1979年第一部刑法典对经济犯罪、财产犯罪等非暴力犯罪基本是不设置死刑的（当时的普通刑事犯罪中只对贪污罪设置了死刑），但后来由于实行以经济建设为中心的改革开放政策，导致经济、社会、文化、政治各个领域发生重大变化，作为社会变革时期伴生现象的犯罪也急剧增加，客观上形成了比改革开放以前更加严峻的社会治安形势。在这种情况下，从立法到司法都开始实行严厉打击刑事犯罪、经济犯罪和腐败犯罪的"严打"政策，死刑罪名不断增加，到 1997 年制定新刑法时，死刑罪名达到 68 个。

近年来，国内外的形势朝着减少死刑的方向发展：一是国际上大多数国家已经废除死刑，联合国也在推动废除死刑和暂停执行死刑，这对我们有一定的压力和动力；二是国内社会治安形势的趋稳和社会管理手段的创新，使我们具备了减少死刑的条件；三是尊重和保障人权的入宪，以及各项人道、文明制度的推广，使全社会提高了对人的尊严和生命的价值的认识。

在这种情况下，2007 年最高人民法院收回了死刑核准权，使得死刑判决和执行在实践中大幅减少。经过几年的观察，死刑减少并没有对社会治安造成多大的压力，因此又在 2011 年通过《刑法修正案（八）》从立法上迈出了减少死刑的第一步，废除了 13 个在实践中多年不用或很少适用死刑的非暴力犯罪的死刑。

人们常说，中国的广大民意不同意废除死刑，对这个命题要作具体分析。刑法上的犯罪有"自然犯"和"法定犯"之分，所谓"杀人偿命"是针对杀人罪这种自然犯的，而非暴力犯罪大多属于法定犯。自然犯侵害人类天然的怜悯、同情等感情，其社会危害性并无多大争议，而法定犯的社会危害性则随着社会变迁而变化。《刑法修正案（八）》废除 13 个非暴力犯罪的死刑，不但没有引起民意的抵触，反而被视为国家立法走向人道化，因而受到好评。

中国的死刑数字还属于不能公开的国家秘密，但国内外要求公布死刑数字的呼声越来越高。在一个现代法治国家，国家每年杀多少人，不公开确实说不过去。但是，实事求是地说，在70%以上的国家已经废除死刑、即使保留死刑的国家也越来越多地将死刑作为一种极其例外的措施来使用的情况下，我们现在的死刑判决和执行尽管有大幅度下降，但一旦公开死刑数字还是会吓世界一跳。为此，我们现在亟需对此有一个顶层设计，那就是要做好准备，在3年至5年内把死刑数字降到一个可以公开的规模。为达此目标，势必要求下决心把适用死刑的罪名限定在暴力犯罪，而把非暴力犯罪的死刑尽快取消掉。在立法上暂时还保留死刑罪名的状况下，司法实践应该先有计划、有步骤地减少对非暴力犯罪的死刑适用，因为只有司法上用得很少，立法上取消该罪的死刑才比较容易。

（原载《中国改革》，2012年第3期）

以"依法""审慎"让民众信服"吴英案"

据最高人民法院（以下简称最高法院）新闻发言人 2012 年 2 月 14 日透露，最高法院注意到社会对吴英集资诈骗一案的广泛关注，在死刑复核审理过程中，将依法审慎处理好这个案件。

印象中，最高法院在死刑复核的结果出来之前，专门就一个案件作出回应的并不多见。尽管最后结果还不得而知，但最高法院的这种做法值得肯定。

自 2007 年 1 月 1 日最高法院收回死刑核准权以来，少杀慎杀的死刑政策得到了进一步的贯彻，在国内外产生了良好的效果。众所周知，死刑核准权下放到省一级的高级法院后，死刑案件的二审和复核两道程序等于合二为一。正是从这个意义上而言，我们说最高法院收回死刑核准权对于程序正义的实现具有重要的意义。

应当看到，死刑核准权收回来以后，虽然已经在统一死刑标准、限制死刑适用等方面取得了积极成效，但死刑复核阶段的一些具体制度仍然处于完善的过程之中，如何增强死刑复核工作的透明度，如何让律师能够进得去最高法院、见得着死刑复核法官、有机会陈述辩护意见，如何使当事人各方乃至社会知悉最高法院核准或不核准死刑的理由，等等。这些制度的完善，对于保证死刑复核质量、防止司法腐败、增强最高法院的权威，都是有好处的。特别希望最高法院能以吴英案的死刑复核为契机，进一步推动死刑复核工作各个环节的完善。

具体到本案，目前社会上有许多质疑需要最高法院在死刑复核过程中加以释明，不少来自法学界的意见也需要最高法院予以考虑。归纳起来，大致有以下四点：

首先，关于本案的罪与非罪。集资诈骗罪的前提是构成非法吸收公众存款罪，而构成非法吸收公众存款罪的条件之一是向社会公众即社会不特定对象吸收资金。本案二审审判长在接受《法制日报》记者采访时说："尽管认定的集资直接对象仅十余人，但下线人员众多、涉及面广。"这里有一个重要问题需要澄清，那就是那些做"资金生意"的众多下线人员与吴英有没有预谋和分工，因为刑法上的因果关系不能无限扩展。从有关报道来看，很可能吴英与这些下线人员没有预谋和分工，如果是这样的话，那就真的连本案是否构成非法吸收公众存款罪都要存疑了，因为这十余人连检察机关也不否认他们与吴英在借款之前就已经是朋友关系了。根据最高法院的司法解释，在亲友间针对特定对象吸收资金的，不属于非法吸收公众存款，由此造成的债权债务关系应属于民事法律关系。不能因为吴英明知所借的钱是对方非法吸收公众存款得来的，就认为吴英的借款行为也是非法吸收公众存款。

其次，关于集资诈骗的故意。退一步，假设吴英构成非法吸收公众存款罪，那么她是否构成集资诈骗罪呢？关键就要看她有没有非法占有的目的。从有关报道看，吴英有自己的厂房、固定资产和具体的经营活动，恐怕很难说她一开始就想诈骗。即使能证明吴英后来在资金链断裂的时候转变了犯意，也不能以结果论，不能回溯到她一开始就有集资诈骗的故意，而要分阶段论，从有证据证明她产生了非法占有的目的开始算起。笔者注意到，

一、二审法院都认为吴英肆意挥霍集资款，致使集资款不能返还，而这正是最高法院司法解释所要求的"以非法占有为目的"的情形之一。但根据律师的介绍，吴英的所谓"挥霍"其实只占整个款项的很小比例，绝大多数还是用于经营活动，如果这个属实，那么根据最高法院司法解释的有关精神，行为人将大部分资金用于投资或生产经营活动，而将少量资金用于个人消费或挥霍的，不应仅以此便认定行为人具有非法占有的目的。更重要的是，吴英被指控的某些"挥霍"行为，据称本质上还是基于经营的需要和公司发展的目的，如 600 万元的请客吃饭，辩方认为是为了拉关系、找门路，不能算个人肆意挥霍。这些都有待查明。

再次，关于本案量刑应当考虑的几个因素。再退一步，即便吴英构成集资诈骗罪，是否就一定要判处死刑立即执行呢？我的观点是：否！理由是：第一，吴英集资的直接对象是做"资金生意"的人，据说有的人还是在向吴英放高利贷。如果属实，则那些放高利贷的人本身就是违法者，他们的"受害"，自身负有严重的过错。在这种受害人有过错的案件中，判处犯罪人死刑立即执行无疑是让犯罪人承担百分之百的责任，不公平。第二，刑法第 192 条集资诈骗罪并没有直接规定死刑，只是在第 199 条对集资诈骗的死刑作了特别规定：集资诈骗数额特别巨大并且给国家和人民利益造成特别重大损失的，处无期徒刑或者死刑。这说明，对集资诈骗罪一般是不考虑适用死刑的，只有在极其例外的情况下才考虑死刑。本案的直接受害人仅十余人，谈不上"给国家和人民利益造成特别重大损失"，更不能以"严重破坏国家金融管理秩序"这类词来夸大被告人行为的社会危害性。第三，本案从一审到二审，中间间隔两年之久，我推测二审法院必是看到了案情的复杂。对于这样一个重大疑难案件，又没有民愤（不仅没有民愤，相反，社会上同情之声骤起），为什么非要判处死刑立即执行呢？

最后，我要说的是，现行刑法上的非法集资犯罪在立法上是很值得检讨的。从未来的发展趋势看，非法吸收公众存款罪这个罪名应当取消，自愿的民间融资应当允许；集资诈骗罪罪名需要保留，因为任何形式的诈骗都是不被允许的，但必须废除该罪的死刑。刑法并没有对普通诈骗罪设死刑，因为考虑到被害人有贪便宜的心理，要负一定的责任。本来这一理由也应当完全适用于集资诈骗罪，只不过在特定的社会背景下，才对集资诈骗罪设立了死刑。《刑法修正案（八）》在废止13个非暴力犯罪的死刑时，曾经考虑过要把集资诈骗罪的死刑也取消掉，虽然最后没有成功，但下一步立法上减少死刑时，该罪名或许首当其冲。在这种形势下，即便是货真价实的集资诈骗罪，也最好不要判死刑立即执行，哪怕改判个死缓，也好对历史有所交代。

上述情节和学理，事关人命。最高法院已经表示复核此案的原则是"依法"和"审慎"，我理解这里的"依法"，就是要严格按法律办事，不受案外因素的影响，真正做到不枉不纵；"审慎"，就是要充分关注和考虑到社会上针对此案提出的种种疑问。相信最高法院定能在该案的死刑复核过程中，落实好这两个原则，使复核结果让民众信服。

（原载《新京报》，2012年2月15日）

创造条件取消贪腐犯罪的死刑

2010 年 8 月 23 日提交全国人大常委会讨论的刑法修正案（八）（草案）准备取消 13 个非暴力的经济犯罪死刑罪名，开启了我国立法削减死刑的先河。应当看到，即使这次 13 个死刑罪名最后得以取消，我国刑法中仍然有 55 个死刑罪名，其中包括贪腐犯罪等大量的非暴力犯罪，因此，继续创造条件削减我国刑法中的死刑罪名仍将是今后一个时期我国刑法改革的重要任务。笔者注意到，不少学者指出，在今后一个相当长的时期内，我国还不能取消贪腐犯罪的死刑，对此应当加以深入分析。

一、从国际公约看取消贪腐犯罪死刑的必要性

根据联合国秘书长 2008 年发布的有关暂停使用死刑的报告，截至 2008 年 7 月 1 日，在世界范围内，已有 141 个国家和地区从法律上或在实践中废除了死刑，只有 56 个国家和地区还保留并执行死刑。就是在还保留并执行死刑的国家和地区，也越来越多地将死刑作为一种带有象征性的刑罚来适用，而不是常规性地适用。因此，可以肯定地说，废除死刑是一种国际趋势。

从国际法的角度来看，严格限制死刑直至废除死刑是当今时代的基本精神。早在 1966 年，联合国就通过了《公民权利和政治权利国际公约》（1976 年生效），其第 6 条在提倡缔约国废除死刑的同时，要求在那些还未废除死刑的国家，"判处死刑只能是

作为对最严重的罪行的惩罚"。1989 年，联合国又通过了《旨在废除死刑的〈公民权利和政治权利国际公约〉第二项任择议定书》（1991 年生效）。由于我国目前尚没有签署和批准后者，因此并无废除死刑的国际法律义务，但我国已经签署了《公民权利和政治权利国际公约》并正在准备批准该公约；一旦批准，就将向公约的监督机构——联合国人权事务委员会提交包括死刑问题在内的报告并接受其审查。如果我们将来批准《公民权利和政治权利国际公约》并向人权事务委员会提交报告，但我们的刑法中仍然包含贪腐犯罪等非暴力犯罪的死刑，显然，从上述人权事务委员会以往的工作情况来看，它一定会对此表示严重的关切和疑问。

二、取消贪腐犯罪死刑有利于国际刑事司法合作

随着国门大开，贪官外逃已经成为一个突出问题，要想把他们引渡或移送回来，国际刑事司法合作不可避免，但"死刑不引渡"乃当今国际社会一项公认的准则。我国在 1997 年修订刑法时特意规定："犯罪分子虽然不具有本法规定的减轻处罚情节，但是根据案件的特殊情况，经最高人民法院核准，也可以在法定刑以下判处刑罚。"这主要是考虑到对一些可能判处死刑的外逃犯，如果我们不承诺在死刑以下判刑，则无法进行国际刑事司法协作。近年来，我国在与西班牙、法国等签署引渡条约时，都从现实出发，认可了"死刑不引渡原则"。

从个案看，我国也是这样做的，如几年前我们与美国合作，对方将巨贪余振东遣送回中国，当时中国政府就作出了包括不判其死刑的承诺，后来法院的实际判决也遵守了这一承诺。厦门远华走私案的首犯赖昌星逃到加拿大后，我国政府在与加方就此案

展开刑事司法合作的谈判时，也已经承诺：将来赖被遣送回国受审时，中国不判处其死刑。

但问题是，有些贪污犯比起余振东来，数额要少得多，在国内还是被判处死刑，而远华走私案已经判处了数十名同案犯的死刑，首犯赖昌星却仅因跑到国外就可以免死，怎么向公众解释"刑法面前人人平等"的原则呢？

解决这一矛盾的最好办法是取消所有非暴力犯罪的死刑，这样不仅有利于实现所有经济犯罪和贪腐犯罪者的刑罚平等，而且也可省去在国际刑事司法合作中围绕"死刑不引渡"而引发的烦琐谈判。否则，给人的印象就是贪官谁能跑到国外，谁就可以免死，其负面效应不言而喻。

三、取消贪腐犯罪死刑是刑罚人道化的要求

刑罚比例性原则又称"罪刑相适应原则"，它要求最严厉的刑罚只能适用于最严重的犯罪。生命是无价的，因此，再多的金钱也不能与生命等价，这是一个尊重人权的社会所应有的态度。刑法上的犯罪要受到何种惩罚，需要结合其侵害的法益来考虑，如果其侵害的法益不是生命，那么即使在强调报应的刑法观里，其报应的后果也不能是死刑。这也是为什么即使在那些还保留死刑的国家，死刑也越来越严格地被限定在那些与剥夺他人生命相关的犯罪上。在衡量法益的前提下，还要考虑行为人的主观恶性大小，因为"如果坚持比例原则，就不能对所有的谋杀犯都处以同样的刑罚"。

取消贪腐等非暴力犯罪的死刑，也有利于我们营造一种宽容、人道的法治文化，为最终彻底废除死刑创造条件。中国政府早已声明，我们的最终目标是要在条件具备时废除死刑。从历史

上看，世界上那些废除死刑的国家有一个大致的规律，那就是这些国家都曾经走过这样一条道路：从死刑罪名众多到后来被限制在严重谋杀罪再到最后彻底废除死刑，从死刑被广泛适用到死刑逐渐被作为一种"象征性的刑罚"很少适用再到后来彻底不用，从死刑执行手段的多样化、对不同的死刑犯要采取痛苦和羞辱程度不同的方法到死刑执行手段的单一化、对所有的死刑犯都要采取痛苦程度最低的方法，从死刑执行的兴师动众到死刑执行逐渐退出公众的视野。

我国现在总的来讲是沿着这样一条道路前进的，如死刑执行方式由过去的枪决到现在的注射，死刑执行场所由过去的露天刑场到现在的专门刑场，死刑执行环节增加了人性化的安排，如允许死刑犯与亲人见面等；另外，我国自 2007 年 1 月 1 日把死刑核准权收归最高人民法院后，死刑的判决和执行在实践中大幅度地下降，虽然现在还不能说死刑已经成为一种象征性的刑罚，但与过去相比，死刑的适用确实得到了比较有效的控制。

四、为取消贪腐犯罪的死刑创造条件

从司法上限用死刑到立法上取消死刑，这中间还有很大一步需要跨越。总结这次刑法修正案（八）（草案）准备取消死刑的 13 个经济犯罪的经验，我们发现，这些罪名都是近年来发案率得到有效控制、司法实践中已经很少适用死刑的罪名。这给我们的启示是：贪腐犯罪作为一种目前发案率还较高、社会公众反应还很强烈的犯罪，要马上从立法上取消这些犯罪的死刑，显然不现实。故当务之急是，要采取切实有效的反腐措施，把贪腐犯罪的严重性降下来。刑罚的作用是有限的，而且带有"马后炮"的性质，一些基础性的制度更加重要，如通过颁行公职人员财产申报

法、新闻法等，使公权力受到有力监督和制约。只有当某一类犯罪不是那么大范围地发生时，民意对这类犯罪的愤怒才会降低，那时再取消这类犯罪的死刑也就不会遇到民意的强烈反对。

尽管人权学者主张，在废除死刑这个问题上，政治家应基于原则信仰而不是屈从于民意，但不可否认的是，任何一个政治家在作出废止死刑的决定时，肯定要考虑到民意的强弱。尽管世界上绝大多数国家在废除死刑时多数民意都是反对的，但显然在一个民意80%甚至90%都支持死刑的时候，废除死刑的难度肯定要大于仅超过50%或者60%的民意支持死刑。在我国当前反对废除贪腐犯罪死刑的民意居高不下的情况下，除了前面所说的要从体制机制上设法把贪腐犯罪的严重性降下来之外，还要对民意进行适当的引导，如死刑与某一类犯罪的增长没有必然联系，像我国1997年废除普通盗窃罪的死刑后，现实中的普通盗窃并没有出现原来某些人所担忧的大幅度上升；在那些没有对贪腐犯罪设置死刑或者废除了这类犯罪的死刑的国家和地区，贪腐犯罪并不比那些对这类犯罪保留死刑的国家严重，说明防治贪腐有比刑法更有效的措施；等等。

现在，民众反对废除贪腐犯罪的死刑，还有一个重要原因就是司法腐败比较严重，担心某些贪官不被判处和执行死刑，就会通过种种不正当的关系，很快被放出来。现实中确有某些贪官在不符保外就医的条件下被保外就医，或者在减刑、假释等环节滋生腐败现象，严重影响了法律的公信力。因此，必须采取得力措施，加强对这些刑罚执行环节的监督，纠正这些领域的不规范现象。

（原载《经济参考报》，2010年9月21日）

为什么要创造条件取消贪腐犯罪的死刑

我提出"要创造条件取消贪腐犯罪的死刑"后，一些读者难以接受，有必要就此作进一步的展开和说明。

一、全球态势：25 年后死刑可能从地球上消失

第二次世界大战后，废除死刑在国际上取得了长足发展。截至 2008 年 7 月 1 日，世界上已有 141 个国家和地区从法律上或在实践中废除了死刑，只有 56 个国家和地区还保留并执行死刑。据统计，从 1965 年到 1988 年，世界上平均每年有 1 个国家走向废除死刑的道路，从 1989 年到 2001 年，平均每年有 3 个国家走向废除死刑的道路。因此，著名的国际人权法专家沙巴斯预言，如果这一趋势能够继续下去，死刑将在未来 25 年内从地球上彻底消失。

从目前的情况看，这一趋势确实在继续，例如，2007 年 12 月，联合国大会以绝对多数票通过了暂缓执行死刑的决议，号召那些还保留死刑的国家暂停适用死刑，以便为未来彻底废除死刑作准备。本来联合国大会在 1994 年和 1999 年都曾准备通过这样的决议，但那时的时机还没有成熟，但到 2007 年，就已经完全成熟了。记得当天通过该决议时，联合国秘书长潘基文曾说过这样的话："今天的投票代表了国际社会向前迈出了勇敢的一步，这更进一步显示了最终完全废除死刑是一种不可阻挡的趋势。"

从国际经验看，暂缓执行死刑后，最后就会过渡到彻底废除死刑。例如，俄罗斯从 1999 年开始暂停执行死刑，到 2009 年，其宪法法院正式宣布：俄罗斯从 2010 年 1 月 1 日起废除死刑，"这不是指继续暂停实施死刑，而是永远禁止死刑的实施"。

二、中国改革：死刑执行下降了 2/3

前述预测死刑将在未来 25 年内从地球上彻底消失的沙巴斯教授我也认识，几年前他在一次国际会议上曾对中国的死刑命运作过预测：2008 年北京奥运会将成为中国走向废除死刑道路的一个里程碑。当时我们几个与会的中国学者都不相信他的这一预言，但回头看，他的这一预言在一定程度上也是有道理的。2006 年，最高人民法院推行所有的死刑二审案件都要开庭审理；2007 年，最高人民法院在中央的大力支持下，收回死刑的核准权；其后，最高人民法院又联合最高人民检察院、公安部等部门，先后出台了《关于进一步严格依法办案确保办理死刑案件质量的意见》《关于办理死刑案件审查判断证据若干问题的规定》等文件，旨在从源头和基础上把好死刑案件的事实关、证据关。与此同时，在死刑执行环节，也更加慎重、更加人道化，如推广用注射执行死刑来替代枪决。

以收回死刑核准权为标志的一系列死刑制度改革，促成了实践中死刑执行大幅度下降的局面。例如，2008 年 3 月 10 日，时任最高人民法院院长肖扬在与广东代表团共同审议"两高"报告时，曾透露 2007 年判处死缓的数量，多年来首次超过判处死刑立即执行的数量。死缓判得多了，自然死刑立即执行的就少了。同一天，时任最高人民法院发言人的倪寿明在接受记者采访、解读最高人民法院的工作报告时指出：2007 年因原判事实不清、证据不足、量刑不当、程序违法等原因不核准的死刑案件占总数的15%左右。应当看到，实际中死刑下降绝不仅是这15%，因为死刑案件的二审开庭已经在提高死刑案件的质量、控制死刑方面起到了基础性的作用。更重要的是，最高人民法院收回死刑核准权这一举措使下级法院和其他司法机关认识到严格限制死刑已经成为国家的刑事政策，因而对判处死刑更加慎重。曾有法官告诉我，过去遇到重大案子，首先想到的是要判被告人死刑，但现在思路完全倒过来，首先想有没有可以不判其死刑的理由。检察官也告诉我，现在司法实践中对于法院判死缓的案件，检察机关一般不提起抗诉。我曾问过一些参与死刑执行的法警，他们告诉我，根据他们的经验，现在实践中的死刑执行差不多减少了三分之二。

死刑执行显著减少，但犯罪并没有增加，相反，有的犯罪甚至还有所下降。例如，在前述与广东代表团共同审议"两高"报告时，肖扬还向人大代表介绍，2007年死刑核准权收回后，由于运用多种形式打击犯罪，强化社会管理，死刑判决和执行减少非但没有导致犯罪的增加，反而在爆炸、杀人、放火等几类恶性案件的发案率方面，还比2006年有明显下降。这充分说明了死刑对维护社会治安并没有不可替代的作用，少用死刑照样能治理好社会。

三、从立法上削减死刑任重道远

司法减少死刑为立法削减死刑创造了条件：一是死刑的减少并没有导致犯罪的上升这一积极信号解除了立法者和司法者此前有过的一些顾虑和担心；二是死刑减少使得一些非暴力的经济犯罪"存而不用"成为可能。这次《刑法修正案（八）》准备取消的 13 个死刑罪名基本都是长期不用或很少适用的非暴力经济犯罪。但应当看到，即便这次取消 13 个非暴力经济犯罪的目标最后得以实现，我们的刑法典中仍然还有 55 个死刑罪名，仍然是世界上死刑最多的国家之一。

我国已经签署了联合国的《公民权利和政治权利国际公约》，该公约第 6 条在提倡废除死刑的同时，要求在那些还未废除死刑的国家，"判处死刑只能是作为对最严重的罪行的惩罚"。对于这里的"最严重的罪行"，联合国人权事务委员会认为要严格限制其范围，即死刑只能作为"一种相当例外的措施"来使用。根据 1984 年联合国经社理事会通过、后被联合国大会认可的《关于保护面对死刑的人的权利的保障措施》，"最严重的罪行"范围"不应当超过致命的或导致其他极端严重后果的故意犯罪"，联合国秘书长认为，这意味着"该犯罪应当是威胁生命的并导致非常类似后果的行为"。在审议缔约国的定期报告过程中，人权事务委员会除了关注死刑执行是否只是作为一种象征性的刑罚来使用外，还会关注可判处死刑的犯罪清单的长短，例如，在评议约旦的一份报告时，认为它有 11 种死刑犯罪，这是一个"很大的数额"。可以想见，如果 11 种死刑犯罪都太多的话，那么我们保留 55 个死刑罪名，显然就更不行了。

有人以我国还只是签署、没有最后批准《公民权利和政治权利国际公约》为由，认为我国可以不受该公约的约束，这是站不住脚的，因为我国政府签署了该公约之后，一直在积极创造条件为最后批准作准备。还有人提出，是否可以在批准该公约时对这一条提出保留，这也是不明智的，因为在一个引起国际社会如此关注的重大问题上，如果我们提出保留，不仅罕见，也将对我们的国家形象产生不利的影响。

四、取消非暴力犯罪死刑必须先行

2007 年 3 月，在联合国人权理事会一次关于死刑的辩论会上，中国代表腊翊凡代表中国政府发言时指出："我们的最终目标是废除死刑。"

在废除死刑的道路上，尽管也有个别国家一步到位地全部废除了所有犯罪的死刑，但绝大多数国家都经历了一个循序渐进的过程，即最后只保留严重的有预谋杀人罪的死刑。我国"杀人偿命"的观念根深蒂固，要最后废除杀人罪的死刑显然更需要时间。但在此之前，先创造条件废除所有非暴力犯罪的死刑，应当是可行的。

之所以要废除非暴力犯罪的死刑，一个最根本的理由是：生命无价。刑罚的目的之一是报应，而报应应建立在某一种犯罪所侵害的法益大小的基础上。当代人权的发展，使生命权成为一项至高无上的权利，也就是说，即使从等价报应的角度来看，也只有一种犯罪剥夺了他人的生命，才可以对实施这种犯罪的人适用死刑，否则，就是过度报应。

人们常常批评古代刑罚的"以眼还眼，以牙还牙"是落后的刑罚观，但可曾想到，这种刑罚观至少是限制了过度报应。现代文明、人道的刑罚观本来应当超越古代野蛮的刑罚观，但如果从生命无价出发，我们就会发现，对非暴力犯罪适用死刑连古代朴素的报应观也是不允许的。

在过去几起贪腐犯罪的中美刑事司法合作中，美方均要求我们不能判处其移交回来的贪腐犯罪分子的死刑。美国本来自己也还是一个死刑保留国，但为什么却反对我们判处贪腐犯罪的死刑呢？因为它就是从等价报应的观念出发，认为一切非暴力的犯罪均不得判处死刑。

在赖昌星一案中，我们有些人也很不理解加拿大政府的做法，为什么不尽快把这么个"烫手山芋"交还给中国？但他们可能不理解，因为加拿大已经废除了死刑，如果政府把一个人移交给可能判处死刑的国家，那么民权组织可以到法院去状告政府违反加拿大宪法所保护的生命权。不仅如此，加拿大也是《公民权利和政治权利国际公约》的缔约国，它过去就因曾经把犯罪嫌疑人移送给可能判处死刑的国家而被人权事务委员会裁决违反了《公民权利和政治权利国际公约》的要求。所以，如果它把一个犯罪嫌疑人移送给可能判处死刑的国家，将不仅面临国内指控其违宪的压力，也面临国际指控其违反国际法的压力。

从这次准备取消死刑的 13 个经济犯罪的经验来看，只有司法实践中该种罪名的死刑适用已经很少时，立法上取消死刑才比较容易。因此，从司法上严格控制死刑的适用，使那些非暴力犯罪的死刑逐步过渡到存而不用，是立法最终取消这些犯罪的死刑的基础。

五、创造条件取消贪腐犯罪的死刑

非暴力犯罪取消死刑可以有一个轻重缓急的清单，在这个清单上，对贪腐犯罪应格外的慎重，这不仅因为目前贪腐犯罪还比较严重，群众意见很大，而且执政党把它看成事关政权稳定的大事。但我们回避不了的是，贪腐犯罪毕竟是一种非暴力犯罪，从"人只能是目的不能是工具"出发，即使有再高的政治诉求，也不宜对贪腐犯罪判处死刑；更何况国际社会已经达成共识，即贪腐犯罪不属《公民权利和政治权利国际公约》中的"最严重罪行"的范围。

当务之急是要使决策者和民众认识到，死刑绝不是对付贪腐犯罪最有效的工具，甚至还有诸多副作用，如对一个贪腐犯罪者执行死刑后，别的同案犯或者被其知晓的犯罪者不用再担心被其揭发和指证；把注意力放在带有"马后炮"性质的死刑上，只是满足了公众对贪腐犯罪者发泄仇恨的报复欲望，却不容易冷静下来分析腐败产生的原因和机制，因而也就不重视预防腐败的基础制度建设。

很多"前腐后继"的事例已经说明，死刑并没有有效震慑住腐败分子。实际上，贝卡里亚早就指出过，刑罚的有效性在于其不可避免性，而不在于其严厉性；孟德斯鸠也说过，如果我们研究人类之所以腐败的一切原因的话，我们就会看到，这是因为对犯罪不加处罚，而不是因为刑罚不严厉。现实中，由于对权力缺乏有效的监督和制约，许多腐败分子都不认为自己的腐败能够被揭发。如果腐败不容易得逞，或者即使得逞也很容易被揭发，那么对于绝大多数贪官而言，不要说死刑，甚至不要说无期徒刑，革掉其乌纱帽，去掉其政治待遇，相信这种身败名裂就已经令其无地自容，对他的打击够大了，何况还有刑罚在等着他！

刑罚只能用来对付某一种社会现象的极少数部分，当腐败犯罪大面积地发生时，刑法就会有难以承受之重。这也是为什么刑法规定贪污、受贿5000元以上就可定罪判刑，贪污、受贿10万元以上就可判死刑，但实际中难以执行的一个重要原因。因此，必须采取切实措施把贪腐犯罪的规模降下来，那时刑法才管得过来。也只有到那时，取消贪腐犯罪的死刑才不至于遇到大的民意阻力。

任何一个社会都难免会出现腐败现象，但如果大面积的腐败持续得不到纠正，而民众和当局又都指望依靠死刑来对付这种局面，则绝非福音。在治理腐败这个问题上，国内外已经有很多的经验和教训，有些制度我们也早就认识到其重要性，如公职人员的财产申报、对预算的有效监督等，但就是迟迟推行不了。希望笔者对贪腐犯罪应当取消死刑的这种分析能够倒逼出这些措施的出台和落实。

（原载《民主与法制》，2010 年第 22 期）

中国废除死刑之路

一、废除死刑的三个理由

有关死刑存废的讨论，这些年争议很多。主废派很多是从"生命不能被剥夺"这个概念出发来演绎的。生命能否被剥夺，已经超出了法学特别是法规范学的范畴，牵涉到哲学、伦理学、文学等更广阔的话题。这里要追问的是为什么会有死刑？死刑的本质是一种惩罚手段，是对严重违反共同体秩序的成员的惩罚。这种惩罚是最后的，也是极端的、最残酷的手段，因为它牵扯到对一个人生命的剥夺。但如果不用或者废除死刑，仍能较好地甚至更好地治理社会，或者说维护好共同体的秩序，那死刑的存在就没有必要了。

首先，当我们把死刑的存废从一个抽象的制度还原为活生生的现实的时候，死刑终归是一件残忍的事情，其存废是与一定的历史发展阶段联系在一起的，是与人类认知水平的演化有关的。原来死刑的存在源自朴素的"以眼还眼，以牙还牙"的观念，现在人们正在质疑这种观念，是否非要如此，才能实现正义。在已经没有死刑的欧洲以及世界上其他废除死刑的国家和地区，包括我国的香港和澳门特别行政区，实践已经表明，废除死刑后，社会的秩序并没有受到影响，人们对法律的信仰和公正的认知也没有受到影响。

其次，即使在美国这样的法治较为完善的国家，其司法制度、律师制度如此发达，死刑的救济程序如此多，死刑的执行期限如此漫长，有时能拖到几十年，居然还能发现很多的冤假错案，冤假错案还是不可避免。那在中国当下的司法实践中，特别是过去判处死刑较多、死刑的核准权下放、又搞"严打"的情况下，这个问题恐怕也不能回避。像近年来披露的聂树斌案、佘祥林案等案件，均暴露了这一问题。为了避免类似的悲剧，防止发生无可挽回的错误，我们也应当废除死刑。国外有的国家废除死刑，也是基于死刑中的冤假错案无法挽回的惨痛教训。

最后，死刑的废除是为了防止死刑的滥用。"二战"后，德国、意大利这些国家首先废除了死刑，恰恰是因为在希特勒、墨索里尼时期死刑被滥用。虽然韩国保留了死刑，但现在也连续10年以上没有执行过一例死刑了。按照国际标准，韩国其实已经事实上废除了死刑。这与金大中总统的上台直接相关。金大中是被军政府判处过死刑的，他有切肤之痛，知道死刑本身的危害。死刑很容易被非民主国家滥用，成为打压反对者的手段。人类历史上很多思想天才，其思想为当时的执政者所不容，结果被判了死刑。

我们回过头来看一下中国死刑制度的演化史。中国共产党其实从新中国成立前就主张要废除死刑，直到现在我们仍然主张将来条件具备时要废除死刑，只不过在条件尚不具备时才保留死刑，但我们一直主张要严格限制死刑、慎用死刑。早在1922年，《中共中央第一次对于时局的主张》中就明确提出，中国共产党的奋斗目标之一是要"改良司法制度，废止死刑"。1956年，刘少奇代表中共中央在党的八大上所作的政治报告也明确提出，要"逐步地达到完全废止死刑的目的"。

但事实上，新中国成立后为巩固新生政权，死刑在实践中还是用得比较多的。加上后来实施"以阶级斗争为纲"的方针，我国还不具备废除死刑的社会条件。1979年，新中国颁布了第一部刑法，该部刑法共规定了15个条文、28种死刑罪名，与过去司法实践中可适用的死刑罪名相比，减少了很多。

但是，针对改革开放后严重经济犯罪和严重刑事犯罪上升、社会治安形势恶化的态势，立法机关不断地通过补充立法来增设一系列的死刑罪名。据统计，截至1997年刑法修订前，在20多个补充刑事立法中，共增设了五十余种死刑罪名，从而使死刑罪名达到近80个之多，死刑扩大适用到许多经济犯罪和非暴力的危害社会管理秩序的犯罪。由于死刑罪名增多，死刑适用率上升，以至于最高人民法院难以承担全部的死刑复核工作，于是，最高人民法院相继将一些犯罪的死刑核准权下放到省一级的高级人民法院。

1997年刑法修订时，许多刑法学者希望立法机关能采纳大幅度减少死刑的建议，立法机关在修订刑法的酝酿过程中也确曾考虑过适当限制死刑和减少死刑，但立法机关认为，"考虑到目前社会治安的形势严峻，经济犯罪的情况严重，还不具备减少死刑的条件"，因此，"这次修订，对现行法律规定的死刑，原则上不减少也不增加"。在这种"不增不减、大体保持平衡"的政策思想指导下，新刑法用47个条文规定了68种死刑罪名。这样，尽管修订后的刑法在限制死刑上作了一定的努力，但与1979年刑法相比，死刑罪名从原来的28种增至68种。

近年来，中国在死刑的慎用方面取得了较大的进步。2007年，最高人民法院收回了死刑的核准权，2010年初又通过修法拿掉了13个非暴力犯罪的死刑。这里有国际形势的考量。1998年中国签署了《公民权利与政治权利国际公约》，当时中国对这个公约的研究还不够透彻，如公约有一句话，就是"对于还没有废除死刑的国家，死刑只能适用于罪行极其严重的犯罪"。中国1997年修法时就把刑法总则中的一句话改了一下，由原来的"死刑只适用于罪大恶极的犯罪分子"改为"死刑只适用于罪行极其严重的犯罪"。现在回过头来看，这个认识是欠科学的，当时好像是改动后的刑法与公约的要求保持一致了。但实际上，没有这么简单。联合国有人权委员会，批准了公约的国家每年要其提交报告，接受它的审议。它的一个标准是，所谓"罪行极其严重的犯罪"，一定是排除非暴力犯罪的，是与剥夺他人生命相联系的暴力犯罪。我们刑法分则有68个死刑罪名，其中有大量的非暴力犯罪，这与公约的要求还是有很大的差距的。所以我们到现在还没有批准这个公约，当然，没有批准该公约还有一些别的原因，如劳动教养制度的改革和完善等。

二、中国正走向死刑废除之路

同时也必须承认，中国改革开放初期，尤其是伴随经济的发展，从社会治安领域到经济管理领域，都存在不同程度的"失范"状态，导致经济犯罪大量的增加。但随着近年来市场经济的逐步成熟，一些经济法规、民法、行政法等基础制度的建立和完善，经济领域的犯罪得到了比较有效的控制和治理，因此为这方面死刑条款的废除提供了条件。在此背景下，2010年初中国通过了《刑法修正案（八）》，取消了13个非暴力犯罪的死刑，包括4个走私类犯罪，5个金融类犯罪，2个妨害文物管理类犯罪，以及盗窃罪和传授犯罪方法罪。据立法机关事先所作的调查，这13项罪名近年来已经很少适用死刑，相当一部分"存而不用"。

中国现在还有55个死刑罪名，而且具体的死刑数字也没有公开，受到的国际压力也比较大。要求中国彻底废除死刑，恐怕还需时日。但根据我这些年的观察，中国是在往废除死刑的方向发展的。

第一，从全球各国，包括欧洲国家来看，废除死刑的一个规律性的东西，就是先从司法上慎用死刑，随后在立法上减少死刑。中国符合这一趋势，尤其是2007年最高人民法院收回了死刑复核权后，死刑的数字大量减少。2010年立法上第一次削减死刑罪名就减了13个，只要国内外局势不发生大的变动，这个趋势应当是继续朝着可预期的积极方向发展的。

第二，死刑的执行从一种"公共景观"逐渐退出公众的视野，中国也符合这一趋势。过去对死刑犯是五花大绑，开公审大会，最后再押解到荒郊野外去执行枪决。现在各地都在建立封闭性的刑场。死刑执行退出公众视野，不再成为公众生活中的一部分，这有利于一种人道文化的建立。

第三，死刑的执行方式由过去的让死刑犯尽可能多地受折磨和痛苦，慢慢地以一种更人道的方式进行。过去的死刑执刑方式主要是枪决，现在则越来越多地实行注射死刑。当然，中国要尽快地将枪决和注射两种执行方式统一为注射一种。现在两种方式并用，到底谁用注射，谁用枪决，标准不一，不透明，以至于社会上发出"为什么贪官多用注射死刑"的质疑，不利于树立法律面前人人平等的观念。过去死刑犯没有办法见亲属，现在可以见亲属了，当然见面的时间长短等还需要进一步地规范。这些方式的"人道化"也说明了这一趋势。

三、废除死刑的可行路径

毫无疑问，在当前的情况下，死刑罪名还有55个，是算多的。

一些国家只有十几个死刑罪，但联合国人权委员会审议它们对公约的履约情况时，都说超出了死刑应有的适用范围。当然，中国不能为削减而削减，一定要创造条件，减少民意的强烈反对。中国2010年取消的13个死刑罪名，并不是贸然取消。从2007年以来，中国在司法实践中逐步减少了死刑的判决和执行，过去判死刑的现在可能判了无期徒刑，过去判死刑立即执行的现在可能判了死缓，在这个过程中，中国的社会治安并没有出现恶化。在一些领域改善了社会管理，反而使得犯罪率有所下降。这也说明了国家通过改善治理手段和方法，完全可以减少死刑而不使社会稳定受到威胁。也只有社会秩序继续稳定，中国下一步才有继续削减死刑的可能。在非常动荡时期，让执政者削减死刑是很困难的。

现在还保留的55个死刑罪名中，还有一多半是非暴力犯罪，比如还保留有金融类的集资诈骗罪，还有贪污贿赂罪等。要废除这些条款，还必须创造条件，使得这些犯罪的发案率大幅下降。像贪污受贿罪，这次之所以没有废除，是因为它很敏感，触动了公众的神经。当这类犯罪发案率很高时，削减掉是很难的，会遇到巨大的社会阻力。

对于这二十几个非暴力犯罪死刑的废除，不可能一步到位，要逐步进行。这次废除13个，下次未必废除那么多。但条件成熟一个废除一个，拿掉一个死刑罪名都不是简单的事，都是立法上巨大的进步。先把非暴力犯罪的死刑罪名拿掉，可以先动"集资诈骗"这类经济犯罪，再考虑"贪污贿赂"等腐败犯罪，最后再考虑暴力犯罪。暴力犯罪又可分为好多种。中国现在的"杀人罪"是笼统的规定，可以判处3年以上有期徒刑到无期徒刑直至死刑，但这样的笼统规定是比较罕见的。在欧美和日本等国，"杀人罪"又有很多的细分。即使杀人，剥夺了别人的生命，在美国分为好几级，有"一级谋杀""二级谋杀"等，并不是只要杀人，就要偿命。近年来中国也有所改变，最高人民法院的司法解释对于那些因婚姻家庭产生矛盾或对于农村地区因纠纷引起的杀人案件，如果被害人有一定过错的，就留有了一定的余地，未必都要判处死刑立即执行。这也是司法的一种进步，要把这种进步在立法上慢慢地巩固、扩大。对于暴力犯罪要有步骤地削减它的死刑。对于严重的、有预谋的杀人罪，中国的确存在"杀人偿命"的观念，而且这种观念根深蒂固，现在可以不考虑它，把它作为一个最后要攻克的堡垒。

四、建立死刑特赦制度

除了司法上限制死刑、立法上削减死刑之外，还有一个重要的问题就是死刑的执行机构应该与宣判机构分离。如果死刑的宣判是一回事，执行是另一回事，就可以改变中国目前被判处死刑（不包括死缓）在短期内被执行死刑的局面，这对减少死刑实际执行数是有好处的。

事实上，刑罚判决和刑罚执行是两码事，前者属于司法权，后者属于行政权。中国的有期徒刑、无期徒刑都是在法院宣判后，交给司法行政部门（监狱等机构）去执行的。但对于死刑，长期以来的习惯是法院自己判决自己执行，这种体制导致死刑一经确定后，法院7天内就执行，这个太快，将来还是要把死刑执行权从法院拿出来，还给司法行政部门，这样可能更好一些，至少"杀人"不是那么快。同时死刑的执行期限也应该延长，比如由现在的7天延长为至少6个月。值得注意的是，日本现在认为6个月的时间都太短。根据日本刑事诉讼法第475条的规定，法务部长应当在法院作出生效的死刑判决后6个月内签发死刑执行令，但随着对死刑犯人权保障的日益重视，如今该条款已经名存实亡，实践中几乎不存在在如此短的时间内完成签发死刑执行令的有关审查工作。因此，在1998年的一个著名判决中，当一个死刑犯状告政府不在6个月内执行他的死刑时，法院能动地将这条规定解释为"在可能的情况下应在6个月内签发死刑执行令"，但现在证明6个月属于"不可能"，据此驳回了原告的主张。

中国目前的做法与一些保留死刑国家的做法显著不同，后者往往是在法院宣判死刑后，由司法部长来签署执行命令，如果命令没有下发，死刑不得执行。司法部长在签署死刑执行令之前，往往还有一个内部的审查程序。同时，法院在最后宣判某人死刑后，这些罪犯也还有一系列的救济措施，如特别上告、申请赦免等。

这里特别要提出中国应建立特赦制度的问题。根据《公民权利与政治权利国际公约》的规定："任何被判处死刑的人应该有权要求赦免或减刑"，中国已经签署该公约，并在为批准该公约作准备。鉴于中国短期内不可能废除死刑，因此需要在死刑案件中增设特别赦免程序，以满足公约的要求。死刑的特别赦免机关，不应该是最高人民法院，因为死刑的核准权收回后，最高人民法院既有核准权，又有赦免权，可能会导致机制不顺，效果也不佳。根据一些国际上成功的经验做法，个案的特别赦免应该由国家主席直接决定并颁布特赦令，多案的特别赦免则由全国人大常委会决定后，再由国家主席以特赦令的形式颁布为宜。

（此文为作者在中国政法大学的一次讲座整理稿，原载《南方都市报》2011年6月26日）

最高法院死刑复核结果应直接通知律师

从 2007 年最高法院收回死刑复核权，迄今已经 10 年了。10 年来，最高法院通过正确行使死刑复核权，不仅有效减少了我国司法实践中的死刑适用，而且为从立法上持续减少死刑罪名创造了良好的条件。毫无疑问，死刑复核权收归最高法院将在我国的死刑改革史上留下重要的一笔。

死刑复核收回最高法院 10 年来，最高法院一直在不断完善死刑复核的各项制度，如律师的介入变得更容易、更规范了，律师与复核法官的见面和沟通机制也变得更顺畅了。但应当看到的是，目前死刑复核程序还有不少需要完善的地方，如之前笔者建议过的死刑犯在最高法院复核阶段应有法律援助的权利和机会，以及本文要提出的另一个建议，即最高法院的死刑复核结果不应由下级法院转告，而应由最高法院直接通知参与复核的律师。

目前在核准死刑的案件中，实践中的做法是，最高法院不直接将核准死刑的结果通知参与复核的律师，而是通知负责二审的省级法院，由省级法院再通知负责一审的中级法院，中级法院在将死刑犯执行完死刑后，再来通知参与复核的律师，并将最高法院关于核准其当事人死刑的裁定书寄给律师，让律师填写回执单并寄回最高法院。这种做法弊端很多，亟需改革。

首先，严重破坏死刑犯及其家属对律师的信任关系，损害律师的职业形象。死刑犯在复核阶段，律师会依法会见并深度交流，对于复核结果，死刑犯本人及其亲属高度关注，特别希望律师作为法律职业共同体中的一员，能第一时间告诉他们结果。但现实却是，死刑犯到死也没从自己的律师那里听到结果，被执行死刑前自己的律师甚至根本就不知道这个结果，因此也无法在执行死刑前与自己的律师再次见面并沟通有关情况、处理有关事宜。这让死刑犯及其亲属如何能对律师的工作满意？人都死了，而律师却还蒙在鼓里，作为付了律师费的死刑犯及其亲属，对律师有抱怨，或者说难免怀疑其是否做了该做的工作，也是人之常情。而这，对于那些认真履职的律师来说，既不公平，也有苦难言。总之，这一做法对律师树立良好的社会形象带来极大的困扰和被动，造成法律职业共同体的分裂。

其次，不利于律师规范化地开展工作，无法实现优质高效的法律服务。律师在死刑犯被执行死刑前，无法知道复核结果，一方面，他可能在最高法院已经核准死刑的情况下还去做许多无用功，如应亲属的要求去调查取证或联系复核法官进一步反映辩护意见，另一方面又基于家属的压力，需要不断去打探复核消息。而既然最高法院规定不能将核准与否的消息直接告诉律师，那么这里要么是徒增复核法官与律师之间的沟通成本，要么是滋生律师与法官之间的不规范行为。另外，我们知道，死刑犯及其亲属往往高度依赖律师，如果律师事先获得死刑犯被核准死刑的消息，他就可以在死刑犯及其亲属之间多做一些沟通工作，尽可能地帮助死刑犯处理一些法律允许范围内的个人事项，甚至有时律师的会见和倾听本身就是死刑犯行刑前所渴求的，这对于凸显一个国家对死刑犯的人道主义待遇也是有必要的。但我们现在的这种做法却无法让律师去有计划地安排这方面的工作，可能在很多情况下会造成律师和死刑犯彼此间的终身遗憾。

再次，由中级法院送达最高法院的法律文书，与死刑复核的严肃性不相称。明明是最高法院核准的死刑，其裁判文书所盖的是最高法院的公章，却由负责一审的中级法院来寄送，不仅存在送达主体资格不符的问题，而且也显得很不严肃，有时律师接到中级法院的陌生电话，听说死刑犯已被执行死刑，自己首先想到的是怎么向死刑犯的亲属解释和交差，气愤之余，他可能并不配合告诉送达地址和在回执单上签字寄回最高法院的要求。从法律关系来说，律师介入死刑复核案件，他所提的辩护意见是针对最高法院的，最高法院最后却并不直接答复律师，而是让下级法院在执行完死刑后再告诉律师，这显得对律师也不够尊重。

最后要说的是，法院系统之所以采取这一做法，可能是基于安全的考虑，即担心提前把最高法院核准死刑的消息告诉律师后，律师再告诉死刑犯及其亲属，会不会造成死刑犯本人的情绪不稳定、死刑犯亲属到法院来闹事等情形，笔者认为，这种担心不必要，因为法院即使不通知律师，最后也要通知死刑犯本人及其亲属的，也要面对和解决他们的情绪问题。相反，提前通知到律师，律师还可以在安抚死刑犯及其亲属的情绪、帮助其正确面对既成事实等方面发挥积极的作用。

（原载《南方周末》，2017 年 9 月 7 日）

死刑复核被告人应有法律援助权

2012 年新修正的刑事诉讼法第 34 条第 3 款规定："犯罪嫌疑人、被告人可能被判处无期徒刑、死刑，没有委托辩护人的，人民法院、人民检察院和公安机关应当通知法律援助机构指派律师为其提供辩护。"据此，可能被判处死刑的犯罪嫌疑人、被告人，在公安、检察和法院一、二审阶段，如果没有委托辩护人的，都有获得法律援助的权利。但目前在最高人民法院复核死刑阶段，如果死刑被告人由于经济困难等原因，没有委托辩护律师的，最高人民法院并没有为其指定律师提供法律援助。笔者认为，为确保每一个死刑复核案件的质量，应当改变这一做法，尽快赋予死刑复核被告人的法律援助权。

尽管死刑复核的案件已经在一审、二审或高级法院的复核程序中作出了死刑判决，但由于诉讼程序尚未终了，因而结论仍然处于不确定状态。只有在最高人民法院作出核准或者不核准死刑的裁定后，才能有最终结果。也就是说，在最高人民法院的复核结果出来之前，被告人仍然有生与死两种可能，故仍然属于"可能被判处死刑"。

有人可能会说，刑事诉讼法第 34 条第 3 款只适用于"可能被判处死刑"的人，而死刑复核案件是"已经判处死刑的案件"，因此，应不属于第 34 条第 3 款关于指定辩护的强制性规定。这种说法把第 34 条第 3 款的"判处"作了过于狭隘的理解。实际上，就死刑案件而言，最高人民法院的复核也是一种"判处"，因为只有最高人民法院核准的死刑判决或裁定才是发生法律效力的判决或裁定。

需要指出的是，《最高人民法院关于适用〈中华人民共和国刑事诉讼法〉的解释》第42条明确指出："高级人民法院复核死刑案件，被告人没有委托辩护人的，应当通知法律援助机构指派律师为其提供辩护。"根据刑事诉讼法规定，目前高级人民法院复核的死刑案件包括两类：一类是中级人民法院判处死刑（立即执行）的一审案件，如果被告人没有上诉，应当先由高级人民法院复核，再报请最高人民法院核准；另一类是死刑缓期2年执行的案件。由此引出的问题是，同为死刑复核，高级人民法院适用第34条的法律援助规定，为何最高人民法院就不适用？可能判处死缓的案件在（高级人民法院）复核时都要提供法律援助，为什么可能判处死刑立即执行的案件在（最高人民法院）复核时反而不提供法律援助？这从逻辑上讲不通，从现实看也不利于最高人民法院在复核死刑时兼听则明。

死刑案件关乎人的生死，在任何一个环节都要慎之又慎。最高人民法院收回死刑复核权的一个重要原因就是为了把死刑案件办成铁案，防止出现冤假错案。也正是基于此，新刑事诉讼法（2012年修正）第240条规定："最高人民法院复核死刑案件……辩护律师提出要求的，应当听取辩护律师的意见。"如果死刑复核被告人因经济困难等原因没有聘请律师，法院又没有为其指定辩护，那么所谓"听取辩护律师的意见"就是一句空话，这无疑对确保死刑案件的质量不利。

综上，建议最高人民法院借鉴前述《最高人民法院关于适用〈中华人民共和国刑事诉讼法〉的解释》第42条的规定，颁布一

个《关于在死刑复核中为被告人提供法律援助的通知》，规定
"最高人民法院复核死刑案件，被告人没有委托辩护人的，应当
通知法律援助机构指派律师为其提供辩护"。与此同时，最高人
民法院还应协商司法部，由司法部法律援助工作司负责落实死刑
复核的法律援助，也就是说，最高人民法院在发现死刑复核案件
的被告人没有聘请律师时，要立即通知司法部法律援助工作司，
由其指派承担法律援助义务的律师介入死刑复核。当然，还应就
承担法律援助的律师的职责（如会见死刑犯、提交律师意见）、
介入死刑复核的方式（最好是能与复核法官和参与复核的检察官
当面沟通）、报酬等分别作出具体规定。

（原载《法制日报》，2014 年 3 月 26 日）

废除"死刑立即执行"的提法

刑事诉讼法规定，最高人民法院判处和核准的死刑立即执行的判决，应在 7 日以内交付执行。这一规定存在以下缺陷：

首先，死刑立即执行与死刑变更程序存在冲突，不利于纠错和死刑犯权利的救济。

按照刑事讼诉法的规定，死刑变更包括，在执行前发现判决可能有错误、在执行前罪犯揭发重大犯罪事实，或者有其他重大立功表现可能需要改判等情形。

问题是，死刑案件在前面一审、二审和复核的较长审判期间内都没有发现的错误，怎么会在 7 天之内忽然轻易发现？对于在执行前罪犯揭发重大犯罪事实或者有其他重大立功表现的，审判机关又如何在如此短的时间里去初步查实以便判断是否有可能需要改判？即使临刑前突然发现判决可能有错误，要在 7 天内进行审查并将请求停止执行死刑的报告及相关材料层报最高人民法院审批，时间也显然不够。

其次，死刑立即执行与审判监督程序存在冲突，无法保障罪犯的申诉权利。

虽然申诉可适用于经过核准的死刑立即执行判决，但法律忽视了死刑判决的特殊性。法院收到申诉材料后，先要进行审查，对于符合法定条件的才能决定予以受理。由于申诉期间不能停止死刑裁判的执行，从死刑命令下达到交付执行最多只有 7 天，被告人很可能在法院申诉审查决定作出之前就已经被执行了死刑。

再次，不利于检察院发挥执行监督的作用。

根据法律规定，法院将罪犯交付执行死刑应当在交付 3 日前通知同级检察院派员临场监督。据此，检察院只有最短 4 日最长 7 日的准备时间。检察院既要监督死刑执行的时间、地点、方法、停止行刑等程序性的问题是否合法，也要考察执行前后罪犯权利的保障问题。时间太短，未免流于形式，难以真正履行执行监督的职责。

死刑立即执行片面强调快速执行死刑，死刑犯缺乏必要和充分的救济时间，损害了其正当的程序权利，存在误杀无辜者的巨大风险。

因此，建议对死刑判决的交付执行时间进行改革和完善，具体设想是：

在维持死刑缓期执行制度不变的前提下，应废除"死刑立即执行的判决"的称谓，将死刑判决区分为"死刑的判决"和"死刑缓期执行的判决"。

将死刑交付执行的时间延长为至少 1 年。如果交付执行的时间从 7 日内延长到至少 1 年，在时间上基本可以满足死刑变更程序、审判监督程序及检察院执行监督的程序启动和推进的需求。死刑犯将有机会采取各种法律手段寻求辩护人的帮助，寻找新的证据，提出申诉及等待处理结果。

增设死刑判决的特别申诉制度。针对死刑一旦执行难以挽回的特殊性，建议死刑判决的申诉应当区别于其他判决，在申诉期间应当中止死刑的执行。

完善并细化死刑变更程序。建议赋予审判员、陪审员、执行人员、被告人及其法定代理人、近亲属、辩护人等提出停止或暂停死刑执行申请的权利，由接受申请的法院决定是否受理。如果在死刑执行前提出过停止或暂停执行死刑的申请，但未被依法受理或决定不予受理，事后有证据证明是冤假错案的，应当追究相关人员的法律责任。

检察院提前介入执行监督。检察院死刑执行监督的时间应当至少提前至交付执行前的 3 个月。提前介入执行监督可以为法律监督的具体实施提供时间保障，有助于扩大检察监督的内容和范围，让执行监督走向实质化。

（原载《南方周末》，2015 年 4 月 3 日）

第五辑

风义师长

一个这样的人

——写在江平先生九十华诞之际

9月10日晚，我正在参加阿里巴巴20年庆典暨马云告别的晚会，收到黄东黎教授自美国发来的教师节问候，并与我分享她为江平先生九十华诞写的文章，里面提到她是1998年在纽约通过我和郭强的引介认识江先生的。这一下打开了我记忆的闸门，赶忙问，我是否还来得及提交一篇小文参与一下江老师九十大寿的祝寿活动。她马上把我这一请求转达给此次活动的联系人、清华大学法学院的施天涛教授（江先生弟子），施教授随即发来客气短信：刘老师，谢谢您对江老师的关心，由于时间已经很紧了，如果能在几天内提交大作，那是最好。

晚会结束到宾馆，已经夜里11点多。在回复完众多教师节的问候短信后，已经凌晨12点多了。想起马云在告别演说中提到要"感谢这个伟大的时代"，再想想江平这一代人所走过的路，心情难以平静，独自出门在西溪湿地公园漫步一个多小时。与江先生交往这么多年，往事历历在目，人在旅途，又有其他心事，这文章怎么写？想过再次放弃（他80岁时我曾接到约稿函，当时可能也是忙于手头工作，只好授权将拙作《只向真理低头——江平先生访谈录》收入），又不舍，不甘心。白天来杭的高铁上，翻阅随身携带的巴金《随想录》，内有一篇《纪念鲁迅先生》，文章很短，相信绝没有道出作者和鲁迅先生交往的全貌，却也给我留下深刻印象。那么，我还是写写江先生吧，长短、好坏也是个心意。

我虽然在 20 世纪 80 年代大学期间就听过江先生的讲座，但真正和他认识还是在 1990 年上研究生之后。研究生期间我担任过中国政法大学的研究生会主席，多次为研究生会的工作去过他家里。他那时就住在校门外一个普通的小区，还经常骑自行车在校园里经过。熟悉之后，我还带湖南老家来京上访的老乡去找过他。记得第一次去他家，他正在看足球，这多少有点让我失望，因为我是一个足球盲，而且当时他在我们学生眼中就是正义的化身，像他这么伟大的人物应当日理万机才对呀，怎么会这么悠闲呢？后来我才知道，改革开放后江先生确实是夜以继日，不过这并不影响他热爱足球和音乐。其时，他不仅校内工作忙，社会上的活动也特别多，有时下课后在路边小摊匆匆吃上一碗面条就去机场出差。

江先生有一个天生患有智障病的女儿，这也是法学界许多牵挂先生的人想小心翼翼避开的话题。他本人在书中透露过，怀这个孩子的时候，夫妇俩都是"右派"，所处的环境和心情都甚糟，为此一直对这个孩子怀有内疚。多年以后，他的自传《沉浮与枯荣》面世，一时洛阳纸贵，在这本书里，身着古装戏服的江先生和师母与女儿的合影被放在扉页里的显著位置，这时我已经完全能读懂老师的这份慈父面孔了，但那时，每次去先生家，当女儿过来"干扰"我们谈工作时，我心里总是在想，老师为什么不把她支走呢？

当时，一件对于先生而言可能很普通的事情，在我们学生看来也是大事。有一天深夜去他家，得知他刚送走邓朴方一行。由于先生当时刚被免去校长职务，加之邓的特殊身份，难免让人产生联想和好奇。但先生说，没你们想的那么复杂，只是因为邓朴方身为全国残联主席，而江先生也算残疾人（他在下放劳动时被火车压断一条腿），所以邓想请他在全国人大常委会委员、法律委员会副主任委员的位置上，推动残疾人保障法的通过，就为此而来。

1993年我研究生快毕业时，有一天在校园里见到骑自行车的他，他主动下车问我的去向，我告诉他自己联系了中央政法委，他马上说，他和时任中政委秘书长熟悉，让我跟他去家里，他帮我写封推荐信。后来中政委这边的面试、政审都很顺利，都快去报到了，却因为当时在人民大会堂办公，没有宿舍，问我在北京有无亲戚，可否自己解决半年的住宿，说半年后中政委在公安部的宿舍楼就快盖好了。但我当时解决不了这个问题，只好选择到中国社科院法学所去工作，因为那里能给我们解决集体宿舍。没想到，这一去，就从此在社科院法学所扎下根来，一转眼已经26年了。江先生的热心在社会上是出了名的，这些年来，他推荐过多少学生去国外留学，推荐过多少学者去国外做访问学者，又给多少人题过词、作过序、写过推荐语，恐怕他自己也未必记得清楚。

1998年我们同在哥伦比亚大学，近距离接触江先生的机会较多，我和他还一起参加过哈佛大学、纽约大学等校的学术活动。先生自己去中国城买鱼做饭吃（师母过一段时间才到），有时跟我们在哥大附近一个简单的中餐馆吃便宜的自助餐，还会跟大家请教要不要自己放回盘子、外国人戴戒指在哪个手指表示哪种含义。后来，他和师母回国的时候自己叫了一辆出租车去机场，我们几个送他时他双手作揖表示感谢。当时有一个国内副厅级的学者在那里郁郁寡欢，她跟我抱怨说美国人也不安排接送她，我说这是文化的差别，你看江平老师他们也没安排接送。

这一段时间我跟江先生有过多次出游，他给我谈过的一些观点，说实话有的当时还接受不了，没想到后来我慢慢地都有同感。这次东黎的文章从她的角度谈了她当时安排我们几个旅游的一些情况和体会，我还记得的是，有一次在往一个俯瞰大海的坡上走时，江先生说他有恐高症，就坐在路边的一个椅子上等我们。还有一次在海边散步，他说到几年前在夏威夷，看到那海水，想到自己也不容易来一次，就取下假肢，下海游了几圈。

回国后，我们继续时有往来。当时我们的《环球法律评论》有一个名家访谈栏目，编辑部听说我和江先生熟，还派我去他家里对他做过一次专访。这次访谈又得知他的许多往事，对我也是一次人生洗礼。全文整理出来后，以《只向真理低头——江平先生访谈录》为题见刊。该文后来还被《永远的校长》等多本著作收入。

先生的《沉浮与枯荣》一书影响超出法学界，荣登过当年许多图书排行榜的前列甚至头名。我深感意外和荣幸的是，书中他长篇引用了我的"法学家为什么没有忏悔"一文，记得那部分的开头大意是：大约在 2006 年前后，我读到中国社科院法学所刘仁文教授的一篇文章……其后他写道：我之所以在这里大段大段地引用刘仁文教授的文章，是因为他的文章道出了中国知识分子的弱点……

翻阅完这本书后，我忍不住给江先生家里打了个电话，但重点不是提他引用我的文章，而是感慨他在书的前言中所说的一句话。他说："我一生中真正能称得上是故友、至交的人几乎没有，这可能与我的人生信条'君子之交淡如水'有关吧。也许是因为自己年轻时被划成了'右派'，故友和至交逐渐离去，人情淡漠，我也不敢再奢求于故友和至交了。"我说看到这句话自己内心有种苍凉感，谁能想到，大名鼎鼎、前呼后拥的江平教授竟然几乎没有自己的故友与至交！电话那边，没有声音，直到我岔开话题。我们都知道，先生是法学界著名的演讲家，但与他有过近交的应当也能感受到，他在很多私下的场合话并不多，除非你主动提到某个话题或问到他某人某事，否则有时甚至还会出现较为尴尬的沉默。

2018 年，社科院法学所老所长王家福先生荣获改革先锋称号，他应邀参加座谈会，并表达了对家福老师发自肺腑的祝贺与祝福。我身旁一个某著名大学法学院的院长对我说，很多人认为，作为改革开放以来深度参与立法和司法、为建立社会主义市场经济法制体系作出过巨大贡献的江先生，也应当获得这一荣誉，难能可贵的是，江先生对此毫不介意，光凭这一点就值得我们敬佩。前不久，家福老师不幸离世，遗体告别那天，江先生早早赶到八宝山。我当时排在长长的队伍后面，但听同事说，当王师母看到江先生时，十分激动，从轮椅上站起来抱着先生痛哭道："您怎么也来了呀？您是兄，他是弟，您可以不来的。"

几天后，在一个与江先生同桌的餐叙中，我提起有媒体报道：90 岁的江平送别 89 岁的王家福，记者特意提到他早早赶到，还配了他签到时的照片。他拿过我的手机看过后，又再次提起当年他被下放到延庆一所中学教英语，家福老师先后数次去延庆邀请他来社科院法学所工作并帮他办理有关调动手续，就在办得差不多的时候，传来中国政法大学复校的消息，于是重回法大。江先生说，那时从城里去趟延庆可麻烦了，所以他是特别感谢家福老师的。这已经是我第三次听到他讲这个故事了。他虽然轻易不议论人的长短，但这次却主动问起家福老师最后到底是因为什么病去世、某某某为什么没有来参加他的遗体告别等，使我深感这对20世纪50年代的留苏同学由于治学理念相通，在坎坷的漫长岁月中所建立起来的弥足珍贵的深厚友谊。

江先生在许多人眼中已经是一个近乎神话的人物，我曾经在一个微信朋友圈中看到有崇拜他的年轻人在前往西藏求圣的途中，于青海高原的路边石头上刻上江平教授的名言："只向真理低头"，并表示完成了他此生的一个心愿。然而在我眼中，江先生却是一个有血有肉的人。巴金在《随想录》的代序中说：没有神，也就没有兽，大家都是人。以我对江先生的了解，他信奉的是平等、自由和博爱，其骨子里应当是不希望别人把他看成神的，所以他也从来不伪装自己。经历了人生的大起大落，他"已经没什么可迷信的了，剩下的就是：只向真理低头"，然而到底什么叫真理？我曾经有点残忍地向他提出过这个问题，答案似乎并不明朗。

许多人感慨先生的随和和没架子，对他的不卑不亢和宠辱不惊充满敬意。在回顾自己的人生时，他并不把自己看作英雄，他说他也有沉默的时候，好在自己从来没有昧着良心说过整人的话，没有说过假话。这些年，我自己耳闻目睹的多了，才知要保住底线，做到他所说的"我们可以不说，但绝不能说假话"，有时也是多么难！他有许多可以抬高自己的地方，比如，他在留苏时就以学生身份担任过时任司法部长史良的翻译，陪同她访问苏联东欧多国；他与共和国前总理李鹏是同一时期的留苏学生，在莫斯科大学曾与前苏共总书记戈尔巴乔夫在学生会和团委共过事；他以优异成绩提前一年毕业，并作为留学生代表在莫大的毕业典礼上致辞（结果回来就被打成右派，如果晚一年回来，也许就能察觉到国内的政治气候了）；他曾多次受邀成为时任总书记江泽民等党和国家领导人的座上宾，并在中国政法大学校长和全国人大常委会委员、法律委员会副主任委员的位置上主持过国家的多项重要立法……但他从不主动提起这些，相反，对一些在别人看来似乎有碍他高大形象的事，他却从来不隐瞒、不回避。他曾在怀念谢怀栻老先生的文章中表达出对谢老一流专业功底的景仰，"我也想到我自己，缺少像谢老那样过硬的基本功，这也许和我入大学时的革命狂热不无关系"。他和谢老一起担任仲裁员时，虚心得像一个学生，"我在旁细心观察他的态度，他的风格，他的问语，他的处理意见，似乎能想象到这位经过严格司法考试、司法训练培养出来的法官当年断案时的风采，甚至我在默默地祷愿，如果我们的仲裁员和法官都能有这么高的水平，那就是国家的万幸"。看到谢老字斟句酌、反复修改仲裁裁决书，他自责道："他那认真的态度，使我感到惭愧。"我曾问过他，呼格吉勒图的墓志铭写得真好，那是您自己写的吗？我多么希望他回答说是他自己写的，但他却说，是我的学生王涌帮我草拟的。我们都知道，先生有过一段刻骨铭心的爱情，因自己被打成右派而造成夫妻离散，现在的师母是后来在他落难的时候找的。在先生迎来自己人生高峰之后，无论国内外，他都是大大方方地给别人介绍师母：这是我老伴。在《沉浮与枯荣》里，我记得他还专门说过，改革开放后自己之所以能在事业上有所收获，要多亏老伴和崔家人的支持（师母姓崔）。

先生是一个很有人情味的人。有一次，他所欣赏的学生张星水律师要我约江老师聚一下，我给他打电话，他说自己女儿在家没人照顾，后来我说，那要是让星水安排在他楼下呢。他一听动了心，开始犹豫起来。但最后还是说：你们聚吧，我出去还是不放心。几年前，他每到快过年，就因保姆要回家而犯愁，有段时间甚至与家人住进了养老院，他说养老院条件再好，也没有家的感觉。现在，他家终于找到合适的保姆了，也不用为过年到哪里去而犯愁了，谈起此事，先生喜形于色。

对人生有过深刻体验之后，江先生把世间名利看得很淡。他的教授、博导在他的同龄人中都解决得不算太早，当然，后来他当上校长和全国人大常委会委员、法律委员会副主任委员也是在他的意料之外。他曾说，改革开放之前的二十余年，他该失去的失去了，不该失去的也失去了；改革开放之后的二十余年，他该得到的得到了，不该得到的也得到了。我认识的一位比较清高的女教授，当她看到江先生的这句话后，曾对我说：就冲江平的这句话，我还是佩服他。她指的是先生的这份真诚。类似的真诚还体现在他的其他一些话语中，如他说自己不是一个真正意义上的法学家，因为掉入时代的缝隙，没有读过多少法学名著，也没有写出什么像样的法学专著，但他是一个法学教育家，他以学校为舞台，培育出一代具有现代法治理念的法律工作者和法学工作者；是一个法律活动家，他以社会为舞台，在立法、司法、政府部门、企业等诸多领域为建立现代法治国家助推了一把。

江先生是一个懂得感恩的人，他从不记恨人，也不纠结于过去。在他当校长后，面对当年整过他的人、拆散过他家庭的人，他选择忘却，这种心胸和气魄，让人想起曼德拉的那句名言：感恩和宽容经常源自痛苦与磨难，必须以极大的毅力来训练。先生曾跟我讲起，当年被打成右派，在工地上干活，由于营养不良夜里过马路昏沉沉，结果被飞驰电掣般驶过的火车压断一条腿，大量失血差点失去生命，当他在医院苏醒过来之后，从此觉得每多活一天都是上帝对自己的恩赐。他在自己 70 岁的时候，就想如果能活到 80 岁已经是幸运了；80 岁的时候，心想如果能活到 90 岁就更是幸运了。如今 90 岁已悄然而至，看先生的心态与形态，我对他的长寿充满乐观。大概 10 年前，他曾经大病一场，等到我去 301 医院探望他时，他已经能开口说话，我进去时刚好遇上吴敬琏先生出来。那次也得以与他在美国留学的儿子江波有些交流，我说曾经听江老师说起，那时在延庆既当爹又当妈，很是辛苦，却也体会到天伦之乐。

自从那次病后，先生遵医嘱不再进行重度的科研工作了，但他作为终身教授，还带学生，也适度参加一些学校和社会的活动。万幸的是，他的语言表达能力迅速得到了恢复，他的思维还是那么敏锐，他对许多问题的见解仍然那么入木三分。如今他爱吃红烧肉的习惯已经改掉了，现在主要换成吃牛羊肉了，他的胃口仍然很好，我见过他连喝三碗羊肉汤呢。由于他的腿不好，现在又年纪大了，所以在家里安装了健身器和按摩椅，每天做些力所能及的锻炼。对于从昔日那种充满激情的繁忙中过渡到尽量减少外出的老年人生活，他似乎也已经习惯甚至享受着这种生活。

先生把钱看得很淡。他是法学界第一个以个人名字设立基金会的人。在他 70 岁的时候，他把自己的积蓄几乎全部拿出来，设立"江平民商法奖学金"，我国台湾大学的王泽鉴教授等著名学者均捐款支持，可见江先生的人格魅力。如今，"江平民商法奖学金"已成为民商法学界含金量很高的一个奖项，每年颁奖，先生都会携师母与会，并发表寄语莘莘学子的演讲。每当此时，我都要第一时间找来先生的演讲内容，加以了解和分享。与他对公益的追求相比，他自己的生活却简单而朴素。有一次与他同席，当得知那晚的套餐人均消费近 200 元时，他露出惊讶的神色：这么贵啊！

2014 年，在深圳大梅沙创新论坛上，当时北京的《新京报》大约是为了纪念他们的报纸创刊多少周年，出了一期特刊，每个领域约请两位学者对谈，我和江先生受邀成为法学领域的嘉宾。该对谈后来以"江平与刘仁文共话依法治国"为题见报。在"互评"环节，先生说："现在我已接近完成使命，行将退出历史舞台，希望年轻人接过接力棒，承担起历史的重任。"先生这话，既是自谦，也是对我们年轻一代的勉励。在回答记者的提问部分，当记者问到我俩的幸福指数时，他的回答是 9 分，我的回答是 8 分。他说："缺的一分，是人生不可能有满分。"事后我想，为何先生受了那么多苦难，却反而感到比我幸福呢？试看他在逆境中写下的那些带血文字："千言万语满胸臆，欲诉欲泣无从。长吁三声问天公，为何射日手，不许弯大弓。"难道我们不能想象他当时的痛苦吗？这种把悲痛与怨恨抛诸脑后的情怀，让我想起先生曾十分敬佩的我们法学所的老前辈谢怀栻先生。谢老因被打成"右派"发配新疆劳动改造长达十多年之久，然而他生前留下的最后一篇短文《毕业 60 年》中却这样写道："毕业 60 年，回顾这一生，我给了国家一点点贡献，国家给了我很大的回报，我感谢养育我的祖国。"

江先生从不以权威自居，跟他交流时你不会感到有压力。他曾不止一次地表达过对斯大林模式的不满，说他留学苏联时感觉苏联的法制还是很发达的，怎么苏共说垮台就垮台了呢？只能从政治上、体制机制上去找原因。但有点奇怪的是，有一次我们讨论到克里米亚问题，他居然认为俄罗斯收回克里米亚是对的，说那本来就是前苏联送给乌克兰的。我当时问他，那您今天送给我的礼物，明天您想要回就可以要回吗？这不符合民法的原则吧。他呵呵一笑，不做声了。

先生确实是一个充满故事的人。前不久见到他，我跟他核实，社会上传说他和屠呦呦是亲戚，可有此事？他说是的，两家现在还有往来，屠呦呦也到他家去过。按先生的说法，两家还很亲的，大概江先生和屠呦呦的关系相当于表兄妹的关系。江先生祖籍宁波，为何出生在大连呢？就是因为当时屠呦呦一家在大连，屠呦呦的父亲把江先生父亲也介绍到大连来工作，于是江先生一家也搬到大连来了。

就在这次的饭桌上，主食久等不上，江先生似乎有点着急起来。我很少看到过先生着急，心想都这么晚了，他又这么大年纪了，难道还有什么重要的事情？过了一会，主食还没上，他终于忍不住了，跟大家说抱歉，自己要先走一步。我送他到门外，问他为何这么急着走，他说想赶回去看一场球赛。

这就是江平，一个可亲可敬又可爱的人，一个纯净、善良又率真的人，一个严于解剖自己、善于学习、见贤思齐的人，一个追求"独立之精神、自由之思想""生于忧患、死于安乐"的人。我期待着在他一百岁的时候，有更宁静的心情和更系统的时间，来好好写一写我眼中的江平先生，到时再来细细品味那些本文没来得及处理或者一时没想好如何来处理的故事吧。

（原载《同舟共进》，2020 年第 2 期，发表时有删节，全文收入《江平先生法学思想述论——九十华诞祝贺文集》，台湾元照出版有限公司 2020 年 1 月版）

法界前辈　人生导师

——恭贺家福老师八十寿诞

2010 年初以来，陆续读到青海省高级人民法院董开军院长、中国人民大学王利明副校长、中国社会科学院梁慧星学部委员为祝贺王家福教授八十大寿而写的文章，感到十分亲切，也忍不住回忆起自己与家福老师打交道的一些片段。

我于 1993 年 4 月从中国政法大学研究生院毕业来到中国社会科学院法学所，那时家福老师是法学所所长。到所不久，有一天他把我叫到他的办公室，说我的导师曹子丹教授与他是留苏同学，就我来所一事给他写过信，然后说了些鼓励的话，包括要学好外语，以便所里要派年轻人出国时不要因为自己的外语不好而拖后腿。那次见面时间很短，感觉他很忙，但对于一个刚到所里的年轻人来说，还是很难忘的。2009 年，曹子丹老师八十大寿时，曾搞过一个小规模的祝寿会，我和家福老师都参加了这个活动。家福老师深情回忆了他与曹老师留学苏联的友谊，其中特别提到有一段时间他失眠严重，于是曹老师陪他出去玩了几天，结果回来后失眠也好了。

接下来在所里的一次会上，家福老师把我和另一位同年进所的民法室的青年学者一起向与会者作了介绍。那次会议我印象特别深的是，家福老师提到自己作为所长，与老所长张友渔比起来，对国家决策的影响要小很多。几年后，当他当选全国人大常委会委员、法律委员会委员，并先后两次进中南海为中央政治局讲法制课，还参与党代会报告的起草，特别是为把"依法治国、建设社会主义法治国家"写进宪法作出直接贡献时，我常常想起他的这次讲话，有一种"形势比人强"的感觉。

那时，我们几个年轻人住在法学所院子里的西小楼，所里专门请了一个厨师为我们几个人做饭。记得有一次，我在宿舍窗户朝外望时，正看到家福老师在院子里向几位外宾介绍所里的建筑。他们边谈边走，当走到我的窗户下面时，只听见家福老师问旁边一位法学所的行政后勤负责人：那几个小孩的吃饭问题怎么解决？当他从对方那里得到明确的答复后，放心地点了点头。我当时感到一股暖流从心里流过，赶忙悄悄地从窗户边走开。

后来在法学所的各种会议上，经常能听到家福老师的讲话。记得有一次他讲到在参与起草党的十五大报告时，向中央领导同志解释用"法治"比"法制"好，后来他的这一建议被江泽民同志采纳。会后正好有一家杂志社向我约稿，于是我就以他介绍的这个内幕为引子，写了一篇《一字之改，意义重大——从江总书记亲手改"法制"为"法治"谈起》。文章发表后，被《文摘报》等多家报纸转载。事后，我还送给家福老师一份报纸。还有一次，他讲到学术研究要独立思考，有所创新，引用张友渔老所长对他说过的一句话："不准抄书，就是抄毛主席的书也不给稿费。"

家福老师没有官架子，总是给人一副乐呵呵的样子。那时司机班在我们西小楼有一个休息室，我们常去他们那里看电视，久而久之，与几位司机师傅也熟了。他们会经常跟我们讲一些家福老师的逸闻趣事，比如有一次，所里晚上要宴请外宾，司机如约到人民大会堂门口去接他，但久等不见，于是只好进去找他，却发现他正在那里准备吃盒饭，遂问：您是否忘了今晚请外宾的事？他陡然想起，连忙拿起脱下的西服和领带，边走边系，结果情急之中把扣子系错了……当他们善意而逼真地模仿家福老师的动作时，我相信他们其实是在说明家福老师的工作繁忙。

我平生最易对厚道的人产生好感，所以对家福老师这样有大名、居高位却从不摆架子的长者敬仰之情日增乃情理之中。一次，在北京饭店会议用餐时（自助餐），我正好排在他的后面，遂鼓起勇气对他说："王老师，您在我们年轻人眼中，真的是德高望重。"他赶忙客气地说："哪里哪里。"而我，此话说出口后，也感觉松了口气，因为终于把要表达的意思当面向他表达出来了。

家福老师的专业是民商法，他曾担任全国民商法学会的会长。对他在这个领域里到底有多深的造诣，我因隔行如隔山，一直有点好奇。某日，在民法大家梁慧星教授的一本书中，发现他提到自己的导师王家福先生在 20 世纪 80 年代初是如何开民法风气之先河的，遂找梁先生求证。梁先生肯定地说，在当时，家福老师的思想是民法学界最开明者之一。这次细读梁慧星教授为祝贺家福老师八十大寿而写的文章，进一步了解了一些事情的内幕和细节，始知家福老师当年在社科院法学所民法室主任这个位置上为推动民法学科的发展、推动民法通则的颁布所作的历史性贡献。

家福老师为人低调。有好几次，他和另外几位老师一起参加活动，大家都希望他能讲几句话，但他总是委婉地谢绝，让别的老师上去讲。但他又很热情。2010 年春节，我给师友们群发了一则恭贺新春的短信，没想到很快收到家福老师的回信："祝仁文全家新春愉快！"这成为我整个春节期间收到的最惊喜和最珍贵的短信之一。

家福老师的言行总是与人为善。他多次强调人要有感恩之心、报答之情。同样一件事，别人可能会有所怨言，在他那里却充满善意，如20世纪80年代初，围绕民法和经济法的地位问题曾产生过一场论战，我看到过有的学者回忆这场论战的文字，至今意气难平，但作为当时这场论战的主要组织者和参加者，家福老师却说，那种友好、平等、理性的交流和探索，增进了学者间的合作与团结。

虽然家福老师的口才不是那种演说家的口才，但他的每次发言我还是很爱听，因为他的发言有内容、有思想，又很真诚，而且一般比较简短。记得2002年在人民大会堂举行中国政法大学50周年校庆时，王老师作为校友代表发言（他1952年随北大法律系合并到北京政法学院，参与了后者的建校工作），我当时还有点替他担心，因为在他之前发言的是教师代表江平老师。江老师的演讲在法学界是有名的，效果自然没得说。但有点出乎我意料的是，那天家福老师的发言也很有激情和文采，虽然我没有听江老师发言时的那种激动，却不知不觉间被他感动得眼角湿润。

说到王家福和江平这两位当代著名的法学家，我还感动于他们彼此之间的惺惺相惜。2005年前后，法学所聘江平教授担任荣誉研究员。在仪式的最后，家福老师应邀致辞，他说，江平教授才华出众，精力过人，道德文章皆为人敬佩，我们要特别学习他的以下三颗心：一是报效祖国的坚贞的心；二是探索真理、追求真理的勇敢的心；三是充满爱的仁爱的心。娓娓道来中，深感家福老师对江平老师的了解和友谊非同一般。而江先生也动情地回忆起在20世纪70年代末，当他还在延庆一所中学教书时，家福老师先后数次乘坐长途公共汽车往返于城里和延庆，想把他调到法学所来，后来因为北京政法学院复办，他要回那边去才没有来法学所，不过对家福老师的感激之情却永生难忘。

家福老师是一个入世的人，但又是一个有原则的人。有一次，一家律师事务所想通过我邀请他参加一个疑难案件的专家论证，我打电话问他是否愿意参加，他说可以。但后来开会的时间与他的行程冲突，他参加不了。邀请方想事后请他补签个名，家福老师不会不知道那是有报酬的。但他拒绝了，理由是自己没看材料，没参与讨论。

从所长位置上退下来后，家福老师仍然担任着社科院的学部委员和法学所的终身研究员。每年的研究生开学典礼和毕业典礼，他的出席和致辞似乎已成为法学所一道亮丽的风景，也成为我隐约期盼着的一次学习的机会。就在刚刚过去的这个夏天的毕业典礼上，家福老师再次语重心长地叮嘱那些即将走上社会的莘莘学子，要襟怀远大，既要有团队精神，又不能在原则面前退让。

十多年来，我个人的成长也得益于家福老师的多次鼓励。记得有一次，参加李步云老师主持的一个研讨会，轮到我发言时，李老师介绍道，这是一位目前在国内比较活跃的青年学者。此时，家福老师插了句话：不只是在国内，在国际上也很活跃。还有一次，法学所聘任大会述职，我按要求汇报了自己的科研成果，事后在院子里遇到家福老师，他说：听了你的述职，很感动，那么多成果！寥寥数语，尽显一个法学大家对晚辈的关心。

如今的家福老师，虽然已经八十高龄，但依旧活跃和忙碌在社会上、书斋里。2009年底，他荣膺全国十大法治人物，对他的颁奖词中提到："他用50年时间做了两件事：提出关于社会主义市场经济法律体系的基本构想；提出建设社会主义法治国家这样一个国家治理的基本模式。"

　　这当然是把家福老师的丰富人生作了高度浓缩，不过，这两件事确实带有标志性。毫无疑问，在中国的法治进程中，历史不会忘记王家福这个名字。

　　（原载《检察日报》，2010 年 9 月 10 日）

为国家哪何曾半日闲空

——致"人民教育家"高铭暄

尊敬的高先生：

在新中国成立 70 周年来临之际，您被授予"人民教育家"国家荣誉称号，我和家人看到新闻联播播出这一消息时，都十分高兴。正好《南方周末》约我写一封面向 2049 年的"中国家书"。您我都是刑法学这个大家庭中的一员，作为晚辈，就把这封信写给作为长辈的您吧。

按照国家规划，到 2049 年新中国成立 100 年时，我国将全面建成社会主义现代化国家。现代化当然也包括教育现代化、法治现代化，您作为法学界的"人民教育家"，在教育和法治领域辛勤耕耘近 70 年，为我们积累了宝贵经验，提供了重要启示。

作为新中国的第一位刑法学博导，您为国家培养出一大批的法学和法律人才，但光鲜的背后您付出了多少汗水呀。重温您去年出版的《我与刑法 70 年》，您在里面提到恩师李浩培先生的耳提面命："要给别人一桶水，你自己必须有十桶水。"为此，您每次上课前都要先做大量功课，做好周详的教学计划，"我必须尽平生所学，在倾囊传授知识的同时，还要培养他们的独立研究能力和钻研精神。"无论是您在法学领域首倡的文献综述法，还是您摸索创造出的"三三制课堂"，确实达到了您所说的"为后来者铺垫基石"的效果。您多次强调，师不必贤于弟子，弟子不必不如师，乐于看到自己的学生超过老师。对于您的爱才惜才，许多刑法学界的年轻人包括我本人都深有体会，您有不止一位博士生读了我的博士后，他们也常跟我提起您对他们的鼓励。我记得您自己在书里也说过，您对学生总是以正面表扬鼓励为主。

作为新中国第一部刑法教科书的主编，虽然那只是您治学生涯中的许多个"首次"之一，但那次的挑战却非同寻常。当时，您刚完成《中华人民共和国刑法的孕育和诞生》一书的写作，又紧绷着精神来主编这本教材，体力透支，最终引发了腰疼病，稍一动弹，就疼得筋骨欲断，后来只好躺在躺椅上工作，"上班时让人开车连人带躺椅一起送去办公室，这样脖子长时间保持同一姿势又酸又疼，左手一直扶着木板也累得发麻"。在这本教科书里，您开创性地概括了刑法的基本原则，为后来罪刑法定等原则写入刑法做了理论上的准备。在20世纪80年代到90年代，您先后主编过本科、自学考试、电大、研究生等不同层次的多本教材，在《我与刑法70年》中您谈到，您上学时接触的都是苏联的理论和实际，"而国家与国家、民族与民族，有着太多的异同和隔阂"，所以您在主编这些教材时，都特别强调与中国的刑事立法和刑事司法相结合。

"为国家哪何曾半日闲空。"您爱唱京剧，《洪羊洞》里的这句唱词，是您的最爱。您信奉的人生信条是"天才就是勤奋"。我多次听您说过，早些年每晚都要忙到凌晨一两点，现在年过90，虽然家人采取了一些强制措施，但也每晚要工作到十一二点。记得有一次在全国人大常委会法工委讨论刑法修正案（九）草案时，我早上在宾馆餐厅见到您，问您头一天晚上休息得如何，您略显疲倦地跟我说：昨晚看草案看到半夜，休息得不太好。也可能因此，那天早上您的胃口受到影响，取的早餐没有完全吃掉，您走的时候拿了一张餐巾纸包了那个小包子放到自己的公文包里，说不要造成浪费。后来我多次跟我的家人、朋友和学生说起您的这种敬业与节俭美德。

您总是充满感恩之心。无论是您在国外荣获"贝卡里亚奖"、早稻田大学名誉博士学位，还是在国内荣获"人民教育家""最美奋斗者"等荣誉称号，我很少看到您讲自己的付出，更从来没有听到过您对自己下放劳动、长期离开自己专业的那个时代的抱怨，而是发自肺腑地感恩您的家人、您的母校、您的同事，感恩这个伟大的时代。我尤其印象深刻的是，您多次感谢您的老搭档王作富教授，您说，你们一起共事64载，互相学习，彼此尊重，从未红过脸，这不仅让你们自己心情愉快，而且也使学生受益。

作为新中国第一部刑法的全程参与者，几十年来，您为国家的立法、司法呕心沥血。您无比忠于党和国家的教育事业和法治事业，但您也同时认为，专家学者报效祖国的最好方式就是发挥自己的专业特长，"不唯上、不唯书、只唯实。"正因此，您在将反革命罪修改为危害国家安全罪、削减死刑、废止劳教等重大问题上，顶住压力，勇于建言，用您自己的话来说，当时是抱着"虽千万人，吾往矣"的决心。这些重大问题的解决，无疑成为推动我国刑法迈向现代化的标志性事件。

随着法学研究的繁荣，我们正迎来"百花齐放、百家争鸣"的时代。我尤其感动的是，作为德高望重的前辈，您真心欢迎并乐见这一局面的到来。在最近的一个专访中，我看到您这样回答记者：对于学术上的不同观点，甚至有些还是来自自己昔日的学生，我都尊重，有不同意见是好事，真理愈辩才愈明。

多年来，您视天下刑法为一家，对兄弟单位的工作总是热情支持，这应当也是您赢得大家广泛尊重的一个原因。这些年来，社科院法学所刑法学科每年组织一次"中国社会科学院创新工程暨刑法学重点学科论坛"，您只要在北京，每次都前来支持，除了提交论文，还按照会议要求的发言时间事先精心准备。我至今记得，近10年前我们的第一次会议圆满结束后，您还在当晚的工作餐上即兴为大家表演了京剧，当时在场的北大储槐植老师跟我开玩笑说："你好有面子啊！"另有一次，您跟我说，会务组头天晚上快10点了才通知您，因人数增加，每位嘉宾的开幕致辞由原来的15分钟压缩为10分钟，为此您又熬了一个夜，把自己手写的稿子再作精简。

……

"有法才能治国，无法就要误国，这是中国人民付出了无数血的代价之后才总结出来的一条经验教训。"当1979年新中国第一部刑法历经坎坷最终得以通过时，您发出如是感慨。从1979年至今，我国的刑事法治与时俱进，与共和国的其他各项事业一样，取得了重大成就，这其中无疑凝聚着以您为代表的老一辈法学家的心血。随着中国特色社会主义进入新时代，人们对法治的需求也提出了更高的要求。您多次跟我们讲，中国的刑事法治还在路上，我们的刑事立法和刑事司法在推进良法善治、防范冤假错案、加强人权保障等方面还有很大的改进空间，中国刑法学者在国际上的声音还不够。每当出现冤假错案，您总是痛心疾首，特别是近年聂树斌案、呼格案等一批当年被司法错杀案件的平反，深深地震撼了您，人死不能复生，您痛苦地和我们一起反思今后如何从制度上不再让此类悲剧重演。我也记得，有一次我们在杭州参加一个与联合国的刑事司法对话会，对方专家问我们，既然你们说中国的死刑已经大幅度地减少，我们也觉得这是一个很大的进步，但你们为什么不说具体数字呢，比如说从多少减少到多少，以便我们在国际上也给你们宣传？在茶歇阶段，您专门走过来跟我说，每次国际场合谈死刑，我们都会遇到这个问题，看来这个问题回避不了，你们社科院作为国家智库，应当给中央提出顶层设计的建议，看如何进一步落实十八届三中全会提出的"逐步减少适用死刑罪名"，使我国的死刑数字尽快达到一个可以公开的程度。你还跟我提起，全球化、风险社会、网络时代、人工智能给刑法带来了空前挑战，治理恐怖主义犯罪、环境污染犯罪、食品药品安全犯罪等新型犯罪需要刑法在其中找准自己的定位，既不能缺位，也不能越位，以便和国家的其他各项制度相辅相成，共同推进国家治理体系和治理能力的现代化。一代人有一代人的使命，我们要传承您的优秀品质和家国情怀，为建设一个更加美好的法治国家作出扎实努力。期待到2049年，我们的刑法能够在制度上更加成为法治文明的一种典范，在理论上也拥有更大的国际影响力。

纸短情长，祝福您健康愉快！

仁文于2019年国庆假期

（原载《南方周末》，2019年10月10日）

阅读陈光中先生

2020 年 4 月 23 日，我国当代著名法学家、新中国刑事诉讼法学的主要奠基人之一陈光中先生迎来了自己的 90 岁生日。虽然由于疫情防控的特殊形势，学界原定为他祝寿而筹办的学术研讨会不得不推迟举行，但这天网上还是掀起了祝他生日快乐的一波又一波刷屏，足见先生在全国法学界的声望。

因之前与先生有过交流，知道他的农历生日是 3 月 23 日，后来用公历填履历表时采取简单加一个月的推算，于是生日成了 4 月 23 日。其实按万年历，1930 年农历 3 月 23 日对应的是当年公历的 4 月 21 日，所以我在 21 日这天"提前"给他发微信祝贺生日，并互动良久。

他分享给我两篇自己文集的自序，一篇是 10 年前 80 岁时写的，这个我应当过去看过，但仍常读常新；另一篇则是他今年新写的，我也是第一次看到。两篇自序都是逾万字的长文，前者带有自传性质，后者系对晚近 10 年来自己学术生涯的回顾与总结。我饶有兴致地读完这两篇文章，一如既往，先生那种为学界所公认的大气、沉稳与豁达跃然纸上，其坎坷的人生历练和丰富的学术感悟令人感佩，也让人受益。

之前只知道先生是北大毕业，阅读后才知，他是 1948 年夏以奖学金名额（占考取名额的 20%）同时考取了清华大学、中央大学（今南京大学）的法律系，并就近入读中央大学。半年后因国内时局影响，转到广州中山大学法学院去寄读，后又于1950年夏通过考试转学到北京大学法律系，直至1952年夏毕业。"我在北大学习虽只有短暂的2年，其中一年还参加了广西土地改革运动，但北人追求民主、科学和爱国主义的传统，勤奋治学和自由探讨的学术氛围，深深地感染着我，并影响着我的一生。"原来先生真正在北大待的时光只有一年，但北大的标签效应却影响了他的一生。

北大毕业时，先生作为优秀学生留校当助教，不久就随同北大法律系的全体师生被调整到新成立的北京政法学院。我们熟知的是，改革开放后先生迅速成为我国刑事诉讼法的重量级学者，并担任中国政法大学校长、全国诉讼法学会会长等一系列耀眼的社会职务，但对于历次运动中先生是怎么过来的，并不清楚。此次阅读始知，他在"整风反右"中被定性为犯"严重右倾错误"而受到批判和开除团籍处分，后下放到安徽濉溪县五七干校劳动，再辗转到广西大学工作。其中的坎坷，也许从入党一事中可见一斑，早在1952年北大学习时，他就写了入党申请书，但由于家庭出身不好（先生出身浙江省永嘉县白泉村的乡绅世家，父亲以社会名流身份支持温州和平解放，后落实政策，以统战对象对待），后来"反右"运动中又出了问题，自然不可能被批准入党，直到十一届三中全会后，组织上对其"严重右倾错误"处分作了纠正，他才重新申请入党并于1981年得到批准。

改革开放给先生带来了人生道路上崭新的历程，"夜以继日地工作，恨不得把前20年的蹉跎岁月都补回来"。1978年他调回北京，任职于人民教育出版社，期间主持编写了中学的中国历史教科书。人民教育出版社就在社科院法学所旁边，我每次路过，想起自己读中学时的历史教科书竟是先生主编，就感到特别亲切。先生在其《八十自序》中写道，他小时候白天在学校上小学，晚上则由堂伯父（清朝举人）教他们几个孩子读古文古诗，小学毕业时，他已能背诵许多古文古诗名篇，并已读完"四书"。这应当是其能进入人教社担纲中学历史教科书的一个知识背景吧，也难怪他后来写出《中国古代司法制度》这样的力作。

1982 年，先生调任中国社会科学院法学研究所刑法室主任（那时刑法刑诉法在一起），1983 年中国政法大学在北京政法学院基础上成立，先生应邀调回中国政法大学任研究生院负责人，后被评为教授，并在 1986 年由国务院学位委员会批准，成为全国第一位诉讼法学博士生导师，1988 年任中国政法大学常务副校长，1992 年任校长，1994 年卸任后又创建了中国政法大学刑事法律研究中心，担任主任至今。自 20 世纪 80 年代起，先生先后担任国务院学位委员会学科评议组成员，国家哲学社会科学研究法学规划小组成员，中国法学会副会长、诉讼法学研究会会长，最高人民法院特邀咨询员，最高人民检察院专家咨询委员会委员等一系列重要的学术与社会兼职。在科研上，他孜孜以求，笔耕不辍，主持了国家哲学社会科学基金重点课题、教育部重点攻关项目等诸多重大项目，发表、出版了许多高质量的论文和著作。

这其中特别值得一提的是，他于 1993 年受全国人大常委会法制工作委员会的委托，牵头组织了刑事诉讼法修改研究小组，为 1996 年刑事诉讼法的出台作出了巨大贡献。其后在此基础上推出的专著《中华人民共和国刑事诉讼法修改建议稿与论证》又荣获北京市哲学社会科学优秀成果特等奖、教育部人文社会科学研究成果一等奖等多项大奖。1998 年 6 月 27 日，时任国家主席江泽民在人民大会堂举行国宴欢迎时任美国总统克林顿访华，先生作为法学界的专家被邀请赴宴，在宴会厅入口处与欢迎来宾入座的两国元首夫妇一一握手，此事也说明了先生当时的社会声望之隆。

先生虽然只在社科院法学所刑法室主任的岗位上工作过一年，但他对法学所尤其是刑法室充满感情。记得几年前的一个夜晚，我和他参加完一个会议后一起到室外泡温泉，当时还有师母同在，先生跟我聊起当时法学所的张友渔老所长是如何把他从人教社挖过去，又如何大度地同意他调回法大。有意思的是，他调走后，张老还让他继续主持了一年多的刑法室工作，直到新的主任到位。由于我俩聊得投机，冷落了旁边的师母，她只好问要不她先回？先生竟然同意，并找了个高大上的借口："他现在是刑法室主任，就是我原来工作过的那个位置，对过去好多事不清楚，我给他讲讲。"

读完先生的这两篇文献，我有一个很大的感触，那就是人必须要有计划，而且要有坚韧的毅力去落实。他在70岁时对自己的下一个10年有期许，80岁时又对自己的再下一个10年有期许，经过"奋蹄不已"的发奋努力，"不仅实现了当初的承诺，而且超出了原有预期"。例如，他在80岁时曾作出计划，接下来要编写出版一本证据法学教材，以弥补自己过去出版过多部刑事诉讼法学教材却未有一本证据法学教材面世的缺憾；要出版《中国古代司法制度》一书，使我国民主法治建设在借鉴西方经验的同时又扎根于我国现实国情和传统文化的沃土之中。到这次他90岁总结过往10年时，真的是超额完成了任务：主编的教材《证据法学》已再版至第四版；《中国古代司法制度》被作为先生研究中国古代司法制度、中国近代司法制度和中国现代司法制度的三部曲之一也已顺利出版。看到他在两个文献中所列举的70—80岁、80—90岁这两个10年间所产出的科研成果，以及人才培养、参与立法和司法、对外交流等各项实打实的指标，我们不难想象这其中的付出和辛劳。先生在治学上追求"博而后精，学以致用"，指出一个人在事业上要有所成就，必须具备天赋、勤奋加机遇三个条件，但是，天赋不由个人决定，机遇变数很大，只有勤奋取决于自己。这些宝贵体会，因为来自他的身体力行，所以让人觉得可信、可学。

文献中还有两个细节令我印象深刻：一是在聂树斌案件中，先生曾就本案中专业法医问题邀请法医专家请教，并形成"聂树斌案法医问题咨询交流会内容纪要"，提交最高人民法院相关领导内部参考，为本案的最终平反作出了贡献。先生本身就是法学泰斗，却清醒认识到术业有专攻，对法医问题躬身请教相关专业的专家，这种严肃认真、科学求实的精神很是难能可贵。想起多年前我和他一起应邀讨论一个案子，在讨论到一处疑难时，他就建议：应当做侦查实验，以便验证我们所讨论的问题。可见，他的科学精神是一贯的。二是当年重庆唱红打黑时，时任重庆市副市长兼公安局局长的王立军派人给先生送聘书，请他担任"中国有组织犯罪对策研究中心"高级顾问，先生对此予以拒绝，并希望对方在打黑时能重视程序正义、符合法治精神。论及此，先生坦然："鹤发之年，我吸取了年轻时代的经验教训，努力秉着学者的良知行事，不写违心文、不做违心事、不说违心话。"先生的这份真诚，也是值得我们尊敬的。

"人生难百岁，法治千秋业。倘若九旬之后，能再为国为民做最后一点贡献，则此生我愿足矣。""90后"的先生"虽然体力上逐渐衰退，但学术上仍不敢有所懈怠"，作为法大的终身教授，先生仍在继续指导博士生和博士后，并承担着《中国大百科全书》（第三版）法学学科的主编等许多重要的工作。我每次和他微信往来，都能感知到先生思维活跃、思路清晰，这次我们约定，待到疫情过去，我要去找他好好切磋一番棋艺（他的自序中说自小喜欢中国象棋，迄今未改）。

谨以此文祝贺先生鲐背之喜，并盼来日恭茶。

[原载《方圆》，2020 年 5 月（下）]

第
五
辑
——
风
——
义
——
师
——
长

悼念马克昌先生

2011 年 6 月，在北京师范大学刑事法律科学研究院的网站上，我偶然发现一则重要的消息：高铭暄、赵秉志等教授专程赴武汉看望马克昌教授。立即仔细阅读其内容，里面有"马先生病情危重"的信息，心里一惊，想这次可能问题严重了。

2010 年暑假，我在中国人民大学参加一个会议，席间听刘明祥教授、黎宏教授等几位"马家军"成员说到马先生住院并商量去探望的事。从他们的口中，我得知马先生这次得的不是一般的病，而是威胁到生命安全的白血病，只不过医院和家人都瞒着他，所以他本人并不知道病情的严重性。

不久，在北京师范大学的一次会议上，大家又关切地谈论到马先生的病情，赵秉志教授告诉大家，他与马先生经常有手机短信联系，马先生还很乐观。

当天晚上回到家，通过短信从赵秉志教授那里要到了马老师的手机号，几番犹豫之后，给马老师发了个短信："马老师：听说您贵体欠安，祝您早日康复！仁文。"

没想到很快就收到了马老师的回信："仁文教授：谢谢关心。正在康复中，勿念！马克昌。"

从此之后，我一直在关注着马先生的病情。2011 年 1 月至 5 月，我在美国几所大学访学，只要有空就会登录武汉大学法学院的网站，先后发现有时任最高人民检察院曹建明检察长、最高人民法院王胜俊院长去医院看望马克昌先生的图文报道，每次一看到标题就担心看到下一步的内容，心想如此高层的司法首长去探望，肯定是马先生的病情恶化到相当严重的程度了。但每次看完报道，又打消了这样的念头，因为从报道的内容看，马先生与正常人无异，他在病房里照样给刑法修正案（八）（草案）提出修改意见，每天看《检察日报》和《人民法院报》等书报，还在有计划地写自己的学术著作。他与曹建明检察长和王胜俊院长等的谈话积极乐观，从眼下的司法改革谈到中国的古典诗词，看那照片，全无悲观，充满欢笑。

然而，不幸的一天还是到来了。2011 年 6 月 22 日 19 时 16 分，一代刑法宗师马克昌在武汉逝世，享年 85 岁。

不到一天的时间里，马先生去世所引起的悲痛和悼念之情迅速在全国蔓延开来。这不是偶然的，是与马先生高尚的人品和学品分不开的。

我与马先生的交往不算多，但他的去世立即促使我放下手中的工作，写点东西来舒缓我内心的悲痛，这表明他是一个在我心中占有重要位置的长者，是一个我发自内心敬重的人。

我与马先生最早认识于 20 世纪 90 年代中期，记得有一次我们法学所的欧阳涛老师组织一个会，邀请马老师参加，我负责接待之类的工作。中午吃饭正好坐马老师旁边，我向仰慕已久的马老师作自我介绍，没想到他竟说："你就是刘仁文啊，我经常在《法制日报》上读到你的文章。"我激动之余，想起在读过的一本书中看到他当"右派"的一些报道，遂向他核实，他告诉了我当年是怎么被打成"右派"以及被划为"右派"后的经历。那是 1957 年 5 月下旬，马先生响应号召，为即将在北京召开的第一届全国人民代表大会第四次会议撰写了题为《建议全国人大尽快制定刑法》的提案，希望尽快制定一部刑法，以便审判人员依法判案。谁知不到半个月时间，政治风云突变，他因此提案被划为"右派"。此后，他先是被发配到湖北省蕲春县八里湖农场劳动改造，之后回到学校的伙食科当出纳，最后调到图书馆当了十多年的图书管理员。这次交谈，让我在感慨那个时代的荒唐的同时，也对马先生不摆架子、真诚待人的品质留下了初步印象。

后来在几次刑法学会上见到过他，并打招呼，有时出去爬山和参观景点，正好走到一起，还会作短暂交谈。他留给我的印象是，人文地理、古典诗词的修养很深。

大约在2004年，我的一个湖南老乡在外地打工，犯了"死罪"，我为他担任辩护律师，接下来从一审、发回重审、二审到死刑核准，经历了一场漫长的司法"马拉松"，中间几次出现生机，但阴差阳错，到最后还是在发回重审中由死缓改为死刑立即执行。该案的一审法官也认为此案判死刑立即执行过重，所以特意向我解释其中的复杂原因，并让我留意他的判决书，意思是前面对案情的描述和后面的判决结果有一定的矛盾。他还告诉我，此案要刀下留人，除非省高院某某主管副院长过问，而他是马克昌老师的博士生，建议我求助于马老。也许是救人心切，我在一天的深夜冒昧给马先生家去了个电话，汇报了一下此案的来龙去脉，说如果需要，我可以把有关证据材料和法律文书寄给他，请他过目。马老师听完后很痛快地说：我还不相信你？！时间紧迫，你不要寄了，我赶快与他联系，你过会儿给我来电话。

过了不多久，我再给他去电话，他喘着气高兴地说，已经与对方联系上了，现在我把他的手机号也告诉你，你赶快与他联系。他还跟我说，"在严格限制死刑这个问题上，我们的观点是一致的，像你说的这个案子，我完全同意判死缓"。他说对方已答应听取我的辩护意见，建议我连夜赶过去面见该主管副院长，力陈我们的观点。我至今清晰地记得马先生当时说话喘着气，给我的感觉好像是刚从楼下上来，可能是他家里没有长途电话，或者是到办公室去找该主管副院长的电话了，究竟是怎么回事，至今不得而知。

接下来，我给这个主管副院长打了个电话，说明是马老师介绍的，想去面见他。对方倒是很客气，但就是坚持说我没有必要过去，把辩护词寄给他就可以了。最后我也不好强求，只好把辩护词寄给对方。

此案最后结果还是人头落地，没有保住性命。有一次见到马先生，我简要向他作了汇报。他听后首先有点责备地对我说，你当时不该给他打电话的，应当直接去，到了后难道他还不见你？当面说的效果肯定要好。然后又有点无奈地说，现在我们司法机关的有些同志，离真正慎用死刑的观念还很远啊。

形势比人强。2007 年，最高人民法院收回了死刑核准权。2011 年初，《刑法修正案（八）》又首次废除了 13 个非暴力犯罪的死刑。短短几年，中国在慎用死刑方面取得了出人意料的进展，对此，我想马先生和我一样，是乐见其成的。

2009 年，在华东政法大学的一个论坛上，我与马老师等刑法学界的师友在一个分论坛上分别作了发言。我当时发言的题目是"社会转型与刑法发展"，里面提出中国刑法要"从国家刑法走向公民刑法"，我发完言后，坐在旁边的马老师客气地给我提了几点建议，其中就包括将"从国家刑法走向公民刑法"改为"从国权刑法走向民权刑法"。我后来采用了马先生的这一建议，在 2011 年初的《法制日报》上专门以《从国权刑法走向民权刑法》为题，就这个问题作了展开。令我悲喜的是，从网上获悉，马先生在生命危重之际，留给同仁们的共勉就是要为我国刑法从国权刑法走向民权刑法而努力。在这个问题上，看来我与马先生也是心心相印的，甚至大胆点说，也是相互受到影响的。

马先生去世后，我从他的一个弟子口中得到两个重要消息，一是2008年他在武汉大学的一个沙龙中，公开主张广受社会关注的许霆"利用ATM机技术故障取款"一案无罪，认为法院的判决是国权刑法观在作怪，许多司法人员已经习惯了动辄定罪的思维。他还对刑法学界大多数人论证许霆案构成犯罪表示失望，认为许霆案注定无法成为经典。在与这位弟子私下交流的时候，马先生还透露，他曾对最高人民法院的高层领导转达过他的这一无罪主张，对方也深以为然，遗憾的是时间太晚了，判决已经作出来了。后来他一直想写一篇文章来对这个案件进行批判，但又考虑到不合时宜，担心影响司法的权威，只好作罢。这不由得让我想起当年自己主张许霆案无罪的观点，那时，北京法学界的多数同仁主张许霆构成犯罪，颇有点孤掌难鸣的无奈。直至今日，始有"吾道不孤"的感觉，也更加感觉到我与马先生在民权刑法观上的契合。

另一个重要消息是马先生曾应学生邀请，在武汉大学作过一个关于"两案"审判即林彪、江青两个反革命集团的审判的讲座。在该讲座中，马先生并没有停留于介绍他们几个辩护律师的辉煌表现，而是对历史的局限性作了反思。例如，他透露：张思之等人在会见其当事人李作鹏时，李说他自己已经准备好了辩护词，准备自己辩护，但张思之他们还不知道他在法庭上会说些什么，担心在法庭上会说一些不恰当的话，于是，他们就将这一情况告诉专案组领导。领导说，你们去把他的辩护词的内容套出来，让我们在法庭上好应付。于是，这两个律师在会见的时候，真的去套李作鹏的辩护词，他们说："听说你要在法庭上自我辩护，而且还准备了辩护词，你能不能把你的辩护词给我们看看，好让我们准备如何为你辩护啊？"李作鹏在律师的好话劝说（哄骗）下，真的将他的辩护词给律师看了。虽然辩护词的内容比较多，没法当场背下来，但知道了大概情况。据说，马先生讲到这里的时候曾经感慨道：哪有律师去自己当事人中当卧底的，这是违背律师职业道德的，也是不符合法治要求的，但这就是当时整个国家的法治意识和法治水平。张思之先生现在有"中国律师界的良心"之美誉，马先生与他也是至交，我想马先生公开披露这一事实，绝不是要损毁思之先生的形象，而是让后人看到我们国家的进步和人的时代局限，即便是名人也不能避免。

再次上武汉大学法学院悼念马克昌先生的网站，看到唁电和悼念文章越来越多……马先生那熟悉的笑容，让我悲伤，但不哭泣；令我追思，却又幸福。

（原载《看历史》，2011 年第 8 期）

怀念郑成思老师

2006年9月11日下午，我在中国法学网上突然发现郑成思老师去世的讣告，十分震惊！

赶忙点开讣告，映入眼帘的是先生那张熟悉的照片，瘦削的脸庞面带微笑，黑白相间的头发随意而不显凌乱，宽边眼镜、西装领带……先生难道真的离我们远去了吗？

是的，讣告明确写着：第九届、第十届全国人民代表大会代表、法律委员会委员，中国社会科学院学部委员，中国社会科学院知识产权研究中心主任，法学研究所研究员、教授、博士生导师，著名法学家郑成思同志，因病医治无效，不幸于2006年9月10日22时10分在北京逝世，终年62岁。

先生走得太早了，这不只是对他家人和热爱他的人的重大打击，也是中国法学界和知识产权界的重大损失。

2006年"两会"后，法学所党委请梁慧星老师给大家讲讲政协开会的有关情况，我当时问党委书记陈甦教授，为何不同时请郑老师讲讲人大开会的有关情况呢？他说郑老师身体不好。我知道，先生的身体状况一直不怎么好，所以以为只是平常小恙。

直到他去世前不久，我在法学所的公告栏里，看到社科院推荐他为全国杰出专业技术人员的事迹介绍后，才得知他已身患癌症。但我总以为现在的医学条件能够使先生渡过难关，所以也并没有往严重的方面去想。

我虽然与先生专业不同，且年龄、地位差异悬殊，但因同处一个单位，加上有几次与先生近距离接触的机会，使我对先生有一些了解。

　　从我1993年进入法学所，就不断听别的同事绘声绘色地给我讲起郑先生的一些传奇经历和事迹，如有一位同样是年轻的同事上午在院子里看到一个穿着普通的人在掏下水道，以为是锅炉工人，没想到下午这个人坐到了会场的主席台上，他竟然就是大名鼎鼎的郑成思。还有，他出名后组织上安排他当了个副所长，结果因为他工作实在太忙，经常出席不了所务会，自己也常常为此苦恼，多次请辞未准，最后他只好以义务献血来"将功补过"。后来，他终于将副所长辞去，熟悉他的人告诉我：你们郑老师可不是像有的人所说的书呆子，他的组织能力让他当个所长、社科院副院长一点问题都没有。1998年，我在美国见到江平老师，他曾不无敬佩地对我说：听说你们所郑成思让他当社科院副院长都不当，只愿一心做学问。法学所原副所长、后调任清华大学法学院院长的王保树教授有一次也告诉我：你知道郑成思的人大代表是怎么当上的吗？是人家外经贸部推荐的。因为他多次参加他们组织的对外谈判，给他们的工作以巨大帮助，结果人家将分给他们的指标让出来，说给他能更好地发挥作用。还有一次，法学所的一位学术委员开完会后与我们几个人闲聊，聊起郑成思老师和梁慧星老师关于物权法与财产法的论争，他羡慕地说：这两个人，学术上争得一塌糊涂，但会议上却彼此友善得很。

　　上面是听说，下面的却是我亲眼所见。有一次所里开大会，所领导请郑先生讲治学经验。他说："法学所的学者要在某一个领域里占领全国的最高峰，这样一旦国家有需要，找到你就能解决这方面的问题。"另有一次，研究生开学典礼，他代表导师发言，赠给新生六个字，"不偷懒、不灰心"，他说自己靠的就是这六个字。还有一次，时任社科院院长的李铁映到法学所开座谈会，当着郑老师和大家的面说他看过郑先生写的几篇关于他如何学外语、如何走向知识产权研究之路的文章，很受感动。恰好他所说的这几篇文章我也看过，我想补充的是，先生的文笔也相当优美，其古典诗词修养亦达到信手拈来的程度。

现在，该谈谈我与先生的近距离接触的感受了。几年前，他奉命给中央政治局讲知识产权方面的法制课，在课题组组成时，他本人特意让当时的所领导信春鹰教授通知我参加，说我发表的一篇关于计算机犯罪的文章给他印象很深，希望在起草这一部分稿子时我能给他提供一些帮助。那是我第一次被他认识，令我尴尬的是，他竟在会议上公开称我为"老刘"，可见他为人之单纯。

接下来的一天，我们课题组几个人去中央某部委调研，对方对先生非常尊重，开完会后，他们问我们的车在哪里，想送我们下楼，郑老师说："我们下去坐车，你们就别管了。"下来后，他对我们说，他坐地铁回去，问我们怎么走。结果我们也只好说：您就别管了，我们打车走。见惯了吃喝和接送的我，那天独自坐在回家的出租车里，感慨不已：像他这样一个大家，竟是如此的朴素。一个一门心思扑在学问上的人，简单就是幸福。

后来他讲完课后，有一天在法学所的院子里见到我，说："总书记提了四个问题，其中有两个问题是你那部分的，多亏了你。"我当时被他的坦诚所打动，脱口而出："郑老师，能与您这样的学术大家共事，让我可以学到一些为学为人之道，是我的幸运，该我感谢您才是。"

再后来，他又受委托接受了某部委的一个这方面的课题，课题组成员基本没变，我也名列其中。记得在第一次课题组会上，他说该部委为了让他对最终的成果形式有所了解，曾给过他一份某大学的一位教授主持过的另一课题成果清样，供他参考。但他说，如果我们的最终成果只有这个水平，那就不应由他来主持了。因为那份成果一看就不是该教授本人亲自完成的，而是由他的一帮学生完成的。接下来的合作更加让我对他的敬业精神佩服不已，他从来就不是一个马虎行事的人，也永远不会在任何一个细节上不经过自己的脑子就随便利用别人的成果。

2005 年 11 月的一个周二下午，我去法学所三楼参加例会，在门口碰到先生，他有点出乎意外地对我说："回来啦，这次肯定又将使你上一个新台阶。"他所说的"回来"，是指我从海牙国际刑事法院归来，我没有想到，在一个管理比较松散、大家又常出国的单位，他这样一个大忙人，居然对我这样一个与他不在同一办公室，甚至不在同一办公楼的年轻人的动态有所了解。更重要的是，他的后半句话使我感受到他对我的勉励和期待。

2005 年，我曾结集出版过自己的一本学术随笔集《想到就说》，在自序中我特意提到对先生的谢意。虽然先生本人不常写小文章，但他非但没有给我半点压力，反而不止一次地对我说：你的那些小文章有看头。久而久之，我甚至每发表一篇小文章后，就希望他能看到，并希望能听到他的"表扬"。

现在，先生远去了。我居然在过去几个月的时间里没有见过他，甚至在听说他身体不好的情况下也没有给他打过一个电话。我承认，我后悔，但我绝不承认，我的心中没有先生。

（原载《新京报》，2006 年 9 月 14 日，该文后被丁东先生选入他编的《先生之风》一书）

那个纯粹的学者走了

——深切缅怀何秉松教授

正月初七，正当人们沉浸在节日的气氛中，突然传来噩耗：我国著名的老一辈刑法学家何秉松教授意外离开了我们！说意外，是因为虽然先生已经 87 岁高龄，但他身体硬朗，注重锻炼，性格单纯而乐观，据说现在还坚持游泳和骑自行车。他对自己的期许是至少要活过一百岁，因为他还有太多的学术计划。从友人的微信朋友圈中得知，他在入院前还在勤奋写作，电脑桌上还堆满了书籍。没想到，一次简单的身体不适却由于先生拒绝服药而趋于严重，在大年初四晚被迫住进了医院。最初大家想，先生的身体底子那么好，应当不至于有生命危险，何况再过 3 天就正式上班了，那时可以有更多的专家来会诊。谁知就在节后上班的第一天，先生那颗顽强而坚毅的心竟停止了跳动。

何秉松教授 1952 年从北京大学毕业时才刚刚 20 岁，就随院系调整到中国政法大学的前身北京政法学院执教，六十多年来，除因"文化大革命"北京政法学院解散而中断教学工作外，一直致力于法学教育和科研工作。因为他 20 岁就走上讲台，当时的一些学生都和他年纪差不多甚至比他还大，如后来成为我国老一辈著名刑法学家的北大储槐植教授（本科，和他年龄差不多）、社科院法学所的欧阳涛研究员（研究生，比他年龄还大）以及中国政法大学的不少刑法老师如现在也已年逾八旬的魏克家教授等

都曾经听过他的课。储槐植教授曾经在一篇文章中回忆道："我和何秉松教授可谓亦师亦友。1952 年，当我成为北京政法学院的学生时，何秉松教授刚从北京大学毕业，到中国政法大学的前身北京政法学院执教。那时他才 20 岁，与我们这批学生年龄相仿，甚至还不如有的学生年龄大。但是，他讲授的刑法课广征博引，深受学生的喜爱，给我留下了深刻的印象。"何先生在中国政法大学执教 67 载，到去世前还担任着特聘博士生导师，期间还曾兼任过山东大学的刑事法中心主任、博士生导师，先后培养了数十名法学博士、逾百名法学硕士，教过的本科生更是不可胜数。他说："得天下英才而育之，是我作为教师的最大心愿、最大幸福。"在他的学生中，不少已经成为法学界的知名学者和司法界的部级高官，难能可贵的是，先生以一贯的平等之心待人，鼓励自己的学生独立思考，从不将自己的观点强加于人。我翻看自己从研究生时代开始从他那里获赠的多本著作，他的落款一直都是"秉松"。

从 20 世纪 50 年代开始，何秉松教授以坚强的毅力和始终如一的精神，开始了他在法学领域尤其是刑法理论、刑事立法和刑事司法中长达六十多年的辛勤耕耘。早在 20 世纪 50 年代，他就参加了当时的刑事立法工作。后来，在审判日本战犯和林彪、"四人帮"反革命集团的案件中，他还曾担任过律师。基于对自己家庭在"文化大革命"中惨痛命运的反思，他在参与林彪、"四人帮"反革命集团案件的审判中，主动提出了人权的观点。毫无疑问，在那个时代，这一理念十分超前。

在科学研究中，何秉松教授多次强调："自由是科学的本性，创新是科学的生命。没有自由，科学将沦为奴婢；没有创新，科学将枯萎死亡。"十一届三中全会前后，何秉松教授发表了一系列有重要影响的论文，深刻剖析与反思了法学领域的极左思想，其

第五辑 风 义 师 长

中，他与已故著名法学家余叔通教授联名发表于《光明日报》的《重温刘少奇同志关于法制建设的论述》一文，在社会上引起强烈反响，受到高度评价，曾参与组织1978年《实践是检验真理的唯一标准》一文发表和讨论的《光明日报》原副总编辑马沛文先生在评价何秉松教授他们的这篇文章时说，放眼当时的报刊，"绝无仅有"。这一时期，他发表的其他重要学术论文还有《关于黑格尔学说评价的几个问题》《研究马克思主义刑法学要有正确的学风》《试论刑法的民主原则》等。其中他发表在《法学研究》上的长篇论文《试论刑法的民主原则》，首次倡导并系统论证了有必要在我国刑法上确立罪刑法定、罪刑相适应和法律面前人人平等的三大原则，16年后，在1996年11月全国人大常委会法工委举行的一次重要的刑法修订座谈会上，他再次慷慨陈词，坚持他的一贯主张，对这三大原则在1997年新刑法中的确立起到了重要作用。他还针对审判林彪、"四人帮"反革命集团，在《人民日报》和《光明日报》上接连发表了《有法必依，执法必严》《审判林彪、江青反革命集团案的证据问题》《为什么对林彪、江青反革命集团案十名主犯要这样判刑？》《林彪、江青反革命集团的特点及其主犯的刑事责任》等多篇文章，从健全社会主义法制的高度，阐明了这次审判的正确性和必要性。

早在20世纪80年代，何秉松教授就开始致力于探索构建一个有中国特色的刑法理论新体系。他首先抓住犯罪构成理论作为突破口，并在《法学研究》发表了《建立有中国特色的犯罪构成体系》的长篇论文。经过长期思考和不断积淀，终于在90年代迎来了他学术生命中的一个高峰，陆续推出《法人犯罪与刑事责任》《犯罪构成系统论》《刑法教科书》等多部令人耳目一新的著作。在《法人犯罪与刑事责任》中，他提出了针对法人犯罪的

"人格化社会系统责任论"，创立了自然人刑事责任与法人刑事责任一体化的理论新体系；在《犯罪构成系统论》中，他运用现代系统论，把犯罪构成看成是一个整体性、主体性、动态性、模糊性、多层次性、开放性的有机整体，至今读来仍很受启发；他的富有特色的《刑法教科书》自 1993 年问世以来，已在中国出版 6版，还被译成日文在日本出版，这是日本第一次翻译出版中国的法学教材。《法人犯罪与刑事责任》在日本也有多篇文章评介，被日本学术界称为中国法人犯罪肯定论的代表。

进入 21 世纪，何秉松教授的研究领域迅速扩大，先后出版了《恐怖主义·邪教·黑社会》、《有组织犯罪研究》（多卷本）、《刑事政策学》、《新时代曙光下刑法理论体系的反思与重构——全球性的考察》（中英文版）、《全球化时代犯罪与刑罚新理念》（中英文版）、《人权防卫论——对传统刑法理论的反思与超越》、《中俄犯罪构成理论比较研究》（中俄文版）等多部著作。据统计，何秉松教授在 2000 年之后共出版著作十余本，几乎每年一本，还在《中国社会科学》等著名刊物上发表多篇论文，而此时先生已是年逾古稀之年，不得不让人惊叹其旺盛的精力和学术创造力。

何秉松教授还是一个具有国际视野和国际影响力的学者。早期，他翻译过美国著名犯罪学家路易斯·谢利的《犯罪与现代化——工业化与城市化对犯罪的影响》，后来他又翻译过保罗·H·罗宾逊的《刑法的结构与功能》等国外犯罪学和刑法学的名著。他自己的著作除了前述《刑法教科书》被翻译到日本、《中俄犯罪构成理论比较研究》在俄罗斯出版俄文版外，还有其《中国有组织犯罪研究》（两卷本）被翻译成法文出版，《有组织犯罪研究：中国大陆黑社会（性质）犯罪研究》被翻译成俄文出版。此外，他还在日本、美国、俄罗斯、德国、法国等多种学术刊物上发表了十余篇外文论文。尤其值得一提的是，先生在晚年以一己之力，在中国政法大学的支持下，联合中、美、法、德、意、日、俄、西8个签字国的学者，创立了"全球化时代犯罪与刑法国际论坛"，这是该领域第一个由中国学者独立发起和总部设在中国的国际学术研究机构。2017年，第九届论坛在印度新德里举行，签字国发展到26个。至此，这一论坛包括最主要的西方国家、金砖五国和其他重要国家，遍布全球五大洲，成为全球性的刑法学和刑事政策学的一个重要学术平台。鉴于何秉松教授对促进刑法国际交流的贡献，2010年他曾被授予法国荣誉军团勋章，成为迄今为止中国法学界获此殊荣的第一人。在献身这些学术活动的时候，他甚至把自己的家底都贴了进去，以致老两口至今住在没有电梯的五楼。

何先生辞世的当天夜晚，北京飘起了雪花，第二天雪越下越大，及至初九上午在八宝山举行先生遗体告别仪式时，大地早已白茫茫一片。虽然先生及其家人十分低调，但通过中国政法大学的网站及微信朋友圈获悉此消息的先生海内外友人和弟子，以及国内各大法学院的刑法学科均纷纷发来唁电和敬献花圈。在告别仪式现场，我见到不少从外地赶来的学界师友，许多人掩面而泣。回来的路上，我忍不住想：为何老天爷要为先生下这样一场大雪？为何那么多人赶来与先生道别？也许是因为先生的那种纯粹、刻苦、自律和甘于清贫在这年头太难得了吧。想起陈寅恪评王国维的那句话，用在先生身上也是贴切的："先生之著述，或有时而不章。先生之学说，或有时而可商。惟此独立之精神，自由之思想，历千万祀，与天壤而同久，共三光而永光。"

一个人物，一段春秋；先生之风，山高水长。

（原载《文汇报》，"文汇学人"，2019年3月1日）

大洋彼岸忆定剑

2011 年 4 月,收到北京大学法学院人大与议会研究中心和中国政法大学宪政研究所发来的电子邮件,邀请我参加 5 月 14 日纪念蔡定剑学术思想的研讨会。因人在美国,恐难参加,遂于深夜作此文,以表达我对蔡定剑先生的怀念和他所追求的事业的支持。

我从 2011 年 1 月开始,应邀到美国纽约大学、哥伦比亚大学、哈佛大学和耶鲁大学四所法学院做学术访问。在与美国一些教授的交谈中,深感他们对蔡定剑教授英年早逝的惋惜和悲痛之情,也更加体会到蔡教授在海外的学术影响。

记得年初抵达纽约大学时,该校的亚美法研究所所长柯恩教授建议我访问他们的研究所网站,以便更多地了解他们的工作。我上网后有点意外地发现,当时网站以显要位置登载了蔡定剑教授的大幅照片和他的事迹介绍,其中特别提到他与柯恩教授本人的学术友谊和交往,以及对蔡定剑教授的去世的震惊。

后来到哥伦比亚大学,该校的中国法中心主任李本教授也一见面就谈起我们共同的朋友蔡定剑。记得 2009 年 12 月的一天,我在北京突然接到李本的电话,问我是否会去参加蔡定剑他们组织的一个关于宪政的会。我说本来是有其他安排的,但听说蔡定剑得了癌症,所以还是要设法去一下,顺便看看他。李本在电话中把蔡定剑的病情说得很严重,颇有此次会议乃诀别之意,故他们都赶来参加。

那天深夜，我赶到北京郊区的宽沟招待所，正在前台办理入住手续，突然见到身着黄色运动服的蔡定剑教授从楼上下来。彼此见面，我一时不知如何说好，想问他的病情又不好启齿。他感谢我对会议的支持，又简单地聊了几句，就说他要去找会务组落实第二天的安排，让我早点回房间休息。第二天上午，他发言时，其声音和思路跟我往常对他的印象没有区别，以至于我突发奇想：是不是大家把他的病情想得太严重了？

如今，那次会议的论文集《走向宪政》已经出版，里面也收入了我当时提交的一篇论文。包括李本教授在内的一些美国友人也收到了中国政法大学宪政研究所寄来的该书，抚今追昔，伤感之余，也为蔡教授的事业后继有人而欣慰。

在哈佛，东亚法研究中心主任安守廉教授不止一次地跟我提起他对蔡定剑的敬重。有一次，一个学生陪我从安守廉教授的办公室出来，他接着我们谈蔡定剑的话题告诉我，蔡老师在这边确实影响很大，很有点"中国人权第一人"的味道。哈佛大学图书馆的张农基女士和正在哈佛大学担任富布莱特学者的北京大学教授张骐先生均是蔡定剑当年在北大上研究生时的同学，与他们谈起定剑，老同学都发自肺腑地敬佩他。张骐甚至说，蔡定剑将来在历史上的地位很可能还会上升，因为他是中国法学者中少有的把理论和实践结合得很好的学者，特别是他近年来从事的一系列立足中国的宪法实践活动，历史将证明其价值。

耶鲁大学是我本次游学的最后一站，这里的中国法中心与蔡定剑主持的宪政研究所有着长期的合作和深厚的友谊。葛维宝主任在获悉蔡定剑教授去世后的第一时间就给其家人发去情真意切的慰问信，高度评价了蔡定剑在中国的人民代表大会制度研究、宪政、预算改革、反歧视等领域所取得的卓越成就。在耶鲁大学中国法中心的资料室里，我看到有好几本蔡定剑主编或独著的著作。当然，早在1998年，我就在哥伦比亚大学图书馆里看到过蔡定剑的《中国人大制度》，当时中国学者的书在国外图书馆里还不多见，因此倍感亲切。

回想2010年那个冬季的早晨，我和许多人一样，冒着严寒到八宝山参加蔡定剑的遗体告别仪式。在长长的队伍中，有不少来自美国、德国等国的国际友人。我看到中国法学界熟悉的张乐伦女士悲痛得不能自已，见到我们都说不出话来，只能用拥抱来表示她的感受。

蔡定剑去世为何能引起如此广泛的社会关注和怀念？这是很多人问过我的一个问题。对此可以有多种解释，如蔡定剑教授是研究宪法的，对他的怀念表达了人们对宪政的期盼。但以我在美国的观感，我觉得蔡教授之所以能赢得国际友人的尊敬，不仅在于他对法治、民主、人权这些人类普世的价值观给予体认和论证，更重要的是他结合中国的具体国情做了许多扎实的、细致的、耐心的工作，如他对人民代表大会制度的研究，对预算改革的试点，对选举情况的调研，等等。

从蔡定剑身上我们看到，一个法学者，只有深深扎根于自己所处的那块土地，用爱祖国、爱人民的心去知、去言、去行，才能作出好的研究，推动社会的进步。在这个意义上，我们是否也可以说"民族的才是世界的"呢？我们纪念蔡定剑先生，我以为就应当学习他的这种优秀品质。

（原载《蔡定剑纪念文集》，法律出版社2011年版）

谦谦君子　温润如玉

——哈佛法学院安守廉教授印象

　　哈佛大学法学院东亚法研究中心主任安守廉教授即将迎来七秩华诞，部分留学哈佛的中国学人将为其出版祝寿文集。作为祝寿活动的重要组成部分，还将于年底在中国人民大学举行"改革开放以来中美法律研究及法学教育交流"的学术会议。据悉，今年的"李步云法学奖"也将授予安守廉教授。这都是很有意义的事情，说明中国人民没有忘记为中美两国法学交流作出杰出贡献的安守廉教授。

　　我最早认识安守廉教授是在 1997 年 1 月，当时经社科院法学所推荐，我参加了美国新闻总署的一个叫"国际访问者计划"的项目，邀请方专门安排我访问了美国的两大中国法研究重镇——位于纽约的哥伦比亚大学中国法研究中心和位于波士顿的哈佛大学东亚法研究中心，由此结识了时任哥大中国法研究中心主任的爱德华教授和哈佛的东亚法研究中心主任安守廉教授。在哈佛的那次会面虽然短暂，但安守廉教授温文尔雅的形象已经留在了我的脑海中。

　　1998 年至 1999 年，我到哥大的中国法研究中心做访问学者，期间先后两次到哈佛参加学术活动，每次都拜访了安守廉教授，留下温馨回忆。

2004 年秋季，我到新成立的耶鲁大学中国法律中心做访问学者。安守廉教授得知后，即邀请我在方便时去哈佛给他的学生讲几次课，并客气地说：你哥大、耶鲁都去做过访问学者了，什么时候到我们哈佛来做访问学者呀。那次我与妻子同行，从纽黑文坐火车到波士顿，一路上秋天的景色美极了，特别是沿途的红叶和森林，至今回想起来，仍历历在目。

　　短短几天的哈佛之旅，得到安守廉教授的细心关照。我们抵达的当天晚上，他派中国留学生接我们，并给我备好了图书馆的证件和哈佛大学的地图，地图上还特意给我们标明了附近的中餐馆。第二天早上，他专门开车到旅馆来接我们去用早餐。早餐安排在哈佛的一个教工俱乐部里，气氛典雅。餐后他又开车带我们参观校园，并特别向我妻子介绍了一些她可能感兴趣的艺术馆和博物馆。经过法学院时，他还对我妻子说：你丈夫的课就在这里面上。

　　回到耶鲁没多久，我又接到安守廉教授的一封电邮，问我是否有兴趣再回趟哈佛（还特意注明往返差旅费他那边可以报销），说对于一个刑法学者来说，他认为这里有一个很值得我认识的人。原来是国际刑事法院首任检察长奥坎波先生访问哈佛，并将在哈佛演讲。说实话，由于当时刚从哈佛回，手上又有些工作，所以刚开始是犹豫的。但后来一想，人家一片热心，我又怎好说不？于是又从耶鲁去了趟哈佛，并赶上第二天奥坎波先生的演讲。安守廉教授细心地把我安排在前排，并告诉我坐在旁边的那位教授曾担任过美国联邦司法部的部长。我暗自吃惊，因为他一点架子都没有。讲座后他背着一个背包，与我们随性步行去午餐，完全颠覆了我当时对高官的印象。

　　中午午餐时，安守廉教授向奥坎波先生介绍了我以及我的工作单位。奥坎波先生听说后，就问我可否以检察长办公室法律顾问的身份去国际刑事法院工作几个月，因为他亟需了解中国的刑事司法制度。我说需要向单位请示后再回复他。后来经过单位的批准，我到位于海牙的国际刑事法院工作了 3 个月，这对我了解国际刑法的最新动态当然是大有益处。在国际刑事法院工作期间，我还有幸与时任中国驻荷兰大使的薛捍勤女士（现任联合国国际法院副院长）有过接触，并承蒙她邀请，参加了当年大使馆举办的国庆招待会。我还去拜访过时任国际法院院长的史久镛先生、时任前南斯拉夫法庭法官的刘大群先生，与他们的交流也令我专业上深受启发。草蛇灰线，想来这一切还得感谢安守廉教授的无私引介。据我所知，这样的好事安教授还做过很多，例如，我的同事、现任社科院法学所宪法行政法室主任的李洪雷研究员就曾告诉我，他在哥大做访问学者时，也有过类似经历，安守廉教授给他报销往返差旅费，为的是让他去哈佛结识一位对他的学术成长有帮助的人。

2011 年，我再次返美，这次以访问学者的身份在哈佛东亚法研究中心待了一个月，期间与安守廉教授有了更多的接触。他先后为我组织了好几次活动，包括在东亚法中心的讲座和给他班上学生的几次授课。记得我在东亚法中心的讲座结束后，安守廉教授还给我发了个证书，大意是感谢我莅临哈佛法学院演讲。当天中午，他的夫人沈媛媛教授也来与我们一起午餐，说早就听她丈夫多次提到我，今天终于见面了。我也早就知道沈媛媛教授毕业于人大法学院，特别是 2010 年看过江平先生的《沉浮与枯荣》，记得他在书中提到沈媛媛教授的父亲曾任浙江省省长，还与江先生一起在全国人大共过事。

在这一个月里，我除了自己在安守廉教授的中国法课堂上给学生讲了几次课，还去旁听过他本人的几次课。相比起2004年那次，这次教室更大了，听众也更多了，可见中国的国际影响力在增大，越来越多的美国年轻人开始对中国感兴趣。安教授每次授课前，都会让他的秘书帮他打印出来一大堆的读物，包括当天报纸的一些相关报道，分发给学生。我觉得那是一种很好的办法，所以曾经在回国后自己的教学中也想尝试这一办法，但终因我们没有教学秘书这一制度而不好过多地去麻烦别的师生，只好试过几次后就停止了。

以我的观察，安守廉教授对学生极为友好，学生也与他有着深厚的感情。我好几次去他的办公室，发现外面都有坐在过道椅子上等他的人，有次见到一个华裔女孩，以为是来找他办事的，一问才知，她已毕业，现在加拿大学习，这次回来，正好看看老师。还有一次在安守廉教授的课堂上，我问坐在我旁边的一位白人女士一个问题，她很不好意思地说，她不是学生，是学生的家长，来看孩子，听孩子说这位老师特别好，所以她也来听听。

过去几次来哈佛法学院，都限于庞德楼及其附近，这次才发现，庞德楼之外还有好几栋大楼，而且彼此之间好像都能通过地下走廊互通。我在安守廉教授的热心引介下，也得以与别的一些教授有接触，并到不同的教学楼里去旁听过几位教授的课，感觉哈佛法学院的课程非常丰富，教学的方式方法也很多元，记得有一门课就是放电影加讨论。还有几次，安守廉教授分别帮我约了不同的刑法教授在教工食堂餐叙。记得有一次参加餐叙的刑法教授却不是来自法学院，而是来自肯尼迪政府学院，交流过后我感到他主要是把犯罪和刑法作为一项公共政策来研究，偏重社会治理的角度，这也给我一些研究视角上的启发。另有一次，让我略显惊讶的是，一位哈佛法学院的女刑法教授竟然从没有去过中国，尽管她本人也很想去，但苦于没有机会。事后我与安守廉教授说，美国政府不应当只资助中国人来美国，而应当把哈佛这样高等学府的教授都资助到中国去看一看，这样有利于他们了解中国。当然，这次哈佛之行也留下一个遗憾，就是我曾经想让安教授帮我联系一下《最好的辩护》作者、辛普森案等许多著名案件的辩护律师德肖维茨教授，不巧他那个学期正在外地休假。

哈佛大学是一个巨大的社区，这巨大不只是空间，更指这空间里蕴藏着的丰富的哈佛元素。漫步校园，不经意间遇到的一栋建筑，一块草地，或者一座雕塑，都会带出或熟悉或陌生的名字和故事。在哈佛燕京学社的古朴大楼里，我看到了林语堂的对联"两脚踏中西文化，一心评宇宙文章"，倍感亲切。在哈佛纪念教堂里，我驻足在刻着众多在第二次世界大战等战场上牺牲的哈佛校友名单的墙壁前，想起过去在牛津也看到过类似的场景，思绪良多。另一次偶然踏进一个图书馆，天哪，还真与泰坦尼克号有关！早在1997年我访问哈佛时，当时我的陪同翻译（一位毕业于哈佛的华裔女生）就跟我讲过这个故事。没错，就是这个威德纳图书馆，它是以在泰坦尼克沉船事件中遇难的哈佛校友威德纳的名字来命名的。虽然关于威德纳和这个图书馆的许多美丽而悲伤的故事还有待考证，但我眼下在图书馆里所看到的展出可以确认，此图书馆确实是为了纪念在泰坦尼克沉船事件中遇难的哈佛校友威德纳而由其家族捐赠建立的。

我与安守廉教授相识相交二十余年，尽管不是常联系，但总有心心相印之感。大约2006年前后，安教授陪同时任哈佛法学院院长卡根女士（后任最高法院大法官）访问北京，在王府井的一个饭店组织"哈佛之友"聚会，安守廉教授特意通知我参加。这次我带给他一件礼物，那就是法律出版社刚出版的一套《哈佛法律评论》，其中包括我自己领衔翻译的《哈佛法律评论：刑法学精粹》。他很高兴，专门向卡根院长介绍了我和这套书以及我自己组织翻译的那本刑法学精粹。后来还有一次，一位哈佛刑法教授从浙江大学来北大演讲，对方特意跟我说，他是安守廉教授介绍来的，希望我到时能去担任他的演讲的评论人。此事虽然后来没有成行，但也说明安守廉教授对我的信任。当然，我对他亦是如此，这些年，有不少想去哈佛希望我向安守廉教授推荐的，我都常常让对方直接给安教授写信并抄送给我，或者有人在哈佛想去拜访他，我就让对方直接去找他并代我问好。想来这里面也是饱含着多少的彼此信任啊。记得有一年，我的朋友张星水律师出了本他的文集《星水文存》，里面收有一篇他写我的文章。他想多送几个朋友，我于是提到，可给安守廉教授寄一本。在联系此事的邮件中，安教授让我称他为 Bill 就好，他的名字是 William Alford，Bill 是 William 的昵称，可见他的平易和亲近。

美国教授虽然没有退休年龄的强制规定，但据我所知，一般是 70 岁退休。安守廉教授今年 70 岁了，我以为他会退休颐养天年了，不过从我最近收到的一封哈佛法学院给"哈佛之友"的邮件中得知，他今年又被命名为"柯恩东亚法讲席教授"。如果我没有猜错，这里的柯恩就是那位我们熟悉的美国"中国法之父"、现在虽已八十多岁高龄还担任着纽约大学亚洲法中心主任的柯恩教授了，正是他当年创办了哈佛法学院的东亚法研究中心。如此一来，这既是安守廉教授新的事业起点，也是对柯恩教授当年创办哈佛东亚法研究中心的一个最好的纪念了。

安守廉教授是一个温润低调的人，是一个受到学生热爱和朋友敬重的人，也是一个为人真诚、感情丰富、说话幽默的人。他长期担任哈佛法学院的副院长、东亚法研究中心的主任，后来又兼任残障人法研究中心的主任，学术之余承担了大量的行政工作。在朋友面前，他也有喜怒哀乐，甚至有一次他还在我面前罕见地表露出工作上的苦恼和无奈，让人感慨即使在神圣如哈佛这样的地方，也有人事的难处。正是他的这种坦诚和"弱势"，增添了我对他的尊敬与好感。作为一个中美法学交流的受益者，作为一个多年来得到安守廉教授关照和鼓励的中国学人，我由衷地祝愿安守廉教授健康长寿，在新的事业起点上再创辉煌。

（本文曾以《安守廉教授二三事》为题发表于《方圆》2018年11月号，后收入郭锐、缪因知主编的《绿竹猗猗——安守廉教授与中国法学界交流纪念文集》一书，中国人民大学出版社2019年版）

第六辑

断想钩沉

刑法应平等保护公有和非公有经济

李克强总理在政府工作报告中指出："非公有制经济是我国经济的重要组成部分。必须毫不动摇鼓励、支持、引导非公有制经济发展，注重发挥企业家才能，全面落实促进民营经济发展的政策措施，增强各类所有制经济活力，让各类企业法人财产权依法得到保护。"为落实这一精神，刑法在平等保护公有和非公有经济方面的一些制度设计上需要完善。

一、刑法对非公有经济从不保护到有限度的保护

1979 年中国第一部刑法颁布时，为适应当时计划经济的要求，只强调保护公有财产，而没有关注对非公有财产的保护，如对利用职务之便在国有、集体公司或企业非法占有本单位财物、收受他人财物的行为，分别以贪污罪、受贿罪论处；把破坏国有、集体公司或企业正常生产秩序的行为规定为破坏集体生产罪。这一思路到 1988 年《全国人民代表大会常务委员会关于惩治贪污罪、贿赂罪的补充规定》仍然没有改变，如它针对侵犯公款使用权的行为规定了挪用公款罪，而对侵犯非国有公司、企业利益的同类行为却没有作出规定。

随着社会主义市场经济的发展，这种局面开始逐步得到改变，如 1995 年《全国人大常委会关于惩治违反公司法的犯罪的决定》，确立了商业受贿罪、侵占罪和挪用资金罪等旨在打击侵

犯非国有公司、企业利益的罪名。这是刑法首次保护非国有公司、企业的利益，尽管它还没有实现与国有公司、企业利益的平等保护（如对侵犯非国有公司、企业利益的法定刑要比侵犯国有公司、企业利益的法定刑轻）。

1997年修订的新刑法在平等保护不同所有制经济主体方面更前进了一步，如将1979年刑法中的破坏集体生产罪改为破坏生产经营罪，对破坏企业生产经营的，不论该企业是否公有，都要追究刑事责任。

但总的来看，目前我国刑法对不同所有制经济主体的保护仍然是不平等的，重点保护公有财产的思维还很明显。

二、现行刑法不平等保护公有和非公有经济的主要表现

（一）因所有制性质不同，同质的行为罪名不同、法定刑也不同。例如，同样是在公司、企业中从业的人员利用职务之便非法占有本公司、企业的财物的，仅仅因公司、企业的所有制性质不同，非国有公司、企业的人员构成刑法中的"职务侵占罪"，最高刑为15年；国有公司、企业的人员，或者国有公司、企业委派到非国有公司、企业的人员构成刑法中的"贪污罪"，最高刑为死刑。又如，非国有公司、企业的人员受贿的，构成刑法中的"非国家工作人员受贿罪"，最高刑为15年；国有公司、企业的人员，或者国有公司、企业委派到非国有公司、企业的人员受贿的，构成刑法中的"受贿罪"，最高刑为死刑。相应地，对非国有公司、企业人员行贿的，构成刑法中的"对非国家工作人员行贿罪"，最高刑为10年；对国有公司、企业人员行贿的，则构成刑法中的"（对国家工作人员）行贿罪"，最高刑为无期徒刑。再如，非国有公司、企业的人员挪用本单位资金的，构成刑法中的

"挪用资金罪"，最高刑为 10 年；国有公司、企业的人员挪用公款的，构成刑法中的"挪用公款罪"，最高刑为无期徒刑。

（二）因所有制性质不同，同质的行为存在罪与非罪的本质区别。例如，刑法第 165 条至第 169 条专门针对国有公司、企业的人员设立了"非法经营同类营业罪""为亲友非法牟利罪""签订、履行合同失职被骗罪""国有公司、企业人员失职罪和滥用职权罪""徇私舞弊低价折股、出售国有资产罪"等罪名。这些犯罪都要求犯罪主体为国有公司、企业人员，且其行为使国有公司、企业的利益遭受了相应的损失，也就是说，如果非国有公司、企业人员的同样行为，使非国有公司、企业的利益遭受了同样的损失，则由于刑法没有规定，不能作为犯罪来处理。

三、刑法不平等保护公有和非公有经济的弊端

（一）不利于对非公有经济的保护。平等保护公有和非公有经济是我国宪法和物权法都确立的一项基本原则，但我国刑法至今对公有和非公有经济实行区别对待。由于刑法对非国有公司、企业的保护力度明显低于国有公司、企业，这等于公开承认我国刑法优先保护国有财产，其观念又会影响到具体的执法，对树立我国刑法平等保护不同所有制的社会形象、实现良好的法律效果都会产生消极作用。

（二）不利于激发国有公司、企业的积极性。除了前述刑法对非国有公司、企业的财产保护力度有不够的一面，另外，也应看到，我们对国有公司、企业的财产在某些方面可能存在一个过度保护的问题。"签订、履行合同失职被骗""不负责任造成公司、企业严重损失"等与企业正常的经营活动在界限较难划清时，国企高管往往会倾向于避险、免责，企业家最需要的创新、试错被挤到一

边，这也是影响国企焕发活力、提高效率的一个重要原因。

（三）人为地增加司法的难度。随着经济领域混合制经济呈现日趋多样化的趋势，对公司、企业如何区分国有和非国有的性质，对公司、企业人员如何认定其是否是国有公司、企业委派到非国有公司、企业中从事公务的人员，成为司法实务中的一大难题。同样的行为，有时仅仅因为身份认定的不同，最后的结果有天壤之别，这对于树立法律的权威性无疑是很不利的。

（四）容易在国际贸易中授人以柄。我国刑法把国有公司、企业中从事公务的人员以及国有公司、企业委派到非国有公司、企业中从事公务的人员"以国家工作人员论"，最高人民法院和最高人民检察院的有关司法解释又进一步把部分国有公司、企业中从事公务的人员解释为"国家机关工作人员"，如《最高人民法院、最高人民检察院关于办理渎职刑事案件适用法律若干问题的解释（一）》将依法或者受委托行使国家行政管理职权的公司、企业工作人员视为国家机关工作人员，作为渎职罪的主体来对待。这就很可能成为美、欧等 WTO 成员将我国国有企业视为"公共机构"的国内法证据，对我国政府以及企业应对反补贴等国际贸易案件带来不利影响。因为根据 WTO《补贴与反补贴协定》（SCM 协定）的规定，在一定条件下，政府以外的"任何公共机构"均可成为补贴的主体，而是否被政府所控制则是一个企业或组织被认定为"公共机构"的重要标准。正是基于这样的标准，WTO 上诉机构认定中国的国有银行为"公共机构"，其发放的贷款可被视为"补贴"，接受贷款的企业将被征收高额"反补贴税"。

四、刑法平等保护公有和非公有经济的对策建议

（一）从长远来看，我国必须取消国有公司和企业行使行政管理职权的职能，废除国有公司和企业工作人员享受行政干部级别的做法，对国有公司和企业的工作人员不再"以国家工作人员论"，这既是我国按照 WTO 规则争取市场经济地位的必要之举，也符合《中共中央关于全面深化改革若干重大问题的决定》所提出的国有公司和企业"必须适应市场化、国际化新形势"的要求。如果眼下还不能完全达到这一要求，则要对国有公司和企业的工作人员"以国家工作人员论"的范围作出严格限定，由全国人大常委会、国务院协商后，明确依法或者受委托行使国家行政管理职权的国有公司、企业的范围，并对外公布这些国有公司、企业的名称，以避免在国际贸易中授人以柄、殃及其他绝大多数作为市场经济主体的国有公司和企业。

（2）在作上述例外处理后，其他所有的国有公司、企业一律和非国有公司、企业同等规制，不再分别"定制"罪名。如原来专门针对国有公司、企业人员的刑法第 165 条至第 169 条，可将各条款中的"国有公司、企业"改为"公司、企业"，"国有资产"改为"公司资产"，"国家利益"改为"公司、企业利益"。又如，把国有公司、企业人员的贪污罪合并到非国有公司、企业人员的"职务侵占罪"中，把国有公司、企业人员的"受贿罪"合并到"非国家工作人员受贿罪"中，把对国有公司、企业人员行贿和对非国有公司、企业人员行贿合并到"对非国家工作人员行贿罪"中，把国有公司、企业人员的"挪用公款罪"合并到非国有公司、企业人员的"挪用资金罪"中。

（原载《中国改革》，2014 年第 3 期）

社会转型与刑法的九个转向

社会转型是社会学的一个概念，基本含义是指社会从一种类型转向另一种类型，内容涉及政治、经济、社会、文化、观念、组织等多个层面。理想的状态，是应该在各个层面都引用一些数字通过比较来描述一下中国社会的变化，遗憾的是，我还没有做这样细致的工作。但是，国内外都公认中国改革开放以来是个巨大的社会转型期，无论是在速度、广度、深度和难度等各方面，在中国历史上都是空前的时代，当然，这个转型还远没有结束，现在我们还处在社会转型的过程中，从这个角度看一看刑法的发展，包括"消失的罪名"，是很有意思的。

记得我在我国台湾地区作学术交流的时候，有的学者对我们1979年刑法第1条开宗明义就规定"中华人民共和国刑法，以马克思列宁主义毛泽东思想为指针"感到困惑。确实，这种内容既然已经在宪法中有所规定，再规定在刑法这种具体的规范性法律中，现在看起来是有点多余，所以1997年刑法修订时，就删除了这一内容，直接改为"根据宪法制定本法"。这里其实也反映了社会变迁对刑法表述的影响，在1979年的时候，刑法还带有很重的政治色彩，因而强调意识形态对刑法的指导这类务虚性的表述有一定的必然性。现在看来，显然新刑法的表述要更加技术化和专业化。

我讲刑法的九个转向，可以说一部分是描述，一部分是预测，因为我们的社会转型还没有结束，刑法下一步何去何从，还需要方向性的思考。近年来，很多热点案件包括成都的孙伟铭案以及深圳机场女工梁丽案，引起社会的关注。这些案件里有很多问题我也感到比较困惑，偶尔参与一下大众化的电视节目又总有秀才遇到兵——有理说不清的感觉。再结合许霆案，在刑法领域里几乎都认为构成盗窃罪，但为何与大众的期待差距那么大？专家们究竟在哪些层面上可以与民意相对立，而在另一些层面上需要反思是否我们的研究是"在螺蛳壳里做道场"？有些问题表面看来似乎没有错，如我们的刑法体系看似天衣无缝，但是没有办法适应社会转型的需要，所以会与民意形成激烈的碰撞。法国学者涂尔干曾经指出，法律要成为社会团结的工具。从刑法的角度看，我们现在的刑法是在促进社会的团结，还是在撕裂社会的团结？

下面，我就结合自己的研究，从大的方向上对我国刑法要实现的九个转向谈谈自己的看法：

第一个转向：从革命刑法转向建设刑法

革命是最激烈的社会变革，有关国际法律文件对特定形势下的革命的合理性是给予支持的，如 1948 年《世界人权宣言》的序言就指出："……鉴于为使人类不致迫不得已铤而走险对暴政和压迫进行反叛，有必要使人权受法治的保护。"这样的说法承认如果人是迫不得已而铤而走险，可以对暴政和压迫进行反抗。在革命时代产生和使用的刑法，可以称之为"革命刑法"。革命刑法的特点就是强调阶级斗争，以打击旧制度、支持新制度为使命，严酷而毫不留情。

我受命在写"中国刑法六十年"时，把六十年的刑法作了一个回顾，发现了很多特别有意思的东西，比如新中国成立之初，为了打击反革命，规定刑法可以溯及既往，现在回过头来看这个值得商榷。

1949年新中国成立后，废除了国民党的"六法全书"，其后虽然曾经一度准备起草刑法典，但在"以阶级斗争为纲"的思想指导下，最终还是陷入了靠政策和运动来治理国家的误区。直到"文化大革命"结束，才痛定思痛，于1979年制定了新中国的第一部刑法。虽然"文化大革命"已经结束了，但这部刑法里还有很多革命刑法的影子。比如说"反革命罪"，我有一个统计数字，1979年刑法只有28种死刑，"反革命罪"占了一半以上。到1997年刑法，死刑增加到68种（当然这些死刑罪名都是20世纪80年代以后各个单行刑法增加的，1997年刑法在此基础上并没有增加死刑），反革命罪变成危害国家安全罪，危害国家安全罪只占死刑的10%，从这个情况来看，刑法的重心已经从对反革命罪的打击转移到了经济犯罪等方面。我记得在一次会议上问过新疆的一位同行，他们那里政法机关的主要精力还是放在反分裂和反恐怖活动上，但是在内地，现在司法机关的主要精力显然是放在保民生、反腐败、打击经济犯罪等问题上。1993年10月15日，中央电视台播报了当时的司法部部长肖扬答记者问，截至1993年10月，我国在押的全部犯人为120余万人，其中反革命犯只占0.32%，即3840人。可见，无论从立法上还是在司法实践中，刑法都在慢慢地发生转向，刑法的主要任务从政治领域转移到了经济建设等领域上来。

1997年对刑法作了系统修订，现在能不能说刑法完成了从革命刑法到建设刑法的转变？我的答案是否定的。比如刑法中的"剥夺政治权利"包括剥夺"言论、出版、集会、结社、游行、示威自由的权利"，但这些内容不属于《公民权利和政治权利国际公约》中的政治权利，如果将来我国批准该公约（已经签署），就不应该在"剥夺政治权利"中包括这些内容。我了解到世界其他各国和地区，包括我国港澳台地区的刑事立法，鲜有将剥夺言论、出版、集会、结社、游行、示威自由的权利作为资格刑的内容的，我国宪法第 35 条也明确规定中华人民共和国公民拥有这 6 项权利（罪犯也是公民），并且不像第 34 条关于选举权和被选举权有例外性的规定（"但是依照法律被剥夺政治权利的人除外"），也就是说，这是一项绝对权利，宪法并没有赋予其他法律可以作出例外规定。如果进一步考察"剥夺政治权利"这个刑罚名字诞生的历史背景，就可以发现其矛头是指向反革命分子和其他一些被视为敌我矛盾的严重破坏社会秩序的犯罪分子的，如果说在新生政权诞生之初，它对于防止反革命分子和敌对阶级分子利用合法的政治权利进行颠覆活动起到了积极的作用，那么现在进入和平建设时期，就宜将其改为其他国家和地区大多使用的"褫夺公权"这一名字。可见，"剥夺政治权利"从内容到名字都应当根据变化了的社会形势作出适当的调整。我们的宪法关于选举权和被选举权后面有一个"尾巴"——"其他法律有特别规定的除外"，授权刑法可以剥夺这个权利。中国的刑法要真正实现现代化必须有违宪审查的制度，现在我们对刑法某些规定的合宪性要打一个问号，但没有违宪审查制度，只能无可奈何。

还有"没收财产刑"，刑法学者应该好好研究一下，如果说新中国成立之初没收资本家、地主的财产是当时特定形势的需要，现在新中国成立已经六十多年了，动不动就没收人家（包括犯罪人）的财产，很少有哪个文明国家的刑法有这样的制度。只有犯罪所得或者用财产来资助搞恐怖活动，这个才可以特别没收。关键是现在在一些案件中把人家合法得来的财产也没收掉，这里面出现的问题就很多。我曾经接触过一个犯人，他说他留给孩子上大学的 2 万元钱也被没收了，我听了心里很不是滋味，这个处罚到底是要消除社会问题还是要制造社会问题呢？这 2 万元钱留给孩子上学，可以让一个孩子接受好的教育，你没收了，这个孩子可能被过早地推向社会，也许会产生新的社会问题。虽然我们刑法上有规定，只没收犯罪分子的个人财产，但是现在对什么是犯罪分子个人的财产、什么是配偶和子女的财产，实践中往往很难界定清楚。

事实上，当今世界各国和各地区的刑法有一个共同的趋势，那就是都纷纷废除了普通的没收财产刑，而通过设立罚金刑、规定对犯罪所得进行特别没收等制度来进行弥补，这样有利于在全社会树立保护公民合法财产的理念。罚金刑与没收财产刑都能达到对犯罪分子经济上制裁的作用，但两者角度不一样，前者突出对行为人犯罪行为的惩罚，而后者则突出对公民合法财产的没收，考虑到新中国成立后对地主、富农和资本家的财产没收以及"文化大革命"期间发生的各种抄家现象在国际上造成的一些负面影响，现在继续沿用"没收财产"这样一个刑罚名字容易造成不必要的误会和担心。我以为，废除现在的普通没收财产刑，而将刑法第 64 条规定的"特别没收"制度加以完善，是妥当的选择。

第二个转向：从国家刑法转向公民刑法

2009 年 4 月，我在上海参加"当代法学名家论坛"的发言上，提出了从"国家刑法转向公民刑法"这个概念。我当时是这样提的，拿 1997 年刑法和 1979 年刑法对比，已经有进步了，我国 1979 年刑法规定了类推制度，这是典型的国权主义刑法表现，1997 年刑法修订时基于对刑法人权保障机能的强调，废止了类推制度，确立了罪刑法定原则，这是在刑事领域贯彻法治原则、建设公民刑法的结果。但应当看到，我国刑法关于罪刑法定原则的表述仍然很独特，即从正反两方面来规定：正面是"法律明文规定为犯罪行为的，依照法律定罪处罚"；反面是"法律没有明文规定为犯罪行为的，不得定罪处刑"。这与其他国家和地区对罪刑法定原则只从反面规定"法无明文规定不为罪，法无明文规定不处罚"表现出明显的差异。

本来，罪刑法定原则是为了反对司法擅断和任意入罪，从保护公民权利的角度提出的，因而它的定义必然要从否定方面来表述：如果法律没有明文规定，就不得定罪处刑。据参与刑法修订的学者介绍，我国之所以要从正反两方面来规定罪刑法定原则，是因为传统上历来认为法律是统治阶级的工具，刑罚是镇压敌人的手段，若当时只是从否定的方面规定，就会让大家觉得有点"右"，很难被接受。为了让这个原则能为更多的人所接受，因而在修改刑法的研究协商过程中，想到了这个两全之策，即从正反两方面都说，显得不偏不倚，减少阻力，使这个重要原则能够尽快地在刑法中确立。我们有关领导、专家起草刑法的时候也真可谓煞费苦心。

我国刑法在迈向公民刑法方面还有其他一些积极信号，如2009 年 2 月 28 日通过的《中华人民共和国刑法修正案（七）》[以下简称《刑法修正案（七）》]，对公民个人的隐私权给予了重视，规定国家机关或者金融、电信、交通、教育、医疗等单位的工作人员，违反国家规定，将本单位在履行职责或者提供服务过程中获得的公民个人信息，出售或者非法提供给他人，情节严重的，要负刑事责任。这个草案是 2008 年出来的。当时就有记者采访我怎么看这个问题，当时我就提出这是从国家刑法走向公民刑法的可喜信号，在这方面我们还有很大的提升空间，包括在保护隐私权这方面还做得不够。我们注意到美国前总统克林顿的丑闻事件，以及我国台湾地区的璩美凤事件，尽管他们生活作风不好，但那些非法披露人家隐私的，包括后者安装摄像头和录制光盘，把这个东西传出去，在美国和我国台湾地区都是构成犯罪的。人要生活在没有恐惧的世界里，公民的个人隐私必须得到保护。美国的尼克松总统在中国受到的评价很高，因为他开启了中美建交。但在美国历届总统中，他是名声最臭的一个，就因为"水门事件"他窃听政敌。尼克松是杜克大学毕业的，你现在问杜克大学出过什么有名的人物，他们都不好意思说出尼克松的名字。

这里边还有很多问题，比如刑法中的措辞，刑法从头到尾都是使用"犯罪分子"。我在过去的文章中也经常用"犯罪分子"，现在检讨，改为"行为人"，或者是"嫌疑人""被告人"。使用"犯罪分子"这个词，对行为人是有歧视的。后来我到我国台湾地区，台湾地区的刑法典是 1935 年制定的"中华民国刑法"，学刑法的人一定要看看我国台湾地区的这部刑法，纯粹从刑法技术的角度来看，我认为这部刑法比我们现在的刑法要成熟，比如它那时就规定了专门的"保安处分"一章。我国台湾地区刑法用的是"行为人"或者是"犯罪人"的称谓。

第三个转向：从"严打"刑法转向"宽严相济"刑法

从 20 世纪 80 年代初开始，伴随着改革开放和人、财、物的大流动，中国的社会治安形势趋于紧张，为此，实行了以"严打"为特征的刑事政策，党中央先后于 1983 年、1996 年和 2001 年发动了三次大规模的全国性"严打"，至于其他各种名义的专项"严打"、季度"严打"则更多。总而言之，在过去 30 年中我们的基本刑事政策是"严打"，包括死刑核准权的下放，包括先后出台了一系列的单行刑法，如《全国人大常委会关于严惩严重破坏经济的罪犯的决定》《全国人民代表大会常务委员会关于严惩严重危害社会治安的犯罪分子的决定》等。这些单行刑法的"严打"色彩浓厚，它们普遍提高了原来刑法中的法定刑，增加了不少罪的死刑，如《全国人民代表大会常务委员会关于严惩严重危害社会治安的犯罪分子的决定》一次就将十几个罪名的法定最高刑提升为死刑。为什么 1997 年刑法有 68 种死刑？1997 年修订刑法时鉴于当时的社会治安形势还比较严峻，因此对于死刑原则上不增加也不减少，为什么不增加还比 1979 年多了 40 个死刑罪名？这增加的 40 个死刑罪名，全部是 20 世纪 80 年代以来搞"严打"增加的。

另外，我们要看到，死刑核准权自 2007 年 1 月 1 日起收归最高人民法院，虽然现在的死刑数字还没有公开，但是实践中死刑执行的数量可以肯定地说，下降了至少一半以上。我是主张废除死刑的，当然现在做到还很难，对于社会来说，学者的作用，比较理想的，就是能够像公鸡打鸣一样，把一些不为社会所接受的观点提前喊出来。前一段时间，我到某个中级人民法院执行死刑的场所看了一下，我问法警，从你的工作经验来看死刑减少了多少？他说至少减少了 70%，我感觉很欣慰。现在严重犯罪的指标还略有下降，当然整个社会治安形势还是比较严峻。但搞好社会治安绝不是靠死刑就能解决的。关于死刑问题当然是仁者见仁、智者见智。我还想讲一个观点，2009 年 2 月出现了一个可喜的立法现象，过去别说 20 世纪 80 年代的单行刑法，就是 1997 年以来的历次刑法修正，都是增加新罪名、提高法定刑，《刑法修正案（七）》却一改过去只强调入罪和提高法定刑的做法，而注意了某些罪的出罪和降低法定刑，如在对偷税罪的处理上，规定：经税务机关依法下达追缴通知后，补缴应纳税款，缴纳滞纳金，已受行政处罚的，不予追究刑事责任。对于这类情况，补交了税款，国库增加了收入，就没必要让人再受牢狱之灾。但你屡教不改也不行，因为同时规定了"五年内因逃避缴纳税款受过刑事处罚或者被税务机关给予二次以上行政处罚的除外"。

再一个是绑架罪，过去绑架罪的最低起刑点为 10 年有期徒刑，现在下降为 5 年，这也是妥协的结果，修正案草案当中绑架罪的起刑点是 3 年，但是人大常委会讨论通不过。关于这个刑法修正案我发表了两篇文章，我还反对绑架罪造成死亡的设绝对死刑，故意杀人罪也没有绝对死刑的，总有一些特殊的情节需要区别对待。

总的来说，我们的刑法比较严厉，但是不排除个别条文相对较宽，比如针对交通肇事罪一般只判 3 年，可能在现在的形势下有不严的一方面。但是整个刑法四百多个罪名总的来说不缺严只缺宽。所以我在中央党校写结业论文时，就主张"宽严相济"的时代要义在于"以宽济严"。

第四个转向：从政策至上转向原则刑法

这个观念很简单，任何国家的刑事立法都是一定政策思想的产物，但与政策的功利性特征相比，刑法更要受法治国家的一般原则的限制。回顾新中国成立六十多年来特别是改革开放三十多年来的刑事立法，我们可以较为清晰地看到刑法是如何从政策至上走向原则制约的。比如刚才我说了刑法不能溯及既往的原则，新中国成立后我们是溯及既往的。20世纪80年代初，我国立法机关全国人大常委会在一些单行刑法中，也采取了有条件甚至是全部的从新原则，前者如《全国人大常委会关于严惩严重破坏经济的罪犯的决定》规定，本决定自1982年4月1日起施行。……凡在1982年5月1日以前对所犯的罪行继续隐瞒拒不投案自首，或者拒不坦白承认本人的全部罪行，亦不检举其他犯罪人员的犯罪事实的，作为继续犯罪，一律按本决定处理。什么叫继续犯罪？虐待老人，从前天、昨天一直虐待到今天，这就是继续状态。以前犯罪了，到现在自首的，难道还能叫继续犯罪？所以法律溯及既往就是政策性的刑法，置原则于不顾。《全国人民代表大会常务委员会关于严惩严重危害社会治安的犯罪分子的决定》规定："本决定公布后审判上述犯罪案件，适用本决定。"这也是为配合"严打"政策而牺牲原则的做法，受到学界的批评。

随着1997年刑法对罪刑法定原则的确立，以及刑事法治理念的强化，此后在历次刑法修正时，都没有再出现过刑法溯及既往的现象。这是应当肯定的。

从刑法的角度还有很多问题值得研究。比如有人提出来现代社会是个风险社会，所以有人说这些原则不适用了，要另起炉灶。德国有人提倡敌人刑法，我们国内也有学者认为有道理，我写了一篇文章对此进行了批判，因为我们有因家庭出身不好就被划分为敌人的教训，这是不能搞的。在这个问题上有两条路：一条路是认为传统的法制原则都是过去的事，不能适合现在社会的应用；另一条路是采取原则——例外的模式，即总的来说还是要捍卫法治的基本原则，但可以考虑例外，比如交通肇事罪，对于醉酒造成严重交通危险的可以犯罪化处理，过失犯罪原则上还是以结果为原则，我们采用了原则——例外的模式，处理此种情形下的危险犯。在中国现阶段，我们更要巩固和捍卫那些基本原则，当然可以而且应当结合社会发展的需要作一些例外性的规定，但不需要另起炉灶。美国"9·11"事件后，西方国家针对他们面对的社会威胁，作一些矫枉过正式的反思和检讨是可以的。但我们国家刑事法制还在初创时期，所以公民刑法仍然没有完成，因此还要以权利保障为基本发展方向，然后针对特定的情形作一些例外的考虑。

此外，既然是例外就一定要谨记，在原则之外作一些例外性的处理时，对这些例外性的处理要进行严格的限制，只有在特别需要的情况下才可以考虑。如1997年刑法规定的黑社会犯罪，积极参加黑社会组织的就是犯罪，若仅是参加黑社会组织还没有犯罪行为就是犯罪吗？是的，因为黑社会对社会的危害太大了，这样刑法就要提前介入，防止造成更大的损失。恐怖组织也是如此。

法律的一个重要作用是预防，其首先要公之于世，让人知道要对自己的行为负责，这是法律溯及既往的理论基础。当然，在这个问题上，我们还有改进的余地，那就是现在的刑法修正案都采取"本修正案自公布之日起施行"的方式，我认为其施行时间还是太快了，很有可能新法公布之日社会上许多人还不清楚其具体内容，从这个意义上去惩罚行为人还是显得不公平。尽管刑法修正案不必像刑法典那样从公布到生效留出较长的时间，但也得留出适当的时间才好。

第五个转向：从民法刑法化转向刑法民法化

在"以阶级斗争为纲"的年代，我们的刑法无孔不入，许多本可以用民事法律来调整的社会关系都一概用刑事法律来解决。改革开放以来，大量的民事法律得以颁行，它们起到了塑造社会基础制度的作用，逐步把刑法推回到防卫社会的最后一道防线。民法地盘的扩大，相应地，刑法地盘的缩小，是我们这个社会健康发展的标志之一。

1993 年我到中国社会科学院参加工作，一位老同志过去参加过地下党的活动，要办离休的手续，就必须到当地的组织部去看档案，证明他是 1949 年以前参加工作的。我受单位委派去做这个工作，其中在查阅他的一位老同学的档案时，发现他被劳教过，劳教的理由是他生活作风不好，他的检讨书写道：虽然没有跟她发生肉体的关系但是毕竟有过邪恶的念头。你看，就因为这个邪恶的念头，就被劳教了，所以说刑法无孔不入。当然，我这里使用的是广义上的刑法，即把一切剥夺和限制人身自由的做法都看做是刑法的后果。

现在正好相反，刑法的民法化。以刑事自诉制度为例：自诉制度基于意思自治原则而建立，而意思自治是民法的一个重要理念。你赔偿道歉，被害人和解撤诉，他同意了不作为犯罪处理。我国继 1996 年修订刑事诉讼法扩大了刑事自诉范围之后，又在 1997 年修订刑法扩大了告诉才处理的案件的范围，如侵占罪等，从而再一次扩大了刑事自诉的范围。尽管如此，学界仍认为刑事自诉范围过窄，要求继续扩大其适用面。

再比如说 1997 年的刑法在处理与民法的协调方面也作出了努力，如第 36 条第 2 款规定："承担民事赔偿责任的犯罪分子，同时被判处罚金，其财产不足以全部支付的，或者被判处没收财产的，应当先承担对被害人的民事赔偿责任。"由此确立了民事赔偿责任优先原则。第 60 条规定："没收财产以前犯罪分子所负的正当债务，需要以没收的财产偿还的，经债权人请求，应当偿还。"由此确立了债权优先原则。这种关照民法制度的落实、使公权力的惩罚建立在满足民事赔偿或偿还的基础之上的做法，有助于依靠民法来夯实社会基础，防止"民转刑"案件的发生。这是对的，不是过去我们讲的国权民法，设计这个制度还是不错的。没收财产以及犯罪分子的债务应该偿还，这方面的例子很多。

在刑法的民法化方面，还有一个突出例子，那就是近年来实践中发展起来的刑事和解制度。过去我们的法律是不允许刑事案件"私了"的，即使双方出于自愿，一经发现，也要作废，甚至还要追究相关人员的法律责任。这种执法带来的后果是：虽然国家表面看似乎实现了正义，将犯罪分子定罪判刑，但有的被害人却感觉不到这种正义，因为他们宁愿得到来自犯罪人一方的物质赔偿或补偿，而相应地同意减免对方的刑事责任。现在我们开始反思：犯罪的矛盾本来就源于犯罪人和被害人，修复他们之间的关系应是刑事法律的一项重要使命。在一些比较轻微的犯罪中，如果能够通过一定的程序，使当事人双方实现和解，为什么不呢？从已有的实践看，刑事和解促进了社会和谐，效果是好的。我还坚持认为，即便对一些比较严重的犯罪，在处理过程中也可遵循这一思路，即充分考虑犯罪人一方与被害人一方的和解程度，包括赔偿、道歉、谅解等，进而适当地减轻对犯罪人一方的惩罚力度。当然，这也呼唤理论的创新，那就是要改变刑法属于纯粹公法的思维，而更多地接纳一些私法的内容。正如有的学者所言："法律的终极关怀在于人，公法之设在于保护人民的私权，公私法融合的终极目的是为了更好地保障人民的私权。"

再举个例子，我国的刑事附带民事制度至今仍不承认附带民事诉讼中的精神损害赔偿，而在民事诉讼中早已承认精神损害赔偿，这样不仅造成刑事附带民事诉讼中普遍的民事非正义问题，即脱离民事侵权法的一般归责原则，而且也人为地压缩了修复被告人与被害人之间的关系的空间，难以实现被害人得到物质补偿和精神抚慰并进而使被告人得到从轻或减轻处罚的"双赢"结果。比如，我撞伤一个人或者打伤一个人，这个人送医院抢救打了两瓶点滴就死了，结果只赔偿这两瓶点滴的钱，不赔偿精神损害，这不对。一个民事案件还可以得几十万元的精神赔偿呢，所以这明显不适合民事赔偿的需要。为什么不允许赔偿呢？就像孙伟铭这个案例。民法学最初也是这样的，例如有一个孩子被电死了获赔很少，我说这对父母只有一个孩子，失去孩子就要了他们的命，没有精神损害赔偿怎么能行呢？现在民法突破了，有精神损害赔偿，但刑法还没有突破，刑法只能赔偿物质损失。有精神损害赔偿，被害人谅解的难度就降低，这个何尝不好呢？我们监狱里多关一个人国库就要多拿一万块钱，最高人民法院的大法官说，这一万块钱可以解决落后地区4个小孩的上学问题。刑法的民法化好不好，这个想法很好，但是要规范，比如实在赔不起但又确实后悔、真诚道歉的，国家应拿出钱来赔偿被害人，因为国家也有责任，国家对犯罪人有法律援助制度，对被害人也应有相应的抚慰制度，既给予犯罪人法律援助，也给被害人适当的抚慰，但是对于后者我们现在的制度还很落后。

还有一种情况，民法允许的行为，刑法却将其上升为犯罪来处理，如民法允许民间借贷，但我国刑法却规定有"非法吸收公众存款罪"（另一个相关的罪名"集资诈骗罪"当然没问题，因为民法也不允许诈骗，至于该罪判死刑太重那是另一回事），这种罪名的成立符合逻辑吗？到底借贷多少才叫扰乱国家金融秩序，现在说不清楚。还有一个问题，集资诈骗罪要不要判死刑？毕竟是经济犯罪，普通诈骗罪中，诈骗分子不像杀人分子，诈骗罪是一个愿打一个愿挨，如果你没有占小便宜的心理，怎么能诈骗到你呢？所以不能让犯罪人百分之百地承担责任。对普通诈骗罪主要就是基于这样的理由没有设置死刑，但奇怪的是对集资诈骗罪却设死刑，这大概还是根源于把金融秩序看得高于普通人的财产保护吧。

第六个转向：从身份刑法转向平等刑法

过去在靠政策治国的时候，特别强调区分两类不同性质的矛盾：敌我矛盾和人民内部矛盾。这一带有浓厚政治色彩的学说"对中国刑法理论的研究具有深远的影响"。它也影响了司法实践中的不少人，"有些人在'运动'中和日常审判工作中，在接到案件后，往往先根据被告人的出身等情况，主观地形成这是'敌我矛盾的犯罪'，那是'人民内部矛盾的犯罪'的框子，然后再判断案件的性质和定罪量刑。"在划分两类不同性质的矛盾的标准上，曾经出现过政治态度说、阶级成分说、民愤大小说、犯罪性质说等多种主张，用政治分析取代了法律分析，大家知道同样是犯罪，只要定性为敌我矛盾处理就更重。

随着 1979 年新中国第一部刑法的颁布，越来越多的学者认为，对各类犯罪进行分类，是立法的职责，而且立法时也只能立足于行为而不能立足于某个人的家庭出身。至于司法部门在定罪量刑时，则更只需根据犯罪构成理论，严格依法办事就行。对任何人，无论其家庭出身、政治成分、社会地位、历史情况如何，都按照法律标准一视同仁，看其行为构成什么罪，就定什么罪，该判什么刑，就判什么刑。

不过，从立法论的角度看，1979年刑法还有"身份刑法"的痕迹，如同是爆炸、放火、决水，却根据其有无"反革命目的"而分别归入不同的章节，如果有"反革命目的"，则构成"反革命罪"一章中的反革命破坏罪；如果没有"反革命目的"，则构成"危害公共安全罪"一章中的爆炸罪、放火罪和决水罪。1997年刑法取消了这种区别对待，将原来包含在"反革命罪"中的爆炸、放火、决水行为一并归入"危害公共安全罪"中的爆炸罪、放火罪和决水罪，这显然更加妥当。因为行为人有无反革命目的有时很难认定，刻意去区分只能徒增司法负担，而将相同的行为放到同一章节来处理于司法实务也要方便得多。

1997年刑法确立了一个基本原则——刑法面前人人平等，这对于曾经有过身份论、出身论的中国而言，具有特殊的意义。但这个原则怎么落实？举个例子，"破坏军婚罪"，一般人的重婚罪要与别人重婚才构成，但如果明知是现役军人的配偶而仅与之同居（没有重婚），也构成破坏军婚罪，如果与之重婚，则判得比普通重婚罪更重。但还有可能涉及其他职业。例如，警察也很辛苦，经常不能跟妻子小孩在一块，警察的婚姻是不是也应该特别保护？还有船员，有的船员出海一次几个月都回不来，船员的婚姻是不是也要特殊保护？我国台湾地区的立法就废除了对军婚的特别保护。现在是和平年代，已经不是战争年代了，不要再给予军婚特殊保护，军人配偶也有婚姻的自由。

此外，像我国刑法对强奸、奸淫幼女等犯罪的规定，均只将受害人限定为女性，这其实也是不科学的。我国台湾地区现行刑法对这类犯罪的规定就明确男女均可成为受害人，其立法目的"旨在维护男女平权之原则及尊重男女性自主权"。实际中，不久前网上爆出的新闻，有女教师奸淫小男孩的，这是奸淫幼男，这怎么不是犯罪呢？还有，我国刑法在一些本来应该包括男女两性的条文中（事实上也包括男女两性），却一概使用"他"字，在我国台湾地区的"刑法"中都是使用中性的"行为人"或"其"，这样既可以是男性也可以是女性，值得我们借鉴。

第七个转向：从个人刑法转向个人与单位并列刑法

过去我们没有搞市场经济，企业赚了再多的钱也是上交国库，那时候没有单位犯罪只有个人犯罪。改革开放之后，随着经济体制改革和对外开放，中国经济所有制关系发生了显著的变化：一是出现了个体企业、私营企业、合资企业、合作企业、外商独资企业等公有制之外的多种所有制经济形式；二是原来的国有企业也从政企不分到政企分开，成了相对独立的经济实体，利益驱动使这些单位的违法犯罪活动也日趋严重，用刑法手段来规制的呼声日益高涨。1987年，《中华人民共和国海关法》第一次把单位规定为走私罪的主体，开创了中国惩治单位犯罪的先河。此后，中国立法机关相继在一系列单行刑法和附属刑法当中规定了将近50个单位犯罪的罪名。1997年刑法在基本吸收了这些罪名之外，又增加了一些新的单位犯罪罪名。据统计，我国现在全部刑法罪名大约有440个，其中单位犯罪罪名约140个，占大约1/3。这种犯罪还在扩大，但也存在很多问题。有的本罪是特殊主体，有特殊的身份才能构成特殊主体，单位犯罪是中国经济发展过程中为解决突出的单位犯罪现实问题而迅速规定在刑法中的，其理论准备并不充分。比如，关于单位犯罪的刑事责任的法理基础到底是什么，与刑法中传统的个人责任理论有无冲突？国家机关能否成为单位犯罪的主体？前几年就出现了法院被作为单位犯罪的主体而受到起诉的案例，最后在最高司法机关的介入下，检察机关撤回起诉，只能勉为其难地起诉法院的院长和副院长，这个案例引起刑法学界对刑法中规定单位犯罪的主体范围的反思。国家机关在中国不宜作为单位犯罪主体处理，你罚了钱还得由国库来解决，除非自己去创收，那样又会有腐败。从个人刑法转向个人与单位并列的刑法，刑法理论上也还有很多的问题值得探讨，包括单位犯罪的理论依据和追责原理。

第八个转向：从刑罚单轨制转向刑罚与保安处分双轨制

比如说邱兴华这样的犯罪人，经过鉴定没有精神病再枪毙，如果是精神病人不负刑事责任就释放，在这二者之间没有一个中间地带，这里能不能有点过渡空间？对于有严重心理障碍的人，不要判死刑一杀了之，也不要一放了之。可以采取"保安处分"措施把他关起来进行治疗。美国刺杀里根的那个人现在还被关着，鉴定了好多次，专家都觉得他仍然有问题，就不放他出去。

我们没有这个制度怎么办？只能是鉴定你没有精神病就把你杀掉。现在有人反映，监狱也有为数不少的精神病人，有的人判刑的时候不是精神病，关进去就成精神病了。精神病人对社会有威胁不能放掉，但是病人不能简单关起来惩罚，就得去治疗。

1979 年刑法对保安处分几乎没有什么关注，这与当时的社会背景有一定的关系：在计划经济条件下，国家权力深入社会的每一个角落，吸毒、卖淫嫖娼等社会丑恶现象自 1949 年新中国成立后即被禁绝。但随着改革开放政策的实施，社会活力和人的自由度加大，传统的"单位人"向"社会人"转换。作为社会发展的一种辩证结果，各种社会丑恶现象也有了死灰复燃的机会。为因应治理的需要，国家相继颁布了一系列含有保安处分措施的单行法，如1990 年通过的《全国人民代表大会常务委员会关于禁毒的决定》，规定：对于吸食、注射毒品成瘾者，应予以强制治疗戒毒；如在强制戒除后，再度吸食、注射毒品者，将实行劳动教养戒毒。1991年通过的《全国人民代表大会常务委员会关于严禁卖淫、嫖娼的决定》，规定：对卖淫嫖娼者，施以强制教育处分；如发现其患有性病，进行强制治疗。

1997年刑法修订时，曾有将保安处分措施引入刑法体系的建议，但反对意见认为，保安处分制度易被滥用，恐对人权保障造成威胁，所以最终没有确立刑罚与保安处分之双轨制。我的中心意思是刑法既要达到有效保卫社会的目的，又要达到保护人权的目的，为此就要通过双轨制的制度设计：刑罚主要针对你的犯罪事实进行惩罚，保安处分主要是针对犯罪行为表现出来的危险性，对行为人进行治疗和矫治，预防其未来不去犯罪。但是有人说社会主义国家从苏联以来就不看好保安处分，保安处分是希特勒镇压先进社会力量的武器，这是因噎废食。

其实，社会对保安处分有需要，而且在刑法之外各种保安处分措施也事实上零散地存在，那么如何把它们体系化，既增强其保卫社会的整体功能，又使其符合正当程序的要求，就不是一件可有可无的事情。我国立法机关目前正在针对劳动教养制度制定违法行为矫治法，我建议扩大该法的视野，除劳动教养外，还将对精神病人的强制医疗、未达到刑事责任年龄的违法少年的收容教养、卖淫嫖娼人员的教育处分、吸毒人员的毒瘾戒除等包括进去，以形成一部与刑法并列的保安处分法，从实体、程序、执行等诸环节分别予以规范。

第九个转向：从封闭刑法转向开放刑法

我国在改革开放之前很少参与缔结国际条约，但改革开放后这种局面发生了变化。例如，我国最近二十多年来共缔结和加入了两百多个国际公约，这从一个侧面也反映了中国日益融入国际社会，并且日趋主动地参与有关国际规则的制定。在这种背景下，我国1997年刑法第9条增加规定：对于中华人民共和国缔结或者参加的国际条约所规定的罪行，中华人民共和国在所承担条约义务的范围内行使刑事管辖权的，适用本刑法。这是我国刑法从封闭走向开放的象征之一，但还不够，因为我国刑法已经明确废止了类推、确立了罪刑法定的基本原则，而国际条约对有关国际犯罪的规定往往是一种倡议性或至多是对于罪名的规定，还没有见过哪个国际条约明确规定了对某种罪行的具体刑罚，这大概是因为在国际条约上能就某种行为构成犯罪达成一致已经很不容易，由于各国刑罚轻重、结构和种类差异很大，要达到规定具体刑罚这一步殊非易事。

我国刑法第9条规定了普遍管辖原则，即某些犯罪行为跟我国没有关系我国也要审判他或者将其引渡回国，但是过去我们不这么看，我们不参加国际公约，我们把它当成错误的原则批判，认为它是西方霸权主义的东西。现在我们承认了这一条，当然只是承认还不够，刚才我说要遵循罪刑法定原则，因而必须在分则中明确是什么罪名、判什么刑，否则不解决问题。

应当看到，我国国内刑法与国际刑法规范不相衔接的地方已经影响到与一些国际犯罪作斗争的需要，如我国派出了海军护航队在亚丁湾水域抓捕海盗，一个现实问题是假如在公海上（而不是在我国的船舶上）抓到海盗后，能否直接送交我国法院审判？本来按照《联合国海洋法公约》，我国对海盗罪是可以行使普遍管辖权的，但由于我国刑法并没有规定"海盗罪"这样一个罪名，因而在法律适用上可能会遭遇难题。虽然我国刑法中有与海盗罪近似的罪名（如劫持船只、汽车罪，故意杀人罪，抢劫罪等），但这些罪名与国际法上公认的海盗罪仍然有一定的距离，覆盖不了全部的海盗行为。此外，如果我们用其他罪名去行使普遍管辖权，从法律依据来说毕竟也不那么理直气壮，甚至还会导致国际社会对我国法律产生不必要的不信任感。

像赖昌星，从加拿大遣送回中国不判死刑，这个问题我们作出了承诺。这个承诺是在1997年刑法留有一个尾巴的基础上作出的，即在必要的情况下经过最高人民法院核准可以在法定刑以下判刑，这也算是从封闭走向开放的一个事例，因为过去国门不开的时候，几乎不存在这类贪官外逃的问题。

（本文为2009年9月12日在中国政法大学法学院和腾讯评论联合举办的"燕山大讲堂"第43期的演讲整理稿）

从革命刑法到建设刑法

一

革命是一种最激烈的社会变革，有关国际法律文件对特定形势下的革命的合理性是给予支持的，如 1948 年的《世界人权宣言》序言就指出："……鉴于为使人类不致迫不得已铤而走险对暴政和压迫进行反叛，有必要使人权受法治的保护……"在革命时代产生和使用的刑法，可以称之为"革命刑法"。革命刑法具有自己的一些鲜明特点，如以打击旧制度、支持新制度为使命，强调阶级斗争。

"十月革命"胜利后，苏维埃共产党在刑事立法中坚持阶级斗争的理论，使当时的刑法具有鲜明的"革命刑法"特征。列宁在阶级斗争学说的指引下，领导制定了 1922 年的刑法典。其中，在对待反革命罪的态度上，主张加重刑罚、扩大死刑的适用范围。苏联刑法学家皮昂特科夫斯基在《苏维埃刑法教程》中明确指出："关于犯罪与刑罚的阶级性观点就像一条红线贯穿于整个刑法典。"应当说，阶级斗争理论对于解决敌对阶级相互对立状态下的社会矛盾有其积极意义，但在阶级斗争已经不再是社会的主要矛盾时，如果仍然僵化地坚持阶级斗争的理论，就可能对社会主义建设和社会主义法制造成破坏。

事实上，对阶级斗争的持续强调，使苏联社会长期处于强烈的意识形态化的背景之下，为后来斯大林发动"大清洗"运动埋下了伏笔。正如我国刑法学者王世洲所指出的："'革命刑法'并不因为其拥有的革命头衔就永远是对社会发展起进步作用的……（由于）闭关自守和阶级偏见太严重，苏联在刑法理论体系的构造方面过于简陋，刑法的基本概念和基本体系也比较粗糙，无法获得社会高度发展状态下所需要的可靠的确定性和稳定性，难以满足苏联在社会、经济、政治、人权发展等方面的要求。"

二

1949 年中华人民共和国成立后，明令废除了国民党的"六法全书"，与此同时，起草新的刑法典的准备工作也开始进行。但遗憾的是，在"以阶级斗争为纲"的思想指导下，国家最终陷入了靠政策和运动来治理的误区。直到"文化大革命"结束，才痛定思痛，于 1979 年制定了第一部刑法。

在刑法颁行前，我国刑法领域的革命色彩相当浓厚。如 1951 年颁布的中华人民共和国第一部单行刑事法律《中华人民共和国惩治反革命条例》，每个罪刑条文都有死刑，有的还是绝对死刑、没有选择余地，并且在时间效力上采取了溯及既往的做法，其第 18 条规定："本条例施行以前的反革命罪犯，亦适用本条例之规定。"刑法在时间效力上不能溯及既往、遵循"从旧兼从轻"的原则，这是和平时期法治社会的一项基本原则，也是国际社会的通例。当然，在革命刚刚胜利、特别是中华人民共和国彻底废除国民党"六法全书"的特殊时期，这个问题有一定的复杂性和特殊性（若一概不准新生政权的刑法溯及既往，那么就会出现对于新法之前的杀人等犯罪也无法追究的情形），但如果就此认为新法理所当然地具有溯及既往的效力，不加区别地将新法适用于所有过去的行为，则显然也是不公平的。

我在写《刑法六十年》时，看了些资料，如高铭暄、赵秉志两位教授编的《新中国刑法立法文献资料总览》中有一篇文章，作者为李琪，题目是"有关草拟《中华人民共和国刑法草案（初稿）》的若干问题——在刑法教学座谈会上的报告"，里面提到："刑法的任务，主要解决敌我之间的矛盾。"针对有人主张刑法的任务不要写"反革命"字样，只写同一切犯罪分子作斗争，以及分则第一章不要叫"反革命罪"而叫"国事罪"，作者认为"是完全错误的"。

在特定的历史环境下，刑法学研究也带有浓厚的政治色彩，如关于反革命罪有无未遂的问题，本来是一个纯法律的学术争论，但在1952年的司法改革运动中，主张反革命罪有未遂的观点被斥责为"六法全书"的观点，到1957年下半年开始的"反右"斗争中，更是达到登峰造极的地步，凡是主张反革命罪有未遂的人均被打成"右倾分子"。"反右"斗争后，法律虚无主义盛行，一些刑法上的重要理论，如刑法基本原则、犯罪构成等，成为禁忌；各高校编写的教材，也大都是为适应政治运动需要，过分强调政治性，专业内容大大压缩，有的学校把刑法课程的名称也改为"刑事政策法律"，以突出政策。在这种形势下，不仅"罪刑法定"这样一些贴有西方刑法学标签的刑法原理被作为"剥削阶级"的刑法思想而受到清算，就连从苏联引进的犯罪构成理论也被打入"冷宫"。1958年，中国人民大学法律系刑法教研室编写的一本刑法教科书，书名就叫《中华人民共和国刑法是无产阶级专政的工具》，该书关于怎样认定犯罪的论述只字不提。这种情形一直持续到1976年，是年12月北京大学法律系刑法教研室编写了一本名为《刑事政策讲义》实为刑法教科书的著作，该书在

"正确认定犯罪"这一题目下，不仅同样讳言"犯罪构成"一词，还强调在认定犯罪的时候要查明被告人的出身、成分和一贯的政治表现等，要以阶级斗争为纲，坚持党的基本路线，用阶级斗争的观点和阶级分析的方法分析问题、处理问题。

1979 年，在原有的第 33 稿草案的基础上，经过修改补充，中华人民共和国终于颁布了第一部刑法。应当说，这是结束"以阶级斗争为纲"的产物，是我国法制建设的巨大进步。但我们也应看到，受历史条件的限制，该部刑法的革命色彩依然较为浓厚。例如，整部刑法共有 28 种死刑罪名，其中"反革命罪"就占到一半以上，反映了当时的立法者仍然十分重视用刑法武器来"严惩各种反革命活动"。但随着国家的主要任务转到"以经济建设为中心"上来，实践中被以反革命罪来定罪判刑的越来越少。1993 年 10 月 15 日，中央电视台播报了当时的司法部部长肖扬答记者问，截至 1993 年 10 月，我国在押的全部犯人为一百二十余万，其中反革命犯只占 0.32%，即 3840 人。相应地，非政治性的犯罪，包括治安犯罪、经济犯罪和腐败犯罪，越来越多地成为刑法规制的内容，这从 20 世纪 80 年代起全国人大常委会相继制定的二十几个单行刑法中可以得到反映。

1997 年修订后的新刑法，增加的众多新罪名也都突出表现在生产、销售伪劣产品，破坏金融和公司、企业的管理秩序，侵犯知识产权，破坏环境资源保护以及贪污贿赂、渎职等领域。新刑法规定了 68 种死刑罪名，从各章分布来看，"危害国家安全罪"一章规定了 7 个死刑罪名，约占 10%，而"破坏社会主义市场经济秩序罪"一章规定了 16 个死刑罪名，占到 24%，居各章之首。虽然对于破坏社会主义市场经济秩序罪这类非暴力犯罪规定死刑招致了学界的批评。（批评的理由之一是，非暴力犯罪规定死刑有违联合国《公民权利和政治权利国际公约》的精神，该公约规定："在未废除死刑的国家，判处死刑只能是作为对最严重的罪行的惩罚。"根据联合国经社理事会的有关文件，这里的"最严重的罪行""包含着这样的犯罪应该是导致生命的丧失或者危及生命的意思。在这一意义上，危及生命是行为的一种极有可能的结果"。）但这一现象至少表明了立法者将刑法的主要任务从政治领域转移到了经济建设等领域上来。

三

革命刑法转向建设刑法的另一个标志性事件是新刑法把原来的"反革命罪"修改为"危害国家安全罪"，用法律色彩更浓的名称取代了政治色彩浓厚的名称。这不只是一个简单的名称改变，而是反映了立法者对国家步入和平建设时期后刑法任务的认识上的深化。事实上，1979 年刑法第 2 条关于刑法的任务使用的措辞是"用刑罚同一切反革命和其他刑事犯罪行为作斗争""保障社会主义革命和社会主义建设事业的顺利进行"，而 1997 年刑法第 2 条却改为"用刑罚同一切犯罪行为作斗争""保障社会主义建设事业的顺利进行"，这也可以视为是对革命刑法转入建设刑法的立法思维的贯彻。将"反革命罪"改为"危害国家安全罪"，还可以便于与国际和区际交往，"反革命罪"容易使人把对犯罪的惩处意识形态化，而"危害国家安全罪"则是任何一个国家和地区的刑法都必须承担的任务，这对刑事司法合作也是有益的，从而间接地支持了国家的各项建设事业。

我国现行刑法中"革命刑法"的影子在一些地方还存在，今后还需要结合社会的发展不断予以完善。如我国刑法中的没收财产刑：如果说在新民主主义革命时期和社会主义三大改造时期，没收财产刑曾经发挥过积极的历史作用，为建设社会主义新中国奠定了物质基础，那么现在我们已经进入社会主义建设时期，没收财产刑就需要重新检讨了。事实上，当今世界各国和各地区的刑法有一个共同的趋势，那就是都纷纷废除了普通的没收财产刑，而通过设立罚金刑、规定对犯罪所得进行特别没收等制度来进行弥补，这主要是基于现代社会日益强调保护公民合法财产的理念。例如，德国联邦宪法法院就于 2002 年作出判决，判定其刑法典第 43 条（a）关于财产刑的规定不符合其基本法（德国宪法）第 103 条第 2 款的精神，因而宣布刑法的此项规定无效。这种精神也体现在有关国际公约中，如《联合国反腐败公约》第 31 条关于"冻结、扣押和没收"的规定，就只将没收的范围限定在犯罪所得或者犯罪所得转变或转化而成的财产，以及与从合法来源获得的财产相混合中的犯罪所得部分，也就是说，不能没收犯罪人从合法来源获得的财产。特别考虑到中华人民共和国成立后对地主、富农和资本家的财产没收以及"文化大革命"期间发生的各种抄家现象在国际上造成的一些负面影响，现在继续沿用"没收财产"这样一个刑罚名字也容易造成不必要的误会和担心。

因此，我以为，为与宪法中的相关规定相协调（如第 13 条关于国家保护公民的合法财产权的规定），废除现在的普通没收财产刑，进一步完善罚金刑，并将刑法第 64 条规定的"特别没收"制度加以完善，应是妥当的选择。我国刑法第 64 条规定：犯罪分子违法所得的一切财物，应当予以追缴或者责令退赔；违禁品和供犯罪所用的本人财物，应当予以没收。实践中此规定由于过于简单，操作很不规范，造成对当事人和第三人的合法财产权的侵犯，建议借鉴国外立法经验，提升其法律地位，把它由一条变为一节，明确"违法所得"的范围，规定必须由法院裁决，等等。罚金刑与没收财产刑都能达到对犯罪人经济上制裁的作用，但两者角度不一样，前者突出对行为人犯罪行为的惩罚，而后者则突出对公民合法财产的没收。

四

1997 年刑法将"刑法面前人人平等"确立为刑法的三项基本原则之一，这对于曾经有过身份论、出身论的中国而言，具有特殊的意义。尽管学界一般将该项原则理解为一项司法适用原则，但我认为，还应将其精神贯穿到立法中，否则刑法中的平等原则就有先天不足。毋庸讳言，在这方面我们还存在有待改进的空间，如刑法对一般累犯规定前后罪应是 5 年之内，但对危害国家安全的犯罪则规定任何时候再犯危害国家安全罪，都要以累犯论处。为什么不取消后面这种规定呢？设置累犯的意义同样应适用危害国家安全罪，既严惩一定期限之内的屡教不改，但过了一定期限则按正常的量刑幅度去量刑。

又如破坏军婚，一般人的重婚罪要与别人重婚才构成，但如果明知是现役军人的配偶而仅与之同居（没有重婚），也构成破坏军婚罪，如果与之重婚，则判得比普通重婚罪更重。不论是否战时，在和平年代这种特殊保护是否站得住脚？2005 年，我国台湾地区"立法院"以现在情势下军人婚姻生活与安全保障没有必然关系为由，废除了"军人婚姻条例"，现役军人婚姻事项回归普通民法规范，而破坏军人婚姻事项则回归普通刑法规范，从而废除了对军人婚姻的特殊民事和刑事保护，这或许能给我们以启发。此外，平等原则的贯彻还有一些值得研究的问题：如我国刑法往往根据财产的国有或非国有性质，分别确立不同的罪名，同是挪用，非国有的构成挪用资金罪，国有的则构成挪用公款罪；

同是侵占，非国有的构成职务侵占罪，国有的则构成贪污罪。刑法往往对国有财产保护的力度要大，设置的刑罚要重。现在宪法和物权法已经确立了对私有财产的平等保护原则，刑法应当在这方面跟上，尽可能平等地保护国有财产和非国有财产。

朝着这样一个方向，我们可以继续反思刑法中的某些规定，如刑法第68条关于立功的规定，鼓励犯罪人揭发他人犯罪行为。该制度来源于过去"肃反"中的"立大功受奖"的政策，可以说是我国刑法的一大特色。如果说在革命刚刚取得胜利时，面对那时阶级斗争还比较严峻的局面，需要发动一切可以发动的力量来揭发检举敌人，以巩固政权，那么在社会已进入和平建设时期，该制度就需要重新审视。刑事责任的根据是犯罪行为本身给社会造成的危害，以及通过犯罪行为所反映出来的行为人的主观恶性。以揭发检举别人为内容的立功制度远离了刑事责任的根据，是在犯罪行为和主观恶性之外寻找刑事处罚的理由。

又如刑法第39条对被判处管制的犯罪人规定了一系列的义务，其中对行使言论、出版、集会、结社、游行、示威自由的权利的限制和对会客的限定是否过于严苛？刑法第75条和第84条对缓刑犯和假释犯，在已经规定了要遵守法律、行政法规、服从监督的前提下，还专门对其会客作出限定，在我看来也是不必要的。这种规定要么流于形式，得不到有效执行；要么就为执行机关或执行人员随意干预别人的私生活提供了口实。也许在革命胜利初期，为防止"反革命分子"利用会客之机进行密谋搞破坏是必要的，但时至今日，对于管制犯、缓刑犯和假释犯这类轻刑犯和主观恶性不大者，实无必要对其会客之类的活动进行干涉。甚至我国刑法中的一些措辞也需要更改，如多处使用"犯罪分子"，我认为改为"犯罪行为人"更好。我本人过去也在自己的论著中使用"犯罪分子"的称呼，现在看来是不妥的。"犯罪分子"的称呼带有比较浓厚的专政味道和明显的贬义色彩，而"犯罪行为人"则更为中性。

（本文为 2009 年 12 月 13 日在浙江大学光华法学院举办"转型期法治"研讨会上的发言，其主要内容后来发表于《法学研究》2010 年第 1 期）

从国权刑法到民权刑法

　　我近年来在做一个社会转型期刑法发展方面的课题。2010 年《法学研究》第 1 期有一个笔谈，我提交了一个发言稿叫《从革命刑法到建设刑法》，今天的发言是"从国权刑法到民权刑法"，这也算是一个系列吧。近年来我们刑法学研究出现了一个值得注意的现象，一些学者包括一些重量级的学者特别强调刑法教义学的研究，最近我们法学所刚刚开了一个会，有一个北京大学的年轻学者说："你看在中国西原春夫的《刑法的根基》影响特别大，德国罗克辛的《刑法总论》影响特别小，而这两本书的命运在国外正好是相反的。在国外罗克辛的刑法教义学的著作影响很大，而西原春夫的《刑法的根基》在日本几乎没有人看。"我觉得，一方面我们的刑法教义学在过去很不发达，特别是很粗糙、很意识形态化，这方面我们当然有提升的使命，我们刑法的一些理论、教义要细化、要深化，但如果只强调这一点，而不看到中国整个社会处在一个转型时期，如果我们在一种革命刑法和国权刑法的结构下去研究刑法教义学，那我们会出现很多可以说没有办法解决的问题。近年来有的案子如许霆案，整个社会的民意或者说从官员到老百姓都觉得我们的刑法学没有有效地解决这些问题，尽管在刑法学界内部似乎大多数学者的教义学论证都觉得没有问题。所以我觉得这样一个社会大背景应当引起我们的重视，也就是说如果将当代中国法学的历史使命落实到我们刑法中来，应该是两个使命：一个是对于刑法教义学的细化和深化，但与此同时还是要注意转型期刑法正义的实现问题。

刑法长期以来被认为是人民民主专政的"刀把子"，是打击犯罪的"锐利武器"。而一说到犯罪，又似乎就是公民个人破坏国家和社会的公共利益。但这其实只是刑法的一面，它的另一面是：刑法还是保障人权的大宪章，而犯罪也包括国家机关等公权力部门对公民个人权益的侵犯。因此，刑法在打击私权利挑战公权力、公民侵犯国家利益的犯罪的同时，还要打击公权力侵害私权利、国家侵犯公民利益的犯罪，这就要求从传统的国权刑法观走向现代的民权刑法观，即要对国家刑罚权作出必要的限制，刑法应当在约束公权力、保障私权利中发挥应有的作用。

我国在追求罪刑法定表述的中国特色的同时，落掉了三个最重要的字：行为时。罪刑法定指的是行为时法律有无规定为犯罪、是否处罚，也就是说，禁止新法溯及既往（除非依照新法更有利于被告人）。虽然我国目前基于对罪刑法定原则的本质理解，在司法实践中贯彻"从旧兼从轻"原则并没有出现多大的问题，但从防止立法和司法的任意性、增强表述的科学性和与国际的可交流性出发，还是应当在适当时候将罪刑法定原则的表述更改为"行为之处罚，以行为时法律有明文规定者为限"这样一种明确而简朴的表述法。

与此相关的另一个问题是，罪刑法定要求刑法规范要尽可能地明确，1997年新刑法虽然在这方面作出了一些努力（如将某些量刑情节采取列举的方式列出来），但还很不够，刑法分则中还有许多"情节严重""数额巨大"以及在列举中的兜底条款，它们都无法满足明确性的要求。

进一步需要注意的是，即使罪刑法定的自身表述得以改进，刑法分则也贯彻了明确性原则，是否就可以对刑法的人权保障高枕无忧了呢？不然！且听西原春夫的警告："成文法的条文在侵害人权的意图面前不是那么有力……对人权的侵害大多是由形式上伪装成罪刑法定主义的恶法以及法的恶用所导致的。"因此，我历来主张，罪刑法定也好，犯罪构成也好，它们在实现刑法的人权保障机能方面必须和宪政、民主等国家政治制度结合起来，才能发挥有效的作用。

我国刑法在迈向民权刑法方面还有其他一些积极信号，如2009年2月28日通过的《刑法修正案（七）》，对公民个人的隐私权给予了重视，规定国家机关或者金融、电信、交通、教育、医疗等单位的工作人员，违反国家规定，将本单位在履行职责或者提供服务过程中获得的公民个人信息，出售或者非法提供给他人，情节严重的，要负刑事责任。朝着这样一个方向，我们可以继续反思刑法中的某些规定，如刑法第39条对被判处管制的犯罪人规定了一系列的义务，其中对行使言论、出版、集会、结社、游行、示威自由的权利的限制和对会客的限定是否过于严苛？刑法第75条和第84条对缓刑犯和假释犯，在已经规定了要遵守法律、行政法规、服从监督的前提下，还专门对其会客作出限定，在我看来也是不必要的。再如，我国刑法关于时效的规定，只有追诉时效，却没有行刑时效。本来在刑法起草的第22稿中曾经有过行刑时效的规定，即对于犯罪行为人所判处的刑罚，从判决确定之日起，经过一定期限没有执行的，就不再执行。但后来删除了，理由是"可能对被判刑后的犯罪分子的逃跑，起鼓励作用，害多利少"。但正如前述论者所指出：判决没有执行的原因，可能是发生战争或大的自然灾害，也可能是审判机关或执行机关判决以后忘了执行。在忘了执行的情况下，仍然要无限期地执行刑罚，这与国外比较普遍地确立行刑时效的立法例相比，显然是一种国权刑法观，如果从民权刑法的角度来看，就应当规定行刑时效，只要不是被判刑人的故意逃跑，经过一定的期限，如果刑罚没有执行，就不再执行。甚至我国刑法中的一些措辞也需要更改，如多处使用"犯罪分子"，我认为改为"犯罪行为人"更好。

应当看到，无论从刑事立法还是刑事执法来看，我国要真正实现由国权刑法到民权刑法的转变，还任重而道远。如我国的诽谤罪，本是自诉为主、公诉为辅，但实践中却变成了公诉为主、自诉为辅。又如，刑法第251条"非法剥夺公民宗教信仰自由罪"可以说是刑法保护公民宗教信仰自由的体现，第300条"组织、利用会道门、邪教组织、利用迷信破坏法律实施罪"则是对实践宗教信仰的规制，但实践中保护力度不够，规制力度则不断强化，结果本来是宗教信仰自由的内容也被当成违法犯罪来对待。

再如，我国有关国家秘密犯罪的规定，对国家秘密的范围规定得太广、太含糊，这其实正与现代社会扩大公民知情权、缩小国家秘密的趋势背道而驰。而且在实践中，一些并没有明示为国家秘密的资料，通过事后由省国家保密局等行政机关来鉴定为国家秘密。谁都知道，保密局这样的行政机关往往是更容易倾向于把某一资料鉴定为国家秘密的，这当然不利于被告人。我曾接到一个材料，被告人在上访中拿到别的上访户给他的一份《中共中央政法委员会关于印发〈涉法涉诉信访责任追究规定〉的通知》，就被以"非法持有国家机密文件罪"定罪判刑。该通知在网上都能查到，竟也被该省国家保密局鉴定为"机密"。

我讲这些是想说明一个观点，那就是从国权刑法转向民权刑法，我觉得这个任务还远没有完成。

（本文为2010年12月27日在华中科技大学法学院举办的"武当论道：当代法学的历史使命"论坛上的发言整理稿）

人权与毒品政策

　　毒品问题已经成为一个世界性的问题，目前，全球有两亿多人在使用毒品，吸毒人群遍及全球两百多个国家和地区。中国目前登记在册的吸毒人员近 100 万人，因而也面临毒品这样一个严峻的社会问题。这就决定了讨论"人权与毒品政策"是一个很有现实意义的话题，对此，我从以下三个方面略作展开。

　　一是刑法与毒品犯罪。国内外的主流观点认为，对毒品犯罪的打击就是对人权的保障，因为听任毒品犯罪泛滥，将使人权遭受威胁。从世界范围的刑事立法来看，全球都在进行一场"毒品战争"，刑法对这方面的规制也日趋严厉。中国也是如此，1979年颁布的刑法关于毒品犯罪的规定仅有一条（第 171 条），即制造、贩卖、运输毒品罪，其常设刑罚最高不超过 5 年有期徒刑（一贯或大量制造、贩卖、运输毒品的可处 5 年以上有期徒刑），到 1997 年颁布的新刑法，则在第六章设专节"走私、贩卖、运输、制造毒品罪"，用 9 个条文规定了多种毒品犯罪，不仅对"走私、贩卖、运输、制造毒品罪"大幅度提高了刑罚（最高刑为死刑），而且还增加了"非法持有毒品罪"等新罪名。不过，中国刑法对吸毒行为始终坚持非犯罪化，即吸毒不是刑法上的犯罪，与此相对应，非法持有毒品罪也要持有较多的毒品才能构成犯罪，持有少量的供自己吸食的毒品不构成犯罪。

　　我们注意到，近年来在国外理论界，有一种将软性毒品非犯罪化甚至合法化的思潮，主张对这类毒品建立与酒精管制相类似的管制制度。个别国家如荷兰确实通过立法，允许商店出售大麻这种软性毒品。有研究指出，这种新的政策并没有导致对使用毒品的程度产生任何不利的后果。另外，有的国家如美国，现在出现了越来越多的毒品法庭，对有犯罪行为的吸毒者，通过专门的法庭和矫治程序来取代过去简单的刑事惩罚。欧美还有一些学者批评毒品刑事政策一再被强化有违初衷，认为应逐步降级对毒品的"战争"。与此相联系，也有的学者批评设立"非法持有毒品罪"这种罪名，如享有世界声誉的德国刑法学家克劳斯·罗克辛（Claus Roxin）就指出，持有毒品并没有损害到他人的法益，因而不该被定罪处罚。这些意见近年来也在我们中国的刑法理论界引发了讨论。

二是毒品使用者的羁押。如前所说，中国刑法对吸毒行为坚持作非犯罪化处理，但这并不意味着吸毒行为的合法化，相反，吸毒在中国是一种违法行为。在 2008 年 6 月 1 日禁毒法实施之前，中国有强制戒毒、劳教戒毒、自愿戒毒三种戒毒制度，其中强制戒毒由公安机关强制、戒毒所实施；劳教戒毒主要针对经过公安强制戒毒后又复吸的吸毒成瘾人员，由劳动教养机关负责、归属司法行政机关；自愿戒毒是在社会上专业戒毒医疗机构内进行。与自愿戒毒相比，当时强制戒毒和劳教戒毒是国家戒毒制度的主体。

2008 年 6 月 1 日禁毒法的实施是中国戒毒制度的重要改革，它把强制戒毒和劳教戒毒统一为强制隔离戒毒，在保留自愿戒毒的基础上，新增了社区戒毒和社区康复的内容，并且建立了药物维持（美沙酮替代治疗）制度。从禁毒法的设计来看，戒毒体系的重心转到了社区戒毒和康复方面，应当说，这一思路是正确的，它不仅更加科学，也更加人道。当然，禁毒法在实践中，还有一些问题需要跟踪和完善。例如，根据西北政法大学褚宸舸博士的调研，强制隔离戒毒的管理体制还没有理顺，还是公安机关和司法行政机关各管各的的戒毒所；强制隔离戒毒的方法和原有的强制戒毒、劳教戒毒实质性改变不大，在不少地方仍然是"干戒"加劳动，关键性的心理康复、行为养成仍然薄弱；而社区戒毒的落实也还面临许多困难，由于我国大多数地方存在社区工作能力不足的状况，如何从财政到人员确保社区戒毒（康复）不致落空和走样，还有很多工作需要做。

三是毒品使用者的健康权。这方面重点谈两点：其一，针具交换。世界上不少国家和地区开展了对吸毒者提供针具交换的行为干预项目，中国也有很多省份开展了该项目，其结果是注射吸毒人群共用针具的比例逐年下降，艾滋病病毒感染率也相应下降。当然，目前在中国推行该项目也遇到一些困惑和问题，如治安打击与公共卫生干预之间的矛盾，使得有的吸毒成瘾者不愿意暴露自己的身份，还有的地方机构为了便于督导检查，要求交换针具的社群人员签名，这让许多人有顾虑，担心签名信息泄露被警察掌握对自己不利。其二，药物替代治疗。据统计，截至2009年底，中国的美沙酮替代治疗工作已经扩展到27个省（市、区）的668个门诊，累计治疗病人23.6万名，门诊稳定治疗11万名。这方面存在的问题是主要有：第一，由于很多地方的门诊设置了户籍限制，致使很多门诊原则上不接受外地人就诊，虽然有个别门诊接受外地人就诊，但是要求必须持有暂住证，而吸毒者因为个人原因很少有人会前往派出所办理暂住证，这就大大降低了外地人得到美沙酮替代疗法的可能性。第二，部分病人因担心身份暴露，而不敢入组。第三，很多流动人群，因为语言、文化、宗教等原因无法融入所在地区，获得关于美沙酮的相关信息也有一定难度，影响了他们入组的可能。

此外，毒品使用者的人权还涉及防止其在就业、获得社会保障等方面免受歧视等问题。总之，需要通过国家政策、立法、执法和媒体的正确引导，把对毒品使用者的人权关照和保护纳入整个国家的人权事业中来。

（本文为 2011 年 9 月 6 日在北京举行的中欧人权研讨会上就"人权与毒品政策"主题所发表的主旨发言）

让被告人与律师坐在一起

新修订的《中华人民共和国人民法院法庭规则》，废除了延续近 30 年的刑事在押被告人或上诉人出庭受审时穿囚服、戴戒具的做法，但是，去除"有罪标签"的举措还不够彻底，尚未涉及被告人的坐席问题。

我国刑事法庭上，审判席居中，审判席前方右侧是公诉人席、公诉人席右侧依次是被害人席、附带民事诉讼原告人席、证人、鉴定人席；审判席前方左侧是辩护人席。被告人席单独设置于审判席正面，有的法庭为了安全，仍用低栅栏围住被告人席，两面有法警看守。

被告人坐席的这种设置，明显带有暗示被告人"有罪"的意味，被告人仍然是审问对象，还没有得到当事人的礼遇，审判的实质还是"审讯"或者"审问"。被告席更像一种"惩罚"的工具，让被告人一进入法庭，就能感受到心理上的压力或者羞辱、自卑等不良情绪，即使不穿囚服、不戴手铐、不坐囚笼。而任何一个迈入法庭的人无需介绍，都很清楚谁是被告人。

我国刑事诉讼法明确规定，"未经人民法院依法判决，对任何人都不得确定有罪"。既然是无罪推定，在判决作出之前，就不能让被告看上去"有罪"，要防止给法官造成先入为主的偏见，因为外在的"有罪标签"可能会影响裁判者的最终裁决。

同时，刑事法庭上，被告人不能与辩护律师坐在一起，只有辩护律师才能与检察官面对面而坐，相互进行辩论。而国际上通行的法庭布局是，让被告人与辩护律师坐在一起。因为辩护权是被告人最核心的诉讼权利，被告人本人才是辩护方的主角。辩护律师的辩护权来源于被告人的委托，必须与被告人共同承担辩护职能。我在韩国刑事法庭旁听时，翻译特意用汉语写字告诉我，与检察官相对而坐的两个人是：被告人＋辩护人，被告人在前，辩护人在后。当我告诉她，在中国与检察官相对而坐的只能是辩护人，被告人被置于另外一个单独的坐席时，这位没有任何法律知识背景的女孩惊讶地说："那怎么行呢？他要是想与自己的律师商量事情不是不方便吗？"

被告人不能与辩护律师坐在一起，割裂了辩护方的整体性，限制甚至剥夺了被告人在审判中及时获得法律帮助的合法权益。辩护律师在整个庭审过程中不能随时与被告人交流、沟通和协商，只能经审判长许可后向被告人发问。被告人独自承受着来自各方的共同"审问"，本该为被告人提供帮助的律师却成了法庭审问的参与者。更严重的是，我国刑事辩护率非常低，很多案件中没有辩护律师，被告人只能自己辩护，在没有专业法律素养的背景下，被告人很难与检察官进行法律上的平等交流。即便有辩护人，实践中还可能出现辩护人当庭拒绝辩护，以及辩护人因严重扰乱法庭秩序被驱逐出庭后庭审继续进行的现象。当庭审没有辩护律师的时候，预设的审判方、控诉方、辩护方、被告人构成的"四方"格局就会坍塌。

事实上，早在1993年，我国民事、经济、海事、行政案件的庭审中，就已经遵循控辩平等的理念让被告人和诉讼代理律师坐在了一起。时隔二十多年后，刑事法庭的被告人却依旧被桎梏在传统的被告人席上，尽管包括笔者在内的一些学者已经多次呼吁对此进行改革，也有地方法院进行了有益的尝试，但此次法庭规则的修改依旧没有作出回应，这不能不说是一个遗憾。

科学合理的法庭布局，不但是诉讼理念的外在体现，而且在一定程度上会促使诉讼价值得到发挥。我们应当尽快转变传统思维，尊重被告人作为当事人的诉讼主体地位，顺应现代司法文明的要求，彻底去除强加在被告人身上的"有罪标签"。

我们主张，在适用普通程序的刑事案件中，被告人应与辩护律师坐在一起，并与公诉人相对，被告人不再被法警看守。被告人席位的变化，去除了被告人的"有罪标签"，体现出法庭对控辩双方平等看待的态度，被告人不再是审讯的对象。被告人坐在辩护人旁边能适时与辩护人沟通，及时寻求法律帮助，共同调整辩护策略，成为共同行使辩护职能的一个整体；也可以缓解心理压力，减轻自卑、羞辱等负面情绪，让被告人有尊严地接受庭审。

不过，为保障庭审人员的人身安全，对于涉嫌严重暴力犯罪的被告人；明显有脱逃、行凶、自杀、自残等人身危险性较大或者经常出现情绪失控、过激举动的被告人，可以考虑被告人席周围仍留有法警看守。在依法不负刑事责任的精神病人的强制医疗程序中，如果被告人或被申请人要求出庭且人民法院准许的，在允许其与法定代理人、诉讼代理人坐在一起时，可以对精神病人使用限制自由活动的束缚式座椅。

在适用特别程序的未成年人刑事案件和当事人和解的公诉案件中，建议采用"圆桌审判"的模式。圆桌审判可以增强法官的亲和力，减轻未成年被告人或和解双方当事人的心理压力，营造一种平等参与讨论、合力解决纠纷的氛围，有助于促进被害人、证人等诉讼参与人的合作，提高裁判结果的可接受性。

（原载《南方周末》"法眼"栏目，2016 年 7 月 28 日，与陈
妍茹合著）

刑法当去性别化

刑法修正案（九）草案将刑法第237条的"猥亵妇女罪"改为"猥亵他人罪"，将"妇女"改为"他人"，意味着猥亵罪所保护的对象不再只是妇女。这种修改是必要的，因为不仅妇女可能成为猥亵罪的受害人，男性同样可能成为猥亵罪的受害人。

其实，刑法中存在性别标签的罪名还很多。如第237条还有一个"侮辱妇女罪"，而第246条已规定了"侮辱罪"。设立一个统一的侮辱罪，平等保护包括妇女在内的所有人不好吗？

又如，刑法第236条的强奸罪，只把妇女作为强奸罪的对象，这也是严重不符合实际的。最近不就又爆出年过五旬的守园大爷遭同性性侵而刑法却无可奈何的案例吗？调查显示，男性遭遇同性或异性性侵害的案件决不在少数。环顾世界，像我们这样仍然把强奸罪的对象限于女性的，真的是很罕见了。

再如，奸淫幼女罪（1997年刑法修订时将奸淫幼女罪并入强奸罪，但规定了奸淫幼女从重处罚）、嫖宿幼女罪，为什么不将"幼女"改为"幼童"，将性侵男性儿童的行为也包括在内？

还有，刑法中的拐卖妇女罪，以及与之相对应的收买被拐卖的妇女罪等罪名，也存在明显的性别欠缺。中国2009年12月已批准的《巴勒莫议定书》，对拐卖对象的规定是人口，既包括女性也包括男性。近年来中国不断披露出一些拐卖男性人口去强迫劳动的案件（如"黑砖窑"），却无法对其中的拐卖行为定罪。

我国宪法赋予了每个公民平等的人身权利，刑法也规定了平等原则。从此可以推断出，男女包括性权利在内的各项权利应当受到同样的保护。在传统的文化中，男性被视为强势群体，因而在立法中也特别偏向对女性的保护。但现在社会的形势已发生很大变化，妇女地位的提高、女权主义的发展和男权至上观念的瓦解，加上科学技术的进步、医学的发达，人们的性观念不断解放，社会上的性现象日趋复杂，把强奸罪、侮辱妇女罪、拐卖妇女罪及收买被拐卖的妇女罪中的"妇女"改为"他人"，奸淫幼女罪等罪名中的"幼女"改为"幼童"，可以有效地实现刑法对男性性权利和幼男的身心健康的平等保护，因为被强奸的男性和被奸淫的幼男所受到的伤害决不会低于女性和幼女。

不仅如此，现行刑法上述条款的偏性别化还不利于实践中的执法。从黄海波嫖的究竟是不是变性人，到李银河是同性恋还是异性恋抑或双性恋的争论，乃至跨性别者的身份认同，我们可以看出，这个世界已经不是非男即女那样简单的世界了。但不管性别变得多复杂，任何人的性权利和身心健康等都要受到保护，这也要求刑法要去性别化。

最后我还想强调，根据联合国《消除对妇女一切形式歧视公约》的精神，对男女两性社会角色规定型的观念是导致男女不平等的根源。这种观念往往将女性置于附属于男性的从属地位，进而将女性视为保护的对象（客体），而不是独立自主的、与男性拥有平等地位的权利主体。刑法对女性"过度保护"背后所隐含的这种"物化"女性而不是为女性赋权的思想，其实也是一种变相的歧视。因此，以今日之眼光，刑法的去性别化，不仅是保护男性的需要，也是真正实现两性平权的必然要求。

（原载《南方周末》，2015 年 8 月 13 日）

让被告人自由着装出庭如何

最近，先是国土资源部原部长田凤山出庭受审，接着又是黑龙江省政协原主席韩桂芝一审被判处死刑，缓期 2 年执行。法庭上的田凤山、韩桂芝均没有穿人们熟悉的黄色或灰色囚服，而是西装革履。坦率地说，这让我感觉更好些，因为若是让他们穿着囚服出庭，不仅会增加他们本人的羞愧感，也会加重对他们亲人的打击。

现在的问题是，大多数普通刑事犯罪的被告人出庭仍然要穿囚服，难免让人产生法律面前不平等的印象。因此，我主张所有的被告人在法庭上都应自由着装，而反对要求他们必须穿统一的囚服出庭，不管囚服是黄色的，还是灰色的。我希望除了某些身份特殊的刑事被告人，可以自己着装出庭，绝大多数普通的刑事被告人，也可能或者说可以这样做。否则，就涉嫌构成身份歧视。而消除身份歧视这种不平等待人的做法，是建设一个真正的法治社会所必须的。

在法庭上，被告人为什么不宜穿统一的囚服？

这是把被告人当人看的必然要求。联合国《囚犯待遇最低限度标准规则》要求被告人"不受任何形式的侮辱、好奇的注视或宣传""应准穿着自己的服装"。它还提出一个"非绝对必要不得使用"的原则，即除非为了保证刑事诉讼的正常进行，避免对他人造成更大的伤害，才可采取审前羁押、使用戒具等措施，否则，能保释的就得保释，能不用戒具的就不用戒具，总之，是要使被告人的尊严得到最大限度的保护。勒令被告人穿特定的囚服出庭，不符合"绝对必要"的原则，因为，他穿自己的服装出庭，一点都不会妨碍开庭，不会影响审判的质量。

允许被告人穿自己的服装出庭，与"无罪推定"的精神相一致。被告人只是有犯罪的嫌疑，在最终认定前，他还是无罪的。但囚服却具有一定的标签性功能，它会有意无意加深人们对被告人的偏见，这对法官也可能产生不好的影响，不利于其不偏不倚客观地断案。同时就被告人本人而言，也不利于他在一种正常的氛围和拥有尊严的心态下，理直气壮地行使自己的一些合法权利，如质证权等。

在法庭上允许被告人穿自己的服装，是当今国际通例。从前南斯拉夫国际刑事法庭审理米洛舍维奇等人，到伊拉克特别法庭审理萨达姆等人，无不见被告人穿着自己的服装。我曾经在美国、英国以及我国香港等地观看过一些法庭开庭，也从未见被告人着特定的囚服，有时甚至连谁是被告、谁是他的律师都不易分清，因为他们都西装革履地并排坐在一起。在一些国家，为了强调被告方（被告人及其律师）和指控方（检察官及其助理）的"平等武装"，检察官出庭也不统一着装。这样，有的案子开庭时，被告人和检察官都有可能穿同一颜色的服装，不细听发言，还真难以辨明彼此身份。

（原载《新京报》，2005 年 12 月 25 日）

去有罪标签　禁穿囚服还不够

日前，最高人民法院提出禁止被告人出庭时穿囚服，使这项学界呼吁多年的改革终于有了结果。毫无疑问，这对去除被告人的"犯罪化标签"具有重要意义。但这还不够。

联合国《囚犯待遇最低限度标准规则》要求被告人"不受任何形式的侮辱、好奇的注视或宣传"。从这一规定出发，被告人穿囚服、剃光头、站囚笼等做法都是不妥的。一个人一旦被警察带走，老百姓就以为他是个坏人。传统的一些做法我们习以为常，说白了还是对被告人实行有罪推定，不尊重人格。这些做法与发现事实真相、证据认定规则等毫不相干，改革它们只会增加司法文明的程度。

法庭上不少被告人光头受审，可能与看守所的管理有关。但今后看守所不应再要求犯罪嫌疑人和被告人剃光头（可以禁止留长发），确保其人格尊严受到尊重。另外，目前不少法院让被告人站囚笼受审，这会加重他们的心理负担，也应尽快废止。

早两年高晓松戴着手铐上法庭，有朋友动了恻隐之心，问我："至于吗？"我说你怎么没去关注那些沉默的大多数？实践中普遍存在啊。想想被告人进入法庭都经过了安检，其背后又有法警，不戴戒具并不会产生安全问题。我们在电视和报纸上都看到，不管是挪威的极右翼恐怖分子布雷维克，还是南非的"刀锋战士"皮斯托瑞斯，他们出庭都是西装革履、不戴任何戒具的。

如果连恐怖分子和杀人犯都可以不戴戒具受审，那一般的犯罪嫌疑人和被告人就更不用戴脚镣手铐了。因此，不仅要对过失犯罪、非暴力犯罪的被告人尽快废除使用戒具出庭受审的做法，即使对暴力犯罪的被告人，也要从严格贯彻无罪推定原则出发，不能在法庭上为其戴戒具（可以视情况加强法警配备）。

还有一个问题值得重视，那就是法庭布局。我们现在把被告人与其律师分离开来，只有律师能与检察官面对面而坐，被告人却被置于离律师很远的单独受审席。这种法庭布局世所罕见，国外和境外的法庭上，被告人一定是与自己的律师坐在一起、并与检察官相对的，这才是真正的"控辩平等"。因为"辩方"不仅是律师，还包括被告人本人。被告人有自我辩护的权利，何况有的被告人连律师都没请，就是自己行使辩护权。被告人与律师坐在一起，可以及时交流看法、商量辩护对策。律师本来是被告人花钱请的，其法庭任务就是为被告人服务。但由于被告人处于下风，法庭上的律师有时为了迎合法官或检察官，竟然有意无意或不得已以高位自居，对被告人说出一些颐指气使的话。

随着"以庭审为中心"的到来，我们必须把被告人从完全处于受审的客体地位解放出来，使其成为积极参加庭审的诉讼主体。这不仅是尊重被告人的人格尊严的需要，更是提高庭审质量、避免冤假错案的必要之举。虽然要真正将我国司法机关和社会公众的理念从有罪推定转变为无罪推定还有很长的路要走，但这些去除被告人法庭上的"犯罪化标签"的措施肯定具有相辅相成的作用。

（原载《南方周末》，2015 年 3 月 19 日）

类似劳教的制度也要改革

《中共中央关于全面深化改革若干重大问题的决定》明确宣布废止劳动教养制度，标志着我国又将搬走一块巨大的人治自留地，是革命法制向建设法制转型的又一重要步骤，对树立我国的法治国家形象有着极为重要的意义。

但必须注意的是，我们现在所说的废止劳动教养制度，针对的其实是小劳教，也就是1957年全国人大常委会批准、国务院公布的《国务院关于劳动教养问题的决定》和1979年全国人大常委会批准、国务院公布的《国务院关于劳动教养的补充规定》以及1982年国务院转发、公安部公布的《劳动教养试行办法》所确定下来的劳动教养制度，其对象主要是指那些"大错不犯、小错不断、气死公安、难倒法院"的屡教不改的轻微违法犯罪人员。由于劳动教养在实践中早已远离教养的初衷，且剥夺人身自由的时间长达1年—3年，必要时还可延长1年，致使其处罚力度明显超出轻微违法犯罪行为所应得的处罚，违背了比例性原则；加上公安"既做运动员又做裁判员"，容易导致对不该劳教者也处以劳教，对人权保障极为不利，无法满足法治的正当程序要求，因此对于这样一种制度必须予以废除。至于劳教制度废除后，如果确实造成了某些制度漏洞，则可以通过完善社区矫正、治安管理处罚和刑法的相关制度来加以弥补。这些问题现在应当都已研究出比较成熟的方案，在12月的全国人大常委会会议上可见分晓。

在小劳教之外，我们还有一个大劳教，也就是其他众多的剥夺人身自由的行政拘禁制度和相关制度。例如，针对卖淫嫖娼人员的收容教育制度。根据 1993 年国务院发布的《卖淫嫖娼人员收容教育办法》，对卖淫、嫖娼人员由县级公安机关决定实行收容教育，期限为 6 个月至 2 年。由于该制度也存在公安机关既做运动员又做裁判员等弊端，加上立法层级低，暴露出来的问题也不少，被指"比劳教更随意"。卖淫嫖娼在我国并不是刑法上的犯罪，而只是治安违法行为，但现在的剥夺人身自由期限过长，甚至比刑法上的某些犯罪处罚还严厉，而且就如劳动教养最后蜕变为强制劳动，收容教育在实践中也成了变相的强制劳动。

又如，针对未达到刑事责任年龄者的收容教养制度。根据 1982 年公安部下发的《公安部关于少年犯管教所收押、收容范围的通知》，公安机关可对被处收容教养的少年剥夺长达 1 年—3 年的人身自由。这个立法层级更低，公安机关同样是既做运动员又做裁判员。广受社会关注的李某某强奸案发后，许多人质疑李某某之前被处收容教养的效果，引起大家对这个制度现行设计的反思，如有人提出应先评估家庭的教养能力，只有在家庭不能或不愿教养时才送专门的收容教养场所，而这种场所必须在软硬件方面都适合对少年的教养和矫正，而不是一关了之，甚至造成交叉感染。与此相关的一个制度是工读学校，目前工读学校在各地的发展也很不平衡、很不规范，需要作出跟踪研究。

再如，针对吸毒成瘾者的强制戒毒制度。目前，作出强制隔离戒毒决定、（提前）解除强制隔离戒毒和延长戒毒期限等，均由公安机关单方面作出，由于缺乏监督和制约，导致实践中强制隔离戒毒决定及其变更的随意性较大。据统计，2012 年全国劳教场所关押的小劳教人员已经大幅度降至五万多人，而关押的强制隔离戒毒这一类大劳教人员就有二十多万人，所以实际中劳教场所关押的人员其实已经绝大部分是强制隔离戒毒这一类大劳教人员，对他们的合法权益给予足够重视是下一步所无法回避的一个议题。

还有针对精神病人的强制医疗制度。这方面2012年修正的刑事诉讼法将依法不负刑事责任的精神病人的强制医疗程序司法化，即将强制医疗的决定权从公安转移到法院，无疑是一个进步，但目前该制度的实施尚处摸索阶段，许多工作仍有待推进和规范化，如强制医疗机构应当多长时间对被强制医疗的人进行诊断评估，以防不需要继续强制医疗的人长期被限制在强制医疗机构。这方面还有一个更大的问题需要引起重视，那就是2012年通过的精神卫生法对于严重精神障碍患者的强制住院治疗，仍然没有实现决定权的司法化，"被精神病"的风险在这里还是存在的。

小劳教废除后，我国治安管理处罚法中的治安拘留也将成为一个问题。过去在劳教1年—3年剥夺人身自由的遮蔽下，15天或合并执行的20天治安拘留似乎并不是一个突出的问题，但劳动教养制度废除后，治安拘留的合法性拷问就会浮出水面，因为公安机关自行决定剥夺一个人15天甚至20天的人身自由，从人权保障的角度审视，仍然有足够的理由担心这样一种不受制约的权力容易被滥用。

此外，还有公安机关过长的刑事拘留权、留置权，甚至"双规""双指"，等等。如此众多的涉及剥夺人身自由的处罚和措施，都是后劳教时代我们应当加以关注并逐步解决的问题。这些大劳教与小劳教一样，根源在于强调秩序而忽略自由，强调安全而忽略人权，强调效率而忽略制约。因此它们的改革方向与小劳教也应当是一致的，那就是凡剥夺人身自由的措施，都要按照我国立法法的要求，由全国人大或全国人大常委会以立法的方式来作出规定，低于这个层级的行政法规甚至部门规章无权规定这些内容；而且，正如我们不能把劳动教养升格为全国人大或全国人大常委会的立法就解决了其合法性一样，我们必须按照我国已经签署的《公民权利和政治权利国际公约》的要求和我国宪法关于国家尊重和保障人权的精神，将剥夺人身自由的决定权赋予一个不偏不倚的中立的法庭来行使。从新的刑事诉讼法对强制医疗程序的司法化可以看出，我国对各种大劳教措施的司法化改造是未来法治发展的必然趋势。

（原载《南方周末》，2013 年 11 月 21 日）

认真对待被告人的道歉

前不久，不少媒体报道了原北京工业大学外国语学院学生吴江杀死女友出庭受审的消息，其中一幅照片至今在我的脑海里挥之不去：在法庭的最后陈述阶段，他突然下跪请求受害人父亲的原谅，但法官立即让现场法警将其拽起，押离法庭。

最近，因涉嫌杀害海淀城管队长李志强的被告人崔英杰出庭受审，当他抹着眼泪说"我向被害人和被害人的家属表示深深的忏悔"时，公诉人严厉指斥其"虚伪"。

我不是说只要有道歉和忏悔，被告人就一定能减轻责任，尽管我主张道歉和忏悔可以作为一个量刑的情节加以考虑；也不敢说所有被告人的道歉和忏悔都出自真诚，尽管我相信大多数被告人的道歉和忏悔不会随意从自己口中说出；更无权要求受害人及其家属一定要接受被告人的道歉和忏悔，尽管我欣赏那些具有宽容和仁爱之心的受害人及其家属。但我要说的是，面对一个下跪的可怜被告人，法官为何不在被告人和被害人家属之间再做些细致点的工作呢？照片上那两个高大的法警，为何要对瘦小的被告人采取"拽"的动作，而不是稍微宽和如"扶"的动作呢？当崔英杰流着泪忏悔、讲述其"不是一个十恶不赦的人"时，难道我们能简单地将其斥之为"虚伪"吗？

要知道，一个人，即使是被告人，一句真诚的话说出口不是那么容易，君不见，不少被告人就是在法庭上"死不悔改"，有的甚至公开羞辱被害人及其家属，声称自己感受不到对方的痛苦，或者说自己很高兴做了该做的事。当然，不排除个别被告人假道歉、假忏悔，但虚伪与真诚的辨别，我不认为是一件多么困难的事情，这就像当一个人说"我爱你"时，对方一般都能凭直觉判断出是真情还是虚情。

犯罪的矛盾来源于犯罪人和被害人，目前刑事司法中的一个国际趋势是越来越关注犯罪人一方与被害人一方的沟通与和谐，防止被告人被判刑后被害人还是耿耿于怀，而被告人的许多苦衷也无处倾诉。法庭作为实现正义的"剧场"，应当为这种有助于从内心化解双方仇恨的"表演"提供舞台和气氛。

写作此文时，我恰好在翻阅法国前司法部长巴丹戴尔的《为废除死刑而战》一书，里面提到他在法国废除死刑前，曾经作为律师为一名死刑犯辩护。他费了很大的力气才说动被告人向死者的父母道歉：被告人亨利终于开口了，他说出了人们等待很久的话，"我内心深深地感到后悔。很久以来，我就想向菲利普（被害少年——作者注）的父母道歉，我想对他们说，我对自己所做的事是多么痛心疾首，我却不能挽救一点点，我感到多么地痛苦。"——结果，经过法官与陪审员退席评议，这个已"被新闻媒体私刑处死"的被告人最后活了下来，被判处无期徒刑。

（原载《新京报》，2006 年 12 月 31 日）

"另案处理"不能变成"另案不理"

另案处理是将共同犯罪或关联性犯罪中不能或不宜进行并案处理的部分同案犯从案件中分离出来，另行侦查、起诉或审判的一种案件处理机制。它始见于 1984 年最高人民法院、最高人民检察院和公安部出台的《关于怎样认定和处理流氓集团的意见》，当时为解决共同犯罪案件中部分犯罪嫌疑人在逃情况下对已经到案犯罪嫌疑人的起诉和审判问题，该意见附带性地规定："除对已逃跑的流氓集团成员可以另案处理外，都应当一案处理，不要把案件拆散，分开处理。"

从上述规定可以看出，另案处理的适用最初仅限于共同犯罪中部分犯罪成员没有到案的情形，且一案处理是原则，另案处理是例外。但后来，另案处理在司法实践中的适用范围不断扩大，例如，据一项统计数字，2011 年全国各级检察机关受理的公安机关提请批准逮捕、移送审查起诉的案件中，另案处理分别占到案件总数的 19.21% 和 18.68%。虽然另案处理在及时打击犯罪、促进案件分流、提高诉讼效率等方面具有积极作用，但也存在一些不容忽视的问题，亟需引起重视。

问题：适用随意性较大

一是法律规范不健全。与另案处理在实践中的广泛适用形成鲜明对比的是，中国的刑事诉讼法至今没有关于另案处理的相关规定。目前，侦查、起诉机关适用另案处理的依据主要是2014年最高人民检察院和公安部制定的《关于规范刑事案件"另案处理"适用的指导意见》（后文简称《意见》）。虽然《意见》对另案处理的概念、适用情形和适用办法等作了规定，在一定程度上统一了认识，可以对侦查、起诉阶段的另案处理起到指导作用，但其规范层级低（仅属于带有司法解释性质的文件），有的规定如审批核准、证据材料、案卷的管理与移交、法律责任及审查监督等过于简单，还有的规定如当事人的知情权、参与权等付诸阙如，并且其适用范围没有涵盖审判阶段。目前法院在司法实践中分案审理的做法也比较常见，但除最高人民法院对个别领域如未成年人与成年人的分案审理应"注意全案的量刑平衡"这种零星、原则的规定外，其他大都处于空白状态。

二是不利于查明案件真相。另案处理的启动权由办案机关单方面掌握，有些适用条件又宽泛且弹性过大，如"涉嫌其他犯罪，需要进一步侦查""其他适用另案处理更为适宜的情形"等，致使适用的随意性较大，容易出现人为分案和不当分案，从而损害另案处理制度设立的目的与功能。在法院对共同犯罪案件的分案审理中，由于不同法庭在证据认定上的差异、案件所处审级或司法环境的不同、法官之间的意见分歧、听审法官不能听取全案被告人及不同辩护人的意见等多种原因，可能造成同一案件事实认定不同、罪刑不协调等结果，引起当事人及利害关系人的质疑和不满。而对一些具有关联性的案件，如果无视案件在犯罪行为和证据上的关联性，随意分割案件，可能会导致事实不清，轻则量刑失衡，重则冤假错案。例如，在行贿与受贿这种对行犯中，行贿犯罪事实的认定对受贿犯罪事实的成立与否具有决定性的影响，如果一律分案审理，当审理受贿案时行贿人不到庭陈述事实或者在不同的审判中对同一事实作出前后不一、相互矛盾的陈述时，就可能难以查明事实真相。实践中就出现过这种情形，本来按法律规定和司法常理，受贿罪的惩处应严于行贿罪，但由于审理的法院不同、时间不同，致使同一个案件中行贿罪判得比受贿罪还重。

三是不利于涉事方诉讼权利的保障。由于公、检、法各机关适用另案处理多为内部决策，处于"自我批准、自我适用"的状态，其中，公安机关另案处理只须经县级以上公安机关负责人审批，因而是一种缺乏外部监督制约的内部审批机制。决策机制的不公开、不透明，使当事人及利害关系人的知情权和参与权难以保障，他们大多是在决定已经作出之后才知晓，知悉后也没有表达异议的权利和救济渠道。有的案件在拆分后，原来的共同犯罪人成为"证人"，但这类"证人"却往往因各种原因不出庭作证，致使被告人及其辩护人无法质证，导致辩护权落空。此外，在分案审理的情形下，当部分同案犯已审理结束（前案），部分同案犯仍在审理时（后案），后案的法官在审理中往往会引用前案的事实认定与证据采信，这就忽视了对后案客观真实的查明与证据的审查，违反了无罪推定原则，使被告人的诉讼权利受损。

四是不利于防止司法腐败。在公安机关的提请批准逮捕书、起诉意见书，检察院的起诉书与法院的裁判文书中，对另案处理人员往往只简单标注"（另案处理）"字样，表示与之相关的案件已被分开处理，但并不解释原因，也没有后续处理情况的说明。信息不公开、解释说理不到位以及缺乏对后续处理过程和结果的跟踪，容易使人产生联想，出现关于权力寻租、暗箱操作的担心。实践中确有个别办案人员故意唆使、纵容涉案人员潜逃，或者以涉案人员患病等为理由，在另案处理的名义下助其从案件中脱离出来，事后也不再组织侦查取证、追诉或者追逃，导致漏捕、漏诉、漏判或罚不当罪，使另案处理异化成犯罪人逃脱法律制裁的通道。例如，被誉为"公海赌王"的连某某 2002 年涉嫌广东一起特大走私案，却通过时任公安部部长助理的郑少东干预，以另案处理的名义逃脱了该案的审判并潜逃至香港，直至 2008 年因牵涉其他案件才被逮捕。

完善：解决法律规定的缺位

首先，要健全另案处理的法律规范。另案处理作为一种特殊情形下的办案方式，有法可依是其有序和良性运行的前提和基础，而法律规定的缺位及其引发的规则不健全是该制度在实践中出现各种问题的主要根源，所以提高其规范层级的权威性、细化其制度设计的科学性是当务之急。侦查、起诉阶段适用的另案处理与法院适用的分案审理都是源自对不能或不宜合并处理的案件进行分割处理的现实需求，本质上都是一种分解式的办案方式，但目前两种机制分割开来，造成了概念上的混淆和适用条件的不统一，不利于刑事诉讼不同阶段的有机衔接。因此，需要在刑诉法中构建一元化的另案处理制度，就另案处理的适用条件、启动方式、运行监督等作出明确规定，并由最高人民法院、最高人民检察院、公安部据此制定统一的司法解释，细化审批核准、证据材料、案卷的管理与移交、违法办案的责任追究等内容。

其次，要严格控制另案处理的适用范围。从尊重司法规律而言，并案处理是处理共同犯罪及关联犯罪案件的基本原则，另案处理只能作为不得已情况下的例外措施。因此，另案处理的适用范围要避免使用"其他适用另案处理更为适宜的"这类兜底式、弹性过大的措辞。可以采取法定适用情形与酌定适用情形相结合的模式，先明确诉讼各阶段可适用和禁止适用另案处理的法定情形，然后再赋予办案机关在一定情况下酌情处理的裁量权。酌定适用必须遵循合目的性原则，并通过司法解释、指导性案例等方式进行引导，明确只有当并案处理可能导致诉讼久拖不决、超期羁押等严重损害被告人权益的情况时才能适用。要明令禁止不合目的、有损制度定位及功能实现的"另案处理"，如有的案件将部分同案犯另案处理的目的是将其口供转变为"证人证言"，借此规避仅有口供不能定案的证据规则。

再次，要赋予另案处理当事人及利害关系人相应的救济权利。另案处理涉及诉讼进程乃至案件实体结果的变化，当事人及利害关系人的权利保障不容忽视。公安机关在作出另案处理的决定后，应履行相关的告知义务，允许被告知人在一定期限内就另案处理决定向公安机关的上级机关申请复议或向检察机关直接提出异议，受理机关应在规定期限内进行审查和答复；检察机关在作出另案处理的决定后，应允许被告知人向上一级检察机关申请复议；在将被另案处理的同案犯作为证人的情况下，法庭要采取相应的措施确保证人出庭作证并接受控辩双方的质证，对同案犯所作的不利被告人的证言，要慎重使用；当案件出现前、后案的情形时，应赋予后案中被告方对法官直接援引前案判决作为后案判决依据的异议权，且当被告方提出异议时，法官不能径直引用前案的判决作为证据，应重新审查新的事实和证据后再认定案件事实。

最后，要强化另案处理的监督制约机制。适用另案处理必须向社会出具充分的证明资料，在相关的法律文书中说明原因或解释理由，裁判文书应对被另案处理的同案犯的有关情况及其对本案裁判的影响作出说明。检察机关必须有刚性的监督措施，利用信息化手段，负责对另案处理人员的后续处理结果进行实时监控和定期清查。与此同时，各办案机关应当采取切实措施满足涉事方和公众的知情权，畅通他们的查询渠道，及时公布另案处理的进程和结果。

（原载《南方周末》，2020 年 6 月 11 日，与陈研茹合著）

第七辑

热点冷评

"见危不救"要否入刑

一段时间以来，媒体不断披露见死不救、见危不救的"看客"事件，引发了我国刑法应否增设"见危不救罪"的讨论。那么，见危不救到底该不该入刑呢？

一、法律与道德彻底分离不可能

法律与道德的关系，是困扰法学界的"哥德巴赫猜想"。德国法学家耶林曾将其比拟为法学中的"好望角"——那里狂风肆虐，曾经吞噬了近代欧洲众多航海家们的船只和梦想，而法学家若想解决法律与道德之关系，实不亚于尝试以一叶扁舟横渡这个风暴角①。

举两个例子说明法律与道德的复杂关系。例一：原来的刑事诉讼法规定任何人都有作证的义务，但新近公布的刑事诉讼法修正草案规定近亲属可以免除作证的义务，如果最后获得通过，则表明在这个问题上刑事诉讼法是从不顾伦理道德转向与伦理道德保持一致的。例二：最高人民法院 2011 年颁布的婚姻法司法解释（三），明确规定了婚后由一方父母出资为子女购买的不动产，视为只对自己子女一方的赠与，该不动产应认定为夫妻一方的个人

---

① ［美］罗斯科·庞德：《法律与道德》，陈林林译，商务印书馆 2018 年版。

财产等内容，这被解读为"从伦理到契约"①，可以说是体现了法律与道德相分离的精神。可见，法律与道德的离合，不能一概而论。

具体到见危不救要否入刑这个问题上，理论界存在争议，在实际立法上各个国家和地区也大相径庭。如我国台湾地区，本来刑法理论受德国影响很深，但德国刑法中有"见危不救罪"，我国台湾地区却认为这是混淆了法律与道德的关系，因此至今没把这种行为犯罪化。

不同时期、不同流派的法学家在竞渡法律与道德这个好望角时，各有成败得失。不过值得注意的是，自20世纪初以来，西方"社会法学"的思潮影响日甚，"社会本位"的价值观在立法中得到体现，法律与道德呈合流之势。查阅一下有关法典，我们会惊讶地发现：在许多标榜"个人本位""权利本位"的西方国家，竟都有"见危不救罪"的规定。例如，《法国刑法典》第223（6）条规定："任何人能立即采取行动阻止侵犯他人人身之重罪或轻罪发生，这样做对其本人或第三人并无危险，而故意放弃采取此种行动的，处5年监禁并科50万法郎罚金。""任何人对处于危险中的他人，能够个人采取行动，或者能唤起救助行动，且对其本人或第三人均无危险，而故意放弃给予救助的，处前款同样之刑罚。"该法第223（7）条规定："任何人故意不采取或故意不唤起能够抗击危及人们安全之灾难的措施，且该措施对其本人或第三人均无危险的，处2年监禁并科20万法郎罚金。"《德国刑法典》第323条c项规定："意外事故、公共危险或困境发生时需要救助，根据行为人当时的情况急救有可能，尤其对自己

---

① 王琳：《婚姻法新解释无碍婚姻伦理》，载《广州日报》2011年8月24日。

无重大危险且又不违背其他重要义务而不进行急救的，处 1 年以下自由刑或罚金。"《意大利刑法典》第 593 条第 2 款规定："对气息仅存或受伤或危急之人，疏于必要的救助或未即时通知官署者，处 3 个月以下徒刑或科 12 万里拉以下罚金。"《西班牙刑法典》第 489（1）条规定："对于无依无靠，且情况至为危险严重，如果施予救助对自己或第三者并无危险，但不施予救助，应处以长期监禁，并科以西币 5000 至 10000 元之罚金。"《奥地利刑法典》第 95 条规定："在不幸事件或公共危险发生之际，对有死亡或重大身体伤害或健康损害危险，显然需要加以救助之人，怠于为救助者，处 6 个月以下自由刑或 360 日额以下罚金。如不能期待行为人为救助行为者，不在此限。须冒生命、身体之危险或可能侵害他人重大利益时，属于不能期待救助之情形。"

在我国，尽管没有"见危不救罪"，对一般的无救助义务的人见危不救、见死不救的行为，无法用刑法处理，只能用道德谴责，但近年来司法实践中对某些负有特定义务的人见死不救进行了定罪判刑处理。例如，被告人宋福祥在与其妻吵架后，目睹其妻寻找工具准备自缢，仍然扬长而去，随后其妻自缢死亡。此案最后被法院认定为构成"（间接）故意杀人罪"（不作为），但以情节较轻为由判处其有期徒刑 4 年。法院定罪的理由是：在家中只有夫妻二人这样的特定环境中，被告人应当预见到其妻自缢的后果但他仍放任这种后果的发生①。

当然，这也引发了刑法学界的争论，有人认为法院判决的合法性没问题；但也有人认为，本案的判决在很大程度上是道德战

---

① 中国高级法官培训中心、中国人民大学法学院：《中国审判案例要览：1996 年刑事审判卷》，中国人民大学出版社 2000 年版。

胜法律的结果，毕竟，丈夫在道德上的救助义务不能成为刑法上的义务。

我前不久与我国台湾地区学者就此问题进行交流，他们认为，刑法与社会存在互动，必要时，我国台湾地区的实务也有可能作出前述这种判决。可见，法律要与道德彻底分离是不可能的，但在多大程度上实现法律与道德的合流，则要由多种因素来决定。

二、惩治与激励要"双管齐下"

法律对道德领域的干预度应依时而定。当道德的力量本身足以保证道德规范得以实施时，法律就应与道德保持必要的距离。但是当道德的力量不足以使道德规范得到实施，而该规范对社会来说又至关重要时，就有必要采取法律干预的手段，以强化和巩固该规范；否则，听任道德规范的滑坡，直至最后成为普遍现象，那时再想通过立法扭转局面，也恐怕是"法不责众"、为时已晚了。

在 20 世纪五六十年代，救死扶伤是人人视之为理所当然的事，人们无法想象面对落水者，救人者要求先交钱再救人。那时，即使有见死不救、见危不救的现象，也绝对是极个别的（由于是极个别的，法律也就没有必要作出反应），整个社会强大的道德力量和舆论攻势会把它深深抑制住，因而彼时不需要动用法律这个武器。但今天的情况出现了很大的不同，见死不救、见危不救现象时有发生于现实生活中，撞击着全社会的良心。在这种情形下，不能一味地强调法律与道德的分野，要发挥法律的纠偏作用。

通过法律纠偏，并不是说就只有用刑法惩治见死不救、见危不救这一种办法，而应是"多管齐下"，如对见义勇为、乐于助人者要给予物质和精神的奖励，对因见义勇为而造成伤残或死亡的，要确保其本人和家属的生活无后顾之忧；在见义勇为、乐于助人的案件中，若查明被救助者故意诬陷见义勇为和乐于助人者，诬陷者应承担相应的民事责任乃至刑事责任。据报道，新加坡的法律规定：若被援助者事后反咬一口，须亲自上门向救助者赔礼道歉，并施以其本人医药费 1 倍—3 倍的处罚①。

事实上，在美国"好撒马利亚人法"（Good Samaritan law，又称"善行法"）规定，如果施救人员在帮助他人时造成意外伤害，可以免除法律诉讼。这样做的目的在于使人做好事时没有后顾之忧，不用担心因过失造成伤亡而遭到追究，从而鼓励旁观者对伤、病人士施以帮助。当然，除了这种正面鼓励行善的法律，美国也有一些州规定，发现陌生人受伤时，如果不打"911"电话报警，可能构成轻微疏忽罪。在加拿大，其安大略省有专门的见义勇为法，规定"自愿且不求奖励报酬的个人，不必为施救过程中因疏忽或不作为所造成的伤害而承担责任"。

因此，我国目前在讨论要否增设"见死（危）不救罪"的同时，还要在激励和保护见义勇为、乐于助人方面加强立法和执法，要防止见义勇为者"流血又流泪"的局面出现。当然，这里有一个棘手的问题值得深思，那就是法律规则与道德诉求之间的紧张关系。以广受舆论关注的南京"彭宇案"和天津"许云鹤案"为例：在这两个案件中，舆论普遍指责法院的判决不公，认为好心搀扶摔倒老人的彭宇和许云鹤不该被判赔付损失。例如，

---

① 蒋林、黄爱成：《各国立法避免见死不救》，载《广州日报》2011 年 10 月 19 日。

有议论者就指出，这向社会传达了一个非常明确的信息，即代表法律的执法者和司法者，无论其是出于何种原因，并不保护也不鼓励公民之间的互助，甚至惩罚救助者，其消极后果就是迫使有能力救助的旁观者在施以援手之前，必须立足于一己私利进行利益衡量，而结果很可能就是"老人倒地无人搀扶"等冷漠现象的蔓延。但这种指责和批评其实并没有深入案情和法律规则中去，我们仔细阅读这两个案件的详细报道，发现判案法官并没有任何不公的做法，而是在"案发瞬间无法还原、双方举证均不充分"的情况下，按照公平的原则，由当事人对受害人的损失给予适当补偿，承担40％的赔偿责任。从法律规则的适用来看，我们确实不好说案件判得有问题，更不能说这是审判不公。无论如何，伸张道德也得在法律规则的范围之内，而不能为了伸张道德就牺牲法律规则。因此，对于这一困惑，我的初步意见是：如果法律规则与道德诉求可以相容，我们的法官当然应当尽可能地照顾到司法裁决对道德的积极引导；但当二者不能相容时，司法还是应当固守自己的理性和规则。至于对道德的扶持，我觉得在这种场合，可以通过本单位或社会公益组织或专门的基金会，为有关当事人提供经费，聘请一流的律师去说服法官相信施救者是行善者，或者即使输了官司也能得到相应的补偿，以及总结经验教训，告诉好人如何行善、如何防止被讹。在这方面，最近网上流传的"校长撑腰体"倒是值得提倡：据悉，北大副校长吴志攀向所有北大校友提出倡议，鼓励校友做有道德的公民，"你是北大人，看到老人摔倒了你就去扶。他要是讹你，北大法律系给你提供法律援助，要是败诉了，北大替你赔偿！"吴校长不愧为法学教授，他具有法律人的思维，因为打官司就是打证据，从这个意义上来讲，好人并不一定就不败诉，但社会和单位可以对败诉的好人通过其他途径加以救济。

值得指出的是，解决旁观者冷漠现象还需要借助法律之外的其他学科知识。旁观者冷漠是现代都市化社会的一种并非中国孤例的普遍现象，它有时不好简单地等同于道德滑坡。例如，1964年3月13日，吉娣·格罗维斯在美国纽约皇后区克纽公园被歹徒刺死，行凶过程被38人目击，却无一人施救和报警。事后，有美国心理学家提供了一种社会心理学解释，即"旁观者效应"：在某种紧急情形下，因为有其他的目击者在场，才使得旁观者无动于衷。"格罗维斯案"带给我们的启示是：在类似"小悦悦事件"的见死不救中，旁观者的责任分散心理不能被忽视。

另外，还需要明确的是，即使有的国家设立了"见危不救罪"，也是特指对本人或第三人无任何危险的见危不救行为，而不包括那种可能给本人或第三人带来危险的见危不救行为。譬如，对落水者，一个驾着船只在江面上航行的人，只要把船开过去，伸出一根绳子就可以把人救上来，却见死不救，此为犯罪；而同样是对落水者见死不救，却是因为自己水性不好或根本不会游泳，此则不能作为犯罪来处理。

这样的区分，上升到理论层面，可以用美国法学家富勒的"义务道德说"和"愿望道德说"加以解释。按照富勒的观点，道德可以分为"义务的道德"和"愿望的道德"两类。前者主要体现社会生存的最基本要求，是社会生活本身要求人们必须履行的义务；后者则是关于善行、美德以及使人类能力得到最充分实现的道德。

前者可以成为法律规范的对象，后者则不应纳入法律的调整范围。两者的关系犹如一根标尺，"这根标尺的最底端是社会生存的一些最显而易见的要求，它向上延伸，到达人类愿望的制高点，在这根标尺的某处有一根不可见的指针，它标出义务和美德的分界线。关于道德问题的所有争论主要是关于这根指针应该放在什么位置上的问题"。

对见危不救，将区分"义务"与"美德"的指针放在对本人或第三人有无危险这个位置上，这是合适的。

三、增设"见危不救罪"需慎重

如前所述，当下无情的现实呼唤通过法律唤醒道德。在具体路径方面，除了发挥法律的激励功能，即强化对见义勇为、乐于助人者的保护、奖励和救济之外，还要发挥法律的惩罚和预防功能。这个惩罚和预防功能，在有的国家和地区就体现为刑法上规定"见危不救罪"。

但我国在刑法结构上与西方国家存在一个重大差别，那就是在刑法之外还有治安管理处罚等行政处罚。因此西方国家刑法中的某些轻罪，在我国并不作为犯罪处理，而是通过治安管理处罚法等加以解决。考虑到这一点，我倾向于对那些对本人或第三人无任何危险的见危不救行为，将其纳入治安管理处罚法的调整范围。而对那些有特定的救助义务者（如丈夫不救助妻子案），可以进一步明确刑法的相关条款，将其纳入有关罪名的适用范围。

之所以对在我国刑法中增设"见危不救罪"持审慎态度，还有一个理由，那就是我国目前的刑罚总的来说偏重，而且刑罚机制不太顺畅，容易造成刑罚过剩的现象。

例如，德国现在有超过50%的刑事案件通过非正式的"转处"途径处理，真正通过正式的刑罚途径处理的只有一小半。这一小半刑事案件中又有高达80%通过罚金处理，另14%处以缓刑，监禁仅占6%。但我国目前转处和分流的渠道很少，监禁刑仍然是主流。又如，我国台湾地区虽然把危险驾驶入罪，但实务中一般对初犯不判处剥夺自由刑，而是易科为罚金或公益劳动，只有到再犯时，法官才考虑动用剥夺自由刑。这种自由刑易科为罚金或公益劳动的刑罚机制，目前在大陆地区尚属空白。

可以想见，如果一个国家或地区的刑法，真正最后送进监狱的是极少数人，在这种情况下把某种行为犯罪化带来的司法成本并不会很大，惩罚的面也不会很大。但我国还欠缺这样一个刑罚机制，加上有治安管理处罚制度，因此刑法上似不宜设立"见危不救罪"，相关问题可以通过完善治安管理处罚法得到解决。

（原载《新京报》，2011 年 11 月 5 日，发表时有删节）

何为司法规律

现在我们经常讲要按司法规律办事，司法改革要尊重司法规律。但到底何为司法规律？我感觉要说清楚何为司法规律不容易，但可以确立一些基本思路，并且可以列举一些东西，说明它们不符合司法规律。

基本思路有三：一是要贯彻落实我国宪法规定的"人民法院依照法律规定独立行使审判权，不受行政机关、社会团体和个人的干涉"和"人民检察院依照法律规定独立行使检察权，不受行政机关、社会团体和个人的干涉"。为什么宪法要规定人民法院独立行使审判权、人民检察院独立行使检察权？这是司法规律所决定的，也是实现司法公正的前提和基础。二是要正视司法的亲历性。为什么我们的司法改革要朝着以审判为中心的方向前进？为什么现在要强调办案法官、办案检察官直接对案件负责？就是为了克服以往"审者不判、判者不审"的弊端，让一切都呈现在法庭上，所有的证人都出庭接受控辩双方的质证，"让审理者裁判，由裁判者负责"。从此出发，也要求我们对审判委员会的工作机制、司法机关办案的内部请示制度等作出相应的改革。三是"运动员"和"裁判员"的角色要分开。劳动教养制度为什么要废除？新刑事诉讼法为什么要将强制医疗的决定权从公安转移到法院？就是因为以往在这些制度设计中，公安机关既做运动员又做裁判员，导致权力角色出现混乱。最近最高法和最高检推动的

"申诉异地审查"制度之所以受到关注和好评，就是因为过去实践中申诉受理机关往往是原审法院或原来提起公诉的检察机关，你要求它自己去纠正自己，其效果自然可想而知。类似这种"违反常识"的问题还不少，如我们长期对办案部门实行财政返还制度，即对上缴国家的赃款赃物和违法所得，按一定比例返还给办案部门，试想，这怎么能保证办案机关的中立呢？办案一旦与自身的利益挂起钩来，怎能不加剧"有钱的案子争着办，没钱的案子推着办"呢？因此，我呼吁，必须尽快改变对办案部门实行财政返还这样一种不利于实现司法公平公正的制度，真正落实"收支两条线"，以确保办案机关在办案过程中利益无涉。

在这些基本思路的导引下，我们可以进一步思考一些具体问题。

第一，我们研究司法规律，是不是可以回到一个原点，即公权力部门也应当像要求个人一样，己所不欲，勿施于人。我们有的办案机关缺乏应有的恻隐之心，比如说经常会看到一些公判大会之类的。尽管有国外学者曾用历史上小偷一边看公判大会一边偷旁边人的钱包来试图说明这类公判大会没有震慑犯罪的作用，但我宁愿相信，总的来说，公判大会对震慑犯罪还是有用的。即便如此，一个公认的事实是，这些东西现在在发达国家已经绝迹了，为什么？因为它不符合人性，犯罪的人也应该有人格尊严。这就是为什么联合国的《囚犯待遇最低限度标准规则》要求囚犯"不受任何形式的侮辱、好奇的注视或宣传"。现在被告人出庭受审不穿囚服了，这是一大进步，但是还要戴手铐，还要坐在一个类似囚笼的受审席里。对那些没有任何危险性的被告人，其实完全没必要给他戴手铐，前述联合国关于囚犯待遇的规则曾提出过"非绝对必要不得使用"的原则，即除非被告人有严重的人身危险，不使用戒具会造成对他人的危害，否则不得使用戒具，以免对他造成有罪推定的歧视。从心理学角度看，坐在哪个位置受审不仅会使法官和陪审员对被告人产生有罪或无罪的先入为主的印象，而且也会对被告人的人格尊严产生影响。现在这样的法庭设置事实上使被告人成为受审的客体，而不是参与诉讼的主体。法官和陪审员很容易对他产生有罪推定的印象，他自己也容易产生自卑和焦虑的心理。从国际通行的做法来看，我们应当改革刑事法庭的设置方式，让被告人与自己的律师坐一起，与检察官正面相对，这样既方便被告人与律师之间的交流，也有利于实现控辩平等。因此，我们讨论司法规律要从最基本的人性出发。立法也好，司法也罢，只有符合人性，才能赢得民心，并最终形成一种好的职业伦理和法律文化。

第二，现在讨论一些做法时能不能树立这样一个观念，即一切有利于发现事实真相、实现司法公正的，都要在法治的精神和法律的原则指引下，积极地从每一个细节上去推动，而不能以法律没有规定为借口，或者说长期以来我们就是这样做的。如果树立了这样一种思路，很多问题就不好解决了。比如说，我们现在法庭在审理一些疑难案件或专业性很强的案件中，会请一些相关领域的专家或专业人士出庭说明情况，这完全符合查明真相或帮助法官了解情况的需要，但在过去很长一个时期，这一制度竟然一直空白，理由可能很简单，就是传统的刑事诉讼中我们一直没有为这类专家或专业人士设立一个适当的出庭角色。

又比如，现在经常有那种团伙作案、共同犯罪的，这个人在这里审理，另外一个人在别的地方审理。共同作案有利害关系，当庭要作证。分开处理，异地管辖，彼此不对质，对于发现事实的真相就不利。另外，我们现在有的共同犯罪案件，在别的共犯还没有抓获或审判完的时候，就把其中的某个被告判处死刑并执行死刑，这也是不科学的，因为很可能别的被告受审时需要这名被告的证言，你把他杀了，等于断了证言。

实践中还经常有这种做法，一个共同犯罪的团伙成员，把他们抓了分别关在看守所里面，其中一个跟律师说，你找某某可以证明这一点，而某某被关在里面，看守所对律师说，你不是他的律师，你不能见。但他作为证人对发现事实真相有用啊，不能说他被抓了，律师取证就也不让见了。类似情况很多，感觉各个部门久而久之形成这样那样的规则，长期就这么做了。这些做法要改变，有些可以修改法律，有些完全可以在现有的法律原则范围内，根据司法规律的要求，直接作出改进，这样一不伤害到被害人，另外也完全符合实现司法公正的需要，为什么不改进呢？

再举一个例子，长期以来，律师从法院、检察院复印来的案件资料是不能给被告人看的，早几年重庆李庄案中李庄的一个罪状就是他在会见自己的当事人时把复印的卷宗材料透露给了被告人。但我们仔细想一想就会发现，这个禁止规定完全不符合司法规律，律师要与自己的当事人共同商量辩护对策，这个如果不告诉他怎么去商量呢？况且卷宗里别的证人怎么说，符不符合事实，律师也需要向被告人核实啊。

这些年我们慢慢在司法实践中推行办案警察要出庭作证，审判时如果有必要可以请有关专家作为辅助证人出庭，鉴定人也要到庭就其鉴定结论接受法庭的调查，等等，都是符合司法规律的做法，因为它们有利于查明事实真相。

第三，刑事司法不能因小失大，也不能因噎废食。以刑讯逼供为例，它可能确实有助于侦破某些个案，但为什么法律要禁止？就是因为它得不偿失。近年来相继爆出的许多冤假错案，一个共同的罪魁祸首就是刑讯逼供。这也说明，虽然我们从原则上已经禁止了刑讯逼供，但由于一些具体制度没有跟上，如没有确立犯罪嫌疑人和被告人被讯问时的律师在场权等，刑讯逼供仍然会屡禁不止。又如，过去我们要求被告人的近亲属也必须作证，后来大家说"亲亲相隐"是我国的一项传统法律文化，所以修改了刑事诉讼法，规定被告人的配偶、父母、子女不需要强制到庭作证。但这一修改并不彻底，实践中变成虽然不要求近亲属强制到庭作证，却可以通过录像等来作证，这样虽然避免了面对面的尴尬，但仍然是亲人之间互相指证，而且还变相剥夺了被告人当面对质的权利。"亲亲相隐"为什么重要？因为家庭是社会的细胞，亲情是社会伦理的基石。所以我们一些制度的设计，不能因为小的目标而牺牲大的目标，不能为了取得小的效果而损害了大的效果。

再比如，有的犯罪团伙利用孕妇去从事贩毒等犯罪活动，这些孕妇被抓后，看守所说这些人不能关，就又放出来了，导致她们更加大胆地去犯罪。不能因为她是孕妇就不关甚至就让其逃脱法律的制裁呀，可以从人道主义出发，将涉嫌犯罪的孕妇关到一个人性化的场所，以免影响婴儿发育。同理，现在一些看守所和监狱，对有严重的疾病的甚至是艾滋病的，就不接受。不能因为他是艾滋病人或者有其他病就让他逃脱法律的制裁呀！只能说为这些人设置特殊的监所，比如说要有条件对他们进行治疗等。

第四，作为代表国家的公权力部门，或者司法体制改革的顶层设计者，我们还是要从司法规律出发，多些制度性的对抗和容忍。真理只有愈辩才能愈明。如果你非要把律师打压下去，就无法发现真相。还是要相信一点，就是权力必须要有制约，没有制约法治就实现不了。要允许有强大的对手，只要在法律规定的范围内运作，就要允许他发挥到极致。

司法规律要求当局在法庭这样的"剧场"内，容得下不同意见，允许有强大的对手。甚至对死磕派律师也要辩证地看，突破法律的死磕我们当然不赞成，但只要在法律范围内，我们就要允许他们把辩护的职能发挥到极致。细想一下，有些案件，如果没有他们的死磕，还不一定有今天平反昭雪的结果呢。当然，我们要反思我们今天所面临的法律职业共同体的现状，采取切实措施推动形成彼此尊重、良性互动的工作机制，真正做到对抗而不对立、交锋而不交恶。大家要真正从内心认同彼此只有职业分工的不同，没有高低贵贱之分，正如柏拉图说，各司其职是为正义。当前更主要的还是公检法等公权力部门要更加平等地对待律师，要认识到律师在防范冤假错案、实现司法公正方面所起到的不可替代的作用，他们提出的意见具有重要的作用，从这个意义上来讲，律师的工作是从另一方面帮助我们的办案机关提高办案质量。

第五，要秉持"天下大事，必作于细"的理念，高度重视司法细节。习近平总书记多次强调一个"细"字，他反复引用"天下大事，必作于细""堤溃蚁穴，气泄针芒"等古语。他的这些话也完全适用法治领域。我们都还记得佘祥林案吧，当年负责办理此案的京山县公安局刑警大队长、后升任京山县公安局副局长的卢定成"感到十分遗憾的是当时没搞DNA鉴定""因为如果将死者（无名女尸）和张在玉的亲生母亲的DNA一对，情况就会很清楚了。"同样遗憾的是，当公安机关"将办案第一手材料递交到公诉机关后，虽然他们曾经打回重新调查，但都没有提到这件事情。"一个本来可以避免的冤案，就因为没有"作于细"而坏了大事，这难道不是"堤溃蚁穴，气泄针芒"吗？

应当看到，我们所面临的法治领域的落细、抓细，任务是繁重的。举一个例子，我们现在常说罚金刑的判决在实践中难以执行。这里的关键是，我们应当借鉴国外的做法，从总额罚金制改为日额罚金制，即判处的是罚金的天数，再根据不同被告人的经济能力来决定其每天应交付罚金的数额，这样同罪同判的只是罚金的天数，乘以每个不同经济能力的被告人的日额罚金，则经济能力好的人要多交罚金，反之则少交，它既能让每个受处罚的人感受到刑罚的效果（防止富人交罚金少失去威慑力），又能改善罚金刑的执行状况（防止穷人交不起罚金）。不仅如此，法律还作了更细致的安排，如判决后犯人失业了，原来决定的罚金交不起了，怎么办？那又要分情况，比如你的失业是因为自己好吃懒做等原因造成的，那就要折抵刑期去监狱服刑；如果是因为经济危机等原因造成的，那你就可以改作公益劳动，甚至当法庭认为有足够理由时就直接免除。

最近，坐了23年冤狱的陈满上百万的国家赔偿金被骗，加上此前同样是蒙冤入狱的赵作海也被骗国家赔偿金，引发人们对从监狱出来的人如何适应社会的关注。对此，我不禁想起多年前参观德国监狱的一些记忆。为了让犯人顺利回归社会，他们会把他在出狱前的一段时间安排到一个较为开放的环境里，这段时间他白天可以出去找工作，但晚上得回来；由于犯人在监狱内大多习得手艺或取得文凭，加上出去后有多种非政府组织帮助，所以一般都会找到一个工作。而且，犯人在监狱期间的劳动所得，狱方会为每个犯人开设一个账号，每月给他们保留一部分存在上面，以便出狱后不会因一时没找到工作而发生生活困难。另外，他们的监狱也不像我们放到偏远地区，而是就在市内，这样便于犯人家属和各种社会组织去探望，使其尽量和社会保持接触。

　　说到德国监狱，又想起德国的犯人因为洗澡这事儿和监狱多次对簿公堂的两个案例。简单地说，在 2015 年的一个判决中，德国哈姆高等法院驳回了一名犯人提出的每日一澡的请求，理由是："每天冲澡也不能被视为身体舒适的必然条件，甚至有媒体引证皮肤病专家的意见，警告过多洗澡带来的坏处。"但在 2016 年的另一个判决中，法院又"基于有期徒刑的服刑生活应当与日常生活相近似的原则，并且避免犯人疏于清洁带来的疾病风险"，认定犯人应当每周至少有 4 次用热水清洁身体的机会。无论是前者还是后者，法院的判决都以理服人，于法有据，其条分缕析，让人击节。当一个国家法治的触角能深入监狱的此等角落，根据"木桶定律"，我们就有理由对其整个社会的法治化程度和司法的精细化程度抱有信心。

　　（原载《同舟共进》，2017 年第 5 期）

法院副卷制度不宜继续保留

' 我国人民法院的诉讼案卷长期采用正卷与副卷分立的做法。正卷中归入的是审判过程中形成的一部分诉讼材料，这些文件可以由当事人、代理律师或辩护人查阅、复制、摘抄。副卷中归入的主要是法院审判委员会、合议庭讨论评议记录、案件内部请示、批示等内部来往公文及诉讼材料，这些材料只限法院内部使用，定性为审判工作当中的"秘密"，审判人员不得向外界泄露。随着国家法治建设的发展，法院副卷制度的改革必将被提上日程。

一、法院副卷制度存在的问题

一是不符合司法公开和审判公开的发展趋势。法院副卷的神秘化与司法公开及审判公开的发展趋势存在着严重的矛盾。副卷主要保存"不宜公开、需要保密的材料"，但由于何为"不宜公开的内容"并没有清晰的标准，使得哪些诉讼材料属于应当公开的范围具有了一定的不确定性，甚至有可能成为选择性公开。合议庭意见、审委会意见、上级法院的指示、法院内部的请示审批、有关单位的意见等与案件裁判密切相关的重要内容均可以"不宜公开"为由拒绝查阅，这无疑会降低甚至虚置庭审公开、裁判文书公开的实际效果和意义。副卷当中的大部分材料例如"合议庭评议案件笔录、审判庭研究、汇报案件记录、审判委员会讨论记录、审判监督表或发回重审意见书"等，都是在审判和执行过程之中形成，内容涉及案件事实的判断以及证据材料的认定，属于审判和执行过程中相应环节的真实记录和反映，是完整展示审判流程不可或缺的组成部分，正是审判应当公开的核心内容。

一个案件有且应当只有一个事实或真相，正卷、副卷中的材料所反映出来的案件事实应该是相同的，如果副卷中的诉讼材料所反映的案件事实或证据事实与正卷中的不一致，那就意味着正卷中的诉讼材料并不是裁判的唯一根据，还有一些法律外的、非法治的因素影响了判决结果并且隐藏在副卷当中。司法实践中的问题就在于有些案件正卷所公开的信息不足，无法有力地说服当事人，而副卷中却往往保存着一些更为隐秘和关键的信息。如果影响案件结果的关键环节或实质性内容不能公开，就无法使当事人和社会公众对审判活动作出全面而公允的评价，也难免引发对"审判内幕"的揣测和裁判公正性的质疑。

二是违反独立行使审判权的司法规律和严禁干预司法活动的规定。中央关于禁止领导干部干预司法活动、插手具体案件处理和禁止司法机关内部人员过问案件的规定，是排除司法干扰、保障司法公正、树立法律信仰和司法权威的重要之举。在这样的背景下，法院副卷就不能继续保存与权力干预司法相关的诉讼材料。虽然并不是所有的法院副卷中都存在领导干部干预司法的问题，但的确有一部分副卷保存了这类材料并且对外严格保密。有的法官认为，副卷保存这类资料等于保留了"违法干预的证据"，可以用来应对日后可能发生的追责。这种看法是欠妥的。既然已经建立起了非法干预司法行为的处理机制，法院就应抓住这一契机，理直气壮地抵制对审判活动的不当干预。面对违反法定职责或法定程序、有碍司法公正的非法干预，应当改变过去的容忍与迁就，如实进行记录、通报和追责，没有理由抛开法定的程序而再去寻求法院副卷的"保护"。

值得指出的是，实践中某些干预司法的行为可能并非基于个人利益或私人目的，而是出于公心甚至是为履行法定职责。但不能否认的是，这些做法同样违背了司法亲历性的要求，同样具有妨碍审判权独立运行、影响法官独立自主判断的负作用。真正符合司法规律的做法应该是构建合法的渠道，如建立"法庭之友"制度，让这类意见和建议以公开、规范的方式进入司法程序，这样既可以满足某些党政机关和领导干部出于公心或因履行职责过问案件、为案件审理提供参考意见的需要，也能促使审判权真正回归法官并加强法官的责任感，改变过去对内需要向院长、庭长请示，对外需要向上级法院汇报的依赖思维，实现"让审理者裁判、由裁判者负责"。

三是限制并缩小了当事人、诉讼代理人以及辩护人的阅卷权。法院副卷严禁查阅的做法限制并缩小了刑事诉讼辩护人的阅卷权。2012 年修正后的刑事诉讼法将辩护人的阅卷权范围从"被指控的犯罪事实的材料"扩大到"本案的案卷材料"，并首次赋予了辩护律师向在押嫌疑人、被告人"核实有关证据"的权利。辩护人阅卷范围的扩大有利于解决"阅卷难""辩护难"的现实困境，也使被告人间接地获得了查阅控方证据材料的机会，因为辩护律师向在押嫌疑人、被告人核实的"有关证据"完全可以是辩护人通过阅卷所掌握的控方证据。尽管刑事诉讼法对辩护人阅卷权范围的扩大对保障被告人的权益非常有利，但遗憾的是，最高人民法院在其后制定的关于适用刑事诉讼法的解释中却指出："合议庭、审判委员会的讨论记录以及其他依法不公开的材料不得查阅、摘抄、复制。"由于刑事诉讼法没有明确"本案的案卷材料"的具体内涵和外延，司法解释又对"案卷材料"作了缩小解释，将"合议庭、审判委员会的讨论记录以及其他依法不公开的材料"排除在阅卷范围之外，使辩护人阅卷权受限并被压缩。特别是"其他依法不公开的材料"这样的模糊用语，更增加了辩护人不能查阅的案件材料的不确定性。而这类不得查阅的材料正是在法院副卷的范畴之内，从而在实质上维护了副卷严禁查阅的原则。

同样，法院副卷严禁查阅的做法也限制并缩小了行政诉讼当事人及其诉讼代理人的阅卷权。根据我国行政诉讼法的规定，当事人及其诉讼代理人不得查阅的只是涉及国家秘密、个人隐私或商业秘密的材料。而副卷中的材料并非全部涉及国家秘密、个人隐私和商业秘密，却一律不允许查阅，实际上也是缩小了行政诉讼当事人及其诉讼代理人的阅卷权范围。值得注意的是，民事诉讼法中明确将限定阅卷权范围的权力授予了最高人民法院（民事诉讼法第61条规定："代理诉讼的律师和其他诉讼代理人有权调查收集证据，可以查阅本案有关材料。查阅本案有关材料的范围和办法由最高人民法院规定。"），而最高人民法院的相关司法解释也同样把副卷排除在外（2002年《最高人民法院关于诉讼代理人查阅民事案件材料的规定》第5条则规定："诉讼代理人在诉讼中查阅案件材料限于案件审判卷和执行卷的正卷，包括起诉书、答辩书、庭审笔录及各种证据材料等……"），将民事诉讼当事人及其诉讼代理人的阅卷权限定在了正卷之内。如果说民事诉讼中要改变严禁查阅副卷的做法还涉及修改法律的问题（因其违背司法规律，不符合司法公开、保障当事人和诉讼参与人阅卷权和知情权的要求，因而需要修改），那么在刑事诉讼法和行政诉讼法并没有明确将法院副卷排除在阅卷范围之外，也没有像民事诉讼法中那样将限定阅卷权范围的权力授予最高人民法院的情况下，严禁查阅副卷的做法本身就是缺乏法律依据的不当限制。

四是背离了现代诉讼证据裁判原则的基本要求。证据裁判原则的基本要求是：法庭作出裁判必须依靠证据，只有证据才是认定事实的根据。法庭审判是裁判者认知案件事实并形成心证的最重要环节，当事人和诉讼参与人只有通过参与法庭证据调查，才能具有评判法官认识活动的可能性，也才会相信法官的认识和心证源自证据而非其他途径。我国三大诉讼法均规定，证据必须经过查证属实，才能作为定案的根据。因此，凡是有可能对法官认定案件事实、作出判决结果产生影响的诉讼材料，都应当以证据材料的形式公开在法庭上出示，接受法庭调查，使当事人、诉讼参与人乃至旁听群众知悉其所反映的相关信息并了解其对裁判者形成认识和心证所发挥的作用。

法院副卷作为审判秘密，属于只供法院使用的内部文件，当事人、诉讼参与人完全无法查阅，更无法判断副卷中的材料是否具有真实性、关联性、合法性等证据材料的基本属性。副卷当中的材料也没有经过当庭出示、质证等法庭调查程序，因而不具有证据资格，不能作为法庭裁判的依据。然而在不少案件中，副卷当中的材料比证据还管用，不仅能够对审判人员造成不同程度的干扰和影响，甚至能够直接决定案件的裁判结果。在 2005 年《中国青年报》报道的周澄案、2010 年《新京报》报道的重庆市涪陵区人民法院"最牛公函案"以及近年来很多被纠正的冤假错案中，我们都可以看到副卷材料替代证据、充当定罪量刑依据的不幸事例。

二、改革法院副卷制度的具体设想

习近平总书记曾指出："涉及老百姓利益的案件，有多少需要保密的？除法律规定的情形外，一般都要公开。"深化司法公开的改革必然要推动法院副卷制度的改革。

改革的总体思路应当是逐渐限缩副卷中的材料范围，直至最终实现废除整个副卷制度的目标。也就是说，先废止副卷中保存违背现行法律、法规的诉讼材料的做法，再根据副卷中诉讼材料公开阻力的不同，分阶段、分步骤地将副卷中的诉讼材料依次转入正卷，实现所有诉讼材料一卷保存，对当事人、代理律师以及辩护人全部公开。具体设想如下：

首先，废止法院副卷中保存违背现行法律、法规的诉讼材料的做法。这主要涉及"案件的内部请示及批复；承办人与有关部门内部交换意见的材料或笔录；上级法院及有关单位领导人对案件的批示"等材料。继续保存这类材料造成了法律体系的内在冲突与自我矛盾，使审判人员陷入法律适用的困惑，违反审判权独立运行的司法规律以及中央颁布的严禁干预司法的相关规定。案件的内部请示及批复、承办人与有关部门的内部交换意见、上级法院及有关单位领导人对案件的批示是"审者不判、判者不审"的表现，不符合司法亲历性的要求，也违背了司法规律，属于法院副卷改革中的关联制度改革。

其次，将对外公开阻力较小的诉讼材料先转入正卷。这类诉讼材料主要是"阅卷笔录、案件承办人的审查报告、案情综合报告、审判监督表或发回重审意见书、执行局（庭）研究案件记录及会议纪要、法律文书签发件"等。阅卷笔录、案件承办人的审查报告、案情综合报告都是办案人员对案件情况的主观分析判断和理解，是办案人员对案情事实和证据进行的梳理和争议焦点的归纳总结，制作者基本就是判决书的制作者，材料内容在正卷中的诉讼材料中已经有一定程度的体现，所以对外公开的阻力会比较小。而执行方案或执行研究记录是对已经生效裁判如何执行的相关信息，在判决结果已经公开的前提下其保密的意义有限，而且案件的执行涉及当事人的重要权益，当事人理应有知情权。审判监督表或发回重审意见书涉及案件再审或发回重审的理由，一般在再审或发回重审的裁定书中都会进行叙述和说明，副卷中的意见书在内容上比较详细，就案件具体存在的实体和程序问题进行了分析，这样的意见书没有理由采用上级法院对下级法院说悄悄话的方式，再审或重审的性质就是纠错，没有必要对犯过的错误再遮遮掩掩。因此，建议将这些诉讼材料先行转入正卷。

再次，将没有明文规定但实践中被归入副卷保存的诉讼材料转入正卷。如量刑评议表或量刑测算表；取保、逮捕、延长审限审批表等。量刑评议表或量刑测算表是2007年最高人民法院启动量刑规范化改革后产生的诉讼材料。目前，最高人民法院已经研究开发了有关量刑规范化的办案系统和测算软件，并逐步提供给下级法院使用。法官可以使用该软件对个案的具体量刑事实、情节在裁量幅度内进行自主选择，由软件系统自动生成量刑测算表。如果能向当事人和代理律师等公开相关的量刑材料，既能昭示量刑结果产生的法律依据和过程，更有利于获得当事人和社会公众对裁判结果的信服。取保、逮捕、延长审限审批表是司法机关运用刑事诉讼强制措施程序是否合法的直接体现，对外公开既是程序正义的必然要求，也有利于督促司法机关依法办案。这些诉讼材料归入副卷既无明确的法律依据，其内容又与当事人的诉讼权益密切相关，公开并允许查阅，对于维护当事人利益、保障其知情权和监督权非常必要。

最后，对于公开阻力较大的诉讼材料，则有赖于司法改革的整体推进以及司法体制和审判权运行机制的转变，待其公开的阻力消减时再适时转入正卷。这类诉讼材料主要是"合议庭评议案件笔录；审判庭研究、汇报案件记录；审判委员会研究案件记录及会议纪要"等。目前，司法改革尚处于攻坚阶段，考虑到现实国情、司法环境以及法院和办案人员的承受力，要求马上对外公开这类材料必然会遭遇较大的阻力。新一轮司法改革已经提出要细化合议庭评议规则、重新定义审判委员会职能、构建主审法官制、审判长联席会议、专业法官会议等与副卷密切相关的内容，这些都有利于理顺审判权运行机制，实现"以审判为中心"。随着这类诉讼材料所依附或关联制度的改革，公开这类材料的时机也将逐渐成熟。待这类材料全部转入正卷可供当事人、诉讼代理人以及辩护人查阅时，法院副卷就将彻底失去存在的意义。

（原载《民主与法制》，2017 年第 11 期）

再启特赦意义重大

2019 年 6 月 25 日，十三届全国人大常委会第十一次会议在北京举行第一次全体会议，审议了委员长会议关于提请审议《全国人民代表大会常务委员会关于在中华人民共和国成立七十周年之际对部分服刑罪犯予以特赦的决定（草案）》的议案。

特赦决定获通过后，新中国将迎来第 9 次特赦。

我认为，在这个极具纪念意义的年份，再启动一次特赦，对进一步激活我国宪法中的特赦制度，使之更加制度化、常态化，具有重要的现实意义。同时，也可为依法行赦、推动下一步制定专门的赦免法，实现依法治国向更高层次的升华积累宝贵经验。

一、政治的柔性调剂法律的刚性

在国家喜庆的重要时间节点，对一些在押服刑人员进行赦免（包括赦免性释放和赦免性减刑），是世界上许多国家的通行做法。1959 年 9 月 17 日，在中华人民共和国成立 10 周年之际，中央对经过一定时间劳动改造、确实改恶从善的蒋介石集团和伪满洲国的战争罪犯、反革命罪犯和普通刑事罪犯实行了新中国成立以来的第一次特赦。此后，又于 1960 年、1961 年、1963 年、1964 年、1966 年、1975 年相继对一些战争罪犯进行了特赦，直至 1975 年最后一次对所有战犯"一律特赦"。这 7 次特赦均取得了良好的政治效果和社会效果。

2015 年，为了纪念中国人民抗日战争暨世界反法西斯战争胜利 70 周年，中央审时度势，决定在时隔 40 年之后重启特赦，对参加过抗日战争、解放战争等四类服刑罪犯实行特赦。此次特赦不仅没有对社会治安造成不良影响，而且得到了海内外的广泛好评。学界也普遍认为，这是我国刑事政策从"严打"走向"宽严相济"、实行依法治国和以德治国有机统一的科学抉择。

之所以认为 2019 年再启动一次特赦很有必要，是基于以下几点原因：

其一，可以增加国庆 70 周年的喜庆气氛，彰显国家尊重和保障人权的精神，是国家施仁政的重要表现。

2004 年，我国明确将"国家尊重和保障人权"写入宪法，确立了人权保障思想在我国的宪法地位。而特赦作为一项减免一定刑罚、福佑特定社会群体的制度，其所体现出的慎刑恤囚、矜老恤幼的仁政思想，与国家"尊重和保障人权"的精神是一脉相承的。在新中国成立 70 周年之际再实行一次特赦，对巩固我国"宽严相济"的刑事政策、向国内外展示我国良好人权形象都是有好处的。

改革开放以后，由于社会治安压力大，"严打"的刑事政策占了上风，客观上不具备特赦的社会氛围，加上过去几次特赦人治色彩较浓，以致在加强法治的时代背景下，主观上也对特赦有些认识上的误区。现在，"宽严相济"的刑事政策已经取代了"严打"的刑事政策，我们对特赦的认识也更加理性，规范、透明的特赦不仅不与法治相矛盾，相反，它是法治迈向更高层次的体现。

其二，可以凝聚人心，扩大社会的团结面，是良法善治的体现。

对经过一定时间改造，释放后不致再危害社会的服刑人员进行特赦，不仅可以对被赦之人及其亲友进行心灵感化，而且也可以在社会上形成示范效应，有利于团结和鼓舞全社会积极投身到社会建设的时代洪流中。事实上，无论欧美等西方国家，还是日韩等亚洲国家，他们都是非常善于运用赦免来调节社会氛围的，可以说，当代赦免已经从封建社会那种皇权恩赐式的人治语境脱胎换骨到人权、民主、法治的现代语境中。放眼国际，那些多层次、多渠道频繁实施赦免的国家和地区，非但没有因此而影响其法治形象，反而起到了促进良法善治的效果。

其三，可以用政治的柔性来调剂法律的刚性，从而实现对某些特定历史时期判处较重刑罚的犯人的宽缓处理。

随着社会的发展和各项改革措施的落实，我国的社会治安秩序已经由改革开放之初的相对混乱走向了和谐稳定，严重刑事犯罪也由原来的急剧上升呈现出稳中有降的态势。毋庸讳言，在过去历次"严打"斗争中，一些判刑是比较严厉的。加上社会情势的变更，有的行为原来是严重犯罪，现在社会危害性显著降低，甚至都不认为是犯罪了，如过去计划经济下的投机倒把罪是一种很严重的犯罪，如今在市场经济下绝大部分所谓的投机倒把行为已经不再作为犯罪来处理。

刑罚执行的成本是很高的，对那些在特定历史时期判处较重刑罚的人进行赦免性减刑，以及对那些过去被认为是重罪如今视为轻罪、过去被认为是犯罪如今不认为是犯罪的行为进行赦免性释放，不仅有利于服刑人及其家人，也有利于节省国家成本，同时对这些服刑人员进行减刑或释放，也不会激起民愤，即使有的案件当时有被害人，经过多年也趋于平静，不至于有太大的抵触情绪。

二、对可能产生的影响要做多方研判

上一次"特赦"发生在 2015 年，由于那是在时隔 40 年之后重启特赦，而且主题是为了纪念中国人民抗日战争暨世界反法西斯战争胜利 70 周年，加上当年全国人大常委会直到 8 月 24 日才开始审议关于特赦部分服刑罪犯的决定草案，准备时间略显仓促。

那次，全国共释放服刑罪犯 31527 人，这个人数相比整个罪犯人数还是有点偏少（虽然近年大力推进社区矫正，使在社区服刑的人员达到近 70 万人，但目前在监狱服刑的人员仍有近 170 万人）。由于当时是时隔 40 年重启特赦，国家本着慎重、探索的原则，将其规模控制在较小范围内也可以理解，因为毕竟还要考虑到对社会治安的影响和民众的心理承受力。但从实施效果来看，不仅没有对社会治安造成压力，而且国内外评价总体上是正面的，大家反而是觉得特赦的力度还可以加大一些。

而这次特赦的决定一旦获通过，主题将比上次纪念抗日战争暨世界反法西斯战争胜利 70 周年更为宽泛，民众也有更高的期待，而且通过上次特赦也积累了一些经验，同时，对上次出现的问题也可以加以注意。因此，我认为本次特赦的规模和范围予以适当扩大是合适的。具体操作程序上，我有这么几点建议：

1. 特赦的启动和申请。过去我们采用的都是自上而下的启动方式，即根据宪法、刑法、刑事诉讼法等规定，由全国人大常委会来决定，国家主席发布赦免令，由人民法院裁定，人民检察院予以监督，司法行政机关和公安机关予以执行。这次仍然要依法按自上而下的启动方式，但在具体操作中，可以允许服刑人员在符合条件的情况下自下而上地申请特赦。

2. 特赦的审查。对于特赦的审查，我们过去采取的方式是，待国家主席发布特赦令后，再由负责狱政管理的司法行政机关进行审查。这种做法的不足之处在于，对于将要被实施特赦的人员范围难以确定，因而对于特赦后可能造成的影响也无法进行准确预判。为了避免这种现象，应当尽早成立专门负责处理此次赦免事务的专门机构，特别对自下而上申请特赦的人员和案情进行审查，提出初步意见和方案后，再报有权机关来决定。

3. 关于特赦类型和时间。全国人大常委会的特赦决定和国家主席的特赦令可以早日公布，但正式的减刑和释放时间可以统一到 9 月底。从现在起，还有比较充裕的时间来进行摸底和各项准备工作。此外还要对特赦造成的各种影响进行多方研判，完善配套措施，确保特赦取得理想的社会效果，其中最重要的是要加强透明度，确保公平公正，严防暗箱操作和腐败现象，这是关系到特赦的可持续发展和未来命运的关键之举。

三、推动制定专门的赦免法

由于现在整个社会大环境和民意基础已经具备特赦常态化的条件，也基于目前我国有关特赦的规定仅仅在我国宪法和刑法、刑事诉讼法等法律中有原则和零星规定，不能适应依法行赦的时代需要。因此，我希望新中国成立 70 周年之际的特赦还有一个使命，那就是在进一步激活我国特赦制度的同时，还要为推动制定相关法律做准备。

从 2015 年那次特赦出现的一些现象来看，主要还是因为我国的特赦在实践中缺乏具体的可操作性措施。这次虽然可以针对上次出现的问题完善有关环节的工作，但从长远看，我们还是需要一部专门的赦免法，从实体到程序对赦免的法律根据、赦免的种

第七辑 热点冷评

341

类、赦免的申请、赦免的审查、赦免的监督、赦免的执行等作出全面规定。

环顾世界，几乎所有法治比较发达的国家和地区都有赦免法，这正是现代法治社会赦免区别于过去人治社会赦免的根本特征和保障。

需要指出的是，根据我国已经签署的《公民权利和政治权利国际公约》的要求，在那些还没有废除死刑的国家，要确保每个死刑犯都有申请获得赦免性减刑的机会。就这一点而言，我国目前的宪法和相关法律都还不足以提供法律依据。制定赦免法将使得我国的赦免法治体系更加完善，也更加符合有关国际公约的要求。

诚如托马斯·阿奎那所言："法律之所以为人信仰，并不仅仅在于它的苛严与威仪，更在于它正义的慈悲心。"善用赦免这一带有强烈刑事政策色彩的制度来调节法律与政治的紧张关系，是国际通行的做法，也是现代法治社会的应有含义。

现代刑事法治的一个重要特征就是将刑事政策融入刑法之中，实现"刑法的刑事政策化"和"刑事政策的刑法化"，前者强调刑法教义不应拒绝刑事政策，否则就无法解释为何在现代各国的刑法中会广泛存在赦免这样的政策性内容，后者强调刑事政策不能游离于刑法之外，而应在法治的篱笆内活动。

（本文系作者在 2019 年 6 月 25 日《全国人民代表大会常务委员会关于在中华人民共和国成立七十周年之际对部分服刑罪犯予以特赦的决定（草案）》公开报道后接受有关采访的书面整理稿）

欠薪有必要写进刑法吗

记者：您是否赞成把欠薪罪写进刑法的意见？

刘仁文：我的基本态度是不赞成。其实，这个建议也不是现在才出现的，前几年就有人提过。对于欠薪的处罚在劳动法中已有规定，劳动法第91条中列举了用人单位侵害劳动者合法权益的若干情形，其中就有克扣或者无故拖欠劳动者工资，处理办法是劳动行政部门责令其支付劳动者的工资报酬、经济补偿，并可以责令支付赔偿金。如何完善这方面的规定，使之更加具体和具有可操作性，并加大执法力度，切实克服地方保护主义，当然是有改进的余地的。

从劳动者角度来讲，他付出劳动应当得到报酬，这是一种民事法律关系，劳动者是债权人，用人单位是债务人，如果用人单位不履行债务，劳动者可以提起民事诉讼，主张自己的债权。如果经过法院判决，债务人仍然拒不执行，对于这种情况，刑法第313条规定："对人民法院的判决、裁定有能力执行而拒不执行，情节严重的，处三年以下有期徒刑、拘役或者罚金；……"这就是"拒不执行法院判决、裁定罪"。我认为欠薪先走民事诉讼的程序比较合理，在逻辑关系上也比较清楚。所以说，我们并不缺少这方面的法律武器。不过，现在遇到的一个突出问题是劳动者即使胜诉，也难以执行，这需要从改进法院的执行机制着手。因为法院判决执行不力已经不单是表现在欠薪方面，而是比较普遍存在的一个问题。

记者：您认为欠薪这一行为的社会危害性是否严重到非要用刑法来干预的程度？

刘仁文：刑法是社会的最后一道防线，基础纠纷还是应该尽量通过民法、行政法来解决，实在不行再用刑法干预。

刑法上有两种犯罪，一种是自然犯，另一种是法定犯。自然犯是指在侵害或者威胁法益的同时明显违反伦理道德的传统型犯罪，如强奸、杀人、放火等，在任何社会形态和社会形势下这些都是明显的犯罪行为。但是法定犯就不同了，它是指侵害或者威胁法益但没有明显违反伦理道德的现代型犯罪。法定犯是随着社会发展而变化的，比如在计划经济时代有个"投机倒把罪"，那么到了市场经济下，这就不是犯罪了。还有的是原来不是犯罪行为的，现在变成了犯罪，比如破坏环境罪和交通肇事罪等。我想欠薪是属于法定犯范畴的，我们不要僵化地看待这个问题，而应该随着社会发展对它作出动态的判断和思考，去论证它的社会危害性是否严重到非得用刑法来处理的地步。

欠薪的原因很复杂，据我所知，那种故意欠款逃逸的现象还是极少数的，但即使是这种情况也不必用一个新的单独的"欠薪罪"来处罚，刑法中的合同诈骗罪、诈骗罪等都可以对这一行为进行处理。现实生活中大部分企业经营者的基本出发点还是要把生意继续做下去，要支付给工人工资，欠薪的原因或者是经营形势确实不好，或者是资金周转出现问题，或者是施工没有按期完成导致扣款等，这里面的关系一般是一环扣一环的，所以，很多时候企业也只是链条中的一环而已，它可能也有苦衷。法国社会学家迪尔凯姆曾经说过：法律是社会团结的外在事实，但我们的刑法究竟在多大程度上促进了社会的团结，还是在某种程度上撕裂了社会的团结？这个问题必须考虑。如果法律把劳资双方分隔得太远，那就容易产生新的劳资冲突。

记者：如果用刑法来处罚欠薪行为的话，那么各方面付出的成本是不是都会很大？

刘仁文：确实是，如果一旦上升到刑法层面，对证据的要求就会特别严格。由于劳动者相对用人单位而言处于弱势地位，他们很难提供出足够的、充分的、对自己有利的、能够证明企业恶意欠薪的证据。对企业经营者来说，非恶意欠薪要负刑事责任的话，就显得过于严厉了，而且会影响企业正常的生产运行和进一步发展。经营者一旦被捕，企业很可能倒闭，那时工人就会失业，造成的危害会更大。国家司法机关也要付出很高的成本，而我国司法资源本来就有限，压力很大。

记者：既然您认为不应该把欠薪上升到刑法层面，那么有什么更有效的手段解决这个问题呢？

刘仁文：当然，欠薪行为是客观存在的，恶意欠薪也是有较大危害的，我们必须重视这一现象，作为一个严重的社会问题来对待。我之所以不同意把欠薪写进刑法，是因为刑法是最严厉的法律武器，一旦把它写入刑法有可能让人们觉得，已经用最严厉的手段来处罚欠薪了，这个问题就很好解决了，就万事大吉了。如果这样的话，反而会妨碍我们深层次地探寻更有效的、成本更低的解决方案。其实，我倒觉得目前最应该解决的问题是前面提到的如何加强劳动行政部门的行政执法、如何有效执行法院的判决等。虽然刑法中有"拒不执行法院判决、裁定罪"，但很少有人被判这一罪名，因为构成此罪的前提是要有能力执行而拒不执行，但现实中一些人会通过转移财产等办法说他没有能力执行。再就是民事判决后，判决书变成了一纸空文，执行不了。如果我们能改革现行的执行体制和机制的话，比如在政府之下成立专门的强制执行部门，而不是完全让法院承担这一责任，那么欠薪这类问题也许就可以得到更有效的解决。

（原载《中国劳动保障报》，2010 年 3 月 19 日，记者李小彤）

"醉驾入刑"看情节没有错

"醉驾入刑"条款于 2011 年 5 月 1 日正式施行，几天后时任最高人民法院副院长张军关于醉驾并不一律入刑的说法引起极大争议，随后，最高人民法院要求各地法院对符合刑法总则第 13 条，情节显著轻微危害不大的，不认定为犯罪。此举引来公众对有权有钱者逃避制裁的担心。

"看情节"不违背罪刑法定

记者：最高人民法院副院长提醒用刑法总则第 13 条适用醉驾条款，"情节显著轻微危害不大"的不入刑。为什么会有第 13 条这样的条款？

刘仁文：在刑法理论上，犯罪定义有两种，即形式定义和实质定义。形式定义就是只从犯罪的法律特征上来界定，如直接规定依照刑法应受处罚的行为就是犯罪；实质定义则从犯罪的本质特征来界定，我国刑法总则第 13 条采取的是实质定义，即突出犯罪的社会危害性这一本质特征。

记者：为什么追究犯罪还要有情节上的要求？

刘仁文：就是第 13 条所谓的但书：情节显著轻微危害不大的，不认为是犯罪。这个但书有两个功能：一是照应功能，我国刑法分则中大约有 2/3 的罪名都有数量或情节限制，如盗窃、诈骗、抢夺等，都要求达到一定的数量才能构成犯罪，又如假冒专利、消防责任事故等，要求"情节严重""造成严重后果"才构成犯罪；二是出罪功能，对于另外 1/3 的不含定量因素的罪名，第 13条但书可以将那些轻微不法行为作出罪化处理，如非法拘禁罪，刑法第 238 条规定只要有非法拘禁的行为就构成非法拘禁罪，但实践中对非法拘禁时间很短又没有造成严重后果的行为一般不作犯罪处理。抢劫罪也是如此，刑法第 263 条规定任何抢劫公私财物的行为都构成抢劫罪，但实践中如果抢劫一个几块钱的茶杯或者一块几毛钱的手绢，恐怕一般也不会去追究行为人的刑事责任吧。对这种出罪化处理，如果要从法律上找到根据，那就应当是第 13 条的但书。

记者：其他国家和地区有没有这种立法例？

刘仁文：我刚才说了，有的国家和地区对犯罪采用形式定义，那么他们在犯罪定义中就没有这个但书；但即便没有，也会有各种各样对"情节显著轻微危害不大"作出罪化处理的做法。

比如在我国台湾地区，他们对盗窃罪并没有规定数量限制，从法条上看，一切盗窃他人财物的行为都是犯罪，但同一个宿舍的人，一个人不在，另一个人急着上厕所，于是拿了他的手纸，这也构成盗窃罪吗？实践中肯定没有将此作为犯罪来处理的，他们形成了一个理论，叫"推测同意"，就是说，这种情况下即便当事人在场也会同意。又如在德国，他们则规定对于盗窃数额较小的，由被害人决定要不要自告，也就是说，被害人如果不告的，则不追究刑事责任，这也是一种出罪化的方式。

记者：但是有学者认为第 13 条违背罪刑法定原则，会造成法律适用上的混乱，你怎么看？

刘仁文：我不这么认为。罪刑法定原则是资产阶级为反对封建罪刑擅断、保障人权而提出来的，它主要是反对类推、法律溯及既往、立法模糊等不利于被告人的做法。演变至今，中外刑法学界一般都认为，对符合常理常情、有利于被告人的做法，可以允许适当的超法规事由，如刑法中的被迫行为、自救行为等，虽然法律并没有一一明示，但理论解释一般承认这些超法规的正当化事由可以作为从轻、减轻甚至免除处罚的理由。又如，我们现在提倡的期待可能性理论，即法不强人所难，如果在特定条件下换成第三人也不能期待他（她）作出合法行为，则应当减轻或免除其刑事责任，这也在学说上不成问题。

从这个意义上来讲，第13条的但书是有利于保障被告人人权的，它与罪刑法定原则在本质上是不矛盾的。当然，即便有利于被告人的做法，也不是无边际的，它应当受到相关法治原则、理论学说和常理常情的支持与制约。

"看情节"可化解立法尴尬

记者：具体到醉驾条款，在分则中没有规定情节的情况下，第13条能否直接适用？

刘仁文：这个问题比较特殊，要分两方面说。

一方面，我的学术观点是，即便分则中没有规定情节，也可以适用第13条。实践中也是这么做的。像我前面对非法拘禁罪和抢劫罪等的分析，就是例子。

但是另一方面，危险驾驶罪这个条文比较特殊，它是这样规定的，在道路上驾驶机动车追逐竞驶，情节恶劣的，或者在道路上醉酒驾驶机动车的，处拘役，并处罚金。一句话里规定了两种情形：追逐竞驶和醉酒驾驶，前者要求"情节恶劣"，后者没有这方面的要求。这时候能不能适用第 13 条但书呢？刑法理论似乎并没有给出唯一的答案。公众也有理由质疑：如果笼统地给醉酒驾驶套用第 13 条但书，那么前面对情节恶劣的规定不就是多余的了吗？反过来，前面规定了情节恶劣而后面没有规定，就容易给人一种醉驾一律要入刑的印象。

记者：你的看法呢？

刘仁文：这涉及法律解释。法律解释有主观解释和客观解释之分，主观解释强调遵循立法者原意，客观解释强调不拘束于立法者原意，要从社会现实出发。

现在看来，立法者的原意很可能是不分情节，就是要醉驾一律入刑，以表明其严厉态度。但我愿意作客观解释，具体思路是：追逐竞驶使用了"情节恶劣"，并不能说明醉酒驾驶就是要不分情节一律入刑，因为情节恶劣下面还有情节一般，再下面才是"情节显著轻微"，也就是说，前者之所以不必用第 13 条但书，是因为它已经规定要情节恶劣才构成犯罪，连情节一般都不构成犯罪，更不用说"情节显著轻微"了；后者就不一样，不需要达到情节恶劣才构成犯罪，情节一般就可以构成犯罪了，至于情节显著轻微，那仍然要受第 13 条但书的约束，不宜以犯罪论处。

记者：为什么你愿意这样理解？

刘仁文：一般而言，客观解释相比主观解释，往往是扩大字面含义和打击面，因而不利于对被告人的人权保障，但今天这个话题相反，采用客观解释反而会缩小打击面，有利于对被告人的人权保障，何况从现实中反馈回来的信息表明，如果不加区别地一律入刑，不仅在某些案件中显得过于严苛，而且也将使公安司法机关不堪重负，把过多的精力用到这一类案件上，从成本收益的观点来看，也是值得深思的，毕竟公安司法机关的主要精力还是应当用于打击那些严重的暴力犯罪上。

执法出现这个困局，其实根源还在于立法。我曾经在立法征求意见时针对该罪的条文设计提出过几点建议：一是要考虑情节；二是要将处罚后果中"拘役并处罚金"改为"罚金或者拘役"。我国台湾地区醉驾也入刑，但初犯一般处罚金，或者罚做公益劳动，再犯才处剥夺自由刑。我们一上来就并处，刑罚偏重，没有退路，于是只好从"情节显著轻微危害不大"去找出口。另外，我还提过，对于服用毒品后驾驶等危险驾驶、情节严重的行为，也应当与追逐竞驶和醉酒驾驶一并规定进去，将来这方面的问题也会显现出来。

总之，这个条文的立法是有教训的，我个人觉得还是太冲动、太受民意的影响了，对刑法与行政法的对接、刑法如此规定给执法机关带来的压力以及执法的成本与收益等都缺乏比较深入的论证。

"看情节"不是无限度开口子

记者：在学术界看法不一的情况下，当务之急是不是呼吁立法机关作出立法解释？

刘仁文：在法律刚刚出台的情况下，立法机关马上就出台立法解释，也显得尴尬，而且立法机关并不处在办案的第一线，目前也难以完成立法解释的任务。

同样，司法机关目前也难以短期内出台司法解释，需要一个总结司法经验的过程。我注意到最高人民法院要求各地把案例报上来，以便尽快将其中的典型案例以指导性案例的形式下发全国法院参照适用，这个方向是对的。

记者：那眼下法官判案又该如何是好呢？

刘仁文：法官本来就不该过度依赖最高人民法院作司法解释，法官自己就是法律的解释者，一个良性的司法运作机制应当主要由一线法官来承担解释任务。办案法官结合个案具体情况和行为人的具体情况，凭借司法说理和对法律的善意解释，在规范与事实之间寻得正义，才是中国司法的希望所在。

其实，像第13条但书这件事本来就没有必要由最高人民法院站出来说话，办案法官自己就应当有这个担当。

记者：但在目前没有司法解释的情况下，法官心里没底，公众心里更没底，怎么办？

刘仁文：第一，除了最高人民法院自己系统内要加强沟通，最高人民法院还得同公安部、最高人民检察院加强沟通，把一些执法中的疑难问题尽快明确和解决，如醉驾的标准如何把握，是否继续沿用行政处罚的醉酒检测标准，还是说可以适当提高，因为从有关资料来看，我国的醉驾标准较之美国、日本等国，确实偏低。另外，还是要把一般的醉酒标准和行为人个人的情况结合起来，如美国抓到醉酒驾驶者后，还要让他走一定的线路，若清醒得很，走得一点都不差，就不作为醉驾对待。

第二，面对新生事物，我想司法机关还是要有适当的克制，而不要一味从严。这方面一是要在强制措施方面加以克制，我主张对醉驾这类危险驾驶者审前尽量不要羁押，采取取保候审即可，因为他毕竟不是杀人犯、恐怖分子等重大暴力性犯罪。二是量刑也不要动辄顶格，像高晓松一案，初犯就判了 6 个月，再犯怎么判？

记者：现在社会上担心最高人民法院一开这个口子后，司法腐败等就会乘机而入。你如何看？

刘仁文：一方面应当明确的是，第 13 条但书并不是无限度地开口子，它只限于"情节显著轻微危害不大"，从这个意义上看，那种认为官员和有钱人将有机可乘的担心可能是被放大了。但另一方面，从民意这种放大了的担心我们也可以看出当前整个社会对司法不公的敏感，折射出司法公信力不强的现实，这是很值得我们深思的。

（原载《新京报》，2011 年 5 月 21 日，记者赵继成）

于欢故意伤害案的学理评析

　　备受关注的"于欢案"于 2017 年 6 月 23 日迎来了终审判决，山东省高级人民法院二审认定于欢系防卫过当，构成故意伤害罪，予以减轻处罚，从一审的无期徒刑改判为有期徒刑 5 年。该二审判决综合分析了案件发生的背景和整个行为过程，合理认定了于欢正当防卫的行为性质，又详细分析了防卫过当的结果，定性准确，量刑比较合理。

一、于欢的行为具有正当防卫的性质

　　山东省高级人民法院二审认定，于欢的行为存在正当防卫的前提，即"正在进行的不法侵害事实"。这个判断是从整体上分析得出不法侵害状态一直在持续，并没有因为警察出警的行为而消除，在此情况下于欢还击以图摆脱侵害人的非法控制等行为具备正当防卫成立的前提条件。

　　纵观本案，首先，不法侵害事实确实客观存在。正当防卫行为的前提是必须存在现实的不法侵害。不法侵害既包括犯罪行为，也包括一般违法行为。山东省高级人民法院在从整体角度认定被害方曾在案发前已经持续对于欢母子进行多次索债威胁的事实，以及案发当日于欢母子已被较长时间限制人身自由，并伴有杜某等人对于欢母子的侮辱以及推搡、拍打、抓揪头发、卡项等轻微暴力的情节。案发当晚杜某等人除了采取辱骂、暴露下体、脱鞋捂嘴、扇拍面颊、限制人身自由等方式对于欢母子实施不法侵害之外，还在于欢母子想跟随警察离开时进行推拉、围堵等阻止二人离开，[①] 并实施威逼挑衅。这些都是经查实客观存在的不法侵害事实，具有整体性和持续性。其次，不法侵害正在进行。在警察出警后，虽然不法侵害动作暂时"停止"，但并不代表不法状态的"解除"。当晚杜某等人在接待室对于欢母子采取非法限制人身自由、严重侮辱甚至轻微暴力行为已经持续了相当长的时间；而且警察的出警并未改变事实，眼见警察稍事询问后离开房间，于欢母子被数十人围堵在房间内不得离开，于欢也被卡项遭受威逼挑衅，这种不法状态仍在持续，于欢在此情形下的反抗行为不属于事后防卫。

再次，于欢实施防卫行为的目的是制止不法侵害。如二审法院所查明，于欢虽连续捅刺四人，但捅刺对象都是经过其警告后仍向前围逼的人，未对离其较远的其他不法侵害人进行捅刺，也没有对同一个不法侵害人连续捅刺，由此可见于欢的目的在于制止不法侵害人继续侵害并得以离开现场，符合正当防卫成立的意图。

二、于欢的行为属防卫过当

于欢的防卫行为有无过当是二审判决的焦点，也是理论界争议的关键问题。

---

① 需要说明的是，警察并不是要离开不管，而是因其是内勤缺乏现场处置经验，加之里面太嘈杂，所以想到外面警车里向领导汇报有关情况，就在这瞬间发生了悲剧，这也是笔者赞成不追究出警警察刑事责任的主要理由。当然，出警警察未采取适当措施就擅自"离去"，致使于欢绝望，在这一点上是肯定存在责任的。

根据我国刑法的规定，要判断防卫行为是否超过"必要限度"，应以制止不法侵害、保护法益的合理需要为必要。目前理论界主要有两类观点：一是"基本相适应说"，主要指防卫行为要与不法侵害结果总体相适应，这种观点又被称为"对等武装论"，容易造成判断流于形式化，造成"唯结果论"；二是"必需说"，认为要具体分析防卫人的实际情况，以有效制止不法侵害需要为必要限度。"必需说"是本文作者所持观点，也是大多数学者赞成的观点。"必需说"也符合定罪量刑要主客观相统一的要求。具体来说，判断防卫行为是否过当不仅要看双方的手段、强度、人员多少及不法侵害的紧迫性、防卫行为的必要性等现场客观环境，还要看防卫人在当时情境下的主观判断与反应。就本案来看，杜某等人一方虽然人数较多，但其实施不法侵害的意图是给于欢母子施加压力以催讨债务，在催债过程中未携带、使用任何器械；民警进入接待室前杜某等人实施的是非法限制人身自由、侮辱等轻微暴力的行为，其目的仍是逼迫于欢母子还款；民警警告其不可打架后，杜某等人并未有打架的行为；在于欢持刀警告后，杜某等人虽有出言挑衅并向于欢围逼，但并未实施强烈的攻击行为，即使4人被于欢捅刺后，杜某一方也没有对于欢实施暴力还击行为。由此可见，当时侵害人并没有严重伤害于欢母子的目的，而且之前曾经持续的讨债行为也表明他们的侵害行为并不足以严重威胁于欢母子的身体健康和生命安全，而于欢却持利刃连续捅刺4人，造成一人被刺要害部位而死亡，两人重伤、一人轻伤的严重结果。即使考虑于欢主观方面基于激愤而反抗，但在明知对方不会有暴力行为的情况下致人死伤，这种行为至少从正当防卫的角度来看已明显超过了必要限度。

这并不是说于欢面对非暴力侵害行为就一定不能使用危及侵

害人生命的手段来进行防卫，而是说应该根据具体案情从两个方面来考虑：一是要为防卫人留下弥补劣势的空间，由于杜某等人人数众多，于欢只有使用具有杀伤力的工具才能压制不法侵害；二来也要为预防不测留下必要的空间，当防卫人基于常识可以判断对方不会采用严重暴力来侵害其生命安全时，即使出于恐惧与激愤而采用了严厉的防卫手段，也应当对防卫结果有所控制，这与处于极端恐惧与激愤状态而根本不知道会发生何种严重危及人身安全结果的情况并不相同。如果防卫人完全不知道对方侵害结果会怎样，即使对方当时没有采取暴力但是很有可能会采取暴力，从而出于极端恐惧或者激愤而采取严厉防卫手段时，是可以排除防卫人的主观罪过的。反之，如本案情况，则难以排除于欢防卫过当的责任。

三、对于欢应当减轻处罚

对于二审法院以故意伤害罪判处于欢 5 年有期徒刑的判决，我认为是一个妥当的判决结果。案件定性为防卫过当，根据刑法正当防卫制度的有关规定，应当对于欢减轻或者免除处罚。本案中，于欢持利刃捅刺杜某腹部一刀，又捅刺围逼在其身边的程某胸部、严某腹部、郭某背部各一刀。虽然在当时于欢处于被威逼的不利情势下进行防卫，可以排除其希望、积极追求被害人死亡结果的故意（这也是本案不成立故意杀人罪的理由），但对于以利刃捅刺他人腹部可能导致他人重伤的结果还是有放任和间接故意的态度，其行为符合故意伤害罪的构成要件。按照我国刑法第234 条第 2 款之规定，故意伤害致人重伤的，处 3 年以上 10 年以下有期徒刑；致人死亡或者以特别残忍手段致人重伤造成严重残疾的，处 10 年以上有期徒刑、无期徒刑或者死刑等。这样，根据刑法第 20 条第 2 款我国正当防卫制度的规定认定于欢的行为构成防卫过当，考虑到本案造成一死二重伤的严重后果，对于欢不宜免除刑罚处罚，而应以减轻处罚为妥。根据刑法有关规定：减轻处罚应当在法定量刑幅度的下一个量刑幅度内判处刑罚。因此，本案应当在 3 年以上 10 年以下有期徒刑范围内处罚，又结合于欢有坦白等酌定量刑情节，二审法院以故意伤害罪判处于欢有期徒刑 5 年是比较合理的，事实证明，该判决结果的社会反应也是比较好的。

四、进一步激活我国正当防卫制度的运用

于欢案引发了大家对我国刑法中正当防卫制度的再一次关注，借此机会，笔者就完善正当防卫制度谈点看法。

目前正当防卫的主要缺陷在于：一是司法实务中存在"唯结果论"的现象，即当正当防卫出现致人重伤或者死亡的"严重损害结果"时，司法机关就开始对"超出必要限度"的防卫手段与"严重损害结果"的利益进行衡量，结果常常是过于重视严重损害结果，而忽略了防卫人的主观心态是否出于迫不得已。二是罪名违背公众感情。我国的防卫过当行为可能触犯的罪名主要有：故意杀人罪、故意伤害罪、过失致人死亡罪、过失致人重伤罪等。因为正当防卫行为的主观意思本身就是混合的，既有制止不法侵害又有侵害对方的意思，所以当对防卫过当行为按照故意杀人罪等罪名定罪处罚时，就让公众很难接受：本来是防卫行为，怎么就构成了故意杀人罪？故意杀人罪这样的罪名也让防卫人及其家人背负沉重的道德包袱。

有鉴于此，笔者建议，把防卫过当写入刑法分则具体罪名条款，即使防卫过当也不构成一般的故意杀人罪和故意伤害罪等严

重罪名，而是凸显事出有因的防卫过当致人死亡罪、防卫过当致人伤害罪等，并规定显著轻缓的刑罚，这样既能贴合防卫人的复杂心态，又能体现国家鼓励公民正当防卫的立法精神，突出刑法的行为导向功能，也更加符合民众的法感情。国外也有类似立法例，如《俄罗斯联邦刑法典》第 114 条第 1 款规定了"必要防卫过限致人重伤罪"，"在必要防卫过限的情况下，实施故意重度伤害他人身体健康的，应当判处为期 2 年以下限制自由刑或为期 1 年以下剥夺自由刑"。与此同时，还要借鉴国外的立法经验，增加"防卫人由于惊恐、惶惑、恐惧、激愤而导致防卫过当的，减轻处罚或者不处罚"，从而细化防卫人主观方面的考量，防止唯结果论。

（原载《中国审判》，2017 年第 19 期）

"法庭之友"：司法吸纳民意的好帮手

一、"法庭之友"的基本内涵与发展

"法庭之友"来源于拉丁文 Amicus Curiae，其英文名称为 Friend of the Court，意指"法庭的朋友"。其基本内涵是指法院在审理案件的过程中，为了帮助法院解决疑难问题、作出公正的判决，允许当事人以外的与案件无直接利害关系的人或组织，应邀请或者经法院允许，就与案件有关的事实及法律问题进行论证并提交书面陈述，向法官提供尚未知悉的证据事实或法律适用意见。

"法庭之友"起源于古罗马的专家咨询制度，距今已有一千多年的历史。英国是最早将"法庭之友"制度引入诉讼的国家，目的是为法庭提供一些尚未掌握的信息。1823 年，美国联邦最高法院在 Green V. Biddle 一案中通过判例方式确立了"法庭之友"制度，20 世纪初以后，随着美国政治和经济形势的巨大变化，特别是利益集团的兴起，"法庭之友"得到了蓬勃的发展，成为美国法院制度的重要组成部分，对美国宪法和环境法等领域的发展产生了重要的影响。

随着实践的发展，"法庭之友"的主体范围变得越来越广泛。最初，"法庭之友"是独立于当事人双方的中立者，如今，"法庭之友"一般不再要求具有中立性，也可以是"当事人的朋友"，在纠纷中支持其中一方的立场。在美国，政府、个人、社会组织、利益集团或外国政府都可以作为"法庭之友"，其中以非政府组织和利益集团作为"法庭之友"的情形较为常见。例如在美国微软公司的诉讼案件中，法院接收了多个"法庭之友"的陈述。既有支持政府立场的美国在线、计算机通信协会、软件信息工业协会、数字竞争创新工程，也有支持微软公司一方的技术竞争协会和计算机技术工业协会；还有不支持任何一方的大学计算机教授。有研究表明，向美国联邦最高法院提交的"法庭之友"陈述中，大约一半以上都是由商业团体、工会、大公司、专业团体提交的，一小半是由公共利益群体、消费者团体、宗教团体或劳工组织提交的。"法庭之友"在美国扮演着不可或缺的作用，据统计，近50年来，联邦上诉法院85%以上的案件都有"法庭之友"的参与。提交"法庭之友"陈述有三条途径：一是应法院要求而提交，法院可以就审理案件过程中遇到的专业或法律问题寻求有关专业团体的观点。二是当事人主动联系相关人或组织，请求他们向法院提交陈述，以支持自己的立场。三是一些非营利性组织、公司、法学院教授或知名人士等对正在诉讼的案件感兴趣，主动要求法院允许其提交陈述。

自20世纪90年代以来，"法庭之友"通过参与众多的国际司法程序，发挥了提供事实方面的信息；提供法律等专业协助；加强程序公正、正确、及时解决国际争端；促进国际法发展等积极的作用。国际法院、国际海洋法法庭、欧洲共同体法院、美洲人权法院、国际刑事法院等众多的国际司法机构，都在一定程度上允许"法庭之友"进入司法程序，也允许具有不同观点的"法庭之友"提交陈述。WTO争端解决机制的法律中，虽然并无关于"法庭之友"的专门规定，但实践中专家组和上诉机构不断地通过实践在 WTO 争端解决中充实和适用"法庭之友"。未来我国要想在 WTO 争端解决中使国家利益得到最大程度的保护，接受并积极学习和应用"法庭之友"规则将是一项重要举措。

二、"法庭之友"的制度价值

"法庭之友"发展到今日，虽然也出现一些值得注意的问题，如"法庭之友"身份不再中立，而是与一定的利益集团相联系；"法庭之友"陈述书质量参差不齐，加重法院的负担；增加诉讼费用等，但总的来说，它仍然具有重要的制度价值。

首先，"法庭之友"具有吸纳民意、促进司法民主的价值。"法庭之友"通过为司法审判提供所需的证据事实和法律意见，凝练了富有代表性的民意并将其表达于法庭，拉近了司法和民众的距离。法院引用"法庭之友"陈述的内容或适度吸纳主流民意，有利于社会情绪在法律框架内及时得到疏通，起到引导社会价值观和道德观的作用，也更容易使司法获得民众的支持和认同。可以说，"法庭之友"是将民主精神引入司法程序的有效机制。以美国的西蒙斯案为例：1993 年美国密苏里州年仅 17 岁的西蒙斯和同伙实施了一起绑架谋杀案，该案于 2004 年上诉至美国联邦最高法院。因为美国允许对不满 18 岁的未成年人执行死刑，因此该案受到了各国及国际人权组织的广泛关注。法院在审理中允许多个"法庭之友"参与诉讼，有州政府、美国药品协会等社会组织、社会知名人士、欧洲联盟等国际组织。最终，联邦最高法院采纳了众多"法庭之友"反对对未成年人适用死刑的意见，推翻了对未成年人实施死刑的先例，判处西蒙斯终身监禁。法官在判决理由中公开声明是因为美国民意已经不再支持对未成年人执行死刑。

其次，"法庭之友"具有弥补法官知识的缺陷、避免司法不公的价值。从实质方面来看，"法庭之友"参与诉讼的目的是要解决法庭疑难和疏漏问题，确保法院全面、客观地认识案件事实和证据，实现实体上的公正。在形式方面，"法庭之友"参与诉讼的形式必须遵循一定的程序，也体现了形式公平的要求。"法庭之友"往往在其擅长的领域内对特定的案件事实或法律问题有独到的见解，这在一定程度上有助于避免因法官视野局限造成的不公平。在对抗制的诉讼模式下，由于利益驱使，当事人很可能隐瞒对自己不利的证据，也可能由于举证能力所限对证据的收集残缺不全。"法庭之友"的陈述主要集中在当事人论述未涉及的部分，可能提供不同于当事人的意见、补充性事实和论据以及被当事人隐瞒或忽略的事实和依据，无疑可以弥补对抗制诉讼的一些内在缺陷。

最后，"法庭之友"也不断推动着法律的发展。正是在"法庭之友"的帮助下，美国法院在民权、安乐死、托拉斯以及药品管理等高度专业的领域形成了许多有影响的判例。例如，在1961年的 Mapp v. Ohio 一案中，美国联邦最高法院法官采纳了美国民权联盟作为"法庭之友"的意见，宣告州法院不得接受警察非法收集到的证据。该判决促使美国在联邦和各州全面确立了"非法证据排除规则"，对美国乃至世界的证据法理论产生了广泛而又深远的影响。

三、我国应引入"法庭之友"制度

我国应否引入"法庭之友"制度？我们的回答是肯定的。

第一，将"法庭之友"引入我国司法程序中，与司法体制的改革目标相一致。当代中国面临着社会转型的巨大冲击和变革，法院不但要扮演化解纠纷的传统角色，还需要通过应对民众的权利诉求、满足公众对公平、正义的渴求，承担推动法律制度变革和发展的新职责。在任何一个国家，民意对司法判决都不可能没有一点影响，重要的是民意必须按照法律渠道、法律程序、以"法律参与"的形式进入司法程序。设置合理的制度使民意有序、有度的介入，从而避免权力者恣意擅断，让民众不至于在信息不透明的情况下愤怒地围观。

第二，"法庭之友"是公民行使宪法权利的良好途径。公民享有言论自由的权利，任何人都有权利表达自己对司法裁判所涉案件的观点和意见。我国宪法赋予了公民对任何国家机关和国家工作人员有提出批评和建议的权利。"法庭之友"给予公民合法表达的机会，让他们通过法律程序行使批评和建议的权利，有利于公众监督司法行为，抑制法官的恣意妄为和徇私枉法，增强司法公信力。同时，我国宪法也赋予了公民管理国家事务、管理经济和文化事务、社会事务的权利，但这一权利还没有落到实处。随着我国市场经济的发展，公益诉讼的数量逐步上升，由于公益诉讼涉及公共和群众整体利益，允许案外人在公益诉讼中以"法庭之友"的身份参与到与切身利益相关的审判活动中来，明确地向法院表达相关的信息或利益诉求，是公民关心社会事务、行使权利的良好途径。

第三，"法庭之友"有利于弥补我国现行相关制度的不足。我国的司法鉴定、专家辅助人和支持起诉制度，都在不同程度上体现着"法庭之友"制度的精神，其与"法庭之友"的异曲同工之处在于都由案外人帮助法官澄清案件事实及相关问题，促进法官作出公正的裁判。但是，鉴定人和专家辅助人制度与"法庭之友"制度在适用主体资格要求、进入诉讼的途径、利益趋向、是否参加庭审等方面仍然存在着很大的差异。采用"法庭之友"可以突破鉴定人和专家辅助人制度的局限性，让广泛且富有责任感的社会主体参与诉讼；能够丰富支持起诉原则的内容，将支持起诉原则具体化，为更多的社团组织提供发挥作用的平台，推动公益诉讼的发展。

第四，"法庭之友"有利于我国司法实践中的各种尝试走向规范化和制度化。我国司法实践中已有一些司法机关开展了与"法庭之友"类似的"专家咨询"。咨询专家的目的是就在一些重大或疑难案件中的问题，利用各领域专业人员的技术和经验为法庭提供思考问题的方法和思路，供法官在裁判中作参考。另一与"法庭之友"相似的现象是司法实践中频繁出现的"专家法律意见书"。一些在社会上具有重大影响的个案中，当事人或律师会自筹经费聘请知名法学专家，对诉讼中的某些法律问题召开论证会并出具提交法庭的法律意见书。专家咨询及专家法律意见书在诉讼目的、诉讼功能价值上与"法庭之友"存在着相似之处，都可以帮助法院集思广益，解决诉讼中的疑难复杂问题；都是考虑民意、体现司法民主、开放的形式。但是，由于我国立法没有明确的规定，实践运用中不同案件差异很大，使得专家咨询及专家法律意见书实际处于一种无序状态，导致了很多质疑和批判。确立"法庭之友"制度，可以从立法上对其主体、内容、效力、程序等方面加以规范，使其名正言顺、有法可依。

第五，"法庭之友"有利于防止领导干部干预司法活动和插手具体案件的处理。《中国共产党第十八届中央委员会第四次全体会议公报》提出要建立领导干部干预司法活动、插手具体案件处理的记录、通报和责任追究制。领导干部完全可以光明正大地以"法庭之友"的身份向司法机关出具意见，让司法活动的细节通过"法庭之友"置于公众视线之下，让证据的采信理由充分得到阐释，真正规范司法者、执法者的行为，防止司法暗箱操作可能导致的司法冤案和腐败。

（原载《北京日报》，2015 年 3 月 23 日，与陈妍茹合著）

善待律师就是善待法治

最近，刑法修正案（九）（草案）有关规制律师行为的一些内容引起社会关注，讨论的热点问题主要有三：一是扰乱法庭秩序罪要不要增加"侮辱、诽谤、威胁司法工作人员或者诉讼参与人"和"其他扰乱法庭秩序行为"；二是对"泄露依法不公开审理的案件中不应当公开的信息"应否治罪？三是对冒充执业律师的，可否通过修改"招摇撞骗罪"来处理？

不可否认，上述行为均有一定的社会危害性，且不同程度地在现实社会中存在。问题是，立法作为一项重要的公共决策，需要多方权衡，反复研究，特别是要超出个案，站在更高层次来决定取舍。倘若一叶障目，虽然在某个具体问题或某些具体环节上似乎打击了"犯罪"，但立法的整体效果却与国家全面推进依法治国的大局背道而驰，则可谓因小失大，不值，也不智。

先说扰乱法庭秩序罪。为何新增的"侮辱、诽谤、威胁司法工作人员或者诉讼参与人"会引起律师界的强烈反弹？有人可能会说，相比起"律师伪证罪"那种专门针对律师而设立的歧视性罪名，这次对扰乱法庭秩序罪的修改至少是把司法工作人员和其他诉讼参与人予以平等规制，也就是说，律师也同样受到保护，也不能被侮辱、诽谤和威胁。但通过进一步的分析我们会发现，这种平等规制虽然没有"律师伪证罪"那种显性歧视，却有隐性歧视。

据说，扰乱法庭秩序罪的修改主要是由于近年来"死磕派"律师"闹庭"的行为比较严重，但我们应当看到，之所以会出现律师的"死磕""闹庭"，与当下法官在庭审中的程序违法、不当言辞、专业素养欠缺也有关，法官当庭训斥、讥讽律师甚至把律师赶出法庭的现象亦时有发生。虽然本款的规定表面上看不是专门针对律师，甚至在一些场合下对律师还有保护作用，可使其免于受到来自检察官或者被害人家属的侮辱、诽谤或威胁，但可以预料的是，该条款一旦实施，很可能更多只是对律师的行为进行惩罚，而对法官、检察官的行为却并不会放在同一标准下加以惩治。这势必导致刑辩律师在庭上既无法得到应有的尊重，又担心辩护言辞稍有不慎即可能被法官制止，而不听制止则又面临被作为扰乱法庭秩序罪处理的巨大压力，其最终结果是越来越多的律师不敢从事刑辩业务。

诚然，该款规定其实包含着对于维护法官尊严和司法权威的考虑，在当下中央要求推进以审判为中心的诉讼制度改革的背景下，其初衷是可以理解的，但效果很可能适得其反。庭审中律师作用的减弱势必会使控辩双方的对抗程度大为下降，进而影响案件的审判质量。而个别法官甚至会凭此法条在庭审中更无顾忌，致使法院权威和法官形象进一步受损。

还有人可能会说，在英美等国都有藐视法庭罪的规定，其入罪门槛也是很低的。但这与英美等国法官从优秀律师中选任、专业及综合素养优秀、当事人程序权利保障有力、法官地位尊崇等法治背景有关，也与这些国家不存在先定后审、庭审走过场的现象有关。反观我国，现在当务之急是要推进以庭审为中心，发挥律师在法庭上的作用，让检察官和律师交锋而不交恶、对抗而不对立，在法庭这一特定剧场中，经由法官、检察官和律师的不同角色，推动司法公正和法律职业共同体的形成。考虑到目前我国的司法生态，如果简单以国外存在这个罪名为由照搬进来，可能不但不利于法庭秩序的建构，反而会撕裂法律职业共同体。

至于"其他扰乱法庭秩序行为"，更应当下决心去掉。此规定含义模糊，范围界定不清，不仅达不到侮辱、诽谤、威胁程度的言行可以被解释进来，甚至在法庭上交头接耳、随意走动、拍照、鼓掌、吹口哨等各种行为也可以被解释进来，这种"兜底条款"完全违背罪刑法定原则的明确性要求。

再来看"泄露依法不公开审理的案件中不应当公开的信息"应否治罪。与前述扰乱法庭秩序罪类似，该条款表面看也是平等规制，那就是任何诉讼参与人，包括司法工作人员，都不能泄露相关案件中不应公开的信息，但人们普遍担心的是，这种平等规制也只是表面现象，一旦该条款通过，真正头上被念紧箍咒的还是律师。这个罪名的增加可能与早几年李某某强奸一案中的律师表现有关，但我的疑问是：当初连律协都不管的行为，现在犯得着要一下上升为刑法来管？难道律协暂停甚至吊销此类律师的执照不足以达到惩罚的效果吗？我们现在这种刑法干预过于积极的做法，其实等于取代了律协的行业管理，成本大，而效果又不好。

最后，再来看对冒充执业律师的行为应否通过招摇撞骗罪来治罪。我的回答仍然是否定的。理由是，现行招摇撞骗罪所要规制的是"冒充国家机关工作人员招摇撞骗"，请注意，这里是指冒充"国家机关工作人员"，也就是说，如果冒充的是非国家机关的国家工作人员（如国有企事业单位人员），都不能构成招摇撞骗罪。律师连国家工作人员都不是，现在却要上升到与国家机关工作人员平起平坐的招摇撞骗罪规制对象，这里面的副作用不可不慎重评估。刑诉法明文规定，不仅律师可以担任辩护人，人民团体或者犯罪嫌疑人、被告人所在单位推荐的人，以及犯罪嫌疑人、被告人的监护人、亲友都可以被委托为辩护人。此条款一通过，对于何为冒充执业律师，会在实践中产生很大的认识分歧。相反，即使没有这一条款，如果真有冒充执业律师招摇撞骗的，也完全可以依照现行刑法中的诈骗罪等条款来处理。

近年来许多血的教训表明，正是因为律师的作用发挥得不够，司法机关和办案人员对律师的意见缺乏认真的倾听和足够的重视，才导致冤假错案的时有发生。也正是基于这些血的教训，我们才要致力于推进以审判为中心的诉讼制度改革。可以说，这项改革的成败在很大程度上将取决于律师在法庭上的作用发挥得如何。律师在法庭上作用的大小是现代法治的晴雨表，善待律师就是善待法治。

（原载《律师文摘》"卷首语"，2015 年第 4 期）

废除"以其他危险方法危害公共安全罪"又何妨

2009 年 7 月 20 日，备受关注的"杭州飙车案"一审宣判，肇事者胡斌以交通肇事罪被判处有期徒刑 3 年。同年 7 月 15 日，南京酒后驾车撞死 5 人的张明宝，被检方以涉嫌"以危险方法危害公共安全罪"批准逮捕。两起案件涉及的罪名，引发了法学界和公众的广泛争议。类似案件究竟如何定罪？司法机关是忠实了法律，还是受到了舆论的不当影响？目前的立法中，有关交通肇事惩处是否过轻？

一、从广义上说，"交通肇事罪"也是"危害公共安全罪"

实践中，"交通肇事罪"之所以与"以危险方法危害公共安全罪"发生纠葛和博弈，应当说，与我们立法上存在"以其他危险方法危害公共安全"这样一个兜底条款是有关的。

"以危险方法危害公共安全罪"和"交通肇事罪"都属于刑法分则第二章"危害公共安全罪"中的罪名，也就是说，从广义上来说，"交通肇事罪"也是"危害公共安全罪"。"危害公共安全罪"是一类罪，包括该章下面的四十余个罪名，它们的共同特点是危害不特定多数人的生命、健康和重大公私财产的安全，"不特定多数"这一特点区别于其他章节中的"特定人或物"，如故意杀人罪、故意毁坏公私财物罪等。

按照刑法总则确立的"罪刑法定原则"和法治社会的可预期性原则，刑法分则中的罪名和罪状应当尽可能明确化，唯此才能达到规范公众行为的目的。正是基于此，我国 1997 年新刑法废除了"流氓罪"等大"口袋罪"，但毋庸讳言的是，新刑法在明确性方面仍然与国际通行的标准有较大距离，如我国刑法中许多罪状使用"情节严重""后果严重"等模糊用语，以及还存在"非法经营罪""以危险方法危害公共安全罪"这样的小"口袋罪"。值得指出的是，不少国家和地区过去也有过这种立法，但如今都因被宣布违宪而无效。

在我国，由于欠缺对刑法的合宪性审查制度，加上没有建立起一种良性的法律适用解释机制，使得"以危险方法危害公共安全罪"这类小"口袋罪"正在越来越被泛化适用，这是需要警惕的。

刑法第 114 条和第 115 条分别确立了"（故意）以其他危险方法危害公共安全罪"和"过失以其他危险方法危害公共安全罪"，其中"（故意）以其他危险方法危害公共安全罪"又包括"尚未造成严重后果"的"危险犯"和已经造成严重后果的"实害犯"。它们都是作为"放火罪""决水罪""爆炸罪""投毒罪"（2001 年扩大为"投放危险物质罪"）的"尾巴"而存在的，从长远观点看，这些"尾巴"必须从立法上予以取消。因为如果立法者自己都无法明确说出是哪些危害公共安全的危险方法，你又怎能去要求社会公众遵守这样的法呢？这是不公平的，因为公众无法据此来判断究竟何种行为构成犯罪、何种行为不构成犯罪。

事实上，取消"以危险方法危害公共安全罪"这种"口袋罪"，也不会妨碍对有关犯罪的打击，因为可以分别将这类行为纳入相关的具体罪名去处理，如放火罪、决水罪、爆炸罪、投毒罪，以及杀人罪、伤害罪、毁坏公私财物罪、重大责任事故罪、交通肇事罪等。反过来，假如我们保留这样一种罪名，其实就架空了"危害公共安全罪"一章中的其他罪名，因为如前所述，它们的同类客体都是"危害公共安全"。

二、张明宝醉酒驾车只能构成"交通肇事罪"

对于胡斌飙车一案，笔者从一开始就站在专业的立场表明过自己的态度，遗憾的是，已经沸腾了的民意很难听得进这种声音。

刑事责任是建立在行为人的可责性和可非难程度上的。我国刑法强调主客观相统一，即定罪判刑不仅要看客观危害后果，还要看行为人的主观过错，二者缺一不可。综合胡斌飙车一案的案情，虽然他主观上存在违章的故意（超速），但对撞死人这种结果的发生应当是持过失的态度的，即他或者疏忽大意，没有预见到这种后果；或者过于自信，以为自己的驾驶技术好，不会出现这种后果。这正是交通肇事罪的主观过错内容。我对于一审法院能在汹涌的民意面前保持司法应有的理性，坚守住这一底线还是感到欣慰的。

刑法中的"以危险方法危害公共安全罪"，指的是故意以其他危险方法危害公共安全的行为。它对行为人的主观过错要求是必须出于故意，即明知自己的行为会发生危害社会的结果，并且希望或放任这种结果的发生。20 世纪 80 年代，北京发生过一起司机驾车冲撞人群造成多人伤亡的案件，法院在对此案进行判处时，按"以危险方法危害公共安全罪"定罪量刑。这是可以的，因为不管行为人的动机是报复社会还是发泄私愤，均不影响其故意驾车冲撞别人、希望或放任他人死伤的主观心态。

以此来衡量南京张明宝醉酒驾车肇事案，我认为在现有立法下，仍然只能构成交通肇事罪。检察机关以涉嫌"以危险方法危害公共安全罪"来批捕值得商榷。因为本案同样是虽然行为人存在违章的故意（醉酒驾车），但他对造成多人死伤的后果不可能持希望或放任的态度，而只能是疏忽大意或过于自信的过失心态。

三、将醉酒驾车按"以危险方法危害公共安全罪"处理混淆了过失与故意

从根本上说，刑法上的故意和过失都是针对行为人对结果的态度，在交通肇事中，行为人违章的故意并不能代表其对结果的过失。假如现行交通肇事罪的法律规定不合理，或者刑罚偏轻，可以考虑通过完善立法的渠道来弥补。对于民意中的"仇富""仇官"心理，社会的治理者也应当认真对待，切实解决官商勾结、权力干预司法等问题。但就司法而言，它必须在现有法律框架内活动，否则即使一时满足了民意诉求，解决了个案的公正，也因它破坏了法律的严肃性而伤及法治的根基，那绝对不是社会的福音。

将飙车肇事或醉驾肇事以"以危险方法危害公共安全罪"来处理，除了混淆了刑法上的过失与故意，还将带来如下难题：

首先，交通肇事罪本来就要求以违反交通运输管理法规为前提，飙车、醉驾正属于违反交通运输管理法规的行为，如果我们把它们单独拿出来，以"以危险方法危害公共安全罪"论处，势必造成交通肇事罪被架空的结果。

其次，如果我们把飙车、醉驾行为扩大解释为"其他危险方

法"，那么按照刑法第114条的规定，"以危险方法危害公共安全罪"是要处理"危险犯"的，也就是说，只要实施了这种行为，即使"尚未造成严重后果"，也构成犯罪，而这在目前现实中显然不是这样处理的，我们看到许多没有造成严重后果的飙车族如"二环十三郎"等，还上电视做着这方面的娱乐节目呢！

这也从反面说明，平时我们并没有把飙车和醉驾这类行为等同于"以危险方法危害公共安全罪"中的"其他危险方法"，因为这里的"其他危险方法"是与"放火""决水""爆炸""投毒"放在同一个条文中的，根据刑法解释中的可比性原则，飙车和醉驾确实还不能和这些行为相提并论。那种以"以危险方法危害公共安全罪"来处理飙车肇事或醉驾肇事的主张，超出了立法原意和常规性的解释。

四、借鉴我国台湾地区的"重大违背义务致交通危险罪"

传统的交通肇事罪必须等到"肇事"结果发生后才能处罚，但现在越来越多的国家和地区对法益采取前置性的保护，对严重的醉酒驾车等行为以交通危险罪论处，从而由过去的"结果犯"转向现在的"危险犯"。

我认为，我国可以借鉴这种立法思路，完善刑法中"交通肇事罪"的规定，设立类似我国台湾地区的"重大违背义务致交通危险罪"，并处以相应的刑罚。

按照我国台湾地区的刑法，酒测值超过0.55，就可构成"重大违背义务致交通危险罪"，司法实务中对初犯者一般判处3个月—4个月的徒刑，可易科罚金；再触犯者，判刑6个月以上徒刑，不得易科罚金，必须坐牢；若酒驾致人死伤，还要追究过失伤害、过失致死等罪责。

　　另外，目前的交通肇事罪一般最高为 3 年有期徒刑，只有情节特别恶劣的，才可处最高为 7 年有期徒刑的刑罚。最高人民法院对这里的"情节特别恶劣"所作的司法解释，侧重于从客观方面强调结果的严重性，如死亡 2 人以上或者重伤 5 人以上等，而忽视行为人的主观恶性程度。事实上，像醉酒程度、超速程度等，都应当成为影响情节是否特别恶劣的因素。

　　尽管与许多国家和地区的刑法相比，我们的交通肇事罪即使一般刑罚为 3 年有期徒刑也已经不轻，但我仍然主张，对于可以判到 7 年有期徒刑的特别恶劣情节之认定，不宜由最高人民法院采取目前的这种唯数字论彻底限定死，而应当允许具体适用法律的法官在个案中结合案件的客观危害后果和行为人的主观恶性程度，综合作出判断。

　　（原载《新京报》，2009 年 7 月 25 日）

技术侦查获得的材料应提交法庭质证

我国2012年修改的刑诉法增加了技术侦查措施一节,将一直处于秘密状态的技术侦查措施法定化,使公安机关、国家安全机关和检察机关在实践中采用的各种技术侦查措施有了法律依据。但是,2012年刑诉法实施以来,技术侦查措施在司法实践中的运用也出现了一些问题,突出的一点就是在很多案件中,侦查机关通过技术侦查获得的材料不提交法庭质证,因而不能作为定案证据使用。

在司法实践中,侦查机关侦查卷内通过技术侦查收集的材料一般都会以"可能危及有关人员的人身安全,或者可能产生其他严重后果"为由,不随案移送,更谈不上法庭质证,仅将采取技术侦查措施的决定书附卷。不过,这仅是问题的一个方面,深层次的原因则是某些侦查人员怕麻烦,或者取证工作粗糙,达不到证据收集的程序要求甚至合法性要求。而如果技术侦查部门曲解内部规章并以此为挡箭牌,不愿意提交通过技术侦查获得的材料,那么就会造成大量辛苦获得的证据材料的浪费,也不利于运用这些证据材料来指控犯罪。

我认为,采取技术侦查获得的材料应当提交法庭,其必要性在于这是保护公民权利和遵守国际公约的需要,同时也是法律和司法解释的强制性要求,关键是能够避免冤案错案。

那么,应如何将技术侦查措施收集的材料提交法庭?

　　首先，要将技术侦查措施收集的材料随案移送、提交法庭，非审判机关自身所能解决，甚至也不是审判机关和检察机关两个部门所能解决的。我建议由中央政法委出面协调，以最高人民法院、最高人民检察院和公安部、国家安全部联合发文的形式，要求侦查机关提高侦查水平，依法实施技术侦查措施，将现在属于侦查卷的通过技术侦查措施收集的材料移送公诉机关，公诉机关自然也应将上述材料随案移送给法庭，由审判机关对相关材料进行证据调查、组织控辩双方进行质证，并最终由审判人员进行认证。

　　其次，在隐匿身份侦查和控制下交付收集的材料提交法庭时，可能危及有关人员的人身安全，或者可能产生其他严重后果的，法庭需要采取不暴露有关人员身份、技术方法等保护措施而在庭外核实的，应当注意保证实体真实和程序公正透明。被告人及其法定代理人、辩护人如对上述材料有异议，可以要求对该材料进行质证，质证应当在不公开审判的形式下进行。如果仍然可能危及有关人员的人身安全，在这种情况下，则只能由辩护律师参加质证。辩护律师应当签署保密协议，在庭外对证据材料进行质证，质证时控辩双方均应在场。如果辩护律师违反保密协议，暴露有关人员身份、技术方法等，可依泄露国家秘密罪追究其刑事责任。被告人没有聘请辩护律师又对证据提出异议的，法庭应当要求其聘请律师，被告人因经济困难等原因无法聘请律师的，法庭应当为其指定律师。

　　最后，通过秘密搜查、邮件检查获取的材料可以作为物证、书证使用。秘密搜查、邮件检查获取的材料提交法庭时，直接适用2012年刑诉法和最高法院刑诉法解释关于物证、书证审查核实的规定即可。通过秘密监听、密拍密录所获取的录音录像可以作为视听资料使用,通过电子监控(网络专业技术)手段获取的电子数据可以作为电子证据使用。上述材料提交法庭时,直接适用最高人民法院刑诉法解释关于视听资料和电子证据审查核实的规定即可。

(原载《新京报》,2015 年 4 月 28 日)

第八辑 —— 阅人阅己

司法正义隐藏在细节中

从人类历史看，除非在剧烈的时代大变局下细节所起的作用有限，一般意义上的国家治理，细节的力量是惊人的，正所谓细节决定成败。

从开会说起

会议是公共治理的一个最具代表性的缩影。大至一个国家和社会，小至一个公司和单位，恐怕没有谁会否认开好会的重要。据说法国大革命期间，曾有代表建议采用英国下院的议事规则，但遭拒绝，以致后来大革命陷入血腥和无序。

早在 100 年前，孙中山就提出"集会者，实为民权发达之第一步"，他有感于"中国人受集会之历禁，数百年于兹……忽而登彼于民国主人之位，宜乎其手足无措，不知所从，所谓集会，则乌合而已"，花费心血编译美国的《罗伯特议事规则》。1801年，杰斐逊有感于国会缺乏确定的议事规则，编撰了《议会规则手册》，后为众议院所沿用和发展。但许多政府机构和民间团体还是缺乏固定的议事规则，而且各地议事规则都不一样，共同议事颇为不便。到 1876 年，终于有一位美国将军亨利·罗伯特在收集、整理、总结的基础上起草并出版了一本通用的议事规则，这就是至今已出版 10 个版本、从最初的一百多页发展到如今七百多页的《罗伯特议事规则》。① 连同自己的序取名《民权初步》，欲在中国推广、演试和习练议事规则之类集会方法。胡适对这本书评价很高，认为它是孙中山所有著作中最重要的一部。唐德刚在《胡适的自传》的一个注释中曾说："汪精卫在'总理遗嘱'中之所以漏列此书，显然是说明汪氏认为这种小道何能与'总理遗教'的经典并列？殊不知我国的政治现代化运动中所缺少的不是建国的方略或大纲，而缺的却是这个孔子认为'亦有可观'的小道！"

100 年过去了，中国人是否已经学会如何开好会了呢？答案恐怕还喜忧参半。说喜，是因为确实有进步，回想当初开大会靠举手表决，结果连胡耀邦都明知打倒刘少奇的材料不可靠，仍然"勉强举了手"。② 现在我们在一些重要事项的表决上采取了比举手更私密的方法，总算改变了什么都"一致通过"的局面。说忧，是因为无数事实和教训表明，我们离真正开好会还有很远的距离。为什么许多看似民主决策的会，到头来却仍然是领导一言堂？为什么有的会效率低下甚至离题万里，还有的会要么一潭死水、要么秩序混乱？究其实，还是议事程序规则的缺失，而完善的议事程序规则，靠的是细节。

细节于各行各业都很重要

前不久，接触到一个市委书记贪腐的案件。这个市委书记在一个开发商打给市委的报告中批示道：请某某部门依法办理。这

---

① ［美］亨利·罗伯特：《罗伯特议事规则》，袁天鹏、孙涤译，格致出版社、上海人民出版社 2008 年版。

② 盛平：《胡耀邦促成刘少奇冤案平反》，载《国家人文历史》2015 年第 8 期。

个案件最后控辩双方争议的一个焦点问题是：该市委书记有没有权力作这个批示？辩方认为，作为市委书记，他当然有这个权力，他又没有批示让下级部门违法办事；但控方却认为，虽然他这个批示表面看来是要下级部门依法办理，其实熟悉官场潜规则的人都知道，有了市委书记的这一批示，就等于开发商的事情可以一路绿灯了。

这个事情让我产生联想，想来想去，问题还是出在市委书记与下级各部门的权责不清上。如果凡事都在每一个程序和细节上有章可循，也就好判断市委书记有无这个权力批示了，也好判断下级部门是否违规办理了。中国人之所以如此热衷找领导批条子，我想关键就在此吧。

去年还有一个事情也让我颇有感触。新加坡国立大学两位反腐专家来访社科院法学所，所领导考虑到我在主持一个"反腐败的刑法完善"方面的课题，就让我和我的团队来接待一下。让我们有点吃惊的是，两位专家告诉我们，在新加坡的反腐法律体系中，刑法占的比例很小，他们认为最重要的是严密的财务会计制度。这又一次证明了细节的重要。

最近，邓亚萍受聘中国政法大学兼职教授一事引发社会热议，这让我想起另外一件事情来。德国马普所（马克斯·普朗克研究所）的一位所长曾受聘国内一所著名法学院的兼职教授，他见到我时却有点抱怨：这所大学自从给他颁发了聘书后，就再也没有联系了，按他的理解，他应当有相应的权利和义务，如定期收到法学院的情况通报，定期来授课等。

前些年参访我国台湾地区学术研究机构时，我一直纳闷，他们的法律研究所为什么多年来一直叫筹备处呢？带我参观的友人指着墙面上的一些图表告诉我，按照相关的章程，要正式成立一个研究所，需要具备章程规定的一些条件，只有等到那些图表规定的条件满足时，才可以去掉筹备处这几个字。

正义隐藏在细节中

在英语里，司法和正义是同一个词（justice），因此当我们说正义隐藏在细节中的时候，其实就等于说，细节对司法是何等的重要。

当前，我们正在推进以审判为中心的诉讼制度改革，这是一项完全符合司法规律、需要在健全和完善法庭细节上下大功夫的重要举措。我曾以兼职律师的身份代理过几起刑事案件，对法庭开庭的不规范、走过场等深有体会。以开庭不规范为例，有时在这个地方的法庭上，法官说你这个内容不要在这个环节讲，下个环节再说；等到另一个地方的法庭开庭，想在下一个环节讲，法官又说你这个内容应当在上一个环节讲，这个环节不能再讲了。再以开庭走过场为例，不要说人民陪审员陪而不审，就是有的审判长，也决定不了，他还需要向主管副院长甚至审委会去汇报。在这种情况下，律师在法庭上再努力又有何用？恐怕这也是导致一些律师想方设法去搞案外关系的一个重要原因吧。

几个月前，我应邀与另一位教授去观摩一个证人出庭的现场会。可想而知，当地为此是做了大量的准备工作的，办案民警也作为证人出庭接受检察官和律师的发问了。开完庭后，检法两家主要领导开了一个闭门会，想听一下我们两位专家的意见。可能让他们有点失望的是，我们两位竟然都对开庭效果的评价不如他们乐观，甚至说如果严格按照无罪推定和非法证据排除的要求来看，本案是否能扎实定案都成问题。更有意思的是，在关于是否给予被告人发问出庭作证民警的机会时，我们两位专家的意见也不一致（我主张应当给）。可见，要真正实现以审判为中心，我们的法庭规则还有多少细致的工作要做！

这让我想起2009年访问我国台湾地区时，发现他们的书店有好多关于交互诘问（cross - examination）的培训书籍。当时正值我国台湾地区司法改革，各方都需要对法庭上诘问证人的技巧和规则进行训练。后来我通过登录法院网站，成功申请到了旁听审理陈水扁一案的机会，耳闻目睹了作为一门技术活的"交互诘问"，看那轮番的"主诘问——反诘问——覆主诘问——覆反诘问"，深感不经过专业的训练是扮演不好法庭上的控辩审角色的。陈水扁虽然也是律师出身，但由于以往不曾使用过这一套规则，所以他在诘问证人时屡屡犯规，不仅频繁遭到检察官的异议，也不断受到审判长的提醒。

谈到法庭的细节，我还想起去年访问韩国时去法院旁听一个刑事案件的情景，当时我问陪同翻译，被告人坐在哪里，她特意侧身看了下文字，指着与检察官相对而坐的两个人，用汉语写着告诉我：被告人＋辩护人。当我告诉她，在中国与检察官相对而坐的只能是辩护人，而被告人却被置于另外一个单独的受审席时，这位没有任何法律知识背景的女孩惊讶地说："那怎么行呢？他要是想与自己的律师商量一个事情不是不方便吗？"我当时就深有感触，一个有悖常识的做法在我们的法庭里实行了几十年，却至今仍改起来困难。也是在这个旁听席上，我看到检察官和法庭全体人员一样，在法官进来时一起恭敬地起立，特别是在走向法庭中央、通过多媒体出示证据的时候，检察官首先深深地朝陪审员鞠上一躬，当时的我由于还有一个最高检公诉厅挂职副厅长的身份，多少有点不适应，后来慢慢琢磨，突然有了一种顿悟：

作为代表国家指控犯罪的强大力量，能在法庭面前如此谦卑，这岂不是国家之福？

走向精细化的司法

格兰特·吉尔莫（Grant Gilmore）曾说过如下一段话："我们的专业里有大量的枯燥的苦活；我们必须处理驾驭大量的琐碎的细节；我们必须极端重视具体细节。我们必须接受这一事实，即我们大部分的时间须花在乏味的工作上。"诚哉斯言，用它来说明司法细节的重要及我们应为此所付出的努力实在是再适合不过了。

早在1979年，我们的刑法、刑事诉讼法就明令禁止刑讯逼供，为何至今屡禁不止？就是因为律师在场权等具体制度没有跟上啊。有人以为办案机关讯问犯罪嫌疑人时实行录音录像制度就可以了，但实践中却不断爆出，要么关键时刻录音录像设备出问题，要么是有选择地录音录像，试想如果有律师在场不就能从细节上堵塞漏洞吗？

过去我们说既不要有罪推定，也不要无罪推定，我们要的是实事求是。是啊，若真能在刑事诉讼中做到实事求是，既不冤枉一个好人，也不放过一个坏人，那当然最好！问题是，当我们从口号深入到一个个具体的案件时，却发现在那些存疑的案件中，面临要么放、要么抓，甚至要么杀、要么放的两难境地，此时无罪推定就成为不得已的不二选择。

细节的完善跟对一个问题的研究是否深入很有关系。我们正因为对某些问题缺乏深入研究，才会出现宏观上拥护、微观上反对的悖论（在宪法领域尤其如此）。前述刑讯逼供是一例，如果从宏观上来讲，我绝不怀疑我们的任何公权力机关都是反对刑讯逼供的，但为什么具体到犯罪嫌疑人的沉默权和律师在场权这样的制度构建，有些公权力部门和人士就反对呢？关键还是他们没有真正认识到，如果没有后面这些制度的跟上，那刑讯逼供就不能有效地防范。再比如，我们现在谁都不反对人道主义，但至今在司法实践中，犯罪嫌疑人仍不可以在看守所会见亲属，法庭上被告人仍不可以在休庭时跟旁听的亲人说话，被抓的犯罪嫌疑人不但不给戴头套，甚至还公然让他（她）们在电视上出丑、认罪，连公捕大会、公判大会这样一些不合时宜的做法也还不时出现。我刚接触到一位从事引渡外逃贪官的高级法律官员，他绘声绘色地说，某某女贪官你们别看她在电视上让她按手印时像模像样，其实在步出机舱前她的血压突然上升，很危险的……如果我们真能把人道主义贯穿到刑事司法的每一个细节，我想我们就会同意"并不是所有符合目的的手段都是合理的"这样一个命题。"己所不欲，勿施于人"，这不仅是对公民的要求，也应成为对我们公权力行使者的要求。这方面我有许多感触，在刑法修正案（九）的讨论过程中，针对当前律师业的某些不规范甚至有一定社会危害性的行为，有关部门曾有过增设某些新罪名、加大打击力度的想法，我的纠结是，许多事情利弊相杂，需要慎重权衡："近年来许多血的教训表明，正是因为律师的作用发挥得不够，司法机关和办案人员对律师的意见缺乏认真的倾听和足够的重视，才导致冤假错案的时有发生。也正是基于这些血的教训，我们才要致力于推进以审判为中心的诉讼制度改革。可以说，这项改革的成败在很大程度上将取决于律师在法庭上的作用发挥得如何。律师在法庭上作用的大小是现代法治的晴雨表，善待律师就是善待法治。"① 还好，最后通过的文本在现有条件下总算做了一

---

① 刘仁文：《善待律师就是善待法治》，载《律师文摘》2015 年第 4 期。

些折中处理。

2010 年，全国人大宣布，中国特色社会主义法律体系已经基本建成。但正如法学家王泽鉴先生所告诫的："立法工作其实只是万里征途中最初的几步路，更艰难更复杂更细致的工作还在后面。"① 2014 年，中共十八届四中全会又提出全面推进依法治国的总目标和重大任务，进一步重申了将法治作为我们基本治国方略的决心。现在我们最需要做的就是按照四中全会的要求，以专业的精神来"极端重视具体细节"，凡有利于实现依法治国的总目标的，就是再枯燥、再乏味也要保持定力；凡有悖于实现依法治国的总目标的，就是再习以为常、再难以克服也要排除万难。总之，理念不等于现实，从宪法如何实施，到量刑指南如何规范各种量刑情节，直至裁判文书如何说理，我们的司法还存在太多的粗线条，还需要太多的精细化。

（原载《上海书评》，2016 年 3 月 20 日，本文为广西师范大学出版社 2016 年版《司法的细节》代序，发表时有删节）

---

① 周大伟：《法治的细节》，北京大学出版社 2013 年版。

叩问司法的细节

拙作《司法的细节》去年 4 月面世后，承蒙读者的厚爱，出版社下半年就联系我商量再版的事。我正好想利用这个机会，把原来落掉的几篇和新近写就的几篇加进去，同时考虑到书的篇幅已够长，又拿出几篇，另外，再加一个再版序。就是这个再版序，竟然一拖就是几个月，转眼北京已是初春了！

网上搜了一下，发现至少有二十余家媒体报道了该书，或发表书评，或摘发其中内容，或作为推荐书目，这还不包括诸多新媒体。从《北京日报》到《上海书评》到《深圳晚报》，从《法制日报》《检察日报》《人民法院报》等圈内媒体到《南风窗》《财新周刊》等圈外媒体，从中央党校的《学习时报》到香港特区的《凤凰周刊》，我感到欣慰的是，不同地域、不同风格甚至被贴上不同标签的媒体在强调司法的细节这个问题上似乎达成了共识。刘苏里先生在其书评中曾指出："《司法的细节》算得上是上乘之作，来得及时。""上乘之作"不敢当，但他所说的"来得及时"我想正是此书受到关注的一个原因吧。确实，中国的法治已经到了一个叩问细节的时候了。许许多多的公案，领导也好，民众也罢，大家关心的就是真相，而真相离不开细节，发现真相离不开展示细节的一套程序和机制。近些年来相继平反的一系列冤错案件，当初错就错在忽略了细节。

在学习习近平总书记的系列重要讲话时，我发现习近平总书记多次强调了一个"细"字。如，2014年2月24日在中共中央政治局进行第十三次集体学习时，他就指出，培育和弘扬社会主义核心价值观要在落细、落小、落实上下功夫；同年5月4日在北京大学师生座谈会上，他又引用"天下难事，必作于易；天下大事，必作于细"，鼓励青年要把小事当作大事干；2015年9月11日，在中共中央政治局进行第二十六次集体学习时，他强调，践行"三严三实"要落细落小，注重细节小事；同年10月13日，在中央全面深化改革领导小组第十七次会议上，他强调基层改革要落准落细落实；2016年7月1日，在庆祝中国共产党成立95周年大会上的讲话中，他指出作风建设要坚持抓常、抓细、抓长。其实，早在《之江新语》中习近平总书记就多次援引古语"堤溃蚁穴，气泄针芒""巴豆虽小坏肠胃，酒杯不深淹死人"，说明"不矜细行，终累大德""天下大事，必作于细"的道理。对照法治领域，这些话也很是令人警醒。我们都还记得佘祥林案吧，当年负责办理此案的京山县公安局刑警大队长、后升任京山县公安局副局长的卢定成"感到十分遗憾的是当时没搞DNA鉴定"，"因为如果将死者（无名女尸）和张在玉的亲生母亲的DNA一对，情况就会很清楚了"。同样遗憾的是，当公安机关"将办案第一手材料递交到公诉机关后，虽然他们曾经打回重新调查，但都没有提到这件事情"。一个本来可以避免的冤案，就因为没有"作于细"而坏了大事，这难道不是"堤溃蚁穴，气泄针芒"吗？

应当看到，我们所面临的法治领域的落细、抓细，任务是繁重的。聂树斌案平反后，曾有媒体问我如何看待该案的复查工作由河北转至山东，我说，这当然应当予以肯定，河北方面作为原审法院，属于利益相关方，你让他去复查，太难了。这可能也是此案长期得不到纠正的一个重要原因。不幸的是，很长一个时期，司法实践中申诉受理机关就是原审法院或原来提起公诉的检察机关，你要求它自己去纠正自己，其效果自然可想而知。正因如此，最高法和最高检推动的"申诉异地审查"制度就理所当然地受到好评。

再举一个例子，我们现在常说罚金刑的判决在实践中难以执行。这里的关键是，我们应当借鉴国外的做法，从总额罚金制改为日额罚金制，即判处的是罚金的天数，再根据不同被告人的经济能力来决定其每天应交付罚金的数额，这样同罪同判的只是罚金的天数，乘以每个不同经济能力的被告人的日额罚金，则经济能力好的人要多交罚金，反之则少交。这种方式既能让每个受处罚的人感受到刑罚的效果（防止富人交罚金少失去威慑力），又能改善罚金刑的执行状况（防止穷人交不起罚金）。不仅如此，法律还作了更细致的安排，如判决后犯人失业了，原来决定的罚金交不起了，怎么办？那又要分情况，比如你的失业是因为自己好吃懒做等原因造成的，那就要折抵刑期去监狱服刑；如果是因为经济危机等原因造成的，那你就可以改作公益劳动，甚至当法庭认为有足够理由时就直接免除。

最近，坐了23年冤狱的陈满上百万的国家赔偿金被骗，加上此前同样是蒙冤入狱的赵作海也被骗国家赔偿金，引发人们对从监狱出来的人如何适应社会的关注。对此，我不禁想起多年前参观德国监狱的一些记忆。为了让犯人顺利回归社会，他们会把他在出狱前的一段时间安排到一个较为开放的环境里，这段时间他白天可以出去找工作，但晚上得回来；由于犯人在监狱内大多习得手艺或取得文凭，加上出去后有多种非政府组织帮助，所以一般都会找到一个工作。而且，犯人在监狱期间的劳动所得，狱方会为每个犯人开设一个账号，每月给他们保留一部分存在上面，以便出狱后不会因一时没找到工作而生活困难。另外，他们的监狱也不像我们放到偏远地区，而是就在市内，这样便于犯人家属和各种社会组织去探望，使其尽量和社会保持接触。

说到德国监狱，又想起德国的犯人因为洗澡这事儿和监狱多次对簿公堂的两个案例。简单地说，在2015年的一个判决中，德国哈姆高等法院驳回了一名犯人提出的每日一澡的请求，理由是："每天冲澡也不能被视为身体舒适的必然条件，甚至有媒体引证皮肤病专家的意见，警告过多洗澡带来的坏处。"但在2016年的另一个判决中，法院又"基于有期徒刑的服刑生活应当与日常生活相近似的原则，并且避免犯人疏于清洁带来的疾病风险"，认定犯人应当每周至少有4次用热水清洁身体的机会。无论是前者还是后者，法院的判决都以理服人，于法有据，其条分缕析，令人击节。当一个国家法治的触角能深入监狱的此等角落，根据"木桶定律"，我们就有理由对其整个社会的法治化程度和司法的精细化程度抱有信心。

最后要说的是，本书的初版之所以被认为"来得及时"，可能与当时社会上正好发生几起引人关注的热点案件也有关系。但现代社会太快了，昨天的热点很快就被今天的热点所取代。希望本书所讨论的主题不要像某些社会热点一样转瞬即逝，因为中国司法细节的完善还将是一个长期的过程。

（原载《同舟共进》，2018年第12期，本文为广西师范大学出版社2017年版《司法的细节》增订版序）

法律应与诗书通

　　本书是我的一本域外法律观察为主轴的散文随笔集。书中大多数篇章均系远游所得。当然，时代发展到今天，即便不远游，通过在国内接待外宾、阅读文献或电子邮件往来等渠道，也能获得不少比较法意义上的信息，本书的少数篇章即由此而来。

　　在整理这些文字时，我以一种感恩之心想到了自己过去十余年来多次长短不一的海外游学经历对我知识积累和思想成长的有益影响。大体来说，我写作和遴选这些文章，包含了以下几个用意：

　　首先，如我在代前言中所指出，法律应与诗书通。回望历史，我们可以发现，正是有了文艺复兴和启蒙运动等文化积淀，才催生了近代法治的自由平等精神和人道主义品质。一个国家要真正建成法治社会，一定要有相应的人文基础，否则就是沙滩上盖大楼，基础不牢。过去几十年来，我们在法治建设上可能过于看重建构理性，而忽略了演进理性，这大概可以用来解释我们的法律体系虽然已经建成，但法律的实施却效果堪忧。因为法律的实施与全社会对法律的信仰密切相关，而现在一个公认的事实是，尊法信法的风气在我们这个社会还远没有形成。所以，我个人认为，中国的法治土壤依赖于法治文化的春风化雨，法律人应当尽可能地多一点人文精神，社会应当尽可能地多一点人文气质。

其次，我们应当借鉴法治先进国家和地区的经验。这方面我不用多说，以事例来说话。十多年前，我有感于国内警察不出庭作证不符合查明真相的司法规律，遂在《南方周末》发文，以自己在美国和我国香港特区观察到的警察出庭为例，主张警察应当出庭作证。这个问题在当时还比较新，因而不少刑事诉讼法学者的论著都引用了该文的观点，而警察出庭作证如今也正在我国内地被推进。2003年，我在牛津大学访学时，接触到"恢复性司法"，以"恢复性司法——来自异国的刑事司法新动向"为题，在《人民检察》撰文作了介绍，也被不少同仁认为是国内该领域最早的文献之一。从某种意义上讲，新刑诉法规定的刑事和解制度也可以看作是"恢复性司法"的中国版本。当然，也正是这次牛津之行，促成了我翻译出版《死刑的全球考察》一书，并在这之后坚定了走向死刑改革研究之路的决心。这些年来我国从司法到立法不断减少死刑所取得的成绩，无疑是令我感到欣慰的。也是在10年前，我结合自己在国外的见闻，提出被告人不应被强制穿囚服出庭受审，这一建议终于在今年实现，最高人民法院已经发文要求各地让被告人自由着装出庭。当然，我认为，去"犯罪化标签"光禁穿囚服还不够，不让被告人站囚笼受审，而是和自己的律师坐在一起，并与检察官面对面而坐，以及被告人出庭受审时不应戴脚镣手铐等，都是国外的普遍做法，我相信我们迟早有一天会这样做。从这个意义上来说，我们说中国刑事司法的文明化和人道化还在路上，甚至说中国的刑事司法还要继续进行人道主义的启蒙，应当不会有人反对吧。

　　再次，中国的法治要靠我们自己。法治既是一项人类共同的事业，又是一项带有浓厚地方性知识的事业。在一些基本原则和方向上，有关的国际公约和域外先进经验无疑能为我们提供一些很好的参照和样本，但如何结合我们自己的国情，让那些好的制度生根发芽，而不致造成南橘北枳，或者在倒洗脚水的同时把小孩也一起倒掉，则需要我们做许多扎实的工作。法治需要耐心，即使面对一些不如意处，只要我们一步一个脚印地真抓实干，中国的法治就一定能实现。

最后，虽然目前我们总的来讲还是要多向法治先进国家和地区学习，但作为一个拥有数千年文明的世界大国，面对当今日新月异的国内外形势，加上本土生动的法治实践，我们也不能一直停留于被动地接受国外的制度、经验和理论。当这些制度、经验和理论不能有效地解释和解决我们所面对的问题时，创新就成为可能。我们应当有这样一种意识，也应当有这样一份担当。

在书稿校对阶段，当我发现当初作为新鲜事物介绍的一些海外环保做法，如垃圾分类、宾馆床头摆放提醒少洗床单的小纸牌等，如今已在国内成为现实时，一种感恩之情再次涌上心头。书中这方面的例子还不少，如媒体在全国人大常委会决定40年后重启特赦时，挖出我早在1999年国庆50周年时就提出过这方面的建议，其实当时也是在境外参加学术会议时受到的启发。

受篇幅所限，本书只选了100篇与主题相关的小文。说实话，要在如此短的时间里，从自己过去二十多年来的众多文字中全部找出该主题的文章，远非易事。现在的书稿应当还没有找全，编排也不一定完全合理。而且，不同时期的文章所反映的文字品质和思想的圆熟程度也有差异。

这些文章绝大部分都曾在有关报刊上公开发表过，此次收入时均在文末标注了出处和发表时间。一方面，是为了表示对最初发表这些文章的载体的感谢，另一方面也便于读者在阅读时结合发表的时间更好地把握语境。要特别感谢那些盛情约稿和邀请我开专栏的编辑朋友，这将是一个长长的名单，时间仓促，又年代久远，为防止挂一漏万，我还是在心底去细细回忆吧。

言由心生，今后我还得继续在提高对人生的感悟能力和精神境界上下功夫，进一步提升自己的学养和审美情趣，争取给读者奉献出更好的文字来。

（本文为商务印书馆 2015 年版《远游与慎思》后记，《法制日报》2016 年 4 月 10 日曾摘要发表）

学术为道在寸心

"法律应与诗书通"，这是刘仁文的一个流传颇广的学术标签。法律、诗、书融通，这样一种学术情怀引起了许多法律人的共鸣。除了富有学术情怀，他的立体刑法学、死刑改革和刑事政策等也都引起学界的广泛关注。

日前，《刘仁文的法学世界》一书出版，该书除收入其部分代表性法学论文，还有两个附录，一个是其独著、主编、合著、译著、论文、外文著作和外文论文、其他文章的"论著索引"，从中可看出作者 25 年来在法学领域辛勤耕耘的汗水与收获；另一个是记者采访、编辑手记和师友对谈等方面的一组小文，其中不乏对其学术观点的解析与解读，让一个法律学人的形象变得立体和丰富。借此机会，记者对其做了专访。

记者：您能介绍一下《刘仁文的法学世界》的出版背景和对您个人的意义吗？

刘仁文：我老家湖南省邵阳市实行"文化强市"工程，出版一套《邵阳文库》，承蒙不弃，为我出版一本《刘仁文的法学世界》。跻身家乡这样一套综合性的文库，我直接的感想有二：一是在众多的学科门类中，法学只是其中之一，相应地，在研究人的行为和心理的学问以及解决复杂的社会问题时，法律也只是其中的一个选项而已。我们常说的"依法治国"，是从解决纠纷等角度而言的，但如何避免纠纷的出现，则还需要"以德育国""文艺润心"等来相辅相成。二是法律在拥有普遍性规则的同时，我们还要重视它的地方性知识的一面。在我国，一方面，要坚持以宪法为核心、将刑法等事关公民人身自由的基本法律的制定和修改权归由全国人大及其常委会行使；另一方面，要支持在与国家层面的宪法、法律和行政法规不相抵触的前提下，发挥地方层面在法治建设中的积极作用，如把地方立法权扩至所有设区的市；对双方当事人自愿达成的合法的调解协议，法院要维护其法律效力；国家鼓励在法治框架内订立村规民约，以更好地实现地方善治。

我从 1993 年 4 月进入中国社会科学院法学研究所从事法学研究工作，不知不觉今年已是第 25 个年头了。这本书算是我从事法学研究 25 年来的一个回顾与总结。

记者：您涉猎的研究范围比较广，您认为自己的法学研究特色是什么？

刘仁文：作为一个法学研究工作者，如果要问我过去 25 年来自己的法学研究特色是什么，不知可否冒昧作如下归纳？

首先，我提倡"法律应与诗书通"。我认为，一个国家要真正建成法治社会，就一定要有良好的法治文化和相应的人文基础。过去几十年来，我们在构建社会主义法律体系、加快立法步伐方面取得了很大成绩，但法律的实施效果却不是很乐观。这与我们欠缺对法律的信仰、缺乏对法律权威的尊重有关，而法律信仰、法律权威这种法治的软实力是不能一蹴而就的，它需要法治文化的熏陶和浸润。更进一步，良好的法治文化还必须建立在人文精神的基础上。回望历史，我们可以发现，正是有了文艺复兴和启蒙运动等文化积淀，才催生了近代法治的自由平等精神和人道主义品质。理想的社会治理逻辑应当是"道—德—法—刑"，这里的"道"在中国文化中可以理解为老子所谓的本源，在西方文化中则对应为代表规律的"逻各斯"（logos）。总之，如果一个社会的问题都积累到用刑这一步，那就不是社会的福音。在法学理论上，历来有"人定法"和"自然法"之争。所谓"自然法"，简单讲就是正义的各种原则的总和，就是我们平常所说的"善有善报、恶有恶报"。无论对于当权者还是对于广大民众，如果我们能在"人定法"之外，保留一份对"自然法"的敬畏，我相信这是法治建设中的一个"道"。我国的法治建设有赖于法治文化的春风化雨和润物无声，法律人应当尽可能多一点人文精神和人文气质。

为此，我曾写过为数不少的学术随笔，发表的载体不限法制类，还散见于《人民日报》《光明日报》《南方周末》《读书》《财经》等诸多报刊，同时，我还在商务印书馆、生活·读书·新知三联书店、广西师范大学出版社等出版过《远游与慎思》《死刑的温度》《司法的细节》等著作，为促进法学界与知识界的融通做了一些工作。

其次，因为有前述这样一种理念，我的学术视野相对较宽。除了刑法研究这个本行，还涉及法律和法学的一般问题，如我撰写的《正义与运气》《论法制安全》《何为司法规律》《也谈宪法之道》《论人身伤亡的精神损害赔偿》《冤案是如何酿成的》《中国与国际刑事法院》等文，内容涉及法哲学、宪法、民法、刑事诉讼法、国际法等。在《正义与运气》和《论法制安全》中，我反思了法律在发现真相、实现正义和维护社会安全中的局限和不足。在《何为司法规律》和《论人身伤亡的精神损害赔偿》等文中，我从直觉出发，听从内心的呼唤，去叩问法治建设中一些不合理的地方。这种从问题出发、打破学科藩篱的做法，在我的其他研究中也有体现，如我对死刑的研究，就涉及刑法、刑事诉讼法、宪法、国际法、法史等多个领域。此外，就刑法研究这个本行而言，我除了从事刑法总则和分则的理论与实务研究，还将研究主题延伸至法律与经济、法律与社会、法律与政治、法律与文学、法律与媒体等多个视角，从而有意识地在法教义学和社科法学之间寻求一种平衡。

记者：具体到刑法学研究，您的研究特色是什么？您曾被称为"刘死刑""新时期呼吁特赦第一人"，这背后有什么故事？

刘仁文：这次整理成果清单，才发现 25 年来，如果光从数量上看，独著、主编过二十余本著作，发表过一百多篇论文，还有一百多篇内部研究报告，合著的也有几十本。这些参差不齐的论著，内容涉及刑法史、刑法研究方法、中国刑法、刑事政策、犯罪学、监狱学、比较刑法、国际刑法等多个分支，其中带有个人标签性的成果主要有：

一是立体刑法学。立体刑法学的基本思路是：刑法学研究要瞻前望后（前瞻犯罪学，后望行刑学），左顾右盼（左顾刑事诉讼法，右盼民法、行政法等部门法），上下兼顾（上对宪法和国际公约，下对治安处罚和劳动教养），内外结合（对内加强对刑法的解释，对外重视刑法的运作环境）。该构想从 2003 年提出，经过十余年的不断完善，产出了一些有较大影响力的成果，多篇论文被《中国社会科学文摘》《高等学校文科学术文摘》《中国人民大学复印报刊资料》转载，获得过中国刑法学研究会优秀论文一等奖、中国社会科学院优秀研究报告一等奖，以同名社科基金项目结项的《立体刑法学》入选"中国社会科学院文库"。

二是死刑改革。迄今为止，我关于死刑的研究成果有《死刑的全球考察》（译著）、《死刑的温度》（独著）、《死刑的全球视野与中国语境》（独著）、《死刑改革与国家治理》（主编），还有多篇学术论文和内部研究报告，以及一系列的报纸文章、评论和专访，在促成国家从立法和司法上逐步削减死刑，并以死刑改革带动整个国家刑罚的人道化和轻缓化方面起过一些积极作用。如你所说，学界确实有人称我为"刘死刑"。

三是刑事政策。我的《刑事政策初步》被国内多所高校指定为研究生的参考书目；我关于对"严打"的反思、劳动教养制度的改革、呼吁实行特赦等多项刑事政策的研究成果，均对国家相关决策的出台产生过一定的推动作用。以特赦为例，我从1999年就开始通过《中国社会科学院要报》等渠道建议中央重新激活我国宪法中被"空悬"已久的特赦制度，其后多次撰文，反复呼吁，所以当2015年全国人大常委会通过《全国人民代表大会常务委员会关于特赦部分服刑罪犯的决定》后，当时确实有一些媒体在报道此事时使用了称我为"新时期呼吁实行特赦的第一人"这种让我很不安的方式。

四是刑法前沿理论。我早期撰写的《过失危险犯研究》《严格责任论》等专著，以及发表在《法学研究》上的《我国环境犯罪初步研究》、《中国法学》上的《破坏社会主义市场经济秩序罪若干问题探讨》，还有晚近关于网络犯罪、腐败犯罪、证券期货犯罪、食品安全犯罪、资本刑法、反恐刑法等的研究，都是相关领域比较新的话题。特别是近年来，我作为中国社会科学院创新工程刑法学科的首席研究员，每年都精心设置议题，带头撰写论文，天道酬勤，把一年一度的"中国社会科学院刑法论坛"逐渐打造成了国内有影响力的学术平台，我本人也在这些论坛上提出了一些有一定新意的学术命题，如"刑法的面孔应是慈父严母""大劳教已废、小劳教犹存""一切剥夺人身自由的处罚都应纳入刑法""建立重罪与轻罪于一体的大刑法典""保安处分应与刑罚并驾齐驱"等。

记者：在刑法学研究方法方面，您有什么独特心得？2017年，您的文章《再返弗莱堡》在法学界引起了广泛讨论，如今回过头来，您如何看？

刘仁文：在研究方法方面，我主张，中国刑法学者应有自己的主体意识，不要人云亦云，更不要食洋不化，应确立"国际的视野、中国的视角、自己的方案"这样一种研究格局。

这并非我心血来潮，而是我在《30年来我国刑法发展的基本特征》《中国刑法学六十年》《二十年来我国刑法学研究之观察》等多篇论文中一以贯之的立场，却不料直到2017年的一篇小文《再返弗莱堡》才引起社会的关注。虽然该文引起争议，但绝大多数人认为它对推动我国刑法学的新一轮转型将起到积极作用。对于一些不同意见甚至个别不理性的声音，我从促进学术多元化、打开正确的学术争鸣方式出发，提醒自己保持一个学者应有的气度和风度。

记者：现在您的心境是否更超脱？如何在今后的学术道路上前行？

刘仁文：学然后知不足，知耻而后勇，朝闻道，夕死可矣，这仍然是我目前的心态。25年来，留下许多遗憾，走过许多弯路，有人事，亦有天命。然人生没有彩排，我只能以"只争朝夕"的精神，本着"往者不可谏，来者犹可追"的态度，心无旁驽地继续前行。我坚信勤能补拙，也信奉"凡事不怕晚，只怕不开始"。惟愿自己在未来的道路上，更加以感恩之心来努力工作，只管耕耘、不问收获，不断突破自我，接受各种历练，提升为人为学的境界，力争在自己的专业领域里更上层楼，以报答哺我育我的家乡、国家和社会于万一。

（原载《检察日报》，2018 年 5 月 10 日，系记者根据光明日报出版社 2018 年版《刘仁文的法学世界》自序整理而成）

短文的价值

吴情树博士的法学随笔集《法律的断章》即将由中国民主法制出版社出版，他嘱我作序。说实话，近段确实忙，如今下笔似乎也不像过去那样来得快了，因此在内心真的想推掉这个活，但想到与情树的多年交往，以及他的那份热情，又不忍，只好应承下来。

回想起来，我与情树的认识应当是 2000 年 10 月。在他的《储槐植先生给我一封亲笔信》一文中，他提到自己当年 9 月入中国人民大学法学院攻读法学硕士，10 月参与人大法学院 50 周年院庆活动之一的刑法会议的服务工作。正是在那次活动中，我记得在签到处，一个小伙子热情向我作自我介绍，并说他是西北政法大学王政勋老师的学生（可能他知道我与政勋教授比较熟悉）。我记不清接下来有什么具体交往，但他的名字和形象我却记住了，而且后来也知道他去了华侨大学。

应当是在 2008 年吧，我应武汉大学莫洪宪教授之邀到武大参加一个会，并给武大的刑法研究生做一个讲座。记得那次有一个开车的学生来宾馆接我，他有点神秘地对我说，刘老师，晚上有一个人肯定会来听您的讲座，他经常在我们面前夸您。到法学院楼下才知他说的就是情树，原来他现在在武汉大学在职攻读博士学位。他乡遇故知，格外高兴。

后来华侨大学与社科院法学所合作，本所王敏远教授受法学所委派前往担任华侨大法学院院长。有一次敏远教授回来，我们一起小聚，我问起吴情树在那边怎么样，他说很优秀，是法学院的几个新秀之一。

这些年，我与情树见面不多，但常有电子邮件联系。我们经常彼此交换信息。例如，2011年的某一天，他给我的电子邮件中，告诉我他收到了储槐植老师的一封亲笔信，数千里之外读他的邮件，我都能感受到他的那份激动。

就在这之后没多久，他的博士导师马克昌先生去世，一时明显感到他的脚步加快，飞往武汉，参与组织吊唁事宜。从武汉回去后，他带着哀伤发给我他的一些日记摘录，里面追溯了他与导师的许多谈话内容，让我也受益匪浅。我后来在悼念马先生的文章中，曾经提到"马先生去世后，我从他的一个弟子口中得到两个重要消息"，这个弟子就是指吴情树。

不知从何时起，我开始陆续在《检察日报》《南方周末》等媒体上看到情树的文章。记得有一次，我与北大储槐植教授通电话，说华侨大学有一个叫吴情树的就他的《刑法契约化》一文在《检察日报》上发表了一篇呼应文章，储先生问我这个人多大了，当我告诉他是个年轻人时，他还显得有点惊讶。显然，储先生已对吴情树这个名字不陌生。

由此，我想到，一个学者如果能在撰写学术专著和长篇论文的基础上，适当通过报纸发表一些言简意赅、短小精悍的文章，确实有利于扩大自己的学术影响。一本著作可能印三五千册就不错了，一本学术刊物的发行量一般也不出一万册，但一份报纸，动辄数十万份，其受众面要广得多。这不是一个简单的个人出名的问题，而是涉及一个学者的思想能在多大范围内传播、多大程度上影响社会。季羡林的梵语、巴利语专业估计绝大部分人都不懂，也没看过，但他的随笔、散文对他成就大师地位绝对是起了作用的。事实上，胡适、梁实秋、林语堂这些人，我们都是通过他们的随笔和散文来认识的。当今西方一些著名的经济学家，如诺贝尔经济学奖得主弗里德曼、贝克尔、斯蒂格列茨等，都是开专栏、写短文的高手。

另外，受时间和精力的限制，一个学者也不可能把自己的每一个想法和灵感都写成一篇长篇论文，但这些想法和灵感却是珍贵的，如果能借助短平快的形式写出来与读者分享，也是一个贡献，因为它很可能启发别人去作进一步的思考甚至研究。中国古人有"不朽才消一句诗"的说法，其实，法学界的许多名言警句，有时就来自一篇短文、一个演讲甚至是一封通信。所以，我们决不要低估短文的价值。

当然，短文的写作与学术论文的写作在方法和技巧上还是有所区别的。常听人讲，一个动辄下笔上万言、引注数十个的专家，不一定写得好一篇千字小文。我前后出过四本法学随笔集了，其中有一本曾请人民文学出版社的原社长兼总编辑陈早春先生作过一个序，他在序中委婉指出，行文如看山，当有起伏，而我的一些随笔和散文似乎过于控制了自己的感情，把学术和文学界限得过于严苛。他还以先秦诸子的散文为例，说到诸子大多是政论家、哲学家、法家和杂家，在他们那些析理论道的经典名作中，感情激越，文采飞扬，以致清代评论家章学诚惊叹道："后世之文，其体皆备于战国。"想到自己的随笔中竟屡有"首先""其次""再次"这样的表达法，不禁汗然。

我翻阅情树的这本集子，里面不少文章令我惊喜，有的颇具学术高度和问题意识，有的闪亮着思想的火花和文字的美丽，还有的让我看到他追求美好人格的人生境界。但这些文字中，是否也有前述我的随笔所存在的欠缺呢？甚至在某些方面更甚呢？我以为是有的。

我希望，热情、好学、上进的情树不断锤炼自己，在各方面取得更大的进步。另外，也善意提醒一下，在写好短文的同时，也要写好长篇学术论文，甚至专著，做到在两种文体中长袖善舞。这不是一件容易的事，却是完全可能的事。

是为序。

（原载《北京日报》，2013 年 4 月 1 日，系中国民主法制出版社 2013 年版《法律的断章》序）

回应"检察之问"

——《检察再出发》序

北京市人民检察院公诉部刘哲检察官的《检察再出发》即将由清华大学出版社出版，作者邀我作序，我欣然从命。

我与刘哲的相识缘于 2012 年在镜泊湖召开的一次死刑研讨会。彼时蒙蒙细雨中我们夜游镜泊湖，大家谈到我刚出版的一本随笔集《法律的灯绳》，并各自对灯绳的含义作出自己的解读。当晚回到房间，收到刘哲给我发来一首词，记得里面有"细雨林间慢行，胜过把酒言欢，灯绳勾心弦"这样的美句。此后，我与他一直保有联系，并不时收到他发来新的诗作和文章，我们还曾共同研究过强制医疗的司法程序完善等问题。

特别是近年来，我经常在一些公众号和报刊上读到他的各类文章，有的短小精悍，也有的洋洋洒洒，比如收入本书的同名文章《检察再出发》就将近 2 万字，这似乎违反了公号文章的一般格式，却也产生了广泛的影响力，据说累计点击率超过了 15 万次，引起不少检察机关领导的重视。现在，作者把这些文章结集出版，当然是一件可喜可贺的事情。

翻阅本书，我有以下几点突出印象：

一是厚重的历史感，浓浓的检察情怀。检察之所以要再出发，是因为检察制度处在三重改革叠加的历史关口。作者从百年检察制度变革的历史视角和各国检察制度本源的比较法视角出发，发出了"检察向何处去"的追问，其给出的答案也发人深省："放眼更加长远的未来，以大尺度的历史观考察检察发展路径，公诉权应成为当之无愧的检察核心，公诉权是检察制度的源头和归属，是检察制度的灵魂，应当以强大诉权回应以审判为中心的召唤，将庭审打造成检察制度的发言席和宣传栏，以自组织的管理模式理顺检察内部激励体系，在法庭上强势回归，使公诉人成为人格化的检察制度，以指控立德、立言、立行，以思想力、语言力、行动力赢得实实在在的公信力，将以往分散用力的检察布局向诉权方向集中，以专业化细化诉权分工，以诉权为核心整合检察职能，打造检察核心竞争力。"他还主张，要重新诠释公诉权内涵，将公益诉讼注入其中，让公益诉讼成为新时代检察制度的战略增长点，使公益诉讼与指控犯罪成为新时代检察制度的双轮驱动。这些思想，体现了一名一线检察官的历史情怀和法治理想。

二是内容覆盖面广，时空跨度大。从内容结构看，作者由公诉到检察再到司法体制最后到法治机理等宏观问题，这样就可以把我国公诉工作和检察体制放到整个司法体制和依法治国的事业中去考量；从时间跨度看，上至检察制度本源的探讨，下至未来之法的展望，当然重点还是放在当下；从国别看，作者立足我国，放眼世界，如从"重庆綦江虹桥垮塌案"中法院对于检察机关指控罪名的变更这一问题谈起，引发对诉因制度的英美法系和大陆法系之考察。

三是有问题意识，行文接地气。例如，作者在《即席发言的意义》一文中，指出过去存在的我们熟悉的法庭场景：一个公诉人经常闷头完整宣读完好多页书面的公诉意见，法官也不好意思打断，有时公诉人甚至还会在答辩提纲中翻找答辩意见。作者认为，这一看似检察机关优势的做法，在以审判为中心的诉讼制度改革背景下，已经成为一种劣势，鉴于此，公诉人应提倡和锻炼即席发言。他认为即席发言有五个好处：一是尊重；二是自信；三是现场呼应；四是更好地抓住重点；五是给人留下更深刻的印象。在《说说公诉腔》等文中，作者批评了某些公诉人在法庭上那种"总感觉有点端着"的语态和话术，认为这种"煞有介事"的气势和姿态不能产生令人心悦诚服和直达人心的效果，反而容易使人产生做作和疏离感。与此同时，他也肯定和表扬了另一些公诉人好的做法，如尊重被告人、重视沟通理性、平和有耐心等。

四是从司法规律出发，不迷信权威。针对有人提出起诉书宜简洁，甚至有知名专家主张"一句话起诉书"，作者认为，"一句话起诉书"体现了侦查中心主义下的庭审形式化和效率优先原则，随着庭审实质化程度的加强，起诉书应该追求的核心目标是叙述性。如果说判决书要把"理"说清楚，那么起诉书就是要把"事"说清楚。对于起诉书的篇幅来讲，应该服从叙述性的充分展开，"事"没说清楚，不能停笔。此外，作者还提出"我出庭我做主"，认为对领导定好的出庭方案，出庭公诉人完全可以根据庭审的变化而调整，唯此才能取得好的效果。他还针对司法实践中的汇报，提出"司法官的汇报艺术"这样一个命题，认为需要从语言、能力、个人品格和担当等方面来掌握好这门实用艺术。

五是尊重人性，弘扬人性。书中随处可见人性字眼或与人性相关的表述，如作者提出，公诉人首先是人，是人就要有人情味，所谓不忘初心，公诉人的初心就是人性；司法规律与人性规律相通，人性是法治信号的强化器。从此出发，作者呼吁重视被告人的认罪悔罪，也对冤假错案的酿成表现出无尽的痛。他提出"我们办的不是案件，其实是别人的人生"，机械理性的执法方式只是司法伦理的最低水准，只有倾注情感，才能闪烁人性光辉。这些话语令人感到温馨和鼓舞。

　　本书不同于一般的自媒体文章合集，它体现的是刘哲检察官对一系列检察制度和法治问题的认真思考，不少地方带有对检察制度本源性问题和方向性问题的探讨。其行文表述虽然带有较强的口语属性，不同于一般的学术论文，却也可以通过平实、真切、直击人心的语言把复杂问题讲得深入浅出。我相信这些文字的系统整理和出版，一定会引起更多有识之士的思想共鸣或碰撞，为推动我国司法体制改革和法治事业的发展作出它应有的贡献。

　　是为序。

　　（原载《检察日报》，2018年10月11日，本文系清华大学出版社2018年版《检察再出发》序）

风险刑法的启示与警惕

2009 年 8 月，我应邀到北京大学担任"首都法学博士生论坛"点评人，就刑法单元的一篇论文《刑法在社会中的角色》进行点评。这篇论文的作者是时为北京大学刑法学博士生的焦旭鹏。由于组委会事先把论文发送到了我的邮箱，因此我得以提前做些功课。该文是对法国著名社会学家涂尔干（迪尔凯姆）的刑法思想的解读与反思，后来发表于《中外法学》。我在对该文给予高度评价的同时，也提出了几点与作者商榷的意见，其中印象最深的一点就是对于风险刑法的态度。当时，焦旭鹏在文章中对清华大学劳东燕博士关于风险社会的刑法危机的观点十分欣赏，但我提出，把西方学者关于风险社会的刑法危机移到中国来，需要慎重，那种认为传统意义上强调以权利保障为导向的刑法观不能适应当代中国这样一个风险社会的观点，值得警惕。因为在当下中国，权利保障仍然应当是第一位的，如果权利保障的目标都还没有实现，你就掉过头来强调风险，强调用刑法来预防风险，反倒是为人权保障埋下了巨大的隐患。西方社会早已实现了刑法的权利保障目标，现在根据恐怖主义等新的社会形势，作一些矫枉过正的反思，这是可以的。但我们当下的语境完全不一样，中国刑法的当务之急还是要实现转型正义，实现权利保障的基本目标。

自此之后，我与旭鹏建立了联系。无论他在北大求学，还是负笈莫斯科大学，均时有电子邮件往来。2012年，他博士毕业时，申请到社科院法学所来做博士后，并顺利通过考评小组的面试。我作为他的合作导师，从此与他有了进一步的接触，对他有了更多的了解。

旭鹏在法学所做博士后的同时，还受所里的安排，在法律硕士管理办公室上班。这样他就需经常奔波于法学所和社科院研究生院之间。法学所每周二是返所日，为了能在返所日和我多些交流，旭鹏总是与法学系的领导和同事商量，尽量把每周二的值班时间安排在法学所这边。每当这时，我俩就常利用中午的休息时间到旁边的景山公园边散步边聊天。这种聊天对我们俩都是一种享受，颇有点钱钟书论及做学问的那种味道："大抵学问是荒江野老屋中，二三素心人商量培养之事。"

旭鹏的博士论文题为《风险刑法的基本立场》，他入站后首先着手做的一项工作即是把它扩充出书。因此，在我们的聊天中，有很长一段时间都围绕着这一主题展开。旭鹏对风险刑法是持肯定立场的，他的这一主张有不少事实描述作支撑，而我则对风险刑法的提法有一种天然的警惕，这大概和我在法学研究中重价值选择的特点有关。当然，随着我们讨论的深入，我发现我对风险刑法的某些担心，其实旭鹏也注意到了，正因此，他在本书中还比较深入地探讨了风险刑法的风险及其化解问题，对于那种在风险社会、风险刑法名义下展开的泛化研究尤其不以为然，认为无论是反对还是支持风险刑法，这样的研究很可能回避真正的问题所在。

旭鹏对于风险刑法领域一些新的研究成果很注意跟踪并有自己独立的见解。在一次散步中，他提到《法学研究》上南连伟的一篇文章《风险刑法理论的批判与反思》，认为尽管该文对风险刑法研究泛化的批判有可取之处，但由于作者未能很好地把握风险社会理论与刑法学研究之间的关联，所以整体上陷入"批判有余、建设不足"的境地。在他看来，该文提出的风险特征和刑法本质存在的基本对立恐难成立，作者之所以会认为风险的全球性与刑法的国内性、风险的双面性与刑法的单一性、风险的合法性与刑法的违法性、风险的反科学性与刑法的科学性之间存在矛盾，是因为他曲解了风险的真实涵义，并仍把刑法放在古典工业社会语境来理解。我觉得旭鹏说得有些道理，至少是能成一家之言，于是鼓励他写出商榷文章来。他后来果真写出了一篇近 3 万字的长文《自反性现代化的刑法意义》，发表在《政治与法律》2014 年第 4 期上。

又有一次，我们讨论到陈兴良教授发表在《中外法学》上的一篇论文《风险刑法理论的法教义学批判》。旭鹏跟我娓娓道来，说陈老师的文章虽然在自己的论证逻辑里显得很有说服力，不过在他看来，却仍然有可探讨之处。陈兴良教授认为，风险社会的风险与风险刑法的风险是两种完全不同的风险，风险社会的风险是后工业社会的技术风险，这种风险具有不可预知性与不可控制性，根本不可能进入刑法调整的范围；风险刑法理论将风险予以泛化，并且主要是以工业社会的事故型风险为原型展开其论述与论证，但这与风险社会的风险并无关联。旭鹏不同意这种见解，他说可以用如下反例和反论来与陈老师商榷：反例是恐怖主义被风险社会理论的倡导者乌尔里希·贝克理解为风险社会的风险，显然刑法介入并无问题；反论是风险社会的风险不限于技术风险，即使是技术风险，虽可以事故型风险与之加以区隔，其社会学视野中的区分标准也不能直接作为刑法学上的标准加以适用，不能依此标准来断定刑法无法介入。在他看来，社会学者从社会何以可能角度进行观察，关注的是风险的社会意义；刑法学者从规则何以可能的角度观察，更关注风险的规范意义。技术风险在发生时间、规模、概率等方面的不可预知、不可控制，乃至无法纳入保险公司承保的范围，这并不妨碍风险诱致行为本身可能被确认、被类型化，并继而对之进行规范化处理。并非所有技术风险都可由刑法介入，但刑法介入技术风险并无问题。陈兴良教授是旭鹏在北大的老师，旭鹏来法学所联系作博士后时，陈教授还写了热情洋溢的推荐信，我知道他对他的老师敬仰有加，但在这个问题上，我再一次感受到了他独立思考的能力和"吾爱吾师，吾更爱真理"的学术品质。

受旭鹏的影响，加之我近年来在从事一项反恐刑事立法的研究，因此对于在面对恐怖主义这种威胁时刑法提前介入持更为理解的态度，如不等实害发生，刑法就对筹组恐怖组织、为恐怖组织宣传理念、为恐怖分子提供资源或住宿、提供恐怖行动之融资等进行规制。这也可以说是我近年来对风险刑法观的一种妥协吧。但即便如此，我仍然只同意把风险刑法作为传统刑法体系下的一种极其严格的例外来加以处理。旭鹏显然并不满足于此，在他看来，中国当下虽然主要还是现代社会的问题，但风险社会的侧面业已出现，仅就风险社会语境下的观察而言，风险刑法反映出了与现代刑法不同的普遍性问题。虽然我迄今仍对他的这一判断持保留态度，但由于我知道他对这个问题的文献研究和持续思考确实是下了功夫的，所以不敢大意，决心把与他对这个问题的讨论深入下去。

前不久，我应我国台湾大学陈志龙教授邀请，赴我国台湾地区参加一个"刑法前置机制"的研讨会。我与旭鹏商量，两人合作一篇风险刑法方面的论文去参会。在这篇名为《风险刑法的社会基础》的论文写作过程中，我们互相切磋，反复互动。他给予我多方面的启发，例如，他把平时我们通用的"反思性现代化"改成了"自反性现代化"。原以为"反思性现代化"已经约定俗成，而且更加通俗易懂，但经过旭鹏的解释，我最后同意改用"自反性现代化"的提法。我们的基本理由是：古典现代化并不是因其失败而走向自反性现代化，恰恰是因其巨大的成功而颠覆了自身，套用孟德斯鸠的一句话，正所谓"制度毁于其自身的成功"。又如，我在论文的某处使用了"预防性刑法"的提法，即将刑法介入的时间前置、从处罚结果犯提前至处罚危险犯、从处罚既遂犯提前至处罚预备犯，但旭鹏指出，预防性刑法的提法对风险社会而言还是不够的，因为它只着眼于风险控制，而没有涵盖风险分配。我深以为然，遗憾的是，当时对此还来不及展开，所以只加了个注释予以说明。当然，旭鹏也承认，通过这次合作，他也受到我一些启发，例如，我主张作为一篇刑法论文，不能太"形而上"，而要作适当的"形而下"处理，据此，我们在论文中增加了一些立法例，来说明伴随着风险社会的出现，中国的刑事立法确实出现了某些风险刑法的迹象。以食品安全犯罪为例，从1982年的全部结果犯，到1993年部分罪名的去结果犯，再到1997年进一步把生产、销售不符合卫生标准的食品罪也由结果犯改成危险犯，直至2011年《刑法修正案（八）》把生产、销售假药罪由原来的危险犯改成行为犯，刑法介入的时间不断提前。再以恐怖主义犯罪为例，1997年中国修订刑法时，鉴于"有些地方已经出现有组织进行恐怖活动的犯罪"，专门规定了"组织、领导、参加恐怖组织罪"，这体现了立法者对恐怖活动犯罪所将造成的巨大危害的高度重视，因而将刑法介入的时间提前到实际犯罪行为尚未发生，旨在只要从事恐怖犯罪的组织一出现即可；到 2001 年美国"9·11"事件后，国家立法机关又出台了刑法修正案（三），提高组织、领导恐怖活动组织的刑罚，增设"资助恐怖活动罪"等；再到 2011 年《刑法修正案（八）》，将从事恐怖犯罪者作为特别累犯来加以规定，并对其限制减刑。此外，《刑法修正案（八）》在增设危险驾驶罪、降低环境污染犯罪的入罪门槛等方面的规定都可以被视为风险社会的刑法产物。

作为这篇文章的结论，我和旭鹏互有让步，最后一致同意，在中国目前的语境里，将自由作为刑法第一位次的价值仍然是妥当的，但面对局部风险社会的到来，局部风险刑法的出现也成为一个我们无法回避的事实。对于恐怖主义等新型、复杂的危险，刑法干预适当前置可以在宪政和法治的范围内获得其正当性；在确有必要的情况下，自由为安全适当让步也是可以接受的。不过，鉴于中国刑法还面临从国权刑法向民权刑法转变的任务，因此我们必须警惕风险刑法对人权保障所带来的风险，在维护安全和保障自由两大利益之间进行谨慎权衡。无论如何，有些底线是必须坚守的，如刑事立法不能偏离理性立场而屈从于某种情绪，刑法作为其他部门法的保障法性质不能放弃等。

"怀之专一，鬼神可通"，旭鹏是一个有学术韧劲的人，他喜欢围绕一个主题作精雕细琢式的打磨，不为外物所动。我相信，凭他的灵性和勤奋，只要一路耕耘下去，一定会有该有的收获。

是为序。

（原载《法制日报》，2014 年 7 月 2 日，本文系法律出版社 2014 年版《风险刑法的基本立场》序）

一扩两分：刑事制裁体系的变革取向

敦宁博士后的这本著作——《刑事制裁体系变革论》的核心观点有二：一是提出了刑事制裁体系这一概念，其基本构成要素是刑事制裁范围、刑事制裁方法和刑事制裁制度。二是提出了我国刑事制裁体系的变革构想。这一变革构想大体可以概括为"一扩两分"，"一扩"指扩张犯罪圈，"两分"指将刑事制裁方法明确分为刑罚与保安处分，以及将全部犯罪分为轻重两层。这些基本思路和观点，我是赞成的。

其一，犯罪圈的大小不是静态的，要与刑事诉讼的过滤机制结合起来思考。

关于刑事制裁体系，学界通常将其界定为刑事制裁的方法体系，即要么指刑罚制裁体系，要么指包括刑罚和保安处分的"二元化"制裁体系。本书将其界定为包括制裁范围、制裁方法、制裁制度等在内的系统化体系构造，这与我的"立体刑法学"理念有暗合之处。就刑事制裁体系而言，如果从我国的实际来看，似乎不宜归属于目前刑法的一个专属概念，如刑事诉讼法中的强制医疗程序、反恐法中的安置教育以及治安拘留等行政处罚，还有收容教育、收容教养、强制戒毒等，都属于广义的"刑事制裁"；同时，也必然涉及刑法与刑事诉讼法、反恐法、治安管理处罚法以及其他一些行政性法律、法规的关系；此外，犯罪圈的大小也不是静态的，而是要与刑事诉讼的过滤机制结合起来思考。

在犯罪的界定上，我国采取的是"定性＋定量"的方式，即只有情节或危害后果较为严重的违法行为才属于犯罪，其他的一般只属于行政违法的范畴。这种犯罪圈的确定方式尽管可以起到缩小刑事打击面的效果，但其不利后果也是非常明显的。一方面，由于行政违法的违法成本较低，处罚较轻，对于一些较重的行政违法行为，往往难以收到应有的制裁效果，造成"大错不犯、小错不断"的"破窗效应"，从而严重影响了法律的规则建构功能。另一方面，将对行政违法行为的查处、审理、处罚等权力完全交给行政机关，实际上是令其"既当运动员，又当裁判员"，这并不利于对公权的约束和对有关当事人的人权保障。可以说，晚近一些刑法修正之所以要对若干行政违法行为进行犯罪化处理，也有基于这方面考虑的因素。从这个意义上讲，将来犯罪圈（刑事调控圈）还将继续扩大，对于那些有必要适用人身自由刑的违法行为，也应当纳入刑事调控圈的范围。

其二，有必要对刑罚与保安处分进行明确的划分，并在刑法中专章设立保安处分制度。

实际上，对于我国刑法结构的改革，储槐植教授早就指出，应当实现从"厉而不严"到"严而不厉"的转变。其中，"严"是指法网严密，"厉"是指刑罚苛厉。将有必要适用人身自由刑的违法行为纳入刑事调控圈，也是实现刑事法网严密的一个路径。但"不厉"应当如何实现？简单来讲，无非就是尽可能降低刑罚的严厉性或者实现刑罚的轻缓化。不过，需要注意的是，刑事制裁的最终目的是有效预防犯罪，如果片面追求刑罚的轻缓化，而没有其他的预防措施相配套，则预防犯罪的目的能否有效实现将存有疑问。这方面我们应当看到，一些欧美国家的刑罚之所以比较轻缓且能够长期维持，除了观念和制度上的原因外，在很大程度上还得益于一套相对完整的保安处分措施作为保障，如对一些重罪犯在刑罚执行完毕后要经过心理生理专家小组对其人身危险性进行评估后才能释放，否则将采取一些必要的预防措施；对一些具有某种疾病或癖癖的罪犯要配合刑罚进行必要的治疗、矫正，等等。

我国刑法虽然也规定了一些具有保安处分性质的制裁措施，如收容教养、强制医疗、禁止令、职业禁止等，但这些措施有的没有实现司法化的程序改造，而且总的来看保安处分还名不正言不顺，欠缺系统化的规定。因此，将来有必要对刑罚与保安处分进行明确的划分，并在刑法中专章设立保安处分制度，与刑罚并驾齐驱，共同作为刑法的后果。这样既能克服片面依赖刑罚手段维持社会秩序的不足，又能使收容教育、收容教养、强制戒毒等实现程序的司法化（如同强制医疗一样）。

其三，要打破不区分轻罪与重罪的"平面化"犯罪制裁模式，而改为对全部犯罪进行轻重分层，并在制裁上体现出相应的差别。

还应当看到，随着犯罪圈的扩大，刑事案件总量增加与司法资源有限性的矛盾会进一步凸显出来。为此，要打破不区分轻罪与重罪的"平面化"犯罪制裁模式，而改为对全部犯罪进行轻重分层，并在具体的制裁制度设计上体现出相应的差别。其中，重点就是对轻罪要尽可能采取非监禁化的制裁方法，并适用简易程序来裁处。因为，在一个社会，轻罪的数量总是会大大超过重罪，如果"平均使力"，难免会导致有限的司法资源过多地集中于轻罪，这不但无必要，也会影响对重罪的有效打击和对重罪犯的人权保障。

同时，对于轻罪与重罪，在刑罚的附随后果如前科制度等方面也应体现出相应的差别。在当前犯罪门槛已明显趋低的情况下，对"醉驾""扒窃""使用虚假身份证件""替考"等轻微犯罪，刑罚的附随后果（如构成犯罪一律开除公职）还是与严重犯罪一样，并一概适用严格的前科制度，既不符合制裁上的比例原则，也不利于犯罪人的再社会化。从应然的角度讲，对轻罪应设置前科消灭期，以为犯罪人提供"出路"。

（原载《北京日报》，2019 年 3 月 4 日，本文系法律出版社 2018 年版《刑事制裁体系变革论》序的摘要）

不能未遂可罚性：跨越国别和法系的刑法难题

　　刑法以处罚既遂犯为原则、以处罚未遂犯为例外，而"不能未遂"又处在未遂犯的边界地带，这个问题说小也小，可以小到忽略不计，说大却也大，大到"对于任何致力于对刑法体系的整体方案有所推进的学者而言，又绝对是一个无法绕开的难题"。

　　我在 1993 年参加老一辈刑法学家欧阳涛研究员主编的《罪与非罪、罪与罪的界限》一书相关部分的写作时，曾留下过一个学术悬念：为什么"工具不能犯未遂"具有刑事可罚性而"迷信犯"却不具有刑事可罚性？他们各自的理论基础是什么？这次拜读张志钢博士的《论不能未遂的可罚性》一书，似乎从中得到不少启发。在感慨我国刑法教义学过去二十余年来所取得的长足进步的同时，更为作者在这项研究中所表现出来的学术功底和学术风格感到振奋。

　　首先，本书为我们展示了一种精细的研究格局，让我们看到刑法学作为一门科学的魅力。如绪论部分所言，不能未遂的可罚性在"刑法理论史上一直是一个跨国别、跨法系、跨世纪的长盛不衰的话题"。作为典型的"小题大做"，本书尽管只是着眼于微观的"不能未遂的可罚性"这一问题，但行文中又无不关切未遂（不法）论乃至整个犯罪论体系的变迁。作者清醒地认识到："在不能未遂的问题上，不管司法实践如何，也不管立法有无明确规定，都是一个在理论上有话可说、有理可辩的地方，因为它更着眼于体系视角的讨论，而不是就事论事；因此对不能未遂的讨论经常给人以醉翁之意不在酒的感觉，它总是不免会涉及对（未遂）不法论乃至刑罚论的宏大叙事。"事实上，本书也正是在此视角下去展开论述的。具体而言，在宏观方面，作者首先将未遂不法论定位主观不法，然后以未遂处罚根据理论史作为证明；在微观方面，详细论证未遂危险并非当前通说所主张的"客观的危险"，而是主观定向的"计划危险"。宏观立场与微观论证两相对照，既回答了这个"小问题"为什么总是受到青睐，也展示了刑法学作为一门学科的魅力所在。当然，作者并非止于掉书袋式的学说罗列，而是在对学说的破与立中证成其核心观点：考察"未遂处罚根据理论史"旨在证立未遂主观论，整理未遂"危险释义学"是为了否定客观未遂论。

其次，作者对相关文献的大量占有和详细消化在相当程度上保证了本书的学术水准。例如，通过本书第三章对两百余年来"未遂处罚根据理论史"的梳理，我们得以清晰看到主客观未遂论的发展脉络和"印象理论"的前世今生。再如，借助第四章对所谓的"未遂危险释义学"的批判性考察，我们可以看到各种未遂危险判断学说的相互纠缠与真相。在这里，我们既看到主观未遂论、客观未遂论、主客观混合未遂论的基本主张以及这些立场各自产生的时代背景及其与立法和司法的互动，也看到在上述各种不同未遂处罚根据立场上所衍生出的未遂危险判断学说。这些未遂危险判断学说中，既有文献中常见的，如客观危险说（绝对不能与相对不能未遂）、新客观危险说（具体危险说）、（各种）修正的客观危险说，也有较为陌生的，如德国刑法学者罗克辛的结合理论、雅各布斯的规范危险表现理论、希尔施师徒所主张的新危险性理论等。尤为重要的是，作者在学说梳理中能够有意识区隔未遂犯处罚根据理论与未遂危险判断学说：在德国作为通说的印象理论是未遂处罚根据理论，旨在说明包括不能未遂在内的所有类型未遂的可罚性，而"重大无知"标准所界分的只是一种可以减免处罚的特殊类型的不能未遂。这对于澄清不少学者直接将印象理论视为危险判断学说，甚至把"重大无知"等同于有、无未遂危险的判断标准等误解颇有裨益。

再次，难能可贵的是，作者虽初出茅庐却能勇敢地提出自己的见解。本书书名已表明，作者是肯定不能未遂的可罚性的。这与我国日渐成为通说——不能犯不构成犯罪——的观点是针锋相对的。作者指出，不能犯不构成犯罪是近年来受日本刑法理论支配下的产物，在当前理论探讨中占据着主导地位，作者敢于提出与通说不一致的观点，体现了不人云亦云的学风和勇气。事实上，本书质疑通说并提出自己判断之处并不少见。比如，肯定未遂主观论与行为刑法（刑法客观主义）完全可以兼容，与司法实践中的刑讯逼供、暴力取证并无必然关联，理论上通常出现的肯定不能未遂可罚性的主观未遂论容易导致意思刑法，只是逻辑上的滑坡论证而已。再如，作者否定"未遂犯是危险犯"这一传统命题，认为未遂犯既不是抽象危险犯，也不是具体危险犯，因此，未遂犯中的危险概念与危险犯中的危险概念并不相同，二者的判断也就不能绑定在一起。可以肯定的是，这些思路本身都是有价值的，而且里面蕴藏着理论创新和理论突破的可能空间。

最后，从实证法出发，研究中国的真问题。本书紧紧扣住我国当前与未遂相关的刑法条文，从文义解释、体系解释、历史解释等多种解释路径来证明主观未遂论具有充分的实证法根据。就此而言，作者践行了其鲜明的问题意识和本土意识，体现了较强的主体自觉性。诚如书中所言："学习、吸收与借鉴外国理论并非一定要得出与其相同的理论，更不能为了理论而引入理论。本书的出发点和依归是我国现行刑法的规定。"同时，受德国未遂理论发展与立法和司法的互动关系之启发，作者在作出与我国目前立法相契合的理论选择之后，更是沉潜下来进一步挖掘我国当前司法实务中的做法，以司法实践对照和检验其所主张的理论是否在我国本土具有解释力和生命力。这些都与我所欣赏和提倡的"国际的视野、中国的视角、自己的方案"是一致的。

（原载《检察日报》，2020 年 1 月 11 日，本文系中国社会科学出版社 2019 年版《论不能未遂的可罚性》序的摘要）

探寻刑法教义与刑事政策融通之路

　　李波副教授北大博士毕业时曾因联系做博士后一事来中国社科院法学所与我有过几次接触和交流，后来虽然因他入职中南财经政法大学没再来读我的博士后，但我们仍然时有联系。他的刻苦、感恩和文才都给我留下深刻印象。这次，他邀我给他的大作《刑法教义与刑事政策》作序，理由是我早年对刑事政策有过研究，近年我提出的"立体刑法学"也对他思考刑法教义与刑事政策的关系产生过启发，并且我与他的博导王新教授和博士后导师齐文远教授都是很好的朋友。经他这么一说，纵使正在差旅途中，又交稿时间在即，也只好贸然答应："你有情，我也得有义！"

　　尽管作者谦虚地说，本书名不副实，不是专门的体系性研究，而是所谓"悔少作"中的"少作"，但《刑法教义与刑事政策》这个书名还是深深地吸引了我，它表明作者重视并有意识地去思考刑法教义与刑事政策之间的关系，具有重要的方法论意义。[①] 这让我想起罗克辛教授的那本《刑事政策与刑法体系》，该书主要论述了刑事政策对刑法（学）体系的影响，令我心有戚戚焉。与不考虑刑事政策的封闭体系相比，刑事政策给刑法体系增加了解释渠道，使案件处理所要考虑的因素呈现出某种程度的开放性和可选择性。例如，罗克辛在前述著作中，就针对"罪责"

---

　　① 当然，如何真正打通刑法教义与刑事政策之间的关系，使二者得以融会贯通，可能确实还需要下更多的功夫。

提出了"答责性"，认为罪责之外，还要考虑以预防为目的的处罚必要性，为此他举了两个例子，一是法兰克福一个警官对一个绑匪实施刑讯以逼迫他交代出藏匿人质地点的真实案例，二是在飞机被恐怖分子劫持将撞击高层建筑导致他人生命损失时，空军飞行员不得已将其击落的假想案例，他认为在这两个案例中行为人都是有罪责的，但从良心来拷问，他主张从完善超法规的答责阻却事由来实现此种情形下不需要动用刑罚的立论，[①] 这显然是一种立足法律规定和刑法教义又融合刑事政策考量的结果。

刑法体系是在法条基础上建构起来的，而刑法教义则是在法条解释过程中形成的理论通说。正是针对一个个具体法条提炼出的教义，最后形成一个国家的刑法学体系。而无论是刑事立法、刑事司法还是刑法解释，都会受到刑事政策的影响。因此，如果说刑法体系是人的骨架，则刑法教义是人的血肉，而刑事政策则是人的灵魂。

"法律教义就是法律的货币"，它"使得我们从主流的规范性方法中获得启发"。[②] 借助于刑法教义，特定类型的裁判在一定时期内得以不失其可预见性。由于体系具有一定的稳定性（另一方面也可能导致僵化），作为刑法教义推论的案件处理结果在某些情况下不一定符合刑事政策的最优要求，此时就需要在刑事政策的目的导引下对刑法教义做一定的调整与创新。中外刑法学的发展表明，作为教义的通说不是一成不变的，它会随着时代的变迁而发展，这其中的一个重要影响因子就是刑事政策。可以说，没有刑事政策导引的刑法教义是盲目的，当然，没有刑法教义支撑的刑事政策也将是空洞的。

---

① ［德］克劳斯·罗克辛：《刑事政策与刑法体系》，蔡桂生译，中国人民大学出版社 2011 年版，第 79-81 页。

② ［荷］扬·斯密茨：《法学的观念与方法》，魏磊杰、吴雅婷译，法律出版社 2017 年版，第 108-109 页。

刑法教义与刑事政策的关系至少可以从以下几方面来考察：首先，现代刑事立法越来越多地渗透进一些刑事政策的内容，这些刑事政策的内容成为提炼刑法教义学的重要来源；其次，刑事政策影响刑法教义的形成，如在某些法条和教义已经不能适应社会发展及其催生的新的刑事政策时，可以通过重新解释形成新的教义；① 再次，刑法教义也会对刑事政策产生影响，一方面刑事政策的制定和执行要受到刑法教义的必要约束，另一方面，刑法教义还可"成为形成新的法政策的动力"；② 最后，刑法的运行一定是刑事政策与刑法教义共同塑造的结果，二者的良性互动程度影响着刑事法治中天理、国法和人情的统一程度。

值得注意的是，即便在以刑法教义学著称的德日刑法学界，也有不少学者重视从刑事政策的视角来研究刑法教义学。罗克辛就指出："一个现代的刑法体系应当是有目的地组织的，也就是说，必须是建立在评价性目的设定的基础之上的"，而"建立这个刑法体系的主导性目的设定，只能是刑事政策的。"③ 根据他的论述，在刑法教义学中发挥目的性指引功能的是刑事政策性的"评价性目的"，这种"评价性目的"的核心体现在以下三个方面：在构成要件层面，通过法的明确性限制公权力，确保个人自由；在违法性层面，通过具体情况下的利益平衡，确保法益得到有效保护，而不过分限制个人的自由；在罪责层面，通过刑罚的一般预防确保预防和打击犯罪的最佳效果。正是基于此，罗克辛

---

① 如随着税收监管制度的完善，国家对虚开增值税专用发票犯罪的打击也从过去的一味从严转向区别情况分别对待，相应地，刑法教义也把虚开增值税专用发票罪从过去的抽象危险犯解释为具体危险犯甚至进一步限缩为结果犯。

② ［德］伯恩·魏德士：《法理学》，丁晓春、吴越译，法律出版社 2005 年版，第 136 页。

③ ［德］克劳斯·罗克辛：《德国刑法学总论》，王世洲译，法律出版社 2005 年版，第 133 页。

认为，刑事政策对刑法教义学的体系构建具有重要的指导作用，刑法教义学内部的体系设计——包括具体的各个要素——都是实现刑事政策目标的工具。

如果说罗克辛的这种视角侧重刑事政策与刑法教义学关系的体系性思考，那么日本学者前田雅英的视角则更带有问题性思考的意味，他指出，具体的刑事政策可以贯穿到犯罪论与刑罚论的各个部分，在违法性的建构、未遂犯的处罚范围、中止犯的量刑判断、业务过失的加重处罚、责任阻却的范围、共犯中止的范围、自首的成立以及没收的适用范围等问题上，都存在相应的刑事政策的考量。如在未遂犯的处罚范围上，"在必须严厉地禁止、镇压相应犯罪的请求相当强烈的社会或时代，会出现预防性的、广泛处罚未遂的倾向。"又如，在"没收"这种财产刑的适用中，"包含着使犯罪人不能保有通过犯罪所得的利益、去除目的物的社会危险性这一刑事政策上的目的"。①

如同刑法学研究既要有体系性的思考，也要有问题性的思考，研究刑事政策与刑法教义学的关系也需要体系性思考与问题性思考的结合。事实上，罗克辛在体系性思考之外，也有问题性思考，本文前面所举的超法规答责阻却事由即为一例；前田雅英的问题性思考，综合起来也可以成为一种体系性思考。

李波的这项研究与罗克辛和前田雅英有相似之处，他们的共同点是，不主张封闭、静态地去研究刑法理论，也不主张把刑法理论与刑事政策截然分开，而是强调二者的融会贯通和良性互动。在我看来，这是比较清醒和务实的学术立场，特别是在当前我们这个时代。当前我们这个时代是个什么时代呢？是个社会转

---

① ［日］前田雅英：《刑法总论讲义》，曾文科译，北京大学出版社 2017 年版，第 89 页，第 371－372 页。

型的时代，是个全球化的时代，是个网络飞速发展的时代，总之是个国内外社会结构急剧变化的时代。在这样一个时代，一个封闭、静态的刑法教义体系是注定无力去有效回应社会的发展和民众对法治的更高层次诉求的。近年来许多影响性刑事案件如于欢案等，一审也可谓依法判案、依通说判案，但结果出来后舆论哗然，直至二审改判才取得较好的社会效果。

在我与李波的多次沟通中，我们在以下方面的认识是一致的：刑法体系和刑法教义皆需考虑刑事政策的影响，体系之外的因素也应该有渠道进入体系之内；刑法教义学要走出"法条主义"的泥淖，就必须有更宽广的视野；引入刑事政策的因素和视角，不仅能更好地实现刑法的机能，也可以使"刑法的刑事政策化"和"刑事政策的刑法化"相得益彰，避免刑法体系和刑法教义的僵化，同时把刑事政策纳入法治的篱笆内。

写这篇序时，得知李波已经为了与家人团聚，告别了他依依不舍的中南财经政法大学，来到自己的老家中国海洋大学法学院任教。说来也巧，我前不久专门与海大法学院院长桑本谦教授有过一番交流，起因是我读到他的一篇文章《法律教义是怎样产生的》，在这篇文章里他从法律经济学的角度对我们目前的刑法教义学提出了批评，指出"真正能够让法律面孔生动起来的，是法律和法律教义共同遵循的实践逻辑"。① 有意思的是，桑教授把他这种典型的社科法学进路称之为"操作性法律教义"，这与我前不久在中国政法大学的一个讲座中所提出的观点似有暗合之处：既然社科法学和刑事政策都能影响刑法的运作，为何要把它们与刑法教义学对立起来呢？难道社科法学和刑事政策学就不可以属于一种广

---

① 桑本谦：《法律教义是怎样产生的——基于后果主义视角的分析》，载《法学家》2019 年第 4 期。

义的刑法教义学吗？由此我也有一种预感，海大法学院这样一种学术氛围或许有利于李波从事跨法教义学与社科法学的研究。

李波在北大的博士论文属于比较纯粹的刑法教义学研究，却也属于罗克辛一脉不排斥刑事政策影响的路数。① 到中南后的这几年，他又相继主持以刑罚制度与实践的社会学分析为主题的国家社科基金与教育部人文社科基金项目，其不为法条所囿、跳出刑法看刑法的特点更为明显。就刑法教义与刑事政策的深度关系而言，这本书应还只是他打通任督二脉的雄伟学术抱负的第一步。我相信，凭他已有的基础和一贯的勤奋，下一步还会在这方面产出更多的深耕细作的成果来。

李波认为，他对刑法教义与刑事政策的思考属于我的"立体刑法学"中的一部分，并提出在"立体刑法学"的框架中建立起一个分享机制，使得各个部分能够彼此及时分享最新成果。2019年，我承担了一个国家社科基金重点项目"关系刑法学研究"，按自己申报时的设想，也是想打造"立体刑法学"的升级版。曾有学者指出，在立体刑法学里似乎没有给刑事政策应有的位置，② 现在可以说的是，在关系刑法学里，刑法教义与刑事政策的关系将是其中一组重要的关系。我非常期待与李波有更多的分享，互相鼓励，互相促进，在为学为人上日有所获，终有所成。

谨以此与李波副教授及读者诸君共勉。

（原载《检察日报》，2020 年 7 月 9 日，本文系中国政法大学出版社 2020 年版《刑法教义与刑事政策》序，发表时有删节）

---

① 李波：《过失犯中的规范保护目的理论研究》，法律出版社 2018 年版。
② 焦旭鹏：《立体刑法学：观察与评析》，载《北京工业大学学报（社会科学版）》2017 年第 6 期。

个案推动法治的践行者和传播者

　　刘昌松律师拥有多重身份，他既是知名律师和律师事务所的主任，又是兼职法学教授，还是知名法治时评人。说他是知名法治时评人，一点也不为过，我在认识他之前，就经常在《新京报》等媒体上看到署名"刘昌松"的法治时评，有时文章后面还会介绍作者为律师。直到有一天我们坐在一起时，我还不太相信此刘昌松即为彼刘昌松。

　　我们的相识是缘于几年前社科院法学所组织的一次"社科杯"法律硕士研究生论坛，在那个论坛上，我们共同受邀担任获奖论文的点评嘉宾，才知道他早就是我们的法律硕士实务导师，是法律诊所实践课程的任课教师之一。

　　在这个活动中，我与昌松律师可谓一见如故，除了互相都为见到对方而感到高兴，我还对他关于要加强刑事诉讼中被害人权益保障的呼吁深以为然，当即约他与我合作撰写一篇内部研究报告，后来通过社科院的要报报送给了中央有关部门。记得在我发言时，我还对法硕办的负责人席月民教授提出，以后最好能给予获奖学生适当的物质奖励，而不只是颁发一个获奖证书。话音刚落，昌松律师马上接茬儿，说我"一语点醒梦中人"，表示将很乐意为一年一度的论坛提供奖金支持，后来他还真与法硕办签署了合作协议，并赞助至今。

　　因我的一句话，让昌松律师"出血"，下来还是多少有点内疚，但他很真诚地对我说，他最喜欢直言不讳的学者，我俩心有灵犀，一朝初识便有相见恨晚之感，又说这些学生是国家未来法治建设的希望，鼓励和支持他们多思考、多研究问题，也是像他这样有点情怀的律师应尽的社会责任。随后，昌松律师又送给我一本他2014年在法律出版社出版的《认真对待权力与权利》，这是他将几年来为《新京报》等所写的一百四十多篇法治时评结成的集子。翻阅这本集子，重温他在许多重大法治事件中的发声，再次引起我的惊叹，他不愧为一个有情怀、有温度的文人型律师，不愧为一个致力于通过个案来推动法治、提升法治的践行者、言说者和传播者。他的书名也很有高度，点出了法治建设中一对最为关键的词汇。①

现在摆在我面前的又是厚厚的一百五十多篇评论文章的结集，这是昌松律师的第二本书，据说他的第三本书也已编好。在繁忙的律师工作之余，他能如此多产，也可想见这背后的付出了。我与昌松律师相识时间并不算长，平时彼此联系也并不频繁，却总有一种惺惺相惜、互为知己的感觉，特别是他为人真诚、忠厚，给我留下深刻印象。

在我看来，昌松律师之所以能成为一名成功的律师和法治时评人，可能得益于以下因素：一是他在做专职律师之前做过刑事法官，这使得他对法律职业共同体有切身体会，能以公平之心审视法律事件；二是他曾在多所大学担任过兼职法学教授，讲授过多门课程，而且他喜欢琢磨各学科的理论问题，这使得他具有较为深厚的跨部门法的理论功底；三是他的医学教育背景和军医生涯，使得他同生老病死有过诸多交集，反映在文章中，就是多了

---

① 无独有偶，童之伟教授也主张用权利权力的分析范式来取代作为主流学说的权利义务分析范式。详见童教授近期在北京航空航天大学法学院的一次学术讲座报道 http://fxy.buaa.edu.cn/info/1143/5506.htm。

不少人性体悟；四是他勤于笔耕，酷爱写作，竟逐渐成为近40家媒体的特约撰稿人，这为他施展通过个案推动法治进步的抱负提供了很好的平台。

这本集子收录的文章，大多是近10年来他为各种媒体撰写的法治时评文章。从中可见，他既为《人民日报》《光明日报》《法制日报》《中国青年报》《环球时报》等国家级官媒撰稿，也为《新京报》《澎湃新闻》《南方周末》《南方都市报》《华商报》《红星新闻》等地方媒体或都市媒体撰稿；既为光明网、中国网、法制网、财经网和民主与法制网等体制内网络媒体撰稿，也为新浪网、腾讯网、搜狐网、网易网、凤凰网等民营网络媒体撰稿，他还在光明网、中国网、《新京报》、《南方都市报》等开有专栏，发表一些篇幅较长的法治时评文章。

于是我们看到，不仅在山东刺死辱母者案、昆山反杀案、云南勒死传销看守案等激活正当防卫制度的一些案件中，有刘律师的铿锵发声，而且他还就一系列的性侵违法犯罪事件、见义勇为难认定和做好事被讹事件、推动冤假错案平反和努力获得国家赔偿事件，以及内蒙古农民收购玉米获刑被重审案、电梯劝阻吸烟一审被判赔和二审改判不赔事件等发出了正义的呐喊。通过他的一篇篇时评文章，我们不仅能见证到国家法治的点滴进步，更感受到一个富有正义感的法律人所为之付出的努力。

以他关注嫖宿幼女罪的废除为例。早在2009年4月，贵州习水爆出5名公职人员利用社会人员逼迫幼女学生"卖淫"，官员奸淫挂着泪滴的幼女后留下一点钱，只是没有当场再行强迫，即按"嫖宿幼女"定性。当地检察长针对记者"为何不以强奸罪而以嫖宿幼女罪起诉"的质疑，回应的理由竟是"为了更严厉打击犯罪，因为嫖宿幼女罪的起刑点为5年，而强奸罪只为3年"。刘律师立即在《新京报》撰文，以《习水检察院把强奸变嫖幼是放纵》为题，明确指出该检察长只算最低刑不算最高刑的不严谨性。该文在当时引起极大反响。此后他在《新京报》连发《习水嫖幼案：审理的每个环节都应合法》《习水嫖幼案："强奸"与"嫖幼"何以辨别》等几篇文章，推动事件向法治方向发展。此后他又数次参加该话题的研讨活动，积极推动嫖宿幼女罪的废除。2015 年 8 月 24 日至 29 日全国人大常委会召开会议，其中一项议题就是审议"刑法修正案（九）草案三审稿"，这一稿中突然写进了一审、二审稿中都没有的"废除嫖宿幼女罪"的内容。刘律师当时接受中国网"观点中国"的约稿，为其撰文《嫖宿幼女罪：产生得轻率，废除得艰难》，以四千多字的篇幅，详细回顾了该罪名轻率产生的过程和艰难废除的历程，为废除该罪作最后的呼吁。①2015 年 8 月 29 日，全国人大常委会表决通过刑法修正案（九），删除了嫖宿幼女罪。据作者说，当天晚上他为此而失眠，激动、兴奋、感叹、回味，心情之复杂难以描述。

又如，他积极推动"第 24 条婚规"的修订完善。"第 24 条婚规"，是指最高人民法院婚姻法司法解释（二）第 24 条（套用电影《第二十二条军规》）。它规定，债权人就婚姻关系存续期间夫妻一方以个人名义所负债务主张权利的，应当按夫妻共同债务处理。但夫妻一方能够证明债权人与债务人明确约定为个人债务，或者能够证明属于婚姻法第十九条第三款规定情形（夫妻有分别财产约定，夫或妻向外举债时第三人知道该约定）的除外。这条规定害惨了不少当事人。据报道，29 岁的王某兰离婚后不久被人告到法院，要求她偿还前夫婚内所欠三百多万元债务。王某

---

① 在废除嫖宿幼女罪这个问题上，我们的观点是一致的。刘仁文：《嫖宿幼女罪违背了儿童权益无差别保护原则》，载《中国妇女报》2015 年 7 月 21 日；王春霞：《嫖宿幼女罪的最大问题是造成受害幼女的污名化——专访中国社会科学院法学所刑法室主任刘仁文》，载《中国妇女报》2015 年 8 月 1 日。

兰认为自己不知情，也没花借来的钱，以为官司一定赢，结果败诉，被法院判令连带承担该笔债务，依据就是"第24条婚规"。王某兰加入了一个500人组成的"24条公益群"才发现，有同样遭遇的人很多，包括公务员、教师、记者、国企员工等，负债从几万元到千万元不等，一半涉诉金额超过100万元，大量群友因此生活陷入窘迫。昌松律师在上述报道的次日，即在法制网上发表了《婚姻法司法解释（二）第24条瑕疵亟待弥补》，指出该规定不是一个成熟的立法选择，应当尽快完善。很快，最高人民法院公布了对"第24条婚规"的修订，即在原条款后面补充了两款："夫妻一方与第三人串通，虚构债务，第三人主张权利的，人民法院不予支持。""夫妻一方在从事赌博、吸毒等违法犯罪活动中所负债务，第三人主张权利的，人民法院不予支持。"接着，他又在《南方都市报》连发两篇专栏文章《"第24条婚规"该何去何从》《同案不同判将"第24条婚规"问题再次凸显》。他明确写道："夫妻一方与第三人串通虚构债务，本来就是民法通则和合同法都规定的无效合同；赌债、毒债本来也是不受法律保护的非法债务。因此，最高法院的新规定没有任何新颖之处。而问题还在于，夫妻一方与债权人串通一气了，得由夫妻另一方来证明他们串通虚构，这个举证责任如何完成；借款合同上根本不可能写上赌债、毒债之类的字样，夫妻另一方也就难以完成举证责任。"他不仅呼吁继续完善司法解释，还提出了自己的立法建议，即："债权人就婚姻关系存续期间夫妻一方以个人名义所负债务主张权利的，按夫妻一方的个人债务处理，但小宗债务或者债权人能够证明事先或事后取得过举债人配偶的同意，或者能证明为夫妻共同生活所负的债务除外。"由于强大民意的推动，最高人民法院终于在2018年1月通过了《最高人民法院关于审理涉及夫妻债务纠纷案件适用法律有关问题的解释》。该司法解释共4

条，最后一条为生效时间，而前 3 条的内容几乎就是昌松律师建议的翻版。他跟我说，这个司法解释公布的当晚，一向不爱喝酒的他，主动要求爱人加两个菜，两口子一起喝了不少红酒，共同庆祝新司法解释的诞生。我能想见当时他的心情，也为他有一个理解、支持和鼓励自己的贤内助而感到高兴。

再举一个他呼吁调整枪支认定标准的例子。2010 年公安部发布的《公安机关涉案枪支弹药性能鉴定工作规定》的"枪支"认定标准为，"当所发射弹丸的枪口比动能大于等于 1.8 焦耳/平方厘米时，一律认定为枪支"，而我国 2001 年的枪支认定标准为枪口比动能大于 16 焦耳/平方厘米才认定为"枪支"。因此，我国大量仿真枪和玩具枪被鉴定为"枪支"，被刑事问责，最典型的是天津大妈赵春华，在街头摆气球射击摊，也被认定非法持有枪支罪，一审被判 3 年 6 个月，二审经律师徐昕教授等奋力辩护，加之广大民意对被告人的同情，最后改为判 3 年缓 3 年。昌松律师针对涉枪话题，在《南方都市报》"刘昌松专栏"一口气连发 5 篇文章，即《涉枪刑案中"枪支"认定标准应由谁制定》《对"枪形物"应当实行分级管理》《火柴枪也能算"枪支"?》《修订治安处罚法是界定枪支标准的一次契机》《立法"提高枪支认定标准"时机已成熟》。他指出："人们纵向比较发现，我国内地 2001 年的枪支标准曾是 16 焦耳/平方厘米（是现在标准的 8 倍多）；横向比较发现，美国为 21 焦耳/平方厘米，俄罗斯为 19 焦耳/平方厘米，日本为 20 焦耳/平方厘米，我国香港特区的标准被认为过低也为 7.1 焦耳/平方厘米。可见，我国内地现行的枪支认定标准 1.8 焦耳/平方厘米低得过于离谱，而过去 16 焦耳/平方厘米的标准比较适中。"他的系列文章从不同角度，为科学确立枪支认定标准喊破喉咙，讲尽道理，看了着实不能不让人受到震动。终于，《最高人民法院、最高人民检察院关于涉以压缩气体为动力的枪支、气枪铅弹刑事案件定罪量刑问题的批复》于 2018 年 3 月 30 日施行，这应是"两高"对舆论关切的回应。批复指出："对于非法制造、买卖、运输、邮寄、储存、持有、私藏、走私以压缩气体为动力且枪口比动能较低的枪支的行为，在决定是否追究刑事责任以及如何裁量刑罚时，不仅应当考虑涉案枪支的数量，而且应当充分考虑涉案枪支的外观、材质、发射物、购买场所和渠道、价格、用途、致伤力大小、是否易于通过改制提升致伤力，以及行为人的主观认知、动机目的、一贯表现、违法所得、是否规避调查等情节，综合评估社会危害性，坚持主客观相统一，确保罪责刑相适应。"诚如昌松律师所言，该批复对枪支认定要综合考虑诸多因素而不仅仅看枪口比动能和枪支数量，尤其要考虑"行为人的主观认知、动机目的、是否规避调查等情节"，是可取的，从此，天津大妈摆气球射击摊被追刑责一类案件应该不会再发生，涉枪案件会大大减少，但 1.8 焦耳/平方厘米之过低枪支认定标准仍未动摇，玩具枪和仿真枪入刑的风险尚未从根本上铲除，因此，还得为完善枪支鉴定标准继续努力。他在就此与我沟通时，还充满激情地说，法治的进步坐等不来，需要我们不懈地为之奋斗！

通过翻阅昌松律师的这些文章，进一步增进了我对他的了解，一个重行动、善思考、勤动笔、不卑不亢、忠厚实在的文人律师形象在我脑海中不断丰满和生动起来，与此同时，我还产生其他一些感慨。我们这些做学者的，写大部头的专著和数以万字计的学术论文，固然重要，也是我们的本分，因为没有充分的理论准备，就不会有完善的立法和法律实施，但千万不能因此就小觑法学界和法律界针对法治热点事件撰写的相关评论文章，它们在点滴推进法治进程的功效方面，有时作用是非常大的。有些精品小文，观点鲜明，论证严密，逻辑性强，不仅很有理论和实践价值，而且社会影响力之大，是一般的学术论著所不能比拟的。我早些年曾给吴情树副教授的一本法学随笔集作过一个序，题目就叫《短文的价值》，表达了自己对长文和短文各得其所、各有其价值的观点。

昌松律师写法治时评有句座右铭："身在律界中，跳出律界外，法眼看事件，公正写评论"，有此境界，加上他丰富的阅历，使得他的文章常常能切中要害，入木三分，难怪他成为各路媒体抢手的法治评论作者。"春江水暖鸭先知"，国家法治的真实状况如何，在法律人中律师应当是感触最深、最有发言权的，因为他们接触的案件林林总总，接触的人物形形色色，能感受到社会的方方面面。像本书的作者刘昌松律师，既办理过行政强制法实施第一案之行政案件，也办理过当年甘肃最大股权侵权纠纷案之民事案件，近年又承办过一系列有影响的刑事案件，他对法治生态的切身感受、平时打交道的人和事，有些甚至超出了我们这些做学者的想象。我们应当庆幸，正因为有昌松律师这样有敏锐的问题意识又勤奋写作的法律人，才为我们提供了大量观察当代中国法治的样本和素材，为我们提供了许多接地气的观点和思路。

现代社会既是一个专业社会，也是一个呼唤融合的社会。在法治的进程中，包括律师、法学学者在内的法律职业共同体，各有其责。只有大家各自发挥出自己的专业优势，相互理解，相互促进，甚至君子和而不同，在博弈中形成立法和司法的最优，才能促成国家和社会的良法善治。我相信，在这一点上，我和昌松律师是有共同语言的，我们也是彼此能互有贡献的。

借昌松律师大作出版之际，谨写上述仓促文字，一方面表达祝贺之意，另一方面也与昌松律师共勉。

（本文系中国政法大学出版社 2020 年版《像法学家那样思考》序，原载《民主与法制》2020 年第 29 期，发表时有删节）

以更宽阔的视野来看待法

——《远游与慎思》增订版序

《远游与慎思》初版于 2015 年底，这些仓促中写就的粗糙小文当初能登商务印书馆这个大雅之堂已经很感恩了，没想到还入选该馆 2016 年春季十大好书，由衷感谢大家的厚爱。大约两年多前，兰萍老师和莹莹编辑就建议我出个增订版，当时受宠若惊，大有三两天就返回给她们的势头。没想到，此事一拖就拖到今天。

这几年，尽管为了国内的工作放弃了一些较长时间的出国机会，但短期出国或出境开会的机会还是每年都有那么一两次。因为这本书的增订版一直惦记在心，所以每次出差国外或境外也总想着此行能否增写一篇。回忆起来，至少在莫斯科、早稻田大学、赫尔辛基、巴黎一大以及我国的香港、澳门特区的相关会议与差旅中，是留下了可写的题目、素材和感触的，有的甚至当时还打了腹稿。怎奈总有各种要忙碌应付的事情，这次为了在计划的时间内完成增订版的工作，除了补写一篇散忆墨尔本之行的新作，其他的都没来得及写了。此外，由于这次不受 100 篇整数的限制，所以又收入了几篇之前的稿子。

第一版当时用的是一个发表于《检察日报》的短文《法律应与诗书通》作为"代序"，这次怎么也得写个正式的序了。写点什么好呢？我想到三个词：远与近，游与思，律与书。

远与近

2004 年，我在耶鲁，其时正赶上中国近代留学生之父容闳从耶鲁毕业 150 周年，当时的中国留学生会请我们几个国内去的访问学者一起参加一个座谈活动，我谈到一个感想：当年容闳来美国，在海上颠簸了 98 天，如今我们十几个小时就到了。但如果把人生看作一场旅行的话，谁能说我们抵达后的日子就一定比那船上的日子更有意义呢？钱钟书写《围城》，大量的细节来源于他和杨绛从法国坐船回中国的经历，如果以坐飞机的速度回到国内，只怕《围城》也就不是现在的《围城》了。

肉体的漂洋过海反倒不断促使自己的灵魂回到那个给我灵感的故乡山村。我小时候听父辈说，他们要去县城读个书，挑着行李要在路上走上几天，途中还要借住老乡家中。我上学时，虽然已经一天能往返于县城，但那时到北京来上学仍然要经过多方辗转，没有几天是到不了北京的。如今，一天内就能从北京轻轻松松抵达老家，想必我们的下一辈也是要带着想象才能想得出我们那时的情景吧。交通的日益迅捷使人类居住的这个星球越来越成为地球村，康德当年所设想的国家之间的联邦制曾经被认为是遥不可及，但现在区域出现了欧盟这样的一体化，国际组织出现了联合国这样的机构。随着全球化的进一步发展，人类命运共同体日益形成，不管是康德所设想的"全球联邦""世界公民"还是我国学者赵汀阳所设想的"世界政府""全球公民"，一定会以某种方式加速出现，它所带来的对国际法和国内法的冲击与重构也将考验着我们的想象力。

网络技术的日新月异更是极大地改变了我们的时空观，鼠标一点，再远也是顷刻之间。马克思曾经指出，资产阶级在不到100 年中所创造的生产力，比过去一切世代所创造的全部生产力还要多、还要大。回看互联网诞生几十年来给世界带来的变化，其速度、影响恐怕要大大超过工业革命。我记得直到20世纪90年代后半期，听人说起以后可以通过电子邮件来投稿，还云里雾里，谁知短短二十多年过去，现在我们连电子邮件都用得不多了，而是越来越多地使用微信。曾几何时，有人跟我描述未来我们靠一部手机就能走遍天下，当时我还难以想象其具体场景，但如今这一天已经到来，无论身处世界何处，一部手机，从导航、阅读到购物、转账，一应俱全。网络世界使远的变成近的，近的反成远的。法律是社会的反映，社会结构在巨变，社会的运行方式在巨变，它能不要求法律制度和法学理论作出相应的调整吗？

游与思

"学而不思则罔，思而不学则殆"，说的是学与思的互动。这句话同样可以用来说明游与思的关系，其实对于我们学人来说，游也是学（游学）。

四十多年前开始的改革开放，是中国有史以来广度和深度最大的一次睁眼看世界，毫无疑问，它对促进中国的经济发展和法治建设起到了巨大的推动作用。一位美国法律界同行曾跟我感叹：在中国，很多法官都对英美法系、大陆法系有了解，相比而言，美国的法官可能对别国法律体系的了解就差远了。作为一个改革开放政策的亲历者和受益者，实事求是地说，我们过去都是带着学习的眼光去考察别国的立法、司法和法学教育的，而且总的来说对自己的专业思考也是很有帮助的，对此，我一直觉得我们应有一颗感恩之心。

但现在可能真的到了苏力所说的这样一个时间节点了："在借鉴了一切外来的知识之后，在经济发展的同时或之后，世界也许会发问，以理论、思想和学术表现出来的对于世界的解说，什么是你——中国——的贡献？"以刑法学为例，日本著名刑法学家西原春夫曾以见证人的身份指出：从20世纪90年代中期以后，中国刑法学界研究问题的领域有了很大拓展，不同观点的讨论程度也日趋热烈，可以说学术取得了突飞猛进的发展。在这样一个背景下，中国的刑法学在国际上当然就不再是"无声的刑法学"，我们看到，我国刑法学的老一辈代表高铭暄教授近年来在国际上获"贝卡里亚奖"，被早稻田大学授予名誉博士称号，其关于中国刑法学的论著甚至在德国脱销，这在一定意义上也说明了国际社会对中国刑法的关注。2018年，我曾在日本东京参加过一个纪念中国社会科学院法学研究所和日本早稻田大学比较法研究所学术交流25周年的研讨会，当时中方代表团团长、法学所所长陈甦教授就提到：自己当年第一次出国就是来到早稻田大学学习，那次学习对自己的学术生涯有重要影响，所学到的知识对自己回国后参加相关的立法活动也有很大帮助，现在的中国法学虽然已经摆脱了对外来知识的过分依赖，但这并不意味着比较（法）的不重要，相反，恰恰是知识互惠的开始。对此，日方的栩泽能生教授回应道：比较法以"知他而知己"为目的，只有通过比较才能更好地了解自身，在全球化、可持续发展、区域共同体等语境下，"法的普遍性和民族性"将成为一个关键词，中日两国的法学交流与合作迎来了一个前景更为广阔的新时代。从过去的单一学习域外知识到如今的双向交流、互有所得，是我在许多国际会议上的一个共同感受，这给我们的观察和思考提出了更高的要求。

律与书

林达在《带一本书去巴黎》中说道：在巴黎，走一段读一段随身携带的雨果的《九三年》，才发现这本书不是30年前的年龄所能读懂的，必须再一次甚至不止一次地重读，不仅《九三年》

如此，从巴黎回来之后，作者又去找出《双城记》《悲惨世界》《巴黎圣母院》，在重读中找到新的感受。这样的体验我也有过。我们常说"读万卷书，行万里路"，似乎是分别强调这两件事的重要性，其实，二者本身有一种互相促进、互相升华的关系。因为要远游，所以带上几本与目的地相关的著作，又因为远游，回过头来想去读某些著作，远游带动了阅读、拓展了阅读、深化了阅读。

一般来说，法律人的游学既包括法学院的听课和授课、学术会议上的发言和交流，也包括去旁听法庭庭审、议会辩论，访问律师协会、宪法法院等法律机构，偶尔还有人文地理、历史风情的考察，所看所思会往返于专业之内和专业之外。有时远游结束了，甚至早已回到国内，但偶然一个联想、一缕记忆，又泛起对某一问题的思考，忍不住要顺藤摸瓜去做些阅读。此时，阅读即是一种精神上的远游。读古今中外的经典，就是在与作者把臂聊天，随作者去遨游时空。

在中国古代，传统士大夫和官僚阶层大都认为读诗书比读律更重要、格调更高，甚至出现过"读书万卷不读律"这样的鄙薄法律之语。这种情形今天已经一去不复返了，法学早已成为热门，法律职业也早已成为令人羡慕的职业。但在法律日益赢得独立品性的同时，我们也要谨防法律人自我封闭。博登海默曾警告："一个法律工作者如果不研究经济学与社会学，那么他极容易成为一个社会公敌。"社会科学对法律人知识的重要性如此，人文科学亦不例外，怀特在《法律的想象》中就指出："文学名著为法律的各种人文价值提供了良好的伦理描述。"行文至此，我们似乎就不难理解，奥地利作家卡夫卡的一则关于守门人不让一个求见法的公民进入法的门的文学寓言，竟能成为西方法哲学迄今无法绕开的主题，"所有西方哲学只不过是柏拉图的注脚；

同样可以说，所有西方法律的论述不过是卡夫卡的注脚"。（怀特海）可见，对于今天的中国人而言，非法律人士要防止"读书万卷不读律"，法律人士则要防止"读律万卷不读书"。

"人只不过是一根芦苇，是自然界最脆弱的东西，但他是一根能思想的芦苇。"在抗击新冠肺炎的特殊日子里，重温帕斯卡尔的这句话，更觉人的渺小与悲苦，也更感思想对于人的尊严的意义。病毒阻止了人们的远游，但阻止不了人们的思想，相信人类经此劫难，定会在思想上有新的收获。

（本文系商务印书馆 2020 年增订版《远游与慎思》序，《国际人才交流》2020 年第 6 期曾以《读律又读书》为题摘要发表）

这是我的第四部随笔集。

2009 年完成随笔集"三部曲"后，我有意识地放慢了各类随笔的写作速度，也狠着心谢绝了一些约稿。但由于本性难移，加之有时又有点身不由己，忍不住在不少公共话题上继续扮演一个热情公民的角色，发出自己的声音。这样两年多下来，又积攒了不少这类稿件。平时，我把它们一股脑儿地收藏在电脑的一个文件夹中。

2011 年底，中国民主法制出版社的庞从容编辑盛情邀我加盟"独角札丛"。我把这个文件夹发给她，请她从中挑选感兴趣的内容。她和她的同事唐仲江先生很快出色地完成了任务，分门别类地组织了本书的最初框架，后几经沟通，最终定稿成现在这个样子。

本书的绝大部分文字形成于 2009 年后，仅有个别栏目为充实其内容，收入了过去的几篇文章。另外，原来的三部随笔集内容庞杂，几乎属于全景式的记录，但这次从容选稿时似乎有更严格的标准，因而文件夹中的不少"杂碎"未能收入。从书的体例来看，也许这种选择是对的。不过从作者角度而言，终究还是留下了遗憾，于是隐约希望不久的将来能再有机会把那些没有收入的东西面世。

本书的书名也是从容、仲江和我共同商定的。当初我们想了好几个题目，但最后我们都青睐"法律的灯绳"这个书名，认为它为本书的阅读提供了一定的想象空间和隐喻意义。

　　说到想象空间，我就想起著名社会学家米尔斯的《社会学的想像力》一书。在该书中，米尔斯指出，优秀的思想家并不把自己的研究工作与日常生活相割裂，应当结合自己的个人体验，充分发挥和运用社会学的想像力。而他所说的"社会学的想像力"，就是要以问题为中心，不恪守学科界限。如此来看，我的这些随笔似乎还有其价值。因为它们首先不是无病呻吟，而是基于"日常生活"和"个人体验"而有感而发的。其次，它们也不是从哪个学科出发，而是从问题出发来写作的。

　　而说到隐喻意义，"法律的灯绳"更有想象空间：灯绳者，控制电灯开关的拉线也。找到灯绳，就等于找到了解决问题的关键。而要寻找到隐藏在黑暗处的灯绳，又需要一个摸索、探寻的过程。

　　在一个法治社会，掌握法律灯绳的人首先是立法者。如果立法者不能立良法，甚至立恶法，那这个开关就先天失灵，注定无法实现良法善治。良法依赖于好的理念和技术。没有民主、自由和人权等现代理念的支撑，良法品质自然无从确立，但若没有好的立法技术，照样会影响良法的生成。最近看了美国学者罗宾逊批评美国刑法内容不断膨胀的一篇文章。他说，许多州现在的刑法典比它们在 20 世纪 70 年代以《模范刑法典》为蓝本的原刑法典要多出七八倍的内容，但新立的法大多数是不必要的条款，有益的修订和补充可能只占不到十分之一甚至二十分之一，结果造成刑法条款的重复累赘，严重影响了刑法的明晰性，到最后连立法者也不知道什么是刑法典已经包含的和尚未包含的，导致整个刑法越来越混乱，问题越来越严重。联想到我们国家频繁出台的刑法修正案，其中的问题多有相似，却迄今没有引起足够的重视，甚至没有引起足够的关注。

立法之后，司法者就是掌握法律灯绳的人。我曾经读过李新军法官的一篇文章《拉灯绳的人》，其中他写道："夜幕降临，寒冽的北风挟裹着黑暗扑进房间，到处漆黑一片。我们在琢磨开关在哪里的同时，各自摸索着寻找悬挂于墙边的灯绳，耳际甚至听得到由绳系末端制造出来的声响，但仍然无法攥紧在风中飘忽不定的灯绳。这时，屋子的主人独自走到墙边——他熟悉屋内的一切，包括这根灯绳的位置，甚至灯绳摆来摆去的走向。'啪！'他拉了一下灯绳，我们的瞳孔里瞬间涌满了光明。"在他的文章中，这个拉灯绳的人就是法官。德沃金有句名言："法院是法律帝国的首都，法官是法律帝国的王侯。"如此崇高的地位与权威，难怪爱尔里希要对法官提出更高的要求了："法官的人格是正义的最终保障。"不过，问题的复杂性还不止于此，前述罗宾逊的文章就指出，不同的法官有不同的量刑哲学，有的法官可能会更喜欢作出能对其他潜在罪犯产生一般预防作用的判刑，有的法官可能会更喜欢作出有利于犯罪人复归社会的判刑，还有的法官可能会更喜欢作出针对犯罪人本人的特殊预防的判刑（包括判处预防性的拘留），而剩下的那些法官可能会更喜欢作出与犯罪行为自身的可谴责性相当的判刑。这些不同的量刑哲学，导致司法实践中量刑的严重不一致。罗宾逊还指出，除了不同的量刑哲学，不合理的量刑差异的来源还有其他一些因素，如某些法官比较仁慈，而另外一些法官则比较严苛。量刑的不一致问题最终推动了美国量刑指南制度的诞生。但正如罗宾逊所客观评论的，量刑指南运动成败兼有。看来，如何走出刑事司法中"一放就乱，一统就死"的怪圈，人类还需要共同努力。

法学者也在一定意义上掌握着法律的灯绳。法律规范的解释、法律价值的引导、法律文化的塑造，这些在相当程度上要靠法学者来完成。我的同事谢鸿飞博士指出，法学研究中的规范——概念分析方法、历史——社会方法、自然法学——哲学方法这三种方法的"分立与制衡"，能使法学与人性更为亲近，与社会更为合拍，与价值更为熨帖。我深以为然，以刑法中的定罪判刑为例，刑法中的规范和概念自然应是最主要的依据，但在一些有影响力的案件中，我们会看到，法律事实固定之后，社会结构会对一个案件的结果产生影响。无论这种影响是积极的还是消极的，都需要我们以社会学的角度去加以关注和研究。另外，依我参与李庄"律师伪证罪"一案的二审代理等体会，感到一个社会特别是当权者还是要有对自然法的信仰和敬畏。所谓自然法，简单地说，就是正义的各种原则的总和。某些案件，如果仅从实定法的一个角度出发，特别是当该实定法又不甚精确时，你可能确实能找到给对方治罪的理由，但如果它不符合比例原则和价值平衡原则，不是体系性解释和目的解释的结论，则属于报复性执法和选择性执法，此时，已离正义远矣。

想象还可继续下去：如果一个社会，在法官的身后还有一个在指使或指令法官拉灯绳的人，情形又会怎样？或者一个社会，某些不是法官却在行使法官职权的人，本来是他们拉错了灯绳，我们却责怪法官，这是否公平？有时，民意如一阵狂风，把灯绳吹得摆来摆去，我们的法官能否把窗户关好，然后准确地攥到灯绳？更令人担心的是，万一灯绳断掉，我们该如何是好？现在装修一般很少用灯绳了，而是用改进了的开关。这种开关一是位置固定，不会像灯绳那样随风摆动；二是不会出现断线后开不了或关不了的问题。可见，灯绳本身也是可以改进甚至被替代的，只不过其控制开关的功能不可或缺。

文字一经公之于世，就已不再属于作者自己。我相信，读者朋友们在阅读本书时，一定会通过发挥您的社会学想象力，就上述问题找到令自己满意的答案。

借此机会，感谢好友梁治平先生百忙中赐序。我与梁先生相识于 1998 年在美国哥伦比亚大学做访问学者期间，当时他已是中外闻名的学者了，但为人谦和。不过，谦和的外表下，他却有一个学者的独立人格。正因此，每次我都能从他的发言和讨论中受到启发，也能从他平稳的语气中读出他对时局的深深担忧。这次邀他作序，他刚开始婉谢，说担心写不出像样的东西来。在我的执意邀请下，他最终还是帮我写了，却仍然强调不满意，说我如果看不上，完全可以不用。通过此事，我更对先生的为人处世增添了敬意。

最后，我要再次将这本小书献给我的妻儿，感谢他们的陪伴和带给我的快乐。

2012 年 4 月 5 日初稿于北京—广州的航班上
4 月 7 日改定于广州—北京的航班上